"人民教育家"高铭暄教授

高铭暄学术思想研究

姜 伟 主编　王秀梅 副主编

北京大学出版社
PEKING UNIVERSITY PRESS

图书在版编目(CIP)数据

高铭暄学术思想研究 / 姜伟主编. —北京：北京大学出版社，2024.4
ISBN 978-7-301-34741-6

Ⅰ.①高… Ⅱ.①姜… Ⅲ.①高铭暄—思想评论—文集 Ⅳ.①D914.04-53

中国国家版本馆 CIP 数据核字(2024)第 007122 号

书　　名	高铭暄学术思想研究 GAO MINGXUAN XUESHU SIXIANG YANJIU
著作责任者	姜　伟　主编　王秀梅　副主编
责任编辑	张　越　王建君
标准书号	ISBN 978-7-301-34741-6
出版发行	北京大学出版社
地　　址	北京市海淀区成府路 205 号　100871
网　　址	http://www.pup.cn　http://www.yandayuanzhao.com
电子邮箱	编辑部 yandayuanzhao@pup.cn　总编室 zpup@pup.cn
新浪微博	@北京大学出版社　@北大出版社燕大元照法律图书
电　　话	邮购部 010-62752015　发行部 010-62750672 编辑部 010-62117788
印刷者	北京市科星印刷有限责任公司
经销者	新华书店 720 毫米×1020 毫米　16 开本　23.25 印张　410 千字 2024 年 4 月第 1 版　2024 年 4 月第 1 次印刷
定　　价	98.00 元

未经许可，不得以任何方式复制或抄袭本书之部分或全部内容。
版权所有，侵权必究
举报电话：010-62752024　电子邮箱：fd@pup.cn
图书如有印装质量问题，请与出版部联系，电话：010-62756370

如何做好一名大学教师
（代序）

高铭暄*

我是人大法学院的一名老教师，今年95岁，1951年我在人大法学院读研究生，1953年开始从教，到现在已经整整70年。人大法学院关心我、培养我、教育我、提携我，使我从一名学子逐步成为一名资深的老教师，我对人大法学院充满无限的感激和敬意。

前几天我们度过了第39个教师节，一向对教育和教师极为关怀的习近平主席给全国优秀教师代表致信，信中重点谈了教育家的精神问题，使我深受教育，备受鼓舞。我在人大长期的法学教育和理论研究工作中，对如何做好一名大学教师、如何弘扬新时代教育家精神，概括地说，有以下几点认识、体会，在这里向大家汇报一下。

第一，要拥有坚定的政治方向、政治信仰和治学报国的爱国精神。人生最宝贵的是政治生命，是坚定的政治信仰和政治方向。在70年的教学生涯中，我最大的感悟就是要始终坚持马克思主义的信仰，坚持党的领导，坚持中国特色社会主义的信念，忠诚于党和人民的教育事业，为党育人、为国育才，自觉做习近平新时代中国特色社会主义思想的坚定信仰者、积极传播者和模范践行者。只有这样，才能率先垂范、言传身教，弘扬民族师魂、秉持时代精神，用社会主义核心价值观培养和引导学生。

第二，要以德立身、以德立学、以德施教，育人先立德，立德树人是教育的根本任务，也是每一位教师的责任和担当。新时代的人民教师要不忘初心、牢记使命。不仅要向学生传授专业知识，更要注重培养和塑造学生高尚的品格和道德修养。既要育智，更要育人，做传道授业解惑的专业指导者、教导者和育人立德立志的引领者。既要传播文化精髓，更要传承爱党爱国爱人民的坚定信仰和情怀。以德立

---

* "人民教育家"国家荣誉称号获得者，北京师范大学刑事法律科学研究院名誉院长、特聘教授，中国人民大学荣誉一级教授，中国刑法学研究会名誉会长。

学、以德施教,将培养品学兼优的合格人才视为教师的神圣职责,努力为党为国家为人民培养一批又一批堪当民族复兴大任的栋梁之材。

第三,要有潜心治学、不断探索创新的精神。新时代的发展对教师提出了更高的要求,要着眼世界学术前沿和国家重大需求,不断推进知识创新、理论创新、方法创新,产出引领性的学术成果,并将研究成果及时转化到人才培养中。教师自身要具有较高的专业学术水准和理论素养,潜心治学、潜心问道、严谨求实、敢为人先,做高素质、专业化、创新型的教师,力求创新的教育理念和教学方法,提高学生的专业水平和实践能力。只有建设一支勇于创新的高水平教师队伍,才能肩负起培养新时代人才的重任。

第四,敬业乐教爱学生,无私奉献做伯乐。为国家培养人才是教师的第一要务,教书育人是教师的崇高事业,要爱事业爱学生,怀着一颗爱心去引导学生健康成长,使其选择并走上正确的人生之路,当好学生的领路人。新时代的教师要有爱生如子、甘当人梯的伯乐精神,淡泊名利、甘于奉献。青年学生承载着国家的未来和希望,教师不仅要在专业方面指导学生,还要在生活方面关心学生、爱护学生,良好的师生关系应该是亦师亦友,如韩愈讲的"弟子不必不如师,师不必贤于弟子",师生互助、教学相长。

第五,要做为学为事为人的表率和楷模。对教师而言,想把学生培养成什么样的人,自己应该首先成为这样的人,率先垂范,身体力行,做学生的榜样。教师的思想、人格和言行,不仅会影响学生,同时也会影响社会。正所谓"润物细无声",想要做一名新时代的大先生,就必须老老实实做人、踏踏实实做事,努力磨炼廉洁自律的道德修养和高尚情操,言为士则、行为世范。教师要自觉提高自己的人格魅力,成为学生的育德表率和社会尊重的楷模。

立足新时代,踏上新征程,我们的前行方向,就是坚定不移听党话、跟党走,全心全意为人民服务。希望我的同行——广大教师,珍惜这份崇高的事业,不负时代、不负人民、不负使命,使为党育人、为国育才成为我们共同的追求和奋斗目标。

以上,是我的粗浅认识和体会,也是我为自己树立的行为准则。

2023 年 9 月

目 录

如何做好一名大学教师(代序) ·· 高铭暄 001

第一部分 高铭暄先生的教育思想

教育教学

高铭暄教授教育理念:热爱教育、尊重教育、献身教育 ················ 姜　伟 003
高铭暄教授:法学教育界的冈仁波齐 ·· 胡云腾 007
其业最宏　其功至伟
　　——高铭暄教授教育生涯中的"四大坚持" ······················· 王　轶 010
高铭暄教授法学教育思想 ·· 王新清 012
集理论、实务、教书、育人于一身的学术大师 ···························· 田文昌 014
高铭暄教授教育家思想与教育家精神 ······································ 黄文艺 016
高铭暄教授治学教学态度:严谨踏实、认真负责、孜孜不倦 ······ 韩玉胜 019
高铭暄教授学术生涯印象:启蒙犯罪学研究兴趣
　　树立榜样引领从教 ·· 吴宗宪 021
高铭暄教育思想:胸怀赤子之心　坚持中国特色 ····················· 曲新久 023
高铭暄教育思想对我国刑法学术共同体建设的促进 ·················· 刘仁文 025
高铭暄教育思想:本土意识、提携后学、学科自主 ···················· 周光权 027
大国良师高铭暄用一生诠释人民教育家本色
　　——坚守教育初心,培养温暖刚正的法律人 ····················· 彭凤莲 029
恩师高铭暄
　　——一心一意把所有心血扑在教育上 ······························· 莫开勤 033
高铭暄先生:"经师"和"人师"的统一者 ································· 阴建峰 035
高铭暄教授教育思想的四个侧面:法治报国、守正创新、
　　终身学习、乐教爱生 ·· 陈志军 038
"人民教育家"高铭暄先生法学教育思想研究 ··························· 徐　宏 040

大师风范　学界楷模
　　——高铭暄先生学术印象 ·················· 彭新林　061

人才培养

作为学院管理者的高铭暄教授:锐意改革、提携后学、爱生如子······ 徐孟洲　065
高老师令我获益终身的教学方法:综述和案例研究·········· 李文峰　067
遇良师受益终身 ····································· 杜　强　069
导师指引我前进
　　——记高铭暄教授传道授术 ···················· 楼伯坤　071
一朝沐杏雨　一生念师恩
　　——记高老师对我人生道路的影响 ················ 金莲淑　082

人物侧记

铭鼎法坛、暄煦杏林的大先生
　　——记人民教育家高铭暄教授的法治人生 ······· 姜　伟　吴　笛　084
刑法学家的三重地理属性 ····························· 林　维　112
高铭暄先生是一位会发光的人 ························· 刘志伟　115
高铭暄先生
　　——"最美的奋斗者" ························· 何荣功　117
高铭暄教授学术人生:传奇、传承、传播 ················· 王文华　119

第二部分　高铭暄先生的刑法学思想

中国刑法科学理论体系的设计者:高铭暄
　　——兼论中国刑法科学自主知识体系的建构
　　　与发展 ···························· 姜　伟　侯撼岳　123
高铭暄教授的刑法学术贡献 ··························· 陈兴良　144
高铭暄教授:全国刑法学研究的杰出组织者和领路人 ········· 陈泽宪　151
高铭暄:中国法学自主知识体系的主要奠基人 ·············· 时延安　153
高铭暄教授:中国刑法学发展的见证者、参与者和推动者 ······ 王秀梅　161
集中国实际与世界眼光于一体的高铭暄思想 ··············· 胡　铭　164

目 录

高铭暄先生的学术思想
　　——弥足珍贵的精神资源 ································ 梁迎修　167
高铭暄教授：新中国刑法理论的开拓者和奠基者 ············ 王志祥　171
高铭暄先生学术思想之浅见 ································ 梁　健　173
高铭暄教授：新中国刑法学的开拓者，是灯塔亦是行者
　　——对高铭暄教授刑法学术思想的研究感悟 ·········· 梁雅丽　176
建构具有中国气派和国际视野的刑法理论
　　——高铭暄刑法学思想研究 ·························· 陈　璇　183

第三部分　高铭暄先生关于具体领域的学术思想

刑事立法是现代刑事法治建设的基础
　　——高铭暄教授刑法立法活动暨立法思想之考察 ······ 赵秉志　彭凤莲　203
高铭暄教授刑法研究的中国式思维 ·················· 谢望原　244
如何运用刑法学历史研究方法？ ···················· 刘树德　247
高铭暄刑事政策思想的理论价值和实践意义 ············ 黄京平　264
从刑事控制到刑事治理：高铭暄教授刑事治理
　　现代化思想 ·· 周振杰　274
高铭暄教授刑法立法思想研究 ·················· 徐　宏　沈烨娜　277
我国传统犯罪论体系的重要意义 ···················· 黎　宏　292
高铭暄教授学术思想点滴
　　——关于定罪理论的讨论 ·························· 赵国强　296
高铭暄先生的量刑思想及其现代化 ···················· 王燕玲　305
中国死刑制度改革路在何方
　　——高铭暄教授死刑制度改革思想及其启迪 ·········· 赵秉志　袁　彬　323
高铭暄教授对国际刑法的重要贡献 ·············· 楼伯坤　楼畅宇　338
高铭暄先生学术思想对民法学思维的启发 ·············· 王　轶　350

附　录

惠及当代　泽被后世
　　——祝贺高铭暄学术馆揭牌 ·························· 曾粤兴　357

第一部分

高铭暄先生的教育思想

教育教学

高铭暄教授教育理念：
热爱教育、尊重教育、献身教育[*]

姜 伟[**]

尊敬的高铭暄教授，各位领导、各位嘉宾，老师们、同学们，大家下午好！

很高兴受邀参加人民教育家高铭暄先生教育思想研讨会。以高铭暄先生为主题的研讨会，一般都是高先生的学生聚集一堂，能见到很多老同学、老同事、老朋友，在别的场合，我也参加研讨会，但见不到这么多老朋友，所以今天感到很亲切。

作为高铭暄先生的嫡传弟子，我向恩师致以崇高的敬意和诚挚的感谢，没有恩师的培养就没有我的今天。2023年9月9日，习近平总书记在致全国优秀教师代表的信中提炼概括了中国特有的教育家精神，中国人民大学刑事法律科学研究中心举办人民教育家高铭暄先生教育思想研讨会，非常及时，特别有必要且意义重大。以往，我们研讨的主题一般都是刑法的学术思想，今天，研讨先生的教育思想，特别是法学教育思想，对于我国教育事业的发展，具有特别重要的意义。

刚才听了先生若干的教育思想，我完全赞同，也很受启发。领悟习近平总书记提出的"具有心有大我、至诚报国的理想信念，言为士则、行为世范的道德情操，启智润心、因材施教的育人智慧，勤学笃行、求是创新的躬耕态度，乐教爱生、甘于奉献的仁爱之心，胸怀天下、以文化人的弘道追求，展现了中国特有的教育家精神"，联系高铭暄先生70年乐教爱生、立德树人的教育生涯，可以说，高铭暄教授就是新时代大先生的楷模、教育家的典范。

---

[*] 本文系作者在中国人民大学法学院、中国刑法学研究会、中国人民大学刑事法律科学研究中心主办的"人民教育家高铭暄先生教育思想研讨会"的发言（会议时间：2023年9月16日，会议地点：北京）。
[**] 中国法学会副会长，中国法学会网络与信息法学研究会会长。

高铭暄先生是新中国培养的第一代法学教育家的杰出代表,是刑法学界令人敬仰的一代宗师。高铭暄先生一生鞠躬尽瘁,牢记为党育人、为国育才的初心使命,潜心教书育人、培根铸魂,亲育弟子近百,广育后学无数,持续为国家培养社会主义法治建设的接班人,造就了一大批可堪大用、能担重任的栋梁之材。借此机会,我从热爱教育、尊重教育、献身教育三个方面谈谈恩师的教育理念。

高铭暄先生热爱教育。先生在教材体系、教学方式、人才培养等方面勇于探索,开拓创新,为刑法学高等教育作出巨大贡献,足以载入法学教育史册。先生常讲,培养指导学生,是他一生中最大的乐趣。70年来,先生始终坚持在教学第一线传道授业,先后开设苏联刑法、中国刑法、刑法总则、刑法各论、外国刑法、刑事政策与刑事立法、刑法前沿等课程,教过本科生,培养过硕士生、博士生,指导过博士后研究人员,还亲自为进修生、电大生、夜大生、法官班学员、检察官班学员授课。先生始终以一颗赤子之心执教,不离三尺讲台,他曾多次谈道:"我喜欢上课,我这辈子就是吃教学这碗饭的。"听过先生的课,就能直观体会到大道至简、返璞归真这两个成语的含义,先生讲课注重理论联系实际,深入浅出、精彩生动、条理清晰、层次分明、见解独到、针对性强、极富实践性,很受学生们的欢迎。

1979年,我国《刑法》颁布以后,先生主持编写的新中国首部统编刑法学教材《刑法学》,在新中国刑法发展史上起到了承前启后的作用。从1982年至2003年的20余年间,先生先后主编不同层次的全国性通用刑法学教材11部,囊括高等教育各个学历层次,堪称中国当时主编刑法学教材层次最高、适用最广、数量最多的学者,为我国刑法学教育作出了具有里程碑意义的贡献。

高铭暄先生尊重教育。先生始终坚持对学生的关爱之心,对课堂的尊重之义,对知识的敬畏之心。精益求精把每一堂课讲好是教师的职业良心,先生认为,课比天大,讲好课要从细节做起,把每一件事都处理好,才能真正做到尊重他人,尊重自己。尽管上了几十年的课,对刑法学教材的内容如数家珍,但是,每次授课之前,先生都会根据不同的教学对象修改讲稿,根据法律的最新规定,与时俱进地增删内容、调整案例,不断修改完善,精益求精,这也折射出先生一丝不苟的教学态度。先生以学生为本,尊重学生的学术观点,在指导学生方面,先生既奉行有教无类,又注重因材施教,对所有学生一视同仁,又尊重每个学生的特点、个性和兴趣。先生在刑法教学领域首创综述研究方法,综述研究、综述教育学的推行,不仅培养了学生的阅读能力,更重要的是让学生学会了思考,形成自己的观点,明确自己的学术方向,先生常引用韩愈"弟子不必不如师,师不必贤于弟子"的观点,鼓励学生进行理论创新。先生坦言,他不希望学生一味附和老师的观点,学术上没有禁区,只要言之有理、言之有物,就尊重学生独立思考的学术观点。这彰显出先生宽厚包容的大师风范和海纳百川的治学态度。先生常讲政治上要强、业务上要精、方法要对、作风要正、文风要好,这是他对学生的期望。

高铭暄先生献身教育。择一事而终一生,从1953年研究生毕业留校起算,先生已经为法治教育和法治建设工作了70年,先生曾说,他一辈子只想扮演好一个角色,就是教刑法的老师。既然选择了教书育人就矢志不渝,从青丝到白发,在学院鞠躬尽瘁耕耘一辈子,初心不改,乐在其中,无怨无悔。

2021年9月9日,在中国人民大学教师节表彰大会暨吴玉章师德师风大讲堂启动仪式上,93岁的先生还为广大教师作了首场讲座,分享了一辈子做为党育人、为国育才的好老师和大先生的为师之道。先生一直认为他最适合的职业就是教师,三尺讲台就是他的最佳位置。长达70年的法学教育生涯证明,先生用鞠躬尽瘁的一生立志做大先生、潜心做大学问、努力育大英才,把自己的智慧和心血全部倾注给了我国的法学教育和法治事业,在教师这个岗位上,先生确实做到了最佳。先生在国内外获得了很多很高的荣誉,几乎成为教育领域各类荣誉的大满贯选手。2019年,中共中央总书记、国家主席、中央军委主席习近平向"人民教育家"国家荣誉称号获得者高铭暄先生颁授奖章,这是党和国家对为新中国刑法学教育和刑事法治事业不懈奋斗多年的泰斗级资深教师的隆重表彰和崇高礼赞。先生获得"人民教育家"国家荣誉称号,可谓实至名归。

在中华传统文化中,通常将德高望重、学识渊博、教书育人的长者尊称为大先生。习近平总书记指出,培养社会主义建设者和接班人,迫切需要我们的教师既精通专业知识、做好"经师",又涵养德行、成为"人师",努力做精于"传道授业解惑"的"经师"和"人师"的统一者。经师易求、人师难得,在学生的心目中,先生既是学问之师,又是品行之师,不仅是一位授业解惑的经师,而且是一位明德传道的人师,更是心怀国之大者的大先生。

如果用简洁的文字概括先生的教育理念,我想用"明德授业,倾心育人"八个字。在"为师"方面,先生以育人为己任,既教书育人又言传身教,甘做人梯、愿当路灯,倾心奉献自己的全部心血,是一位精进自律、倾囊相授,帮助学生、成就学生的好老师。在"为学"方面,先生勤于研究问题、勇于创新理论,潜心向学、笔耕不辍,学术研究硕果累累、著作等身,以一系列开山之作、扛鼎之作,为建构我国刑法学自主知识体系拓荒奠基、掌舵领航,被喻为中国刑法学科的灵魂和旗帜。在"为人"方面,先生具有卓然的大家风范和高尚的人格魅力,德高望重又虚怀若谷,是一位具有中国传统美德的儒雅、谦逊、博雅、正直的谦谦君子。作为先生的学生,我们是先生教育思想的亲历者、受益者、见证者,在先生身上,学生们感受到师生之间不仅是一种知识传授,更重要的是一种精神传承,子曰:"人能弘道,非道弘人。"先生以赤诚之心、奉献之心、仁爱之心投身法学教育事业,堪称以身垂范的楷模、教书育人的典范,深受学生们的崇敬和爱戴。师为众人重,始得众人师。像先生那样做人、做学问、做教育,先生的言传身教足以鼓舞法律学人献身教育、献身法治,为在法治轨道上全面建设社会主义现代化国家努力奋斗。

最后,预祝研讨会硕果累累,荟萃并礼赞先生的教育思想。恭祝恩师健康长寿、学术之树长青,谢谢大家!

高铭暄教授：法学教育界的冈仁波齐*

胡云腾**

各位来宾、各位老师、各位同学，大家下午好！

  中国人民大学刑事法律科学研究中心隆重举办人民教育家高铭暄先生教育思想研讨会，深入学习贯彻习近平总书记最近提出的弘扬教育家精神的重要指示精神，重温高铭暄先生几十年来对我们的亲切教诲，非常有意义。作为先生的学生，本来应当在现场参会，但由于正在广州主持一个研讨会，只能在线上作一个发言，请高老师和各位来宾谅解。

  高铭暄先生用70年的不懈奋斗和辛勤耕耘，书写了新中国法学理论研究、法学教育事业和法治中国建设的佳话和传奇。

  据我不可靠的记忆，高铭暄先生至今创造了十多个第一和之最，无人能出其右。他是迄今为止国家颁授的唯一的法学教育界的人民教育家，这是一位教授所能获得的至高荣誉。他是唯一一位全程参与新中国刑法典制定和历次修订的法学家，是新中国第一部统编刑法学教材的主编。他是现在仍然具有强大生命力的中国特色社会主义刑法理论体系，如犯罪论体系、犯罪构成体系和刑罚理论体系的主要创立者；是新中国第一位刑法学专业博士生导师；是第一位招收刑法学博士生的刑法学教授；是第一个博士后流动站的主要创建者、招收刑法学博士后研究人员的指导老师；是第一位担任国务院学位委员会学科评议组成员，并担任召集人的刑法学教授；是改革开放以后第一部刑法学学术专著《中华人民共和国刑法的孕育和诞生》的作者，这部名著教育了几代学人。

  他是我国刑法学界获得国家级、部级和社会各界颁发的教育科研奖励最多的刑法学家，可谓荣誉等身。他是新中国法学界第一位获得切萨雷·贝卡里

---

* 本文系作者在中国人民大学法学院、中国刑法学研究会、中国人民大学刑事法律科学研究中心主办的"人民教育家高铭暄先生教育思想研讨会"的发言（会议时间：2023年9月16日，会议地点：北京）。

** 中国法学会案例法学研究会会长，最高人民法院审判委员会原副部级专职委员、二级大法官。

亚奖的刑法学家,他是新中国第一位获得外国著名大学日本早稻田大学授予的名誉博士学位的刑法学家。不仅如此,我查了一下,高铭暄先生现在已经是他们这一代法学家中最长寿的刑法学家。先生的这些第一,我辈学生如果能有一项都足够吹一辈子,关键是随着时间的推移,可能还会诞生新的第一或者之最。

传奇还会继续,先生常说:"教育乃我之事业,科学乃我之生命。"他用一生诠释师者本色,七十年如一日,将爱播洒三尺讲台。先生始终旗帜鲜明地讲政治,始终秉持法学教育的人民性,践行为党育人、为国育才的使命,立德修身、潜心治学、开拓创新,培养和影响了新中国一批又一批的法治人才,诠释演绎着人民教育家厚重的内涵。先生忠诚于党的教育事业和新中国法治事业的坚定政治信仰,老而弥坚。

先生在获得"人民教育家"国家荣誉称号的获奖感言中说:"是党和国家培养了我、教育了我、支持了我、帮助了我,使我由一名不谙世事的青年学生逐步进入法学殿堂,成为一名法学教师。党和国家肯定了我的业绩,授予我最高荣誉称号。党和国家对我的恩情比山高、比海深,我永远铭记在心!"先生的谦逊品德和高风亮节,使我们深切地感受到一位教育大师、法学大师的高尚情操和博大情怀。

先生秉持有教无类的教育理念。1990年先生将我招进中国人民大学法学院攻读刑法学博士学位,他和王作富先生珠联璧合,手把手地教我们做学问,做法学人。虽然一年多以后,学校把我分给王老师指导,但几十年来,我在任何时候有问题,向先生请教,有工作请先生支持,先生都有求必应,从不推辞,像对待自己的亲学生一样。在我40多年的学习和工作生涯中,我始终把有幸拜在高、王两位老师门下读书学习,视为我人生最重要的选择、最正确的选择。

正是两位先生的教育和指引,才让我真正进入法学教育、法学研究和司法实务的殿堂,让我受益终身,能够为新中国的法治建设作一点微薄的贡献,这是我终生不能忘却的大恩大德。与此同时,我也因为愚笨和懈怠,深感向先生学习得太少,这是我的一大憾事。

正如高铭暄先生2019年接受《方圆》杂志采访时所言,他一生的信念就是活到老学到老,改造到老,这既是他的谦虚,也是他人生的真实写照。在学生们的心中,他就像法学教育界的冈仁波齐,让人仰望而不可及。他是一座无比丰富的矿藏,永远都有学生们学不完、挖不尽的思想富矿。

乘着新时代的东风,先生和师母更精神抖擞地向"相期以茶"的高龄迈进,这是我们学生最盼望看到的一道亮丽的风景线。借此机会,我在遥远的花城,向高铭暄先生和师母,送上我最诚挚的祝福,祝二老健康长寿、生活幸福、双节快乐。也祝先生学术长青、成果常新。祝研讨会取得圆满成功。

谢谢大家!

其业最宏　其功至伟[*]

——高铭暄教授教育生涯中的"四大坚持"

王　轶[**]

尊敬的高铭暄老师、高老师的家人，尊敬的姜伟大法官、胡云腾大法官，尊敬的陈泽宪老师、王新清老师、曲新久老师、周光权院长、刘仁文教授，尊敬的各位与会嘉宾、各位校友、各位同事、各位同学，大家下午好！

在收获的九月，欢迎大家到中国人民大学出席人民教育家高铭暄先生教育思想研讨会，首先请允许我代表学校对大家的光临表示热烈的欢迎和衷心的感谢。而且还需要特别补充一点，在我进入会场之前，在校外参加会议的王利明教授专门打来电话，让我传达对高铭暄老师的问候，表达对高铭暄老师的敬意。高铭暄老师是我们国家著名的法学家和法学教育家，是新中国刑法学事业的主要奠基人和开拓者，是享誉世界的法学泰斗，获得了"人民教育家""全国优秀教师""全国师德先进个人""最美奋斗者"等荣誉称号。

就在几天前，教师节到来的前夕，全国优秀教师代表座谈会在京召开，高铭暄老师受邀参会，并且在会上发言。习近平总书记致信指出："教师群体中涌现出一批教育家和优秀教师，他们具有心有大我、至诚报国的理想信念，言为士则、行为世范的道德情操，启智润心、因材施教的育人智慧，勤学笃行、求是创新的躬耕态度，乐教爱生、甘于奉献的仁爱之心，胸怀天下、以文化人的弘道追求，展现了中国特有的教育家精神。"高铭暄老师就是这样一个教育家群体和优秀教师群体的杰出代表。高铭暄老师1953年毕业，留校任教，1984年成为我们国家第一位刑法学专业的博士生导师，2009年被评为中国人民大学荣誉一级教授，到今天在中国人民大

---

[*] 本文系作者在中国人民大学法学院、中国刑法学研究会、中国人民大学刑事法律科学研究中心主办的"人民教育家高铭暄先生教育思想研讨会"的发言（会议时间：2023年9月16日，会议地点：北京）。

[**] 中国人民大学党委常委、副校长。

学已经任教整整 70 个年头了,培养了无数优秀的毕业生,包括今天在座返校的多位杰出校友。据我这里的统计,仅仅是高铭暄老师培养的法学博士,就有 60 多位,都已经成长为我们国家法治事业建设和发展的中流砥柱。高铭暄老师的教育事业不仅推动了新中国刑法学的创建、发展和繁荣,而且为我们整个国家的法学教育和人才培养作出了卓越的贡献。正是因为有像高铭暄老师这样的名师坐镇,师带徒、传帮带,我们国家的法学教育才得以蓬勃发展,法学研究才能够结出累累硕果。

筚路蓝缕,以启山林,高铭暄老师的教育思想是我国法学教育事业的宝贵财富。今天举行这个研讨会,就是希望通过探讨高铭暄老师的教育思想,以推动我们法学教育事业取得更大的进步。

从教 70 年来,高铭暄老师在刑法学领域传道、授业、解惑,其业最宏,其功至伟。在我看来,高铭暄老师在他的教育生涯中做到了四大坚持:一是高铭暄老师始终坚持"为党育人、为国育才"的初心使命,毫不动摇地坚持党的政策,将基本刑事政策融入法学理论,是以教育思想具有鲜明的爱国性;二是高铭暄老师始终坚持马克思主义方法论,坚持将辩证唯物主义和历史唯物主义作为理解犯罪和刑罚的基本出发点,是以其教育思想具有充分的科学性;三是高铭暄老师始终坚持理论联系实际的原则,不断推动学术成果和实务经验的双向转化,是以其教育思想具有强烈的实践导向,所育人才都能很好地经世致用;四是高铭暄老师始终坚持面向世界的学术品格,以我为主,合理汲取域外刑法学研究成果,主动将国际社会公认的、符合中国实际的、满足中国需求的犯罪治理经验融入我国刑法学研究框架,以扎实、严谨的学风探索建构中国自主的刑法学知识体系。所以,高铭暄老师的教育思想具有一流的师学品质和鲜明的中国品格。

今天的研讨会高朋满座、胜友如云。就像前面提到的,很多嘉宾都是高老师在不同场合以各种方式培养和教育过的弟子。各位嘉宾受益于高铭暄老师的传道授业解惑,是高老师教育思想的受益者。我们期待今天的会议能够围绕主题,各位与会的领导、嘉宾、校友、同事、同学都能够贡献真知灼见。

预祝今天的会议圆满成功!同时,也祝高老师身体健康、福如东海、寿比南山!

谢谢!

高铭暄教授法学教育思想*

王新清**

刚才讲了我们要总结高老师的人民教育家思想。我注意到长期以来,我们刑法学的弟子们,一直在学习、研究高老师的法学教育思想。我感到大家总结得很全面,但有一点,希望这次法学院在总结的时候补上。之前我们大家多数是从学生的角度总结高老师作为导师,作为教师,他的法学教育思想。但是高老师1983年到1986年,担任人大法律系的主任,1990年到2003年担任法学院院务委员会主任,应该说高老师作为法学教育机构的主要领导人,很多教育思想和普通教师是有区别的。我回忆我当时在这里求学的经历,我就发现,我们当时在高老师的领导下,人大法律系把法科学生的素质教育真真正正落在实处,我们当时开设了很多素质教育的课程,现在可以归类为法庭技术的课程,很多本科生课程中已经没有了。法医学、司法精神病学,当时我们学校没有相关的老师,高老师从北京市公安局请来非常有名的法医专家,还有北医六院的院士来给我们上这些课,加上我们学校的物证技术课,对我们这代学生来说,掌握这些技术对后来做律师、做法官、做检察官办案是非常有意义的。

现在我们的学生教育功利化倾向比较重,要考的去学,不考的不学,这完全是错误的,所以要好好总结。当时我们法律系的素质教育,它真的是从一个学生今后的事业发展,从事的职业所需要的知识结构来开设课程。像古代汉语,就学一个学期,学得非常深,还有很多课程,都是从学生的素质教育出发的,而不是像现在受到应试教育影响。所以,我觉得这一点,对克服当前法学教育的困难是非常重要的,这是我印象极其深刻的。类似的当然还有很多,由于时间关系不展开了,这是第一点。

第二点,真真正正落实理论与实践相结合。我们在本科期间做了很多实践,每

---

* 本文系作者在中国人民大学法学院、中国刑法学研究会、中国人民大学刑事法律科学研究中心主办的"人民教育家高铭暄先生教育思想研讨会"的发言(会议时间:2023年9月16日,会议地点:北京)。

** 中国社会科学院大学党委副书记、副校长,教育部高等学校法学类专业教学指导委员会副主任委员。

到周末，自己到大街上去做法律咨询，本科生的实习真的是有组织地到法院、检察院实习，到外地去两个月，我们那届是真正的在法院，真真正正有组织的，按照班级、小组建制去实习。甚至到了研究生，我1988年研究生毕业留校，1986年、1987年的时候，法律系给研究生300块钱，每一个人写论文之前必须搞调研，那时候300块钱是相当多的，我用那300块钱跑了一个月，走了6个城市，对我们后来做学问、当老师极其有益，现在不光是我们，很多大学做得都不够，虽然教育部要求理论与实践相结合，但是我看绝大多数的学校目前都没做到。这是第二点，我觉得要好好总结。

第三点，高老师作为法律系的主要负责人，也作为国务院学位委员会法学学科评议召集人，在那个时代，他胸怀全国的法学教育全局，大力加强学科建设，他在其中起到的推动作用，也没有好好总结。现在法学博士点的布局就是从那个时候开始的。法学硕士学位的建设也是从那个时候开始的，包括法学本科专业，当时还有一个经济学，都是在那个时候布局的。我觉得高老师胸怀全国法学教育全局，在法学学科的布局、专业建设等方面的思想，对于我们整个国家的法学教育都有极其重要的意义。建议对高老师的法学教育思想和人民教育家思想的总结要和那个时代的人大法律系的教育，当时创造的一些成就，总结出来的好经验结合起来，这样我们对高老师的人民教育家思想、精神的总结就更加全面。这是我提出的一个小小的建议。

最后祝高老师健康长寿，学术之树长青。

谢谢！

集理论、实务、教书、育人于一身的学术大师[*]

田文昌[**]

今天,在高铭暄老师学术思想研讨会上发言的绝大多数人都是高老师亲自培养的学生,而我作为一名编外学生能够参加这样的活动,深感荣幸,也许正由于我这种特殊的身份,对于高铭暄老师的学术思想更有一些特殊的感悟。

学术思想不同于学术成果。学术成果体现的是对某一个学科的精通和贡献,而学术思想则体现为对某一个学术领域的引领和创见;学术成果可以得益于钻研与勤奋,而学术思想则是集大成者高屋建瓴的深思熟虑。高铭暄老师正是将理论、实务、教书、育人汇于一身的集大成者。

我不仅对高铭暄老师本人满怀敬仰,对高老师的学术思想也深有体会。我1982年就开始听高老师讲课,并得到高老师的悉心指导。我撰写硕士论文的参考书是高老师书架上的两部关于刑罚学的俄文专著。我的硕士论文因为观点超前而受到校方质疑,是高老师在评语中予以充分肯定才得以通过的。我于1987年出版的第一本书《刑罚目的论》,是高老师作序。我于2017年出版的另一本书《与法治同行》,还是高老师作序。今年(2023年)我的学生杨大民律师正在编辑出版的《田文昌谈刑辩》一书,又是高老师作序。

我1995年从中国政法大学辞职创办京都律师事务所,高铭暄老师一直是京都律师事务所的高级顾问,对律所的活动和案件论证有求必应,从未间断。直到今天,高老师已经九十多岁高龄,仍然对我和京都律师事务所的发展关怀备至。这不仅仅是高老师对我本人和京都律师事务所的厚爱,更体现了高老师对法律实务的深切关注和悉心指导。

---

[*] 本文系作者在中国人民大学、中国刑法学研究会、浙江省玉环市委市政府联合主办的"高铭暄学术馆开馆仪式暨高铭暄学术思想研讨会"的发言(会议时间:2023年4月7日,会议地点:浙江省玉环市)。
[**] 京都律师事务所创始合伙人。

集理论、实务、教书、育人于一身的学术大师

几十年与高老师相处的切身经历，不仅使我感受到了高铭暄老师学术思想的深邃和价值，也领悟了高老师学术思想的渊源。能够将理论、实务、教书、育人融为一体，集于一身，并且为之投入毕生精力，正是高铭暄老师学术思想形成和发展的源泉和动力。

高老师对刑法理论的深耕和对立法活动的推动有目共睹，自不待言。数十年如一日的勤奋积累和不断探索，才能凝练出引领几代人的理论精华。

高老师对法律实务的关注和参与，在发挥理论指导实务作用的同时，也为学术思想的不断深化补充了营养。

传道、授业、解惑既是教授他人的过程，也兼有提升自我的价值。因为，只有把一种知识真正理解透彻才能够讲授清楚。而高老师无论是授课还是辅导，都能够不厌其烦，循循善诱，把深奥的理论如数家珍般讲授得"清澈见底"，让学生欣然接受、茅塞顿开。这种化繁为简、深入浅出的思维能力，正是在诲人不倦的辛勤耕耘中升华而成的。

教书和育人并非每一位师者都能够同时兼顾，而高铭暄老师却堪称楷模。高老师培养出一批又一批的杰出人才，正是他育人成功的见证。高老师以深厚的学养和高尚的品格对青年学子言传身教，以开阔的胸怀包容创新，并善于从青年人的梦幻思维中捕捉闪光的火花，再将这些火花点燃成学术高地上的熊熊大火。在这种海纳百川、兼容异见、不拘一格扶植晚辈的过程中，也使他的学术思想不断更新。

与高铭暄老师几十年的近距离接触，使我深切感受到，理论、实务、教书、育人已经成为高老师一生中不可分割的完美组合。高老师的学术思想正是由他在这些领域倾心投入的心血凝结而成的。

高铭暄老师不愧为集理论、实务、教书、育人于一身的学术大师！我不仅从高老师的教诲中学到了知识，也感悟了人生的价值，在耳濡目染中领悟了品格传承和学术传承的深远意义。

希望学术界和实务界的同辈和后辈们，能够深切领悟高铭暄老师的学术思想，并将高老师的学术思想不断发扬光大！

高铭暄教授教育家思想与教育家精神*

黄文艺**

尊敬的高铭暄老师,姜伟大法官、胡云腾大法官、王新清校长、王轶校长,各位领导、各位嘉宾,大家下午好!

为了深入学习贯彻习近平总书记在教师节致全国优秀教师代表信中的重要精神,深入学习研讨人民教育家高铭暄老师的教育家思想和教育家精神,我们今天召开人民教育家高铭暄先生教育思想研讨会。首先请允许我代表主办单位之一的中国人民大学法学院向各位领导、各位嘉宾的莅临表示热烈的欢迎和诚挚的感谢。各位领导、各位专家,是帮助我们法学院来完成一项最重大而又最紧迫的研究课题的,这就是如何提炼概括传承弘扬高铭暄老师的教育家思想和教育家精神。刚才王轶校长的讲话实际上已经传达了习近平总书记指出的教育家精神,也就是"心有大我、至诚报国的理想信念,言为士则、行为世范的道德情操,启智润心、因材施教的育人智慧,勤学笃行、求是创新的躬耕态度,乐教爱生、甘于奉献的仁爱之心,胸怀天下、以文化人的弘道追求"。这句话特别是里面的48个字从教育家的政治品格、道德情操、教育方略、治学风范、内心境界及宏大格局这六个方面对教育家群体的优秀品质作出了精准画像和精到概括。

高铭暄老师作为人民教育家,是教育家中的教育家,在70年的教育生涯中深度诠释了教育家精神。所以,如果要把我们学院最重大、最紧迫的课题分解为几个子课题来研究,第一个子课题就是高铭暄老师70年的教育实践是如何完美诠释教育家精神的。在这个学期,开学之初,法学院研究学校的要求,制作了人民教育家宣传的展板,这个展板从六个方面来宣传介绍高老师,比如,在"心有大我、至诚报国"的理想信念上,我们是从高老师最爱的京剧唱词"为国家哪何曾半日闲空"介绍

---

* 本文系作者在中国人民大学法学院、中国刑法学研究会、中国人民大学刑事法律科学研究中心主办的"人民教育家高铭暄先生教育思想研讨会"的发言(会议时间:2023年9月16日,会议地点:北京)。

** 中国人民大学法学院院长、教授。

起,讲高老师始终心怀国之大者,为新中国法治建设呕心沥血,自始至终参与新中国刑法的制定与修改,为刑事法治建设作出了彪炳史册的重大贡献。在"启智润心、因材施教"的育人智慧上,我们介绍了高老师为培养学生独立思考的能力,鼓励学生参与课堂讨论,探索创造出"三三制"课堂的教学方法。当然,把高老师身上所体现的总书记讲的六个方面的精神讲透,我们还需要更鲜活的素材和更精准的提炼,这是第一个子课题。

第二个子课题是高铭暄老师在哪些方面丰富和拓展了教育家的精神内涵,中央提出的这六个方面的精神,是对全国大中小学等各类教育家精神的集体画像,不可能涵盖高老师身上的全部优秀品质。以我自己的认识和体会来说,高老师不仅乐教爱生,对学生厚爱,也对学生严格要求,高老师经常讲,无论带什么目的来读书,进入他的门下就绝不允许以混文凭的态度虚度光阴。这就充分体现了大学教育,特别是研究生教育必须坚持严管厚爱相统一的精神。又如,高老师不仅有求是创新的治学风范,更有守正守真的治学立场,应该说他是守正创新的教育家典范。

王轶校长说了,高老师始终坚持从马克思主义法学的基本立场、观点、方法出发,从辩证唯物主义和历史唯物主义的法学基本原理出发来思考、观察和解决刑法的理论和实践问题,是方向正、主义真的马克思主义法学家。

第三个子课题要回到法学教育的场域,是如何把高老师的法学教育家的思想和精神概括成广大法学师生可追可学可见的精神元素。这可能是大课题里面重中之重的任务,高老师在构建刑法学自主知识体系和理论体系上所体现的以我为主、兼收并蓄的治学精神是法学教育和研究非常重要的治学态度。高老师经常强调,中国的刑法学必须服务于中国刑事法治的实践,必须立足于解决中国刑事法治实践中出现的问题。高老师也始终坚持高度的理论自信和海纳百川的宽广胸怀,参考古今、博辑中外,启迪学生们扎根中国法治实践,矢志不渝推动我国刑法学、刑法实践朝制度化、现代化的方向迈进。又如,高老师心胸宽广、乐观豁达的身心兼修的风范,集中体现了法律行业健康长寿的行业特征。我注意到前几天周光权院长在清华大学开学典礼上致辞,提到学法律的人总体上长寿的观点。不过,现在法律职业越来越成为一个高负荷、高强度、高压力、高风险的职业,我们也看到身心健康问题越来越突出,所以学法律的人只有向高老师学习,才能保持法律行业的传统。

出席今天会议的许多领导和嘉宾都是高老师的学生和弟子,应该说是高老师的教育家思想和教育家精神最近的亲历者和最大的受益者,也是最有发言权的。

所以，我再次代表学院恳请各位领导、各位专家，帮助我们做好这一重大课题的研究。当然也借此机会感谢各位领导、各位嘉宾过去做的很多工作，比如，按照教育部的部署，前几年我们拍摄制作了不少采访视频，也离不开在座的各位领导，包括姜伟大法官、胡云腾大法官的精心准备、全力支持和参与。

最后预祝今天的研讨会圆满成功。也祝福我们崇敬、爱戴的高铭暄老师健康长寿、长寿、再长寿！

高铭暄教授治学教学态度：
严谨踏实、认真负责、孜孜不倦[*]

韩玉胜^{**}

各位下午好！

高老师离开会场以后，我已经成了会场里年龄最大的一个人，我是1978年人大停办8年复校后第一批考入人大的学生，和今天在座的姜伟副会长和徐孟洲教授是同班同学。1978年入校在师生见面会上第一次见到了高老师，1979年高老师给我们讲授刑法总论。1982年高老师担任我们的班主任，并带领我们到山东法院实习了两个月。我毕业留校以后，又一直在刑法教研室工作，算起来，从上学认识高老师到跟高老师在同一个教研室共事已经45年了。我认为高老师严谨踏实的治学态度、认真负责的教学态度、孜孜不倦的研究态度，为我们后辈树立了无法复制的典范。

我之所以用态度一词，按照我的理解，态度是思想的外在表现，态度是以思想为基础、为指导的。今天是高老师教育思想研讨会，从高老师的治学、教学、研究三个方面的态度，可以广窥高老师的教育思想：

第一，严谨踏实的治学态度。刑法教研室的老主任鲁风老师曾经告诉我，让我在治学方法上一定向高老师学习，高老师在任何时候都有做笔记的好习惯，即使是参观展览馆、博物馆，高老师也会用笔记下来。高老师参加了刑法起草立法乃至修法的全过程，积累了厚厚的文字材料。这些材料虽然后来因为客观原因丢失了，但高老师严谨踏实的治学态度永远是我们学习的榜样。

第二，认真负责的教学态度。高老师上课极其认真，不管是本科、硕士，还是博

---

* 本文系作者在中国人民大学法学院、中国刑法学研究会、中国人民大学刑事法律科学研究中心主办的"人民教育家高铭暄先生教育思想研讨会"的发言（会议时间：2023年9月16日，会议地点：北京）。

** 中国人民大学刑事法律科学研究中心教授。

士的课,凡是上课,必事先准备好讲稿,一字一字用手写出来,不管讲了多少遍、多少年,每次的讲稿一定都是新准备好的。1983年,高老师因为牙病把满嘴牙拔得一颗不剩,等待安装假牙期间吃饭都成问题,但是一节课都没有落过,为了说话方便,高老师上课的时候戴一个大口罩,那时候可是炎炎夏季。在高老师心里,给学生做好教学是从事教师职业的第一要务,一定要认真。

第三,孜孜不倦的研究态度。高老师在刑法理论研究上投入了巨大的精力,高老师的《中华人民共和国刑法的孕育和诞生》是他数十年参加刑法立法修法工作的集大成之作,具有开创意义。后来高老师又作为主编,编写了《刑法学原理》三卷本,这些著作在当时起到了非常大的作用,也产生了非常大的影响,在犯罪构成理论上,高老师始终坚持四要件学说,即使在90多岁高龄的时候,仍执笔写了四要件学说的合理性、认知性、前瞻性、适用性的论文,给我们留下了极为深刻的印象。高老师对我们晚辈来说是永远的楷模。祝高老师的学术之树长青!祝高老师的学术思想永存!

谢谢各位!

高铭暄教授学术生涯印象：
启蒙犯罪学研究兴趣　树立榜样引领从教[*]

吴宗宪[**]

很高兴能够参加人民教育家高铭暄先生教育思想研讨会。作为一名79级法学本科生和83级法学硕士生，我虽然不是高老师的入门弟子，但是也能深深感受到高老师对刑法学和相关学科的巨大贡献，对我也有多方面的影响。下面我主要从一个犯罪学研究者的角度和一个教师的身份谈几点对高老师学术生涯的印象和体会。

第一，刑法学完整体系的构建。高老师主编的1982年由法律出版社出版的高等学校法学教材《刑法学》，应该是确立新中国刑法学完整体系的一本重要的教科书和学术著作，这一点就不展开讲了，这是第一点。

第二，犯罪学基础知识的启蒙。1982年出版的这本教科书也是新中国犯罪学基础知识的重要启蒙书籍，这一点现在很多人没有注意到，因为这本书第七章犯罪现象及其原因论述的实际上就是犯罪学的内容。此外，这本书第一章第二节马克思列宁主义刑法学与资产阶级刑法学的根本区别，第六章犯罪概念中有一节剥削阶级国家关于犯罪的概念，第八章犯罪构成的第一节犯罪构成的概念和意义，第十六章刑罚的概念和目的中都有不少犯罪学的内容。所以，这本书可以说是早期出版的内容涉及犯罪学的重要刑法学著作，在传播犯罪学基础知识方面，发挥了非常重要的启蒙作用。

我对于犯罪学的兴趣主要也是由这本书中的相关内容引起的，我1997年出版的一本比较厚的《西方犯罪学史》专门讲了这一点，感谢高老师主编的这本刑法学教科书对我国犯罪学知识的启蒙之功。

---

[*] 本文系作者在中国人民大学法学院、中国刑法学研究会、中国人民大学刑事法律科学研究中心主办的"人民教育家高铭暄先生教育思想研讨会"的发言（会议时间：2023年9月16日，会议地点：北京）。

[**] 北京师范大学刑事法律科学研究院教授。

第三,学术生命长青的典范。高老师树立了终生坚持学术研究、学术生命长青的优秀典范。他不仅在退休之前的漫长岁月中坚持刑法学等方面的研究工作,而且在退休之后,仍然孜孜不倦著书立说,为我国刑法学的发展贡献智慧。即使在90岁以后,高老师除撰写和修订著作之外,每年仍旧有学术论文发表,我看了一下中国知网从2019年到现在,每年分别发表了11篇、10篇、4篇、2篇、3篇学术论文,这么大的发表量,产出的效率,我觉得很多年轻人都达不到,这种终生奉献于学术事业的精神,是我们后辈学人学习的典范,无论是学术研究方面还是健康长寿方面,高老师都成为我们大多数学人难以达到的巅峰。所以尽管高老师没来,仍然祝愿高老师健康长寿,继续引领我国刑法学的发展。

第四,教书育人工作的楷模。高老师是极其成功的进行教书育人工作的杰出的人民教育家,不仅亲自指导和培养了一大批优秀的学生,而且也给其他教师树立了教书育人的楷模。我在中国政法大学研究生院攻读刑法学硕士期间,就聆听了高老师的刑法总论课,受到了如何讲好课的启发,高老师也是我的硕士学位论文评阅人和答辩委员会的主席,这使我直接受到了如何写好学位论文和如何进行学位论文答辩方面的教育。我自己做教师之后,也努力学习高老师的做法,2006年我加入北师大刑科院并指导研究生之后,与高老师的接触多了起来,在教书育人方面受到了高老师更多的熏陶,感谢高老师给我们提供的经验,为我们树立了榜样。

谢谢各位!

高铭暄教育思想：
胸怀赤子之心　坚持中国特色*

曲新久**

谢谢大家，时间关系我简单说几句，首先感谢中国人民大学邀请我来参加高老师教育思想的研讨会，高老师是人民教育家，我们作为晚辈也有责任去深入地学习和挖掘高老师的教育思想，尤其是高老师的法学教育思想。我从读研究生开始，就和高老师有比较多的接触，尽管我不是高老师的学生，但无论是研究生听课，还是毕业以后，都和高老师有密切联系，包括一些会议也会见面，应该说算是人大外的高老师的学生。

高老师1951年在人大开始学习、研究刑法，毕业以后在这里做老师，之后一段时间，是法学教育的中断、法治的中断，毕竟有10年的"文革"，人大尽管没有受多大的冲击，但影响还是非常大的。今天我是从人大的东门走到西门，走到这儿，在我读本科期间，当时来人大，觉得从东门走到西门好远，等我长大了以后，觉得好短，今天又从东门走到西门，又觉得好远好远，我以为我中间能学习，背着充电器，东西准备得很齐全。今天给我的一个感悟，刚才听高老师简短的致辞，包括前面的讲话，在座的很多同仁和高老师的学生更清楚，高老师无论是讲话还是致辞，都是没有废话的，像我就喜欢说废话。所以我和高老师很多东西是相反的，我来人大除了受高老师致辞的教育，更重要的是走这一趟，又有了一些很难说清楚的体验。

这么多年，我印象中从来没有听过高老师的抱怨，他老人家喜欢教育，所以他今天说的心里要想着祖国，忠诚于国家的教育事业，这就是他说的你政治上要坚定，这是自认识高老师以来，高老师给我的非常强烈的印象，作为法学的教育者、法

---

* 本文系作者在中国人民大学法学院、中国刑法学研究会、中国人民大学刑事法律科学研究中心主办的"人民教育家高铭暄先生教育思想研讨会"的发言（会议时间：2023年9月16日，会议地点：北京）。
** 中国政法大学刑事司法学院教授。

学的从业人员,对国家的忠诚和热爱,可以说是最根本、最重要的一点。在这一点上,高老师做得非常好。

此外,高老师的教育思想,真的有很多值得发掘的地方,非常重要的一点,高老师能够把他的学术思想、学识和我们国家的国情相结合,而且善于与人沟通交流。我突然想起一件事情,有一年讨论关于刑法罪名的内容,我记得方案是建峰和志伟提的,其中有个罪,对有影响力的人行贿罪,建峰他们的建议是向有影响力的人行贿罪,高老师说把"向"改成"对",对有影响力的人行贿罪。这使我感慨,有时候立法、司法活动,偶然性还挺多的,一个很短的讨论,大家很快达成一致,这显示了高老师做人的品质和品德。

高老师的思想中还有很多东西有待挖掘,限于时间,很难一言说尽。时间留给后面的同志。谢谢大家!

高铭暄教育思想对我国刑法
学术共同体建设的促进*

刘仁文**

今天来确实感觉收获很大,我们经常说一篇文章、一本书常读常新,今天来见到高老师,很久没有见到他了,也是一样的感受。另外听到各位的发言,我一直有一个观点,我们写关于老先生们的文章或者什么,对他们来说,活到 90 多岁,一切都看透了,所以他们对促进我们这个共同体的建设,对我们的人生能够有所激励、有所启发。

今天来,刚才都在听他们的发言,没来得及总结,时间关系,常谈常新,结合我过去的文章,谈五点看法,这些是特别值得向高老师学习的。

第一点,高老师特别认真,做事一丝不苟。他每次发言都要做好书面的稿子,今天来我跟他打招呼,我说您又写稿子了,他每次都是这样的。我很荣幸在 2007 年,和秀梅教授一起在德国的时候,高老师在那儿作演讲,我给高老师做了一次翻译,当时我嘱咐高老师,准备了这么多内容,时间有限,还要翻译,千万别超时,外国人很强调时间观念。高老师说:"仁文,这一点你放心,我在人大讲了几十年了,时间我会把握好。"所以最后讲座的时间加上翻译一点都没有超时,非常准时。他凡事都特别认真,一丝不苟,我印象特别深刻。我们参与立法修改,有一次在郊区,早上起来在一起吃早餐,我说:"高老师昨晚休息得好吗?"他说:"没睡好,昨晚看稿子看到 1 点多。"我们一般看到 12 点多就睡了,发言的时候找自己擅长的地方讲。我觉得高老师凡事特别认真、一丝不苟,值得我们学习。

第二点,他的团队精神特别值得我们学习。有人说高、王两位老师不一定是发文章最多的老一辈,但是他们为什么能达到这种受人尊崇的地位,是因为他们的团

---

* 本文系作者在中国人民大学法学院、中国刑法学研究会、中国人民大学刑事法律科学研究中心主办的"人民教育家高铭暄先生教育思想研讨会"的发言(会议时间:2023 年 9 月 16 日,会议地点:北京)。
** 中国社会科学院法学研究所研究员。

队,所以高、王两位老师的这种传奇值得我们学习,尤其是建设刑法学的共同体要学习这种团队精神。

第三点,高老师虽然德高望重,但是他一直平等待人,考虑事情非常细致。举个小例子,刚才姜伟大法官、王轶校长要送别高老师的时候,咱们就在后面,高老师专门招手:"仁文,再见。"我心里一激动,想跟他握个手,咱不能抢风头,我站在后面很远。老先生已经95岁了,我想在他心里大家一定是平等的,这是老先生发自肺腑的想法。

第四点,他有一种自我反思,自我批判,无情地解剖自己的教育的精神。我跟他说过多次,逢年过节一个微信往来,高老师都说:"仁文多批评我,我还有很多缺点。"刚才他也这么讲,他非常真诚,一点都不做作,是发自肺腑的,这方面我也有很多的感触。

第五点,也就是最后一点,高老师对我本人、对社科院刑法学科无私奉献,我们社科院的刑事法前沿论坛和一年一度的刑法学论坛,高老师除极个别的年份外,身体不好或者在外地出差,每次都赶到,每次都认真准备了稿子。像我这个湖南人有一次主持会议时,对高老师说了不是很礼貌的话,高老师也没有放在心上。无论是公开还是私下,都可以和高老师交流观点,这种在学术上平等待人的精神值得我们学习。

时间关系讲这么多,谢谢。

高铭暄教育思想：
本土意识、提携后学、学科自主[*]

周光权[**]

今天下午我们在这儿举行高老师教育思想的研讨会。我 1996 年到 1999 年在人大法学院上学，一直得到高老师的悉心指导和教育，我的体会是高老师是名副其实的新中国刑法学的奠基人，是法学界的一面旗帜，师德高尚，令人敬仰。今天举行这样的活动，学习高老师的教育思想，意义重大。

结合我自己在人大求学的经历，以及我到清华法学院工作以后，高老师给予清华法学院刑法学科以及整个法学院工作的一些支持、关心和帮助，跟大家分享、汇报一下我学习高老师教育思想的体会。

高老师教育思想里面有三点特别重要：

第一点，对中国社会现实和国情的关注，展示了高老师的拳拳爱国心。1997 年《刑法》通过以后，高老师给我们上课，那时候他结合他参与刑法立法的一些具体体会和经验，跟我们分享了他在参与立法过程中，在规定罪刑法定原则、减少死刑以及法人犯罪立法合法化这些方面所做的努力、探索，另外也分享了在高老师带领下刑法学界通力合作为国家的立法科学化所做的努力。高老师的言传身教，对我们影响很大，对我们后来进一步学习刑法，加深对中国刑法的理解、对中国国情和中国社会的理解意义重大。结合国情，结合中国的社会现实对学生进行教育、指导，这是高老师教育思想中非常核心的内容。

第二点，高老师刚才自己发言的时候也提到，关心学生，对后学进行提携，平等交流，亦师亦友，这一点我们深有体会。1997 年，我们上学的时候，高老师给我们作讲座，讲座到中午 12 点以后，高老师自己掏钱请我们吃饭，我们五六个博士同学当

---

[*] 本文系作者在中国人民大学法学院、中国刑法学研究会、中国人民大学刑事法律科学研究中心主办的"人民教育家高铭暄先生教育思想研讨会"的发言（会议时间：2023 年 9 月 16 日，会议地点：北京）。

[**] 清华大学法学院院长、教授。

时凑钱说请高老师吃饭,或者我们 AA 制,高老师不用掏钱,高老师坚决不同意。他把自己的稿费摸出来,一张中国邮政的单子,上面是 80 块钱还是多少,1997 年的时候,80 块钱已经不少了,高老师对学生很好,那顿饭是高老师请我们的,我们要自己掏钱高老师完全不答应。通过这些言传身教,对学生润物无声的培养,他始终让学生能够体会到老师的关爱,让学生体会到老师的指导无时无刻不存在。姜伟副会长刚讲到的高老师指导学生有一个特别的方法,要求学生写综述,即要求学生用大量的时间阅读各类文献并写出综述,在这个基础上做研究,这些都是高老师在具体的教学实践当中总结出的独特方法,值得我们学习。

第三点,我要讲一下,高老师对中国法学学科自主发展作出的贡献。黄文艺院长刚才的发言中提到了这个,高老师对推动中国法学学科自主发展这方面有特殊的贡献,不仅是推动刑法学科的自主发展,更是推动整个法学学科的发展,这方面我深有体会。根据我的观察,马教授在武大主持刑法学科,长期和高老师保持着非常好的友谊,高老师和马老师通力合作,支持武大刑法学科的发展,所以武大刑法学科在中国一直处于一流地位。高老师对清华刑法学科的支持力度也非常大,高老师和我们法学院的张明楷教授还有我本人都保持着非常好的友谊,在各种场合见到我都给我不断的勉励和鼓励,当然中间也有一些关切和批评,希望我们晚辈一定要努力,高老师的关心、鞭策,我是始终记在心里的。

此外,高老师对清华法学院还有很多支持,我们多次邀请他作讲座,在 2006 年法学一级学科评审过程中,高老师亲自关心过问支持,高老师对整个法学院提供的帮助,我们都是铭记在心的。我建议人大法学院在总结高老师的法学教育思想的时候,要把高老师的眼光、胸怀以及对推动整个中国法学教育所作的贡献,这些相关的素材收集起来,做充分地展示,清华法学院愿意提供支持。清华法学院也非常感恩和感激高老师。

最后,学术薪火相传,我们需要认真地体会高老师的法学教育思想,慢慢地总结,向高老师学习,持续推动、发展中国法学教育,无愧于高老师对我们悉心的指导,无愧于高老师对中国法学教育的关怀。

发言到这里,谢谢大家!

大国良师高铭暄
用一生诠释人民教育家本色

——坚守教育初心,培养温暖刚正的法律人

彭凤莲*

2019年9月17日,高铭暄先生被授予"人民教育家"国家荣誉称号。他是当代著名法学家和法学教育家,新中国刑法学的主要奠基者和开拓者,唯一全程参与新中国第一部刑法典制定的学者,新中国第一位刑法学博导,改革开放后第一部法学学术专著的撰写者和第一部统编刑法学教科书的主编者。"教育乃我之事业,科学乃我之生命",大国良师人民教育家高铭暄用一生诠释师者本色,七十年如一日,孜孜以求,将爱和责任播洒三尺讲台。先生始终秉持法学教育的人民性,践行为党育人、为国育才使命,立德修身、潜心治学、开拓创新,培养和影响了新中国一批又一批法治人才,诠释演绎着人民教育家尊荣而又厚重的内涵。我常说我很幸运,在不同的求学阶段都能得遇良师,先生是影响我一辈子为人为师的恩师。我两次求学高门,先生的言传身教让我终身受益。作为学生,我仅就与先生25年师生交往中感悟到的"大先生"的教育思想略述点滴。

一、坚定政治信仰

先生在获得"人民教育家"国家荣誉称号的获奖感言中说:"是党和国家培养了我、教育了我、支持了我、帮助了我,使我由一名不谙世事的青年学生逐步进入法学殿堂,成为一名法学教师。党和国家肯定了我的业绩,授予我最高荣誉称号。党和国家对我的恩情比山高、比海深,我永远铭记在心!"他表示要"用实际行动回报社会,回报国家,尽到一个知识分子应有的责任"。在中国人民大学法学院成立50周

---

* 安庆师范大学校长、教授、博士生导师。

年大会上,先生说:"我热爱祖国,热爱中国人民大学,热爱人民大学法学院,也热爱我所从事的法学和法学教育事业。"先生荣获"人民教育家""全国优秀教师"等称号,首要的一条便是有坚定的政治信仰,并严格要求学生讲政治、坚持四项基本原则。先生给当代学法律的年轻人提出四条建议:一是关心政治,了解当前国家形势和工作重点;二是多读书、读好书,特别是经典著作;三是做学问要理论联系实际,解决实际问题;四是三观要正确。可见,先生在教育生涯中一直将政治摆在首位,堪称典范!

二、立德树人

学高为师,身正为范;学为人师,行为世范。先生始终遵循立德树人的初心,言传身教着一批批、一个个学子。我想讲几个与先生交往的小故事。第一个故事是1998年教师节我电话预约去拜访先生,在北京师范大学北门口一个水果摊上买了点水果,可这点水果先生还让我带走了。第二个故事,考博时去办公室拜访先生,带了点家乡的茶叶,先生也拒收了。第三个故事,博士毕业前夕,我给先生买了一件金利来白色短袖衬衫,感谢先生多年的培育之恩,结果先生还是拒收。这几件小事,于我的行为而言,我认为都是人之常情,可先生却恪守为师之道,严守师德师风,让我深受教益,并领悟到立德树人乃为师之本、为师之魂,先生教会了我与我的学生之间的交往之道。这就是师德师风的传承!从教70年,先生获得不少荣誉,对教育事业始终钟爱如一,先生荣获"全国师德先进个人",实至名归!

三、有教无类

先生先后培养出无数法学硕士、博士及博士后,其中许多人成为知名法学教授、法院院长和律师,为推进我国法治建设、法律人才培养作出了贡献。先生招收的博士生包括非法学学科背景的。我本人本科、研究生均毕业于安徽师范大学,学的是历史专业。1993年研究生毕业之后留校任教,但教的是法律基础课。法律于我而言是零基础,我边自学边听课边上课,1997年通过律师资格考试,1998年安徽师范大学恢复法学本科专业招生,系主任让我到国内最好的法学院进修刑法,这样1998—1999学年我得以以国内高级访问学者的身份幸运地师从先生。这一年中国人民大学法学院刑法专业博士研究生有7人,我获得先生的特别许可,与他们一同参加刑法专题课的学习研讨，享受到与博士研究生无差别的学习研讨机会。这一年的访学奠定了我这一生的教学与科研基础。先生不嫌弃我法学功底差，让我有机会于2003年再次师从先生攻读博士学位。何其幸也！

四、主体间性教育

先生从20世纪80年代开始就创造性地提出"三三制"课堂互动教学模式，很好地诠释了现代教学理念——以教师为主导、以学生为主体的主体间性的教育思想。课前先生精选刑法学专题，由研究生选定专题后进行学术综述。课堂上先由一名研究生就选定的专题作主题发言，再由其他研究生质疑、补充或讨论，最后由导师对主题发言和课堂讨论进行总结，各占1/3时间。学术综述是学术研究的基本功，是研究生必备的研究技能。"三三制"教学，能充分调动学生积极性，培养学生的学术思维与学术素养，使学生敢于探索、敢于发表观点，在讨论中进行思想的交流和观点的碰撞，师生互动、教学相长。我访学期间有幸参加了一个学期的"三三制"教学，获益良多，至今还记得我当年选定的专题是死缓制度。

五、激励教育

先生秉持"老师不能太过拘束学生"的观点，一直鼓励学生要有自己的想法。先生在处理师生关系时经常引用韩愈《师说》中的名言"师不必贤于弟子，弟子不必不如师"激励学生，他认为在前人研究的基础上力求创新，才能解决更多学术问题。在教育事业中，他把自己的知识和经验毫无保留地教给学生，并鼓励说："我也从学生身上吸取无数新鲜的气息和营养，不断充实自己。""学生往往比老师更富有创新性，更富有开拓精神。""长江后浪推前浪，一浪更比一浪高。"他相信并欢迎学生胜过自己，超越自己，并认为这是对教育规律的尊重，也是正确处理师生关系的应有态度。先生的激励教育能激发和唤醒学生的内生动力，使学生在被动成长中产生自觉，从而更多地用自己的力量成长。先生培养了许多在法学界有影响力的人物，与激励教育不无关系。

六、三严五结合

2005年，先生在中国人民大学首批荣誉教授授予仪式上致辞："在指导博士生工作中,我力求做到严格要求、严格管理、严格训练。比如,政治上要求他们必须坚持四项基本原则,遵守宪法和法律,不违规、不出格;学习上要求他们较好地完成新修的各门课程,尽可能多地阅读一些有关的经典著作和精品名作;科研上要求他们肯花力气,能下功夫,并且要有相当数量的科研成果发表出来。我要求每个博士生在攻读博士学位期间在读书能力、翻译能力、研究能力、写作能力上都要有显著的提高。"为此,先生采取一些措施进行严格训练:比如,指定某些专题让博士研究生全面收集中外资料,写出文献综述,以便训练他们科研的基本功;又如,吸收博士研究生参加一些科研项目,让他们在亲历其境的科研活动中真正得到锻炼和提高。最能表现和检验博士研究生学术水平和科研能力的博士学位论文,先生更是不敢懈怠,把它看作导师工作的重中之重,着力去抓,努力抓好,严把质量关。先生还要求博士研究生在攻读博士学位期间能够做到五个"结合",即学习与科研相结合,理论与实践相结合,全面掌握与重点深入相结合,研究中国与借鉴外国相结合,个人钻研与集体讨论相结合。严师出高徒,先生渊博的知识、高超的教学水平、高尚的人格、一丝不苟的态度,与学生学习研究活动相结合,培养出了一大批出类拔萃的学生。

七、终身学习

2019年9月27日接受《方圆》杂志采访时,先生说有三条座右铭影响他一生:一是活到老学到老,改造到老;二是天才出于勤奋,知识就是力量;三是教育是我的事业,科学是我的生命。三条座右铭中,第一条就是活到老学到老,三尺讲台,四季耕耘,经年累月,孜孜不倦。先生在荣膺"人民教育家"后说:"教育工作,只要我身体能坚持我还是把它继续做下去,这是一面,另外一面,也还要善于提高自己,只要你还能活动,那还是要学习。"一席话朴实无华却感人至深,激励着后生们、小辈们、年轻的学子们勇毅前行。这就是教师精神的传承!

概言之,我的感受是,恩师70年教育生涯,始终坚守教育初心,以德施教,以德立身,致力于"培养具有温暖人格和刚正精神的法律人"。

恩师高铭暄

——一心一意把所有心血扑在教育上[*]

莫开勤[**]

谢谢主持人,很高兴疫情以后再次回到母校来参加高老师教育思想的研讨会。我 1991 年考入中国人民大学的刑法学科开始聆听高老师的教诲,我在本科的时候已经学了高老师的《刑法学》,我们用的就是《刑法学》这本教材,我是民族大学的,1986 年民族大学法律系才成立,高老师坐在 C 位,我那时候就仰望高老师,他也经常到民族大学给我们上课。本科毕业以后,要考研究生的时候想到当年的高老师,所以就到了这儿,然后硕士毕业进入了高老师的门下,跟了高老师 12 年,受到高老师的影响,现在讲讲我的体会。

一是高老师的教育精神,高老师确实热爱教育、尊重教育、全身心地投入教育,真正地把教育作为他一生的事业。他平时的点点滴滴,全是围绕他的教育。在教室上课时,先生比我们到得早,每次我们到教室的时候,他已经在那儿等着我们了。记得有一门刑法总论课是先生单独给我们三位博士生上的,当时北师大没有给先生分住宅,只分了红楼的一间小屋,屋内有一张床、一张桌子和一个凳子,我们这门课就在先生的这间屋子里上,先生坐在凳子上,我们几个人坐在床上,那时接触了先生的综述式教学方法和"三三制"教学方法。每个人事先准备选题,经过讨论确定之后由一个同学主讲,其他同学发表自己的意见,他最后作总结、评价,当时给了我们很大压力。那会儿被逼着读书、找资料,当时找资料没有现在方便,只能去图书馆摘抄摘录,高老师要求所有观点的出处必须注明。我们刚开始不会做综述,不会看书,高老师手把手地教我们,说我们的不足,他那会儿也快 70 岁高龄

---

[*] 本文系作者在中国人民大学法学院、中国刑法学研究会、中国人民大学刑事法律科学研究中心主办的"人民教育家高铭暄先生教育思想研讨会"的发言(会议时间:2023 年 9 月 16 日,会议地点:北京)。
[**] 中国人民公安大学法律系教授。

了,他的阅读量让我们汗颜,很多图书馆的书我们都没看过,但他都看过。每次上课,前一天晚上他都是认认真真备课,到他家里去的时候,他几乎都是趴在案头写东西,刚才有领导也讲了,他每次第二天开会发言,都是认认真真、反反复复,一字一字推敲,他的认真精神值得我们学习。我读博士那几年,高老师身体不太好,经常去医院,有时候住个短院,吃药,我有时候要给他报医药费,但是他从来没有缺一次课,我们年轻的都很难做得到。谢老师说他捧着大西瓜看高老师被赶回来了,之前拎着苹果也被赶回来了。茂坤师兄还不信,你去高老师家里不用拎任何东西,否则你就是自讨苦吃。高老师在医院住了几天,身体不舒服,作为学生也有一点心意,但高老师坚决不同意,他说做他的学生必须守他的规矩,他一心一意把自己所有的心血扑在教育上。

二是他的教学理念,他的教学跟实践相结合、教学跟课业相结合。大家都知道,他是新中国刑法创制发展完善的亲历者,他对咱们立法的熟悉程度无人可比。包括对司法的了解,对司法的关注,他始终如一。他给我们上课、指导时,经常跟我们探讨司法当中一些热点的问题,一些刑法的问题,立法的变化,等等。我们读研究生的时候,曾经碰到湖北发生的科技人员兼职是否定受贿罪的问题,官司打到法院,请了专家论证,以高老师为代表的学者提出这种情况不应该算是利用职务之便,这些专家意见使后来一大批的科技人员愿意兼职,从此以后都不再按受贿罪来处理。这些事件被高老师直接运用到教学当中,比如对职务犯罪、职务便利等的理解,后来刑法典全面修订,我们那时正处于刑法典修订前后。当时写博士论文时,高老师跟我们讲,当下还是原来的《刑法》,等我们毕业以后新《刑法》马上要生效的,我们要处理好这个关系。他的教学始终跟咱们的立法、咱们的司法实践是密切相关的,高老师将咱们立法的经验、司法的经验运用到教学中,培养咱们的人才,为国家的法治建设出力。

人大比较务实,是受了人大法学学科、刑法学科的教育理念的影响。高老师是咱们刑法理论的主要奠基者和开拓者,他的教育理念也是从一个法学的理论体系到一个法学的教育知识体系的不断转变或者演化的过程。法学教育知识体系深受法学理论体系的影响,或者说两者是同步发展的,以高老师为代表的一个团队研究的理论成果,影响了整个刑法学的教育。目前本科生、研究生、博士生的通说理论观点,很多都来源于以高老师为代表的刑法学科的研究团队。他自己说过要言之有理,言之有据。言之有理得益于理论研究,把理论研究成果转化为教学成果。所以他的这些教育精神、教育理念、教育方法对他的很多弟子影响很深,对我们的工作也有非常大的帮助。

谢谢。

高铭暄先生:"经师"和"人师"的统一者[*]

阴建峰^{**}

习近平总书记指出:"培养社会主义建设者和接班人,迫切需要我们的教师既精通专业知识、做好'经师',又涵养德行、成为'人师',努力做精于'传道授业解惑'的'经师'和'人师'的统一者。"而高铭暄先生无疑正是"经师"和"人师"的统一者!作为高铭暄先生的再传弟子,从中国人民大学到北京师范大学,在先生身边学习和工作的时间迄今也长达32年,很荣幸有机会经常聆听先生的教诲,亲身感受人民教育家的道德情操、大先生的人格魅力。在此,简单谈几点个人对于先生学术思想的学习体会:

第一,高铭暄先生的教学、科研始终把握正确的政治方向,反映了一位老党员绝对的政治忠诚和始终如一的政治信仰。这从先生平时的言行、论著中可见一斑。例如,先生在《中国应用法学》2023年第2期发的大作——《习近平法治思想指导下中国特色刑法学高质量发展论纲》一文中便开宗明义地强调,习近平法治思想必将为中国特色刑法学的迭代与升级供给持续发展和完善的动能,应当是中国特色刑法学实现高质量发展的根本纲领。在《中国共产党与中国刑法立法的发展——纪念中国共产党成立90周年》(《法学家》2011年第5期)一文中,先生明确提出,中国刑法立法成就的取得,与立法机关在立法过程中贯彻党的政策,坚持党的正确领导密不可分。在《新中国刑事治理能力现代化之路——致敬中华人民共和国七十华诞》一文中,先生指出,综合我国刑事治理能力现代化70年建设实践和变迁轨迹来看,毫不动摇地坚持马克思主义指导,坚持党的领导是我国刑事治理能力现代化最基本的经验。同时,先生的很多文章都始终立足于国家的大政方针并结合刑法学的具体问题进行深入论述。例如,《总体国家安全观下的中国刑法之路》一文[《东南大学学报(哲学社会科学版)》2021年第2期]指出,当代刑法肩负积极有效贯彻

---

* 本文系作者在中国人民大学法学院、中国刑法学研究会、中国人民大学刑事法律科学研究中心主办的"人民教育家高铭暄先生教育思想研讨会"的发言(会议时间:2023年9月16日,会议地点:北京)。

** 北京师范大学法学院副院长、教授。

安全政策、保证国家总体安全的特殊使命。先生在刑法学教学、科研方向问题上的思想与行动始终保持高度统一,可谓"四个自信"的坚定践行者。我们很多后辈学人,多少患有学术人格分裂症,有时候口是心非,说一套做一套。在这一点上,确实应当将以先生为代表的老一辈法学家奉为楷模。

第二,高铭暄先生的教学科研始终坚持中国问题、本土意识,是构建中国特色刑法学科体系的坚定倡导者、践行者。在2023年《中国应用法学》所刊发的《习近平法治思想指导下中国特色刑法学高质量发展论纲》中,先生指出,中国特色刑法学是独立自主发展的产物,以兼容并蓄为内在特质,已取得了重大成就,积累了丰富的发展经验。当然,按照高质量发展的总体规划,以习近平法治思想的具体要求为纲目,应抓紧做好做优刑法治理能力与体系建设,尤其是提升轻微犯罪的治理及网络犯罪、数字经济犯罪等新兴领域的规制效能。全面推进科学的刑法立法仍任重道远,有必要从整体上做好顶层设计,有序攻克具体的重点难点,持续保障立法的高质量。先生经常身体力行,做中国特色刑法理论的捍卫者和论辩者,以包容之心进行平等的讨论。例如,在《对主张以三阶层犯罪成立体系取代我国通行犯罪构成理论者的回应》一文中,先生便明确指出,我国四要件犯罪构成理论不仅具有历史必然性,具有历史合理性,也具有强大的生命力,有其明显的现实合理性。在此基础上,先生语重心长地指出,理论的创新和发展应当坚持实事求是的科学精神,在坚持中发展完善,必须力避那种以干脆抛弃为表现形式的折腾式的所谓发展,这是每一个负责任的有社会良知的刑法学者都应当恪守的基本的学术规范和准则。当然,先生对于传统刑法理论并不是僵化地坚持,而是主张以实事求是的态度对待中国刑法学体系,充分肯定其合理性,认真对待其不足之处,要在改革中继续坚持现行的四要件犯罪构成理论和罪—责—刑的中国刑法学体系。这在《论四要件犯罪构成理论的合理性暨对中国刑法学体系的坚持》(《中国法学》2009年第2期)、《关于中国刑法学犯罪构成理论的思考》(《法学》2010年第2期)等文章中都有清晰的体现。

第三,高铭暄先生始终本着国际视野、全球眼光开展教学科研工作,并积极推动中国刑法学界与国际的交流,是中国刑法学国际化的开拓者和引领者。先生很早就开始关注国际刑法、外国刑法、比较刑法、中国区际刑法领域的研究,更是我国研究国际刑法的引领者,被誉为推动中国国际刑法研究的第一人。先生一贯提倡刑法学科的国际化,认为"在经济和法律全球化的今天,作为一位刑法学者,必须具有国际眼光与开放的思想和胸襟"。在先生所发表的论文中,外向型的文章超过30

篇,占比约为1/10。而且,他还是最早走向国际的中国学者,20世纪80年代便有学术论文的译文在国外刊物发表。先生也是国际影响最大的中国刑法学者,其学术著述被译为英、法、德、俄、日、韩6种文字在外国出版或发表。先生代表作《中华人民共和国刑法的孕育诞生和发展完善》的德译本、俄译本,分别在德国、俄罗斯出版,英译本也正在编译中。鉴于先生在中国基于人权保障与人道主义刑事政策发展现代刑法学所取得的巨大成就,国际社会防卫学会于2015年4月授予其"切萨雷·贝卡里亚奖"。这是亚洲人第一次获得该项大奖,充分说明国际社会对以先生为代表的新中国刑法学和刑事法治事业的充分肯定。2016年11月,日本早稻田大学授予先生名誉博士学位。

第四,高铭暄先生的教学科研始终与时俱进,强调理论与实践的紧密结合,并占据学术研究的最前沿。这些年来,先生始终将刑法立法作为自己的重点研究领域,有大量的论文围绕此主题展开。同时,先生也积极关注社会管理创新中的刑事法治、宪法权利的刑法保护、正当防卫制度的妥当适用、死刑制度改革等重大法治现实问题。尤其是关于死刑问题,一位不畏强权、白发苍苍的老先生,为了死刑制度改革而慷慨陈词,不仅成为后辈学人心中的丰碑,更是通过文学作品等深入人心(潘军:《死刑报告》,人民文学出版社2004年版)。先生还积极关注前沿热点问题,诸如人工智能、平台经济犯罪、数字货币犯罪、电信网络诈骗犯罪、刑事合规等。尽管关于这些新问题的论文有些是与年轻学者合作撰写,但也恰恰反映了先生注重提携后辈、注意与学生交流以及其始终提倡的"教学相长"的人才培养模式。事实上,对后辈学人的提携和激励,也是先生的弟子与再传弟子们最为感激、感恩先生之处。我在硕士毕业的时候,曾在秀梅师姐的带领下,专程拜访先生,并表达了想报考先生博士生的想法,得到先生的充分肯定和鼓励。只不过后来因为有机会留校,不得不放弃考博。再后来,我在职读了赵老师的博士,很遗憾辈分未能得到提升。

前些天去先生家里拜见他,也许是由于我近乎躺平、开拓进取心不够,先生鼓励并鞭策我:"你才五十,都评上教授好多年了,起点不错,要大胆一点,好好干!"先生还对我说,他52岁才刚刚起步!听了之后,我有些汗颜,更有些感动!利用这个机会,也想向先生表态,我一定振作起来,好好干,争取不辜负先生的厚望。最后恭祝敬爱的师爷高铭暄先生福寿康宁,学术青春永驻!

高铭暄教授教育思想的四个侧面：
法治报国、守正创新、终身学习、乐教爱生[*]

陈志军[**]

非常荣幸回到母校参加高老师教育思想的研讨会，以前对高铭暄老师的刑法思想比较熟悉，现在我们是要对高铭暄老师的教育思想进行研讨，这可以说是新的问题。我们要考虑从法学和教育学的交叉学科角度重新对高老师的思想进行研究。

我自己也是一个法学教育工作者，对这个问题，确实也非常感兴趣。但是，我们讲这个研究，还只是一个初步的阶段，我刚才也听了在座各位领导和老师的发言，有以下四点感想：

第一，法治报国的爱国信念。高老师在北大上学的时候参加了开国大典，作为北大的学生在天安门广场某一个地方，亲自聆听了毛主席宣布中华人民共和国成立。这在高老师年轻的心中埋下了与党和新中国同呼吸共命运的种子。高老师从1953年开始从事教育工作，到今年70年了，高老师的实践也体现了这一点，体现了他为党育人、为国育才的初心始终不变。他一直参与国家的刑事立法活动，包括刑法解释的一些咨询论证，包括重大疑难刑事案件的咨询，还包括参加国家对外的刑法学术交流，作了很多开创性的贡献。可以看出，他作为法学教育工作者，始终秉持服务国家法治建设的决心，秉持法治报国的爱国信念，这是高铭暄老师教育思想的核心所在。

第二，守正创新的经师人师。高老师的教育思想，首先强调守正，强调对中国自己的法学体系、学术体系、话语体系的坚持，这和不久前中共中央办公厅和国务院办公厅印发的文件《关于加强新时代法学教育和法学理论研究的意见》的精神是

---

[*] 本文系作者在中国人民大学法学院、中国刑法学研究会、中国人民大学刑事法律科学研究中心主办的"人民教育家高铭暄先生教育思想研讨会"的发言（会议时间：2023年9月16日，会议地点：北京）。
[**] 中国人民公安大学法学院教授。

契合的。高老师反对盲目照搬外国的法学学术体系、话语体系,他认为还是应当以中学为体、西学为用,对中国传统刑法立法的坚持态度是非常鲜明的。

高老师也非常注重创新,他作为老一辈的学者,思想却一点都不保守,他主张学术的创新,包括立法的一些创新。高老师说,他不反对外国刑法的理论概念,这就是将犯罪理论换了个表述。还有中国刑法里的赦免制度,高老师也进行了很多探索,在几个很重要的时间节点,比如抗战胜利70周年、新中国成立70周年前夕给中央建议,最后被中央采纳,对中国特色的刑法赦免制度作出了重大的贡献。

第三,终身学习的教育理念。高老师自己本身就是这方面的典范,活到老学到老,这么大年纪,对新生事物,包括微信等各种新的东西,非常有热情。同时,高老师对学生的教育,也一直秉持这种理念,不仅在校期间关心学生,而且学生工作以后有疑难问题请教他,也都认真指导。

第四,乐教爱生的师者仁心。刚才我们听了很多,包括高老师的学生,还有一些不是高老师学生的同志的发言,可以看出,高老师对自己指导的研究生,包括上过课的学生,以及热爱刑法学研究的青年学生、青年教师都充满了仁爱之心,不吝赐教。我1994年到1996年在中国人民大学法学院学习期间,有幸聆听了高老师的教诲。1995年前后,大二的时候,有这么一个制度,高老师和王老师要分别给本科生上一次课,王老师抽丝剥茧、娓娓道来,给我留下了深刻印象,高老师给另外一个班,经济学班上课,我也去听了,那是第一次听高老师的讲课,高老师讲课中气十足、慷慨激昂,也给我留下了深刻的印象,这对后来我们走上刑法学习和研究的道路,产生了重大的影响。到后来,博士生阶段,我跟高老师的接触更多了。

高老师对后辈、对学生抱着一种仁爱之心,他非常注重教育公平。有人问高老师招博士生、研究生有没有标准,他回答,说没标准也没标准,说有标准也有标准,有标准那就是成绩。我们问高老师的博士生,考博士前跟高老师联系过没有?他说没联系过,就是考上了。可以看出,高老师在维护教育公平这方面,无愧于人民教育家的本色。

我的发言就是以上四点,祝高老师寿比南山、福如东海,也祝各位老师和同仁身体健康、工作顺利。

谢谢!

"人民教育家"高铭暄先生法学教育思想研究

徐 宏*

一、引言

新中国70华诞之际,我的授业恩师高铭暄先生荣获"最美奋斗者"称号及"人民教育家"国家荣誉称号。党和国家对这位为新中国刑法学教育和刑事法治事业不懈奋斗了近70年的泰斗级学者和教师给予了充分的褒扬与肯定:"当代著名法学家和法学教育家,新中国刑法学的主要奠基者和开拓者。作为唯一全程参与新中国第一部刑法制定的学者、新中国第一位刑法学博导、改革开放后第一部法学学术专著的撰写者和第一部统编刑法学教科书的主编,为我国刑法学的人才培养与科学研究作出重大贡献。"这不仅是对先生个人的肯定与礼赞,也是对先生所念兹在兹的新中国刑法学发展的肯定与期许;不仅是先生个人的荣誉,更是所有为新中国法学和法治事业奋斗的同仁的共同荣耀。先生投身刑法立法60余载,从全国人大成立伊始即全程参与刑法立法并赓续至今,可以说新中国刑法立法中的每一项成果都凝结着他的心血,堪称新中国刑法史的全程见证者和参与者;先生投身刑法学研究和教学70载,著书立说未尽、教书育人无数,可以毫不夸张地说,"高铭暄"这三个字是改革开放以后所有法科学子和刑事司法工作者都绕不开的名字,过去三四十年间几乎所有的法学学子都是读着他的书成长起来的,在这一意义上,他也是莘莘法科学子的刑法学启蒙老师。"人民教育家"这个殊荣,对先生来说是实至名归。

作为教育家的先生曾经在多个场合阐述自己在法学教育领域的理念与方法,最集中最系统的是在2013年12月28日由中国人民大学刑事法律科学研究中

---

* 华东政法大学刑事法学院副教授。

心主办的"新中国刑法学教育的回顾与展望暨高铭暄、王作富刑法教育思想研讨会"上,先生发表从教60周年感言,谈了自己的五点体会:第一,要热爱专业。第二,要武装头脑。具体而言,要做到以下四点:要对马克思主义基本原理特别是马克思主义哲学包括其世界观和方法论有所了解和掌握;要熟读西方近现代刑法学名著;要对本国刑法学的宏观发展有所了解,熟读当代具有代表性的教材以及公认的水平较高的专著;要熟读相关刑事立法及司法解释。第三,要有良好的授课艺术。具体表现为四个"言之有",即言之有物(向学生说明授课内容)、言之有理(有道理)、言之有据(有根据)、言之有情(有激情和感染力)。第四,教研结合。教学能够发现疑难点,为科研提供素材和动力,科研能够分析问题、解决问题,反过来促进教学。第五,精心指导,做好研究生培养工作。具体而言,要遵循"三严四能五结合"的教学方法。"三严"即对学生要严格要求、严格管理、严格训练;"四能"即培养学生的读书能力、翻译能力、研究能力和写作能力;"五结合"即学习与科研相结合、理论与实践相结合、全面掌握与重点深入相结合、研究中国问题与借鉴国外先进经验相结合、个人钻研与集体讨论相结合。① 这些看似平淡实则深远的观点,乃是先生对他自己的教育事业最为全面系统的回顾与总结。

作为受他亲炙的弟子,在为先生之成就与有荣焉之余,也怀着对先生最为崇高的敬意,尝试对先生70年的教育成果、教育理念进行整理研讨,这不仅是对先生的责任,更是对中国法学界的交代。我认为,先生始终坚持马克思主义的立场、观点与方法,始终秉持法学教育的人民性,始终保持改革创新的精神,在法学教育领域形成了具有自身独特风格的理念与范式,对中国特色社会主义法学教育理论体系的建立、发展和完善作出了开创性、关键性的贡献。具体而言,在教育的认识论上,先生一贯注重理论和实践的紧密结合、历史和现实的共同关切、教学和科研的相互驱动;在教育的方法论上,创造性地践行综述教学法、案例教学法和讨论教学法。

二、高铭暄先生的法学教育经历

在回顾先生的教育经历之前,有必要简要回顾一下先生的受教育经历,从中管窥先生的学术背景。先生于1928年5月出生在一个法官家庭,和那个家国罹难、风雨如晦的岁月里成长起来的很多青年学子一样,先生在学生时代就怀有浓烈的家

---

① 参见蒋安杰:《高铭暄 王作富刑法教育思想研讨会在京举行》,载《法制日报》2014年1月1日,第3版。

国情怀,这种家学和国情对他的学业抉择产生了直接影响。1947年高中毕业后,先生就决意报考法学专业,由于成绩优异被浙江大学法学院、复旦大学法学院和武汉大学法学院三所知名高等法学学府同时录取,最后考虑与父亲就近生活选择了浙江大学法学院。当时的浙江大学法学院由著名国际法学家李浩培教授担任院长,汇集了法学界的大方之家,如法理学的赵之远教授、宪法学的黄炳坤教授、民法学的徐家齐教授、刑事诉讼法学的邵勋教授,等等,既有专治大陆法系的学者,又有主攻英美法系的学者,先生在这里受到了西方法学的浓烈熏陶。特别是李浩培教授,亲自为先生讲授刑法学,他别开生面的讲课让先生对刑法学产生别有洞天之感,李浩培教授也成为先生后来步入刑法学殿堂的引路人。1949年5月,杭州解放后,先生利用暑假参加了中共杭州市委组织的青年干部学校的学习,当时的讲课老师都是谭启龙、张劲夫、沙文汉等中共著名政治活动家,先生在这里受到了马克思主义学说和共产主义思想的早期启蒙。1949年9月,浙江大学法学院被迫停办,李浩培教授将先生推荐到由其好友费青教授担任主任的北京大学法律系。当时的北京大学法律系也集结了一批在民国时期就声誉卓著的法学家,如钱端升、张志让、王铁崖、楼邦彦、蔡枢衡、芮沐等,先生在这里继续接受了系统的法学学术训练。1951年7月,先生从北京大学毕业后,被保送进入中国人民大学法律系攻读刑法学研究生。中国人民大学是1950年在华北大学基础上合并组建的第一所新型正规大学,是中国共产党自己创建的大学,也是当时苏联专家最为集中的高校,在法律系刑法教研室中就先后有贝斯特洛娃、达玛亨、尼古拉耶夫、柯尔金等四位苏联专家,先生在他们的指导下,不仅系统学习了苏联刑法学的理论体系,而且全面接受了马克思主义的世界观和价值观,这种世界观和价值观也成为先生不可磨灭的学术底色。

先生的教学生涯正是从中国人民大学研究生班毕业后留校任教起步的。1953年8月,先生研究生毕业后,留在中国人民大学法律系刑法教研室任教。1954年,第一届全国人民代表大会召开,通过了新中国第一部《宪法》,在此之后,刑法、民法等基本法律的制定工作被提上议事日程,先生也在这一年被选拔进入全国人大常委会办公厅法律室,参与刑法起草班子的工作,从此开始了刑法立法工作。1956年5月,先生被评为讲师。1960年代中期,各种政治运动接踵而至,中断了国家的法制进程,也打断了先生的教学生涯。1969年11月,先生被下放到江西省余江县的中国人民大学五七干校接受劳动锻炼。1971年1月,先生被通知回北京,被分配到当时的北京医学院工作,在这里一待就是八年,直至1978年10月,又回到阔别多年的中国人民大学,回到自己法学教师的本行,而这一年,先生正好抵达天命之年。1980年5月,先生被评为副教授。1983年5月,经国务院有关部门批准,先生晋升为教授。1984年1月,经国务院学位委员会批准,先生成为新中国刑法学专业第一位博士研究生导师。1983年9月至1986年6月,先生担任中国人民大学法律系主任。1985年至2003年,先生担任国务院学位委员会第二、三、四届学科评议组成员暨法学组召集人,担任中国法学会副会长(1986年5月至2003年11月)、中国法学会刑法学研究会总干事(后改会长,1984年10月至2001年10月)。1999年至2009年,先生担任国际刑法学协会副主席兼中国分会主席。2005年9月,先生被中国人民大学授予首批荣誉教授称号。2009年5月,先生被中国人民大学授予首批荣誉一级教授称号。而今,已经95岁高龄的先生,仍然担任北京师范大学"京师首席专家"、刑事法律科学研究院名誉院长、特聘教授、博士生导师、中国法学会学术委员会荣誉委员、中国刑法学研究会名誉会长、国际刑法学协会名誉副主席暨中国分会名誉主席等一系列学术或社会职务。在今天中国刑法学的舞台上,我们依然可以看到先生老当益壮的身影,依然可以听到先生老而弥坚的声音。

先生曾手书16字题词"传道授业、培育英才、经世致用、恩泽永垂"赠予早稻田大学校长,这四句话也是先生对自己的勉励,也可以视为先生一生的写照。先生曾在自选集中写道:"就我自己来说,我只是有股傻劲而已,认准了刑法学,就执著地追求,专业思想自始至终没有动摇,既不想当官,也不想经商,就想做一名合格的教授。"①只做学问,只当老师,是先生早岁的初心,也是先生毕生的使命,这一信念深深感染了我们这些弟子,我本人就是在先生这种信念的鞭策和鼓舞下选择了人民教师职业,并且希望以像先生那样的执著和勤奋来回馈先生的栽培之恩。

三、高铭暄先生的法学教育成就

70年来,先生始终以"科学乃我之生命,教育乃我之事业"为人生座右铭,殷勤致力于著书立说、教书育人两件事情,可谓著述等身,桃李成蹊。

(一)著书立说

先生曾经谦逊地说:"我觉得,出书要出精品,不能洋洋洒洒出了不少书,但很多经不起推敲。""出的书要能够经得起历史考验,能够流传,就算是对社会有

---

① 《高铭暄自选集》,中国人民大学出版社2007年版,第619页。

所贡献。"①的确,先生作为法学教育家的第一使命就是孜孜不倦地著书立说、述学立论,并且,先生所撰写的许多刑法学专著,所编写的许多刑法学教科书,都已经成为新中国刑法学史上"经得起历史考验"的传世经典作品。

先生编写教科书的工作最早可以追溯到20世纪50年代的教学生涯。1957年2月,中国人民大学法律系刑法教研室为了内部教学需要,也应最高人民法院培训干部的要求,集体撰写了《中华人民共和国刑法讲义》,这是新中国自行编写的第一部刑法学教材,其中"犯罪构成"一章即是由先生执笔。随后,先生又于1964年结合自己参与全国人大常委会刑法立法工作所获得的资料,撰写了近8万字的《中华人民共和国刑法(草案)学习纪要》,后来在1981年7月被最高人民检察院研究室编印的《检察业务学习资料》第13辑全文刊载,成为改革开放伊始、刑法学教科书空白期检察人员的刑法学习资料。

作为新中国刑法立法唯一的全程参与者和见证者,先生的刑法学教科书编撰工作也始终与新中国刑法立法进程同频共振,以1979年和1997年两次刑法立法为界对刑法内容加以整理盘点。从1979年《刑法》制定到1997年《刑法》修订的18年间,先生共主编普通高校本科、自学考试、业大、电大等不同层次的全国性刑法学教材六部,堪称我国当时主编刑法学教材数量最多、层次最高的学者。1981年,受司法部委托,由先生领衔,集结了来自天南海北的、在全国刑法学界堪称一流的学者编写新中国第一部高等学校法学教材《刑法学》,经过共同努力,该书于1982年由法律出版社正式出版。该书被评价为"体系完整、内容丰富,阐述全面,重点突出,纵横比较、线索清楚,评述客观、说理透彻,联系实际、解决问题","在当时代表了我国刑法学的最高研究水平,其所建立的刑法学体系为后来的各种刑法论著和教科书所接受,成为各种同类著作的母本"②,在新中国刑法学发展史上具有拓荒开山的地位,整整教育了几代法科学子。1988年,该教科书捧得"国家级优秀教材一等奖"和"司法部优秀教材一等奖"双重殊荣,此后重印10余次,发行量近200万册,创下了新中国法学教科书发行的最高记录。1987年,先生又受原国家教委委托主持编写高等学校文科教材——《中国刑法学》,该书于1989年春天问世,成为继前述《刑法学》教材之后,中国刑法学教育史上又一经典力作,1992年11月,该书荣获第二届全国高等学校优秀教材特等奖。1997年《刑法》修订以后,在短短3年时

---

① 陈磊:《我觉得法律职业是一个正义的职业——对话刑法学界泰斗高铭暄先生》,载《河南教育(高校版)》2006年第5期。
② 陈兴良:《转型与变革:刑法学的一种知识论考察》,载《华东政法学院学报》2006年第3期。

间内,先生主编修订出版了全国高等教育自学考试法律专业指定教材《刑法学(新编本)》(北京大学出版社1998年9月版)、普通高等教育"九五"国家级重点教材《新编中国刑法学》(中国人民大学出版社1998年12月版)、高等学校法学教材《刑法学》(中国法制出版社1999年1月版)、全国高等学校法学专业核心课程教材《刑法学》(北京大学出版社2000年10月版)等四部重量级教材。此外,先生还尝试主编了研究生教学用书《刑法专论》(高等教育出版社2002年10月第1版,2006年4月第2版),该书由教育研究生工作办公室推荐给全国法学硕士研究生特别是刑法学专业硕士研究生参考选用。这些教科书在新中国刑法学教育史上都具有举足轻重的地位,可以说,在改革开放之后长达三十多年的时间里,几乎所有的法科学子都是读着先生的刑法学教科书成长起来的,从这一意义上而言,先生也是数以十万计的法学学子的刑法学启蒙老师和精神领路人。这样广泛的传播量,在整个中国甚至世界法学教育史上都是极为罕见的,这固然是时代赐予的机遇,但也是先生个人付出的努力。

除教科书外,还应当注意到,先生在刑法学研究领域撰写或者主编的一系列专著,也在特定时代具有了专业教科书般的意义。比如,1981年,先生以自己在1964年撰写的《中华人民共和国刑法(草案)学习纪要》为底本,参酌自己珍藏的刑法草案第22稿、第33稿以及1979年《刑法》文本,参照当年在全国人大常委会办公厅刑法起草班子工作时期所做的笔记,写出了近20万字的书稿,定名为《中华人民共和国刑法的孕育和诞生》,忠实记录了新中国刑法典从1954年到1979年整整1/4个世纪的孕育、难产、诞生的全过程,不仅是改革开放后的第一部刑法学专著,而且是改革开放后的第一部法学专著,以此拉开了改革开放后中国法学学术研究的帷幕,被学界誉为刑法学"源头活水性"的著作及"拓荒之作",连先生的刑法学启蒙恩师李浩培教授都给予了极高的评价:"这是我国刑法学界的一部重要著作,任何人如果欲谙熟我国刑法,是必须阅读的。"①在那个相关知识极度匮乏的年代,该书甫一出炉便炙手可热,刑法学界争相传阅,竞相援引,几至"洛阳纸贵",一度脱销断供,甚至有手抄本面世。此后,中国刑法渐次发力,由疏臻细,由粗转精,单行刑事法律和附属刑法规范接踵出台,先生与时俱进地厘订与充实了该书,于2012年出版了85万字的巨著——《中华人民共和国刑法的孕育诞生和发展完善》,在中国刑法学界引起巨大反响。先生的弟子,北京师范大学刑事法律科学研究院赵秉志教授

---

① 赵秉志、阴建峰:《新中国注释刑法学的扛鼎之作——试评高铭暄教授著〈中华人民共和国刑法的孕育诞生和发展完善〉》,载《刑法论丛》2013年第2期。

认为该书是"新中国注释刑法学的扛鼎之作"①;先生的弟子,时任中央政法委副秘书长的姜伟称赞该书是对刑法发展历程全景式的叙述,是解读刑法精神的教科书、描述刑法发展变化的编年史、介绍刑法条文沿革的路线图;先生的同事,北京大学资深刑法学教授储槐植先生认为该书是"史诗般的书"②。该书于 2014 年荣获中国法学会第三届"中国法学优秀成果奖"专著类一等奖,并被译为德文出版。又如,1988 年,先生与王作富教授联袂主编《新中国刑法的理论与实践》一书,从理论与实践相结合的视角对犯罪论、刑罚论和罪刑各论中的一系列重要课题展开了专门、系统、深入的研究,开创了刑法专题研究论证之先河,成为当时刑法学专业研究生的必读之书。还如,1994 年 10 月,先生主编的法学鸿篇巨帙《刑法学原理》三卷本全部出版,作为国家哲学社会科学规划重点项目成果,该书凝结着先生与一众弟子十余载的心血,集 20 世纪 90 年代中国刑法学基础理论研究精华之大成,代表了那个时代中国刑法学的最高学术品位,事实上也成为其后十数年间中国刑法学研究生的基本专业教材,因其红色封面装帧而被刑法学子们亲切地称为"红皮书"。该书出版后,获得了许多学术与出版界的至高荣誉,其 1995 年荣获"全国高等学校首届人文社会科学研究优秀成果奖"一等奖,1996 年又摘取国家图书最高奖项——第二届国家图书奖。

在今天的中国法学界,教科书在学术评价体系中似乎处于边缘化地位,学者们总是将专著和教材这两种学术成果厚此薄彼地对立起来,并且,教科书的"短平快"量产模式也往往成为很多学者参评教授"多快好省"的捷径,相应地,仰赖教科书创作评上教授的学者也会被讥诮为"教科书教授",以示对教科书的轻视甚至鄙视,这实在是中国法学研究和教育的悲哀。在西方学术界,一直以来,教科书都是一个学者毕生的结晶,代表了其学术思考与探索的巅峰水准,也象征着其治学执教的最高荣誉,如最具影响力的几位德国刑法学家费尔巴哈、李斯特、耶赛克等人都是以其《德国刑法教科书》奠定了他们在德国刑法学界的标杆性地位。对于先生而言,他所主持创作的这一系列堪称经典的刑法学教科书,帮助无数的法科学子完成了刑法学学科知识的"原始积累",引领他们走向更为广阔辽远的学术平台,这一点使他不仅成为新中国刑法学的奠基者,而且成为新中国刑法学教育事业的奠基者。在对刑法学教材修撰的过程中,先生创造性地提出了刑法学教材建设的基本原则,被

---

① 赵秉志、阴建峰:《新中国注释刑法学的扛鼎之作——试评高铭暄教授著〈中华人民共和国刑法的孕育诞生和发展完善〉》,载《刑法论丛》2013 年第 2 期。
② 参见蒋安杰:《高铭暄:30 年磨一剑》,载《法制日报》2012 年 10 月 10 日,第 9 版。

他总结为"三基""三性"和"四对关系",即基本理论、基本知识和基本资料的兼容,科学性、系统性和相对稳定性的兼顾,以及处理好刑法学体系与刑法典体系、刑法理论与司法实践、全面论述与重点突出和编写教材与便利教师使用教材的关系。这一理论框架代表了先生对刑法学基础教育系统而绵密的思考,被我国法学界广为接受,对中国法学教育影响深远。当然,在和先生的交流中,我们也注意到先生对我国法学教科书的生成机制与方式抱有某种忧虑,如法学教科书在体例和风格上基本移植于苏联,以市场检验和同行评议为核心的市场化、专业化程度不够,集体制的编撰模式或多或少抑制了学术个性的表达和学术流派的培育,对立法嬗变和学术争鸣的共同关照不够理想,这些都有待中国刑法学的未来几代人去加以变革和完善。

(二)教书育人

先生曾经说过:"如果说一部好的教材是法学教育的必要手段,那么,培养合格的法学人才则是法学教育的核心和目的。"先生著书立说、述学立论,其目的不仅仅在于表达自己,更重要的是教育他人。

前文已述,先生的教师生涯始于1953年研究生毕业留校任教,在法学师资奇缺的年代,他不仅给本科生讲课,也给比他晚入学的刑法研究生授课。不幸的是,"文革"浩劫打断了先生的教学科研生涯,直到1978年中国人民大学复校之后先生才重回讲坛。已达天命之年的先生焕发出青春的光彩,迅速投入中国刑法学教育的洪流并成为中流砥柱。在先生和王作富先生的携手带领下,中国人民大学刑法学科在刑法学教育与研究领域创造了一个又一个第一,成为新中国刑法学教育名副其实的"工作母机":1979年,中国人民大学刑法学科成为全国首批刑法学硕士点之一,先生也成为新中国第一批硕士研究生导师;1984年,中国人民大学刑法学科成为全国首个刑法学博士点,先生也因此而成为新中国第一位刑法学博士研究生导师;1988年,中国人民大学刑法学科又成为首个国家级重点学科,充分展示了团队的学术实力;1992年,中国人民大学刑法学科设立了首个刑法学博士后流动站,在国内最早招收博士后研究人员;1999年,中国人民大学刑事法律科学研究中心又成为首批教育部人文社科重点研究基地,也是刑事法领域唯一的国家级重点研究机构。这些业绩的取得,成就了先生中国刑法学先行者的角色,也无可争议地奠定了中国人民大学刑法学科在中国刑法学界的地位。

作为人民教育家的先生可谓桃李满天下。70年来,经先生亲自指导的博士后有 9 名、博士有 67 名、硕士有 10 名,教授过的硕士生、本科生更是不计其数,先生所培养的赵秉志、陈兴良两位弟子,成为继先生之后第二代中国刑法学界最为杰出的中坚力量,为我国刑法学的发展成长作出了承前启后的重要贡献。在 20 世纪 80 年代中国法学教育草创时期,先生投入相当精力为进修生、电大生、业大生、法官检察官班学员等各界学生讲授刑法课程,今天活跃在各级司法机关的领导干部都对那个时代先生的授课记忆犹新,很多人聊到自己的专业入门教育时都会提到先生在电大、业大讲课的情景,"我们都是高铭暄老师的学生",这成为他们职业生涯的共同回忆。如果我们再把视野拉伸到改革开放之后长达四十年的历史中,那么在这个中国法学和法学教育茁壮成长的时代里,几乎所有的法学学子在一定意义上都是先生的学生,因为他们大多是读着先生的教科书成长起来的,先生的名字,成为他们学生时代永不褪色的记忆。先生的讲课不仅遍及"江湖之远",在祖国的大江南北都留下了无数的讲学足迹,而且也登上"庙堂之高",特别是在 1999 年 6 月,先生受邀为第九届全国人大常委会作了题为"我国的刑法和刑事诉讼制度"的讲座,阐述了新中国刑事立法取得的历史性成就,提升了刑法学在国家立法系统中的话语权。

作为人民教育家的先生,他的"人民性"集中体现在他博大的师者胸怀之上。在先生的眼睛里,从来没有门户之见。2006 年,中国人民大学财政金融学院博士研究生郭东对犯罪经济学产生了浓厚兴趣,并决定以《犯罪的经济分析》为题撰写博士论文,他深感自身刑法学知识储备不足,于是就怀着惴惴的心情向先生求教,没有想到,先生像对待自己的学生一样给予其精心指导,甚至还修正了其论文中的错别字,该论文最终得到了答辩委员会很高的评价。其实,这绝不仅仅是孤例,特别是在八九十年代,许许多多刑法后学受到过先生各种形式的关怀和指点,有的是从各地给先生来信求教,有的是在刑法学会议上向先生当面请益,先生总是有求必应,为后辈答疑解惑、指点迷津。在先生身上,分明可以看见中国传统师道中那种化泥护花、化雨润物的大家风范。而且,在刑法学界,他丝毫没有"文人相轻"的陈腐观念,和同学兼同事的王作富教授合作无间,共同培养学生;和同学兼同仁,与他并称"北高南马"的中国刑法学领军人物马克昌教授风雨同舟,交换培养学生。今天活跃在中国刑法学舞台上的人物,大多是他的学生,或者是学生的学生,再或者是学生的学生的学生,他的学术基因深入中国刑法学界骨髓,成为中国刑法学界不朽的美谈、经典的传说。

作为人民教育家的先生,他的"人民性"还体现在他对学生无私的爱上。先生很早就给自己定下一个规矩:至少每两周到三周要与博士生见一次面,或了解学习情况,或切磋研究问题,或布置工作任务,或聊聊家常,谈谈心里话。① 而事实上,先生和我们见面谈心的频率远远超过了他自己设定的目标。无论多忙,他都会把自己的时间充分地分配给学生,他对学生的关爱,不仅是在学业方面,而且在生活领域,甚至还涉及谈婚论嫁生子这些事情。先生的身上,找不到半点市侩气和官僚气,不论是何种学生,都能够在他那里享受一视同仁的爱与尊重,先生留给我们的永远都是亲切而温馨的回忆。

2015年4月,第十三届联合国预防犯罪和刑事司法大会在卡塔尔首都多哈召开,在联合国经济及社会理事会中享有咨商地位的国际社会防卫学会举行了隆重的颁奖仪式,在联合国官员以及各国专家学者的共同见证下,将一项具有历史性意义的国际大奖——"切萨雷·贝卡里亚奖"授予年届87岁高龄的先生。理由是:"在中国基于人权保障与人道主义刑事政策发展现代刑法学所取得的巨大成就,他的教学研究培养造就了一大批资深学者,他们活跃在世界各知名高校,如今已成长为国际学术界的栋梁之材。"国际社会防卫学会在颁奖词中盛赞道:"大师之所以谓大师,不仅在于其著述,还在于其培育团队和学派的能力,这正是高铭暄教授。他不仅建构了传统的学院教育,还向各欧美一流大学敞开了大门。"国际刑法学协会主席约翰·梵瓦勒教授也在颁奖仪式上深情地说:"高铭暄教授,我亲爱的同事与挚友,是中国刑事法制与外部世界的桥梁。他将世界带入中国,使中国走向世界。他的不懈努力助益于中国和中华走向世界的中心。"②"切萨雷·贝卡里亚奖"是设立于2004年的刑法学界的国际大奖,享有刑法学界"诺贝尔奖"的盛誉,用以表彰全世界在刑事法领域为推动实现人道关怀和法治精神作出巨大贡献的贤达之士,而先生是全球第12位、亚洲首位获此殊荣的人士,这是先生的殊荣,也是中国刑法学界的殊荣。

尽管先生在中国刑法学界取得了无上的成就与荣誉,但他永远是一个谦逊的人,他曾经多次引用韩愈的"弟子不必不如师,师不必贤于弟子"来表达对学生的殷切期望,他坦言:"是历史的需要和机遇把我推上这个刑法学界的位置,并不是我的智商有什么过人之处。我的成就比起现在在座的有些弟子们的成就,老实说还是有差距的。我在教育方面,在学术研究方面,远不如我现在一些弟子们

---

① 参见《高铭暄教授谈:培养博士生的一些体会》,载《学位与研究生教育》1995年第3期。
② 姜伟口述、吴笛整理:《铭鼎法坛,暄煦杏林的大先生(二)——记人民教育家高铭暄教授的法治人生》,载《民主与法制》周刊2023年第19期。

的成就。"①他始终将自己的每一项成就都归功于党和人民,归功于团队与同事,这才是一个人民教育家至为崇高的境界与风范。

四、高铭暄先生的法学教育理念

(一)理论和实践的紧密结合

理论联系实际,实现理论与实践的结合,是中国共产党始终坚持的正确思想路线,是中国共产党人的三大优良作风之一,也是先生那一代马克思主义学者治学立身的根本指南,可以说是先生作为人民教育家最鲜明的本色。习近平总书记2017年5月考察中国政法大学时指出,"法学学科是实践性很强的学科,法学教育要处理好知识教学和实践教学的关系",法学专业教师要在做好理论研究和教学的同时,深入了解法律实际工作,促进理论和实践相结合。② 事实上,这也是先生长达半个多世纪一以贯之的治学执教理念与作风。关于这个问题,先生曾经有过多次透彻的阐述:"刑法学是一门理论性和实践性都很强的法律学科,不在理论和实践两方面同时下功夫,不可能有深邃的造诣。我经常提醒博士生,既要掌握坚实宽广的马克思主义法学基础理论和系统深入的刑法学知识,注意理论研究,加强理论思维,又要时刻关心我国刑事立法和司法实践的进展,善于发现新情况、新经验、新问题,不断积累材料,注意面向实际,作出理论说明。不联系实际,单纯搞抽象的所谓理论研究,对刑事立法和司法实践是不会有帮助的;但是缺乏理论分析,仅仅就事论事,那也是没有说服力的,对刑事立法和司法实践同样是没有帮助的。正确的做法是理论紧密联系实际,从我国的刑事立法和司法实际出发,遵循实践—认识—再实践—再认识的规律,提出问题,分析问题,解决问题。也就是说,一切结论都力求来自于实践,并反过来服务于实践。"③"要重视对刑法理论的学习,把刑法理论中的重点问题和疑难问题弄懂弄通,又要注意了解司法实践中提出的一些问题,带着这些问题有针对性地去钻研刑法理论,锻炼我们解决实际问题的能力,真正把刑法学好学活。"④先生特别指出:

---

① 蒋安杰:《高铭暄教授获日本早稻田大学名誉博士学位》,载《法制日报》2016年11月30日,第9版。
② 参见《习近平在中国政法大学考察时强调 立德树人德法兼修抓好法治人才培养 励志勤学刻苦磨炼 促进青年成长进步》,载《人民日报》2017年5月4日,第1版。
③ 《高铭暄教授谈:培养博士生的一些体会》,载《学位与研究生教育》1995年第3期。
④ 子轶:《高铭暄教授谈如何学好〈刑法学〉》,载《学员之家(法律版)》1986年第1期。

"关于理论联系实际问题,我是不厌其烦地反复强调。"①对于这个先生不厌其烦强调的问题,每一位弟子都有深刻的体悟,陈兴良教授就明确指出:先生和王作富先生作为伟大的刑法学家、教育学家,最突出的刑法教育思想是理论联系实际,并服务于刑事立法、司法。② 在 70 年的教学科研生涯中,先生始终要求学生不要有象牙塔里做学问的夜郎思维,而要瞄准更为广阔的法律实践,他从来不将自己的舞台局限于学校、课堂与讲台,而是积极地走出去,走入城镇社区,走进办案一线,走向国际社会,以"三人行,必有我师焉"的情怀,在学术界和实务界结交了很多朋友,他对警察、检察官、法官、律师群体和他们的职业生活都有深刻的理解,这些使得他的教学和科研始终展现出向实践、与时偕行的特点。先生的这一治学风格,也清晰且鲜明地体现在他的诸多学术成果之上。

必须强调的是:尽管"理论联系实际""理论与实践相结合"这些话语框架具有鲜明的中国特色风格,但是作为一种理念内核,也是全世界所有文明国家法学教育的共识元素,而且,在英美法系国家,这一元素表现得尤为突出并且愈发清晰。如 2007 年 2 月,美国卡耐基教学改进基金会发布题为"培养律师:为法律职业做准备"的主题报告,该报告倡议:法学院理应将学生所学习的法学理论、法律实践知识和职业身份进行综合。该报告引发了全美法学院对法学教育课程结构与内容的审视与修正,这种审视与修正的基本旨趣是通过大学法学教育"搭建理论知识和实践分析之间的桥梁",将"正式的法律知识"和"法律实践经验"结合起来,将知识世界和现实世界融合起来,为学生将来从事的法律职业做准备。"理论联系实际""理论与实践相结合"的教育理念,不仅是中国的,也是世界的。但是,在先生那一批马克思主义学者和教育家那里,它绽放出特别的光彩,因为这是属于他们的哲学底色。

(二)历史和现实的共同关切

茹古涵今、鉴古知今、古为今用、洋为中用,是马克思主义唯物史观的要求,也是中国学术研究的传统理念。先生在法学教学科研中,一方面始终将研究焦点置于现实的立法文本和司法实践,另一方面,又非常注重对历史资料的整理和历史资源的挖掘这一刑法学元研究的重要方式。后者成为先生教学科研中别具一格的特色。在先生的著述中,非常具有特色的就是他带领学生们完成的关于刑法和刑法学历史的作品。如果说《新中国刑法立法文献资料总览》(中国人民公安大学出版

---

① 《高铭暄教授谈:培养博士生的一些体会》,载《学位与研究生教育》1995 年第 3 期。
② 参见蒋安杰:《高铭暄 王作富刑法教育思想研讨会在京举行》,载《法制日报》2014 年 1 月 1 日,第 3 版。

社1998年版)、《中国刑法立法文献资料精选》(法律出版社2007年版)这些著作仅仅具有史料价值的话,那么《新中国刑法学研究综述(1949—1985)》(河南人民出版社1986年版)、《新中国刑法科学简史》(中国人民公安大学出版社1993年版)、《中华人民共和国刑法的孕育和诞生》以及该书的修订版《中华人民共和国刑法的孕育诞生和发展完善》无一不是新中国刑法学史上具有风向标或者里程碑意义的史论著作。《新中国刑法学研究综述(1949—1985)》所开启的文献综述式学术史研究范式的影响及于整个中国法学界,《新中国刑法科学简史》则填补了新中国刑法学发展史研究的空白。特别是《中华人民共和国刑法的孕育和诞生》和《中华人民共和国刑法的孕育诞生和发展完善》这两部跨越近四十年的接力之作,以翔实丰富的文献资料和历史信息,构成了新中国刑法立法的缩微档案馆和全景纪录片,在中国刑法学界引起巨大反响。作为新中国长达半个多世纪刑法立法唯一的全程见证者和参与者,先生以当事人和旁观者兼具的视角,将新中国刑法立法的历史掌故与细节向我们如叙家常般娓娓道来,让我们充分领略了新中国刑事法治建设一路走来的艰辛历程。并且,特别值得关注的是,在这两部著作中,先生花费了很多笔墨将立法机构、司法机关和专业学者这些参与刑法立法的多元群体在一个条文、一个规定上的不同方向、不同方式的参与原汁原味地向读者呈现出来,而且这种呈现是中立的、不带偏见和倾向的,只有客观的叙述,不作长短的评价,如同纪录片的摄影师一样。这种高峻和沉稳所体现的是对学术知识的平等尊重和开放包容,这恰恰是中国学界所匮乏的学术涵养。可以说,先生长达半个多世纪参与国家刑事立法核心过程的实践,在世界法律史上都是极为鲜见的。新中国刑法每一次前进的步伐,背后都有先生的推力。像先生这样资望的人物来讲述新中国刑法的变迁史,可谓如数家珍!而除了先生,恐怕真的很难找出第二人能担当这一角色了!这两部作品在中国刑法学术史上的地位和意义,怎么评价都不过分。在2013年12月28日的"新中国刑法学教育的回顾与展望暨高铭暄、王作富刑法教育思想研讨会"上,时任中国人民大学法学院院长的韩大元教授盛赞先生和王作富先生能用世界眼光看待中国问题,完美地将历史文本解释与立法、司法相结合,这是其他学科需要借鉴的[①],这也可以视为对先生这部作品的精准评价。

当然,我们还应当看到:先生在这些经典作品中展现的追本溯源、探赜索隐、旁搜远绍、钩沉发微的治史精神,绝不仅仅是一种纯粹的怀旧与厚古情结。回顾历史,从来都是为了审思现实、展望未来,历史是给当下和未来的一面镜子,这一点在

[①] 参见蒋安杰:《高铭暄 王作富刑法教育思想研讨会在京举行》,载《法制日报》2014年1月1日,第3版。

《新中国刑法科学简史》中已经作出清晰的交代。先生在学术上不仅没有抱残守缺,反而具有强烈的开拓创新意识,他如炬的学术目光,及于历史和未来,达于中国和世界。他从来都是直面中国刑法学的严峻问题:"四十年来,受法律实用主义影响,刑法学的理论研究完全采取实用主义的态度,否认刑法学自身的理论特点和学术品格,要求刑法学研究完全围绕注释法律、图解政策来进行。这样,刑法学理论就得不到全面系统的发展,应用性过于突出,注释刑法学发展较快,而理论刑法学发展则比较缓慢。同时,受法律教条主义影响,刑法学研究存在着脱离我国实际情况,硬性照搬苏联刑法学理论的现象。迄今为止,我国刑法学理论体系仍没有大的变动,仍然是苏联 50 年代的模式。"[1] 他"一直认为自己的外文不够好,为不能阅读更多的外国法学典籍原文而深感遗憾。在对博士生的指导上,总会告诉学生自己的不足和遗憾,希望他们不要被相同的不足所束缚,努力提升外文水平,尽量做到阅读法学典籍的原文"。他认为"现代法学的源头,根植于西方国家,而且各国的法学发展各具特色,在全球化日渐加速的当下,要做好刑法学研究,就必须拥有世界的眼光和角度,不仅要看中国固有的法学文献,还必须多多阅读外国的法学典籍"[2]。先生对于中国刑法学犯罪构成理论的坚守,并不是学术利益之争,而是对自己学术信念的执着,先生并不先入为主地反对某一种特定的刑法学理论或者话语,相反,他对学术发展始终抱持开放乐观的姿态,他所反对的只是纯粹做外来知识的物理搬运工或者以推倒重来的方式实现所谓知识革命,因为这些方式都违背了知识的自然演化秩序。尊重知识的生成进路和生长秩序,通过平等的学术批判的方式与路径,实现中国刑法学知识体系的持续更生,这是先生以及先生这一代刑法学者们乐见其成的事情。"刑法学者应当独立思考,坚持学理探讨,具有高度的科学信念。学术上没有禁区,应当勇于探索,敢于创新,坚持真理,修正错误"[3],这也是他一贯的主张。他曾经非常深情地说:"我从事这份职业也有一点目标追求,我是想把中国刑法学搞上去,不甘心落后,要跻身于世界之林,让世界承认中国刑法学也是有它的特色和独到之处的。""我认为只要我们国家富强,有影响力、有吸引力,刑法学就会做大做强,不会矮人一截,不会跟着西方的屁股亦步亦趋,这点志气我是有的。"[4] 先生对于中国刑法学自强的诚挚期望,溢于言表,令人动容。

---

[1] 高铭暄主编:《新中国刑法科学简史》,中国人民公安大学出版社 1993 年版,第 5—6 页。
[2] 高铭暄口述、傅跃建整理:《我与刑法七十年》,北京大学出版社 2018 年版,第 98—101 页。
[3] 高铭暄:《十年来的刑法学研究》,载《法律学习与研究》1989 年第 5 期。
[4] 蒋安杰:《高铭暄教授获日本早稻田大学名誉博士学位》,载《法制日报》2016 年 11 月 30 日,第 9 版。

(三)教学和科研的相互驱动

述学立论与传道授业相结合,研究与教学相支撑,既是中国学术的传统理念,也是现代大学的核心理念。一流的大学必然是一流的研究机构,一流的教书者也必然是一流的学问家。先生的弟子胡云腾在 2013 年 12 月 28 日的"新中国刑法学教育的回顾与展望暨高铭暄、王作富刑法教育思想研讨会"上强调:先生教育思想的一个重要特点就是以持续不断的科研成果作为教学的支撑[①],这是非常到位的总结。先生曾经说过:"我信奉你要给别人一桶水,你自己必须有十桶水的说法。这是我的恩师李浩培对我作为教师的耳提面命。"[②]所以,他非常重视教学与科研相互反哺,坚持认为:"教学能够发现疑难点,为科研提供素材和动力,科研能够分析问题、解决问题,反过来促进教学。""只有真正做到教学与科研两者并重,才能达到启发学生思维、教会学生学习方法,教学相长、教研并进的良好效果。"[③]2019 年 11 月 21 日,先生受邀在北京大学举行主题教育专题讲座,更是明确指出:"大学教师要正确处理教学和科研的关系。科研是教学的基础与后盾,能够充实教学内容;但如果只一味强调教学内容,而不掌握科学的教学方法,也无法激发学生的学习热情、收获良好的教学效果。因此,大学老师应当妥善解决两者之间的矛盾,实现教学和科研相辅相成、相得益彰。"[④]

可以说,支撑先生教学事业可持续发展的动力,不仅仅是一种情怀,更重要的是深厚的学殖、稳健的学养。特别是对硕士生、博士生的培养,没有科研的支撑和夯实,是无法想象的,甚至可以说,科研引领和驱动是研究生培养的本质要义。先生在执教治学路上为我们奉献的一系列作品,有相当一部分都是他和弟子们集体工作的成果,他是其中的导引者、参与者,更重要的是,他是永远的创意者、构思者。可以说,改革开放以后四十年的教学生涯中,他带领学生完成的一部部鸿篇巨著,在新中国刑法学领地上,既是留下来的一串串厚重的足迹,也是攀爬过的一座座巍峨的高峰。而先生的弟子们,也正是在这种永无止境的行进与攀登中获得丰富的历练,得到飞速的成长。在当代中国法学界,有的学者基于学术独立责任的精神认为学术创作是学生个人的事情,甚至认为教师与学生合署发表或者联名出版

---

① 参见蒋安杰:《高铭暄教授获日本早稻田大学名誉博士学位》,载《法制日报》2016 年 11 月 30 日,第 9 版。
② 高铭暄口述,傅跃建整理:《我与刑法七十年》,北京大学出版社 2018 年版,第 90 页。
③ 张杰、孙晓:《高铭暄:春风化雨 桃李天下》,载《教育与职业》2008 年第 19 期。
④ 《"人民教育家"高铭暄主讲"如何当好一名大学老师"专题讲座》,载北京大学新闻网,https://news.pku.edu.cn/xwzh/83059041607a437abe6b393c5641b70b.htm,访问日期:2024 年 3 月 5 日。

学术作品不符合学术生产的真实机制，也不契合学术市场的竞争规则。但是，在先生那里，他认为研究生导师的一项重要职责就是合作撰文、集体出书这种协同性科研生产，在培养学生学术创作水平的同时，也提升学生在学术市场的能见度，他认为后者是至关重要的。先生曾经用"孵小鸡"来比喻这种集体学术训练，他认为老师应该像母鸡孵化小鸡一样把学生一个个带出来，而这种集体科研生产机制就具有某种"孵化器"的意义。我们在先生过去三四十年间所催生的一部部学术作品中所看到的那些名字，当年或许有些青涩，但在今天的中国刑法学界已经如雷贯耳了，由这些名字所组成的名单实在太长太长了，这是先生对新中国刑法学教育最为实质性的贡献，诚如2015年4月第十三届联合国预防犯罪和刑事司法大会上国际社会防卫学会为先生颁授"切萨雷·贝卡里亚奖"时所给予的赞誉，"他的教学研究培养造就了一大批资深学者，他们活跃在世界各知名高校，如今已成长为国际学术界的栋梁之材"，"大师之所以谓大师，不仅在于其著述，还在于其培育团队和学派的能力，这正是高铭暄教授"。是的，如果说成为一个法学家，或许只要成就自己就可以了，但是要成为一名法学教育家，那么更重要的则是成就他人，相对于"法学家"而言，"法学教育家"意味着多了"弟子不必不如师，师不必贤于弟子"的宽阔胸怀与博大胸襟。

五、高铭暄先生的法学教育方法

（一）综述教学法（Literature Review Teaching）

文献综述是西方学术界的一门基本技能，也是现代大学教学中的一项重要方法。但是，在先生这里，将文献综述引入教学领域却是具有浓厚的故事色彩的。这个故事还要回到"文革"岁月，1971年1月，被下放到江西省余江县五七干校劳动锻炼的先生被通知回到北京，因为原工作单位中国人民大学在三个月前已被宣告停办，所以只能被分配到当时的北京医学院工作。先生在北京医学院一待就是八年，直到"文革"结束后两年中国人民大学恢复建校。在北京医学院，先生先是做教务工作，后改做医学史研究工作，接触到大量医学科研资料，发现了医学研究者惯于采用文献综述的方法开展研究，于是他就开始关注医学综述方面的文章，并且尝试撰写了大量的医学史文献综述资料。后来，他重返刑法学讲坛，就尝试将这种方法引入了刑法学教学研究领地。"在刑法学研究中，对已有研究成果进行综述，是一种调查研究、获得规律性认识的有效方法。我们要求研究生在专业学习阶段,每个学期都要做刑法学文献研究综述。他们根据选择的课题,对新中国成立以来针对这个课题所发表的文件、教材、论著、文章,通过阅读、摘录、做笔记、从中比较其观点的异同,并作定量和定性分析,然后客观地加以归纳总结。"①"文献综述推行后不久,学生们纷纷表示,一个大课题做完,差不多也把一门课程学透,获益良多。这种方式,不仅培养了他们阅读能力,还大大拓展了视野,最重要的是让他们学会了思考,学会了形成自己的观点,培养自己的学术方向。"②陈兴良教授在回忆到师从先生学习刑法学的路程时动情地说:"在刑法总论讲授中,高铭暄教授布置我们每人做一篇综述,正是通过综述的方法,使我进入刑法学研究的大门,成为刑法学术活动的起点。""我们是恢复学位制度以后招收的第一届硕士研究生,因而也是高铭暄教授综述方法的第一批受益者。"③

事实上,先生的文献综述不仅体现在教学领域,也体现在科研领域,其开先河之作就是曾经在新中国刑法学史上具有开拓性价值的立法回忆录——《中华人民共和国刑法的孕育和诞生》。2012年,先生与时俱进地厘订与充实了该书,出版了85万字的巨著——《中华人民共和国刑法的孕育诞生和发展完善》。陈兴良教授认为:"在1980年11月写就的《中华人民共和国刑法的孕育和诞生》一书的序中,高铭暄教授就已经使用了综述一词,称该书是根据在长达30年时间里参与立法积累的资料、记录和笔记,按照刑法的章节条文次序所作的一个整理和综述,实际上也就是一部回忆性的学习札记。高铭暄教授将《中华人民共和国刑法的孕育和诞生》一书称为一部综述性的著作,当然是一种谦逊的说法。实际上,该书包含了高铭暄教授对刑法中一系列重大问题的深刻思考。当然,由于该书的性质,其中确实主要是对刑法制订过程改动情况的一种综述。"④如果说,《中华人民共和国刑法的孕育和诞生》这本小册子只是形式意义上的综述,那么1986年,由先生主编完成的《新中国刑法学研究综述(1949—1985)》一书则直接将"综述"这种研究方式推向了学术舞台的前沿,先生对综述方法作了以下总结性的评价:"在刑法学的研究中,对已有研究成果进行综述,是一种调查研究、获得规律性认识的有效方法。通过专题性

---

① 高铭暄主编:《新中国刑法学研究综述(1949—1985)》,河南人民出版社1986年版,第13—14页。
② 高铭暄主编:《新中国刑法学研究综述(1949—1985)》,河南人民出版社1986年版,第13—14页。
③ 陈兴良:《始于综述的刑法学术之路——师从高铭暄教授研究刑法的个人经历》,载《中国审判》2007年第9期。
④ 陈兴良:《始于综述的刑法学术之路——师从高铭暄教授研究刑法的个人经历》,载《中国审判》2007年第9期。

综述,不仅使作者本身科研的基本功得到训练,而且给其他人员提供了一个很好的调查研究资料。所以这是一个值得重视的研究方法。"①此后,受其示范激励,我国几乎各部门法学的综述性著作犹如雨后春笋般地生长发育起来。例如,《法学研究》编辑部组织编撰的《新中国民法学研究综述》(中国社会科学出版社1990年版),参与撰稿者包括张新宝、孙宪忠、徐国栋、张广兴等教授,如今均已成为民法学界的一方大家,1991年,常怡教授主编的《新中国民事诉讼法学研究综述》(长春出版社1991年11月版)出版,还有两部行政法学综述性著作出版,分别是许崇德教授、皮纯协教授主编的《新中国行政法学研究综述(1949年—1990年)》(法律出版社1991年6月版)和张尚鷟教授主编的《走出低谷的中国行政法学——中国行政法学综述与评价》(中国政法大学出版社1991年9月版)。此外,综述研究方法还超出部门法范畴,及于会议、专题等各个领域,比如,几乎所有的学术会议特别是年会都会形成一篇综述性论文,这在刑法学界已成定则。由此可见,先生"在法学界首倡的综述研究方法,不仅惠及刑法学界,而且也被其他部门法学界所采用,这是高铭暄教授对我国法学的贡献"②。先生对自己的这项创新成果也怀有非同寻常的情愫:"随着中国学术界与国际接轨日益频繁,风行于欧美各个领域的文献综述,逐渐为中国相应的领域所接纳。然而,在中国刑法学研究领域,却是我首先从医学领域借鉴来的。此后,文献综述在法学研究范畴内大量使用,乃至在一些特定的活动中,把这种方式作为固定的科研手段。"③

(二)讨论教学法(Discussion Teaching)

讨论式教学是培养独立人格、批判精神与合作意识的必由之路,意味着在课堂这个空间里,不仅学生和学生之间是平等的,而且教师和学生之间也是平等的,教师不是学生获取知识的唯一来源,而且教师本身也应当从学生处获得知识,这就是所谓的师生互动、教学相长。讨论式教学,无论是在中国还是西方的早期历史中都是主流教学方法,如孔子和苏格拉底。这一传统在西方得到了传承与延续,但是,中国在西汉中期"罢黜百家,独尊儒术"之后,就封闭了教学中的讨论空间,所谓"师者,传道授业解惑",教学纯粹成为传播甚至灌输知识的单维行动,师生之间也

---

① 高铭暄:《新中国刑法学研究概论——〈新中国刑法学研究综述(1949—1985)〉序言》,载《法律学习与研究》1986年第6期。
② 陈兴良:《始于综述的刑法学术之路——师从高铭暄教授研究刑法的个人经历》,载《中国审判》2007年第9期。
③ 高铭暄口述、傅跃建整理:《我与刑法七十年》,北京大学出版社2018年版,第91页。

形成一种尊卑高低的等级秩序。辛亥革命后,西学东渐之风日盛,西方的开放式、讨论式教学模式在中国渐次生长起来,先生在浙江大学法学院和北京大学法律系的学习中都有所获益。特别值得注意的是:在中国人民大学研究生班跟随苏联专家学习时,先生也感受到了"课堂讨论"(семинар)的魅力。当时苏联的教育体制与理念虽然表现出强烈的集中统一的政治色彩,也非常强调教师的主导作用和系统知识的传授,但是,作为历史文化上的西方国家的传承,具有欧陆教育传统意义的"习明纳尔"(seminar)即课堂讨论在苏联教育体系中仍得到保留,并且在社会主义教育民主化、大众化的意识形态浪潮中加以发扬。这种教学方式同样契合了新中国教育领域反封建、独立自主的意识形态主流,因此在新中国成立初期被作为苏联经验引入我国,而作为实践"以俄为师"典范的中国人民大学无疑在其中发挥了先行和示范作用,"中国人民大学在教学工作中引进了苏联各方面的经验,'习明纳尔'是其中重要的经验之一"。"'习明纳尔'是在教员的直接领导下有计划、有重点、有准备地进行关于课程内容的讨论与研究的一种教学方法。"①"早在1950年代,人大法律系就形成了大课、'习明纳尔'、辅导相统一的教学方法。'习明纳尔'是在大课讲授之后用来复习的有效方法,其作用在于检查学习、加强复习与应用,在巩固教学效果和培养学生思考能力上起着非常重要的作用。"②在走上讲坛之后,先生就以各种方式积极实践这种教学方法,他非常明确地强调:"要提倡启发式,反对注入式,精讲勤练,调动学生学习的积极性和主动性。除了课堂讲授,还要通过案例讨论、辅导答疑、模拟法庭、调查研究、实地参观、法律咨询、业务实习、写作论文等各个环节,加强理论联系实际,培养学生文字和口头表达能力、调查研究能力、分析问题和解决问题的能力以及进一步获取知识的能力。"③为了使这种讨论式教学法落地,他从20世纪80年代开始就创造性地提出"三三制"课堂互动教学模式,即提前确定刑法学中若干专门的问题,由研究生分工进行准备,就某个问题,对国内已经发表的所有文献资料(包括教材、专著、论文)进行阅读,然后加以综述,分析在该问题上都存在哪些不同的观点,理由论据是什么,本人的意见是什么,也就是作出一篇读书报告或者文献综述,然后,在课堂上,先由研究生作中心发言,约占1/3时间,再由别的研究生提出疑问、补充或大家进行讨论,占1/3时间,最

---

① 刘经宇:《中国人民大学的"习明纳尔"》,载《人民教育》1951年第5期。
② 韩大元:《中国法学的"人大学派"》,载《法学家》2010年第4期。
③ 高铭暄:《搞好教学改革,为培养具有较高水平的法律专门人才而努力》,载《法学杂志》1984年第5期。

后 1/3 时间由导师进行小结。① 可见,先生所创的讨论式教学,具有两个鲜明特点:以阅读为前提,以科研(即文献综述)为核心,这就确保了课堂讨论中学术训练的品格与氛围,从而避免成为不着边际的空谈、清谈。现在来看,先生的这个以"三三制"为支撑的讨论式教学法已然是平淡无奇了,但是,在新中国法学教育的初兴时期,即使是苏联的"习明纳尔"这样一种具有社会主义亲缘关系的教学方式在中国也因不能兼容于强大的传统文化而销声匿迹,整个教学环境被刻板的说教灌输模式所覆盖,先生能够重视学生的课堂主体作用,将合作式、启发式、讨论式方法引入教学,委实展现了一种远见和勇气。诚如方流芳先生所言:"尝试苏格拉底式的教育方法是需要一定勇气的。因为,一个不向学生推出正确结论的教授往往被认为无能,而一个敢于对教授质疑的学生往往被认为不敬,这已是相沿成习、难以改变的课堂规矩。"②

(三)案例教学法(Case—based Teaching)

案例教学法是英美国家法、商、管、医等专业学科最具特色的教学训练范式,其最初落地于法学教育领域,最早由英国学者贝叶斯在 19 世纪 20 年代引入,然后在 19 世纪 70 年代为哈佛大学法学院首任院长兰德尔教授所革新光大,经过一百多年的创新发展,如今已演化为西方特别是英美法系国家法学教育中的瑰宝,并且在这个教育理念的基础上衍生出"模拟口头辩论练习"(Oral Argument Exercises)、"诊所法律教育"(Clinical Legal Education)等风靡全球的情景化、实验性法律教学方法。但是,毋庸讳言,中国的法学教育素来都是经院式、偏人文性的,加之案例在中国法文化中从来不被视为"法的渊源",案例分析研究也被认为不具有高大上气质,所以,案例在中国法学教学中仍然是边缘化的。先生案例教学理念的滥觞,应当从他的刑法学启蒙恩师李浩培教授那里寻获。1947 年 9 月,先生入读浙江大学法学院时,第一个学期的刑法总则课程即由毕业于伦敦经济政治学院的李浩培院长亲自教授。先生对他的记忆是极其深刻的:"他站在讲台上,给我们讲授刑法,思路清晰,案例生动,板书漂亮。也许是从英伦学成归来,他看起来风度翩翩。我下定决心,一定要把刑法学好。"③作为留英归来的学者,李浩培教授将英伦教学方法带入自己的课堂,他特别喜欢援引各类案例,深入浅出地讲解刑法法理,燃起了先生对

---

① 参见《高铭暄教授谈:培养博士生的一些体会》,载《学位与研究生教育》1995 年第 3 期。
② 方流芳:《中国法学教育观察》,载《比较法研究》1996 年第 2 期。
③ 韩寒:《高铭暄:一部刑法典 38 稿 25 年》,载《光明日报》2012 年 9 月 15 日,第 9 版。

刑法学的浓烈兴趣,也启迪了先生的教学思维。在先生后来的教学生涯中,他一直认为法学是世俗的学问,要求学生关注现实,着眼于中国法治实践的原生态,在生动丰富的实践素材中推动刑法学知识的生长更新,他用案例教学法来填充、夯实"三三制"讨论式教学法的内容,注重在案例的推演剖析中拓展学生的法律人思维,强化学生发现、识别、归纳和解决问题的能力,更重要的是促进未来法律人对法律职业理想的皈依、对法律职业伦理的认同以及培育公共精神、社会责任意识。而且,先生对于案例的视野,不仅及于教学领域,更及于科研领域,他一直在各个场合中强调:"现实的立法和司法实践也非常丰富。中国所办的刑事案件比外国哪一个国家都要多,应该可以支撑我们这门学科成为显学。"[①]在先生这种学术锐意和洞见的背后,是老一辈学者对中国刑法学寄予的厚望。的确,这个时代的中国比历史上所有时代的中国都要精彩纷呈,而这个星球上也没有其他任何一个国家能像中国这样多姿多彩,这样一个挑战与机遇并存、问题与希望俱在的生机蓬勃的国度,对刑法学研究来说是一种难得的福祉,所以也可以说今天是中国刑法学人难能躬逢、不应辜负的黄金时代。

六、结语

通过上述分析,我们可以获得这样一个结论:先生的教育理念和范式,在马克思主义世界观、方法论的基调和底色的映衬下,既有中国传统的教学相长、疑义相析、青蓝互动等元素,又有西方现代的批判思考、平等对话、个性发展等元素,这一切充分体现了一位人民教育家的现代视野、国际眼光以及求真、务实、开放、创新的品质,是先生对中国法学教育事业垂范深远、弥足珍贵的贡献。

2017年5月3日,习近平总书记在考察中国政法大学时指出,"法学学科体系建设对于法治人才培养至关重要","在法学学科体系建设上要有底气、有自信。要以我为主、兼收并蓄、突出特色,深入研究和解决好为谁教、教什么、教给谁、怎样教的问题,努力以中国智慧、中国实践为世界法治文明建设作出贡献"。习总书记提出的这个问题,也是先生追问与深思的课题,而且,他对这个教育问题长达半个多世纪的思考、探索和实践,促成了中国刑法学阵容的根深枝繁、叶茂花荣,构成了法学教育的中国风格、中国流派,这是我们礼敬先生的理由,也是先生摘取"人民教育家"桂冠的底气。

---

① 蒋安杰:《高铭暄教授获日本早稻田大学名誉博士学位》,载《法制日报》2016年11月30日,第9版。

大师风范　学界楷模

——高铭暄先生学术印象

彭新林*

在北京师范大学校园丽泽生活区,常能见到一位满头银发、面容慈祥、气定神闲、精神矍铄的老人,他就是人民教育家、著名法学家、在海内外享有盛誉的一代法学宗师——高铭暄先生。

从1953年中国人民大学法律系研究生毕业留校任教至今,高铭暄先生在杏坛辛勤耕耘并在法治道路上不懈求索已经整整70个春秋。在长达70年的教书育人生涯中,高铭暄先生满怀对祖国的无限忠诚,满怀对法治事业的无限热爱,为祖国的刑事法治建设和法学教育事业殚精竭虑、鞠躬尽瘁,倾注了毕生的心血。岁月悠悠,高铭暄先生从一位风华正茂的热血青年成为法学界德高望重的一代宗师,他的经历见证着我国民主法治发展的脚步。他严谨沉稳、笃实求新的治学态度,博而后精、经世致用的学术风格,虚怀若谷、温文尔雅的精神风貌,学为人师、行为世范的师者风范,在法学界有口皆碑。高铭暄先生虽年逾耄耋、满头白发,但依然精神矍铄、思维敏捷,充满着长者的亲切、谦逊、睿智、和蔼,处处流露着大家风范。

"春蚕到死丝方尽,蜡炬成灰泪始干。"唐代诗人李商隐的这一名句,用来形容高铭暄先生在学术道路上的不懈求索再合适不过。"文革"结束后,高铭暄先生满怀对祖国法治事业的热爱,废寝忘食、夜以继日地学习、工作和写作,数十年如一日,笔耕不辍,风雨无阻,始终活跃在法学科研与教学第一线,取得了丰硕的学术成果。通观高铭暄先生长期从事法学研究的学术轨迹和精神风貌,我们得以管中窥豹,更能品味和体悟到一代法学宗师上下求索的心路历程。正所谓学风养育学术生命,也成就学术人生。在我看来,高铭暄先生的学术风格有以下五个鲜明的特点。

一是倡导刑法学研究紧密联系刑事法治实践。高铭暄先生开展刑法学研究,主张"中国的刑法学必须服务于中国的刑事法治现实和实践,必须立足于解决

---

* 北京师范大学刑事法律科学研究院暨法学院教授、博士生导师。

中国刑事法治实践中出现的问题",特别注意将刑法学研究与刑事法治实践有机结合起来,用刑法学理论指导、分析和阐释刑事法治实践,以刑事法治实践检验、丰富和发展刑法学理论。如高铭暄先生关于刑法立法、刑事责任、共犯、故意犯罪未完成形态、社区矫正等诸多刑法总论问题的学术成果,很多都建立在他对刑事法治实践深入思考和收集、研究大量疑难刑事案例的基础上,突出地体现了他长期以来坚持的理论联系实际的研究风格。

二是关注和重视重大现实刑事法治问题。重大现实刑事法治问题的研究和解决往往是促成刑事法治乃至整个法治进步的重要契机,是否关注重大现实刑事法治问题,乃是衡量刑法学人社会责任感和学术良知的重要标志。作为具有高度社会责任感和使命感的法学家,高铭暄先生长期关注和积极参与重大现实刑事法治问题的研究。比如,对于死刑改革、特赦等重大现实刑事法治问题,因其事关我国刑事法治的现代化、刑事法治领域的人权保障和社会矛盾化解,高铭暄先生投入了大量精力对其进行长期、持续的研究,并多次上书中央决策层,对我国死刑制度的改革、特赦制度的激活、刑事法治领域人权保障水平的提高发挥了重要作用。

三是内容的丰富性与思想的深刻性兼具。高铭暄先生的法学思想内容十分丰富,从宏观考察到微观分析、从刑法理论到司法实践、从刑法立法到刑事司法、从中国刑法到国际刑法、从刑法总论到刑法个论,高铭暄先生都有涉猎,研究范围涉及刑事法治、刑法基本原则、刑事政策、刑法立法、犯罪总论、刑罚总论、罪刑个论、国际刑法等诸多方面,而且这些方面的学术观点相互渗透、相互促进,共同构成了高铭暄先生法学思想体系的有机组成部分。同时,高铭暄先生对刑事法治领域诸多问题的研究并非浅尝辄止,而是长期关注、深度研究、锲而不舍、精益求精,他提出的很多学术见解立意高远、思想深刻,充分体现了高铭暄先生在刑法学理论研究方面的精深造诣。

四是观点的创新性与语言的平实性并重。文章的生命在于创新,高铭暄先生在长期的法学研究中,一直秉持百家争鸣、百花齐放的理念,倡导和坚持学术创新,在刑法学领域的诸多问题上,他都有创新且有分量的研究成果。针对学术研究中不少青年学者动辄使用晦涩难懂的语言的倾向,似乎"学问之美,在于使人一头雾水",高铭暄先生有着清醒的认识,他在学术研究中坚决摒弃故弄玄虚、哗众取宠等急功近利的做法,坚持采用深入浅出、平实质朴的表述方式,组织科学、准确的语言来概述和传递其所要表达的学术思想。因而在学习和阅读高铭暄先生的有关研究成果时,广大读者总能有一种心领神会、如沐春风的感觉。其实,在学术研究中要将深刻的学术理论用平实质朴的语言阐释清楚,让读者在最短的时间内领会作者的意图和思想,这需要更高的学术造诣,而且能从更高层面反映出学者的治学理念和学术态度。

五是中国视角与国际视野交汇。中国刑事法治的发展完善,既需要立足于中国的实际情况,研究和挖掘本土的刑事法治资源,积极解决中国刑事法治实践中存在的问题,同时又应当有宏大开阔的视野和开放包容的胸怀,积极吸收法治发达国家的先进理念和有益经验,使中国的刑事法治不断发展进步、走向世界。高铭暄先生曾指出:"在经济和法律全球化的今天,作为一位刑法学者,必须具有国际眼光与开放的思想和胸襟。"综观高铭暄先生的法学研究历程,不难发现,高铭暄先生一直在身体力行推动中国刑法学的国际化发展,为加强中国刑法学界与国际刑法学界、代表性国家刑法学者的交流联系作出了开创性贡献。他不仅是我国国际刑法学研究的开拓者和拓荒者,而且还亲自推动创建了国际刑法学协会中国分会,充分体现出他作为一位法学大师所具有的眼界、见识和风范。

高铭暄先生的法学思想丰富而又深刻,在理论界和实务界产生了重要影响,有的已成为法学界通说,有的被国家立法、司法解释采纳,取得了令人瞩目的学术成就。这源于他献身法治、报效祖国的赤子丹心,源于他情系民生、心忧社稷的家国情怀,源于他高瞻远瞩、高屋建瓴的远见卓识,源于他开拓进取、精益求精的探索精神,源于他淡泊名利、宁静致远的学术心境,源于他坚定执着、孜孜不倦的法学追求。高铭暄先生既是一位学养丰厚、睿智豁达的法学大师,又是一位宽厚谦和、温文尔雅的前辈师长,他永无止境地在知识的海洋里遨游,为刑法学的繁荣发展尽心竭力,为国家法治的昌明呐喊鼓劲!

作为法学界的后生晚辈和青年学者,虽然我与高铭暄先生在年龄上相隔半个多世纪,且是高铭暄先生学生的学生,但何其有幸,这些年我时常在高铭暄先生身边亲炙谆谆教诲,感受大师风范,得到高铭暄先生颇多教诲,成为与高铭暄先生交往最为密切的青年学者之一。从高铭暄先生身上,我学到的不仅仅是专业知识,更为重要的是学到了宽容、担当、责任、奉献等诸多优秀的品质。每每聆听高铭暄先生春风化雨般的教诲、凝视先生慈祥和善的面容,我总是倍感亲切和温暖,内心也总是激起无限敬意。高铭暄先生坚定的目光、坚毅的神情带给我力量,给我激励,使我更加勤奋学习,更加努力工作,更好地投身法治事业。他的谆谆教诲我铭记在心,他的言传身教令我受益终身,他的行事风格对我的学习、工作和生活都带来很大影响。高铭暄先生的学品、人格和功业,犹如灿丽的阳光沐浴着我的身心,如纯洁的甘露滋润着我的灵魂,是我应当以毕生精力去追求的一种境界。时值高铭暄学术馆开馆之际,我怀着感恩的心情写下这篇短文,以表达我对高铭暄先生的深深敬意。衷心祝愿高铭暄先生学术之树常青、生命之水长流!也殷切期盼先生深情系之的中国法治事业枝繁叶茂、繁荣昌盛!

人才培养

作为学院管理者的高铭暄教授：
锐意改革、提携后学、爱生如子[*]

徐孟洲[**]

非常有幸来参加这样一个研讨会。我很多次都想参加高老师的一些研讨会，但是，我的专业不是刑法而是经济法，也没有机会。这次捞到了这样一个机会来参加这个会，收获很大。

刚才玉胜同学谈了，我们都是78级的。我们10月份入学，在迎新会上我记下了高老师的一句话："你们是我们在战壕里面等待多时的援军，你们终于到了，我们很高兴。"关于高老师的教育思想，大家提了很多很多的观点，提了大量的论据，我也只是提一些新的个别的论据。

第一，从我个人的角度来讲，高老师是我的班主任，教我们思想，我们的刑法课从头到尾都是他讲的。毕业分配的时候，我又提前一年留校，担任后面学生的班主任。1986年，我、韩玉胜、刘春田，他们两个人是副主任，我是副书记。高老师无论是在学术上还是在做人上，都给了我们很多的关怀、照顾和提携。我举个高老师爱生如子的例子，大家还记得邱先荣，我那时候当书记，他下海以后犯了一点事，以至于没有参加博士论文答辩，高老师一次又一次让他来参加博士论文答辩。

第二，从法学院的发展来讲，高老师1983年到1986年对法学院进行了大刀阔斧的改革。我补充一点，高老师有胆量有魄力有担当，一下子裁掉了八九个讲师，那时候讲师的年纪已经50多岁了，没有评上副教授就被裁掉了，各个教研室都有，我们教研室是潘老师，他59岁。为了提新一批学者上来，当时走的人特别多，但法学院后来的发展有那么大的后劲，走在全国的前列，都是因为高老师的改革，他

---

[*] 本文系作者在中国人民大学法学院、中国刑法学研究会、中国人民大学刑事法律科学研究中心主办的"人民教育家高铭暄先生教育思想研讨会"的发言（会议时间：2023年9月16日，会议地点：北京）。

[**] 中国人民大学法学院教授。

为此担了很大的风险,挨了很多骂,他们都是他的同辈,甚至比他的年纪还大。高老师跟他们说:"你们退我给你们副教授,或者你们到汕头大学或深圳大学去,我给你们介绍,还可以到那里去当教授、副教授。"另外,高老师当院长的时候,没有搞那么多虚的东西,都是扎扎实实把每一个学科建设好。当时经济学在法学院是新学科,高老师是非常支持的,从来没有对我们这个新学科有过偏见,更多的是关心。我们法学院之所以有今天,是因为李院长、高院长打下了很好的基础,法学院是在这个基础上发展起来的。

第三,从全国法学教育这个角度来讲,高老师的贡献大家已经讲了很多,我不想提更多的论据了,我想大家都很清楚,中国人民大学高老师,这个是了不得的。

我就讲三点,高老师对我们的贡献,对我们法学院的贡献,对我们全国法学教育的贡献。谢谢校友来参加法学院的研讨会,也谢谢所有来研讨高老师教育思想的来宾,我们要以高老师的教育思想为起点,学习高老师的教育思想,为创建中国特色社会主义的法学自主知识体系和话语体系作贡献。

高老师令我获益终身的教学方法：
综述和案例研究*

李文峰**

尊敬的韩老师，各位老师、师兄、师姐，各位同学，大家下午好！

很高兴参加人民教育家高铭暄先生教育思想研讨会，首先我代表最高人民检察院法律政策研究室，并以一个学生的身份对这次研讨会的召开表示热烈祝贺。

2023年9月9日，习近平总书记在致全国优秀教师代表的信中指出了新时代中国特有的教育家精神，概括为六个方面，这六个方面在高老师身上都有鲜明的体现。高老师从1953年开始，研究生毕业以后在人民大学法学院留校任教，至今已逾70载。70年的从教生涯，教书育人，高老师不仅形成了精湛的法学思想，而且形成了丰富的教育思想。这二者既有联系也有区别。刚才，多位前辈、老师从不同的角度对高老师的教育思想进行了精彩的阐述，有的我听说过，有的我本人就是见证者或者参与者，下面从微观的角度谈几点自己的学习体会。

这点体会从上学到工作，一直到今天都在深刻影响着我。第一，感觉高老师特别重视综述的研究方法，刚才也有老师提到，据高老师回忆，这是他在北京医学院工作时学到的方法，并且引用到了刑法教学领域。高老师曾经说过，他根据研究生的课业进程，自己先做大量工作，选择一个适合的课题，交给学生，要求学生在既定时间内全面搜集材料，并且进行深入阅读，结合当下实际情况进行思考，最后综合各种观念和材料写成一篇综述性的论文。我当时分到的题目是关于死刑问题研究的，高老师给定的题目。这种方法的推行，不仅培养了学生的阅读能力，还大大拓展了学生的视野，最重要的是让学生学会了自己思考，形成自己的观点，培养自己

---

* 本文系作者在中国人民大学法学院、中国刑法学研究会、中国人民大学刑事法律科学研究中心主办的"人民教育家高铭暄先生教育思想研讨会"的发言（会议时间：2023年9月16日，会议地点：北京）。

** 最高人民检察院法律政策研究室副主任。

的学术能力。之后,法学界其他学科也纷纷借鉴这种研究方法。

我参加工作以后,遇到问题需要研究时,最先想到的也是综述的研究方法,一直坚持到现在,效果很好。我们编的一个刊物,针对司法解释和规范性文件,每期围绕一个专题进行综述,供全国检察院学习借鉴,深受欢迎。我们围绕醉驾、检察机关的机动侦查权等,用综述的方式登在刊物上。

第二,高老师特别重视案例的研究。我选择刑法,也是源于一本案例书,我刚上大学的时候,有一天在书店看书,发现有一本书叫《刑法学案例选编》,中国人民大学出版社1990年出版的,主编就是高老师,之前看过高老师的刑法学教材,当时想要是有刑法案例书能看就好了,没想到想什么来什么。当时我看到这本书,立马买下来,这本书3块多钱,200多页,回到宿舍很快就看完了,并且看了很多遍,也给其他同学看,由此喜欢上了刑法学,所以先后师从韩老师和高老师,攻读了硕士和博士。到最高检工作以后,最高检非常重视案例的研究工作,我撰写的几本专著、提出的许多观点都是建立在对大量的案例分析研究的基础上的,包括我主编的出版物,以及《刑事检察工作指导》,特意设立了案例相关的栏目,这些都深受高老师的影响。

习近平总书记说过,一个案例胜过一沓文件。高老师也经常对社会关注的热点案件,甚至对全国有影响的案件进行点评。比如,在2009年,我有印象的就是中石化董事长的案件,当时他受贿数额特别大,1.95亿元,最后判了死缓,高老师对此进行了一个点评。还有王立科的案件,高老师也应邀进行点评。高老师对案例的研究也深深影响着我。

时间关系,我也就从微观的角度谈谈对高老师法学思想和教育思想的学习体会。作为一个学生,作为高老师的弟子,感谢主办单位举办这次研讨会,希望我们共同努力,把高老师的教育思想研究好、贯彻好、传承好。祝愿高老师身体健康、学术之树长青,也祝愿这次研讨会圆满成功,谢谢大家!

遇良师受益终身*

杜 强**

尊敬的各位领导、老师、同仁,大家下午好!

非常荣幸参加高铭暄先生教育思想研讨会,见到各位师长、同学,包括朋友,也非常亲切,很荣幸有机会做这个发言,并且是在我的硕士和博士导师黄京平老师主持的这一单元做发言。

延安教授昨天晚上跟我说这件事,我感觉有些诚惶诚恐,也有些惭愧。与各位一直从事专业领域的研究和实践相比,我从2004年博士毕业以后,大部分时间没有从事专业工作。按照组织安排,我从天津高院调到最高人民法院工作以后,先后在立案庭、法研所、司改办、办公厅,现在在行政庭工作,跟各位一直从事专业工作相比,我还是有些惭愧的。

即使我没有主要从事专业工作,但在人大法学院的学习过程中,高铭暄老师和诸位老师的教诲仍然对我影响巨大,对我的学习、工作、生活,仍然具有极大的指导作用。这就是教育的作用,也是教育思想的巨大作用。我谈三点粗浅的理解:

一是立德树人。高铭暄老师的教育不仅是学术的,而且是道德文章、治学治世、做人以及生活态度等全方位的,在人大法学院读硕士、博士的6年时间内能经常聆听高老师的教诲,现在想来都是一种幸运。记得我1997年刚读硕士的时候,时逢参加筹备高铭暄教授和王作富教授联袂执教45周年的活动,当时和高老师有所接触。高老师给我的最初感受就像《论语》里讲的"即之也温,听其言也厉",是既温暖又严格的一位长者,让我从内心里就涌起一种敬仰。后来的学习过程中,当有问题向高老师请教的时候,高老师绝不会因为我是一位后辈、小字辈的初学者就敷衍我,从来没有,高老师都是给予耐心的解释,条理清晰。高老师在教学中工作中体

---

* 本文系作者在中国人民大学法学院、中国刑法学研究会、中国人民大学刑事法律科学研究中心主办的"人民教育家高铭暄先生教育思想研讨会"的发言(会议时间:2023年9月16日,会议地点:北京)。

** 最高人民法院行政审判庭党务廉政专员。

现的认真、一丝不苟的精神对我在后来的工作中起到了很强的榜样作用。他对生活的乐观、豁达、淡泊名利、积极进取对我后来人生方向的把握、面对曲折,以及保持清廉的本色方面都有巨大的榜样和激励作用。

二是精神传承。古人说君子德风,高老师对学生的关心关爱,他深切的爱国情怀,理论联系实际、学以致用、求实创新的精神,不仅在他自己的身上有所体现,我在人大法学院刑法专业读书的过程中,在很多老师身上都感受到了这样的精神。例如,我在写博士论文的过程中,当时我写的是一个理论性比较强、资料又比较少的一个专题,导师除了给我认真进行批改,还特别强调,我在写这样的论文的时候,要更注重结合实际、结合案例去研究,勇于作理论上的创新。

我在人大读书,高老师开创的综述教学法,我觉得对我后来的工作有很大的帮助,无论我是做研究还是起草一个立法建议、搞调研,这样的工作方法,对我的工作都有很重要的指导作用。

三是中国气派。读高老师的书,听高老师的课,向高老师请教问题,一个强烈的感受就是,高老师是真正坚持马克思主义的立场观点方法,始终立足于中国视角,立足于解决中国司法实践问题,有强烈的问题意识,始终致力于建立完善中国特色社会主义的刑法理论。但是高老师又绝不故步自封,而是具有广阔的国际视野,广采各国刑事法治所长,以完善中国的刑事法治,这不仅是一种学术方法,更是一种思想方法,对我后来在工作中考虑问题、解决问题,具有指导意义。对我来说,高老师是高山仰止、景行行止的一座丰碑,是我永远学习不尽的楷模。祝高老师健康长寿、学术之树长青,祝各位师长、同仁,身体健康、工作顺利,取得更加丰硕的成果。

谢谢大家!

导师指引我前进

——记高铭暄教授传道授术

楼伯坤*

高老师,共和国的"人民教育家",我的博士生导师。作为新中国刑法学的奠基人、学界泰斗,其学术思想和学术品格整整影响了几代人。就我而言,高老师对我的学术影响由浅入深,至少可以分成六个不同的阶段。

一

第一阶段是在我念大学的时候,我与那个年代的每个法科学生一样,是读着高老师主编的《刑法学》初涉这个领域的。而知道高老师的大名,是我在读大学拿到教科书的时候开始的。当时,我们西南政法学院80级法律系的学生,大学期间使用的刑法课本就是由高铭暄主编的"高等学校法学试用教材"《刑法学》。这部教材是由司法部组织当时全国最权威的刑法学教师组成编写组编写的,简称"部编教材"或"统编教材",它反映了新中国刑法学界的共同成果和基本观点。我们的主讲老师是赵长青老师和伍柳村老师(伍老师还是该书的责任编辑)。那个时候,对高老师只有一个非常朴素的概念,只知道高老师是刑法界了不起的人,是主编。至于书里面的观点,由于教材没有列出谁执笔写了哪几章哪几节,所以,也就没有这几个观点是高老师的,那几个观点是其他老师的这样的区分,笼统地认为是没有争议的编者观点。

二

第二个阶段是我工作以后,在参与高老师讲座的时候,他的宏观大论引起了我对理论研究的兴趣。

---

* 浙江工商大学法学院教授、博士生导师、法学博士。

这一阶段是我第一次开始与高老师的近距离接触。1997年3月,《关于修订〈中华人民共和国刑法〉的决定》公布后,高老师作为新刑法的宣讲者,同年5月到浙江的政法机关、高等院校巡回演讲。期间,我参与组织了两次活动。一次是我当时所在工作单位浙江省检察学会组织了全省部分刑事检察干部聆听高老师的讲座,这一场讲座是在省检察院大会议室举行的,各地区的业务骨干都来了,影响很大;另一次是浙江省刑法学研究会组织全体理事和部分高校的学者,听取高老师作关于刑法修订若干重大问题的报告,这一场报告是在浙江大学经贸学院的教学楼举行的,主要由当时在浙江大学任教的卢建平教授组织,我作为浙江省刑法学研究会的常务副秘书长(秘书长是副会长兼的)配合协助。正是这两次活动,我不仅聆听了高老师对刑法修改问题的讲解,加深了对我国刑法规定内容的理解,还对高老师的学术风格和教学理念有了具体的感受和体会。

三

第三个阶段是2004年9月,我到中国人民大学刑事法律科学研究中心做访问学者,拜高老师为师,正式成为高门弟子。

2004年我作为学院的专业培训对象,拟被推荐到中国人民大学刑事法律科学研究中心从事访问学者工作。为了落实申请访问的具体事项,当年的5月,我经已在中国人民大学法学院攻读博士学位的郑万青老师、做访问学者的杨磊老师两位同事的联络,到中国人民大学法学院去拜见了高老师,希望能在高老师的指导下从事学术研究工作。高老师一听我是浙江来的,早些年还参与组织过他在杭州的讲座,高老师欣然同意当我的导师,还将此间已经在中国人民大学法学院任教的卢建平教授也叫来一起见了个面。这可以被看作高老师同意接受我这个学生的一个见证仪式。

2004年9月,我正式跨入中国人民大学的校门,成为刑事法律科学研究中心的访问学者。报到以后,高老师就专门听取了我对需要从事的专题研究项目设想的汇报,并对我整个访问研究期间需要阅读的书目、听取的课程、选听的讲座等作了具体安排。高老师充分肯定了我选择的研究方向,认为从事犯罪行为的基础研究很有意义,是改变中国刑法基础理论研究薄弱状态的一种努力。为此,高老师还专门就人大法学院正在重点研究的限制和废除死刑问题向我作了介绍,提示我要关注国家立法动向和理论热点,多些应用型问题的研究。这种对研究选题与研究领域重点问题的关注,也是对我学术方向的一种指引。在高老师的指导下,我度过了紧张充实的一年,包括寒假和中间的每一个假日。

在做访问学者期间,有两件事我记忆特别深刻。一件是我在撰写《行为加重犯研究》这本著作时,高老师对每一个我遇到的问题都不厌其烦地解答、讨论。《行为加重犯研究》是在我的硕士学位论文《行为加重犯独立性研究》的基础上,对其进行系统化研究的一本论著。由于行为一直以来是定罪的要素,作为基本罪状的行为与作为基本罪状之外的行为,其功能是有区别的,这在逻辑上是完全成立的,但现实中,无论是立法还是司法中,都会把多个行为作为数罪或者竞合(择一)处理,而不是作为加重犯处理。正因为这样,高老师也对此产生了一定的兴趣,于是就有了"烦也不烦"的感觉。正是在与高老师这种面对面的、紧密的思想交流中,我深深地了解到高老师高深的理论功底和深入浅出的表达技能,对我影响很大,也使我对思考理论问题的要求和方法有了一点粗浅的体会。

另一件事是2004年中秋节的聚餐,我正式"跨入"高门内。开学不到一个月,就迎来了中秋节。原本打算与我校在人大做访问学者的其他同事一起去人大

"小南门"小聚。那天是 9 月 28 日,星期二,高老师上午召集他指导的博士生到他办公室一起开会,检查各个博士生各自研究项目的进展情况和遇到的问题,高老师逐个作了点评,提出了指导意见。我作为观摩者旁听。这一时段,主要讨论的是学术问题,大家的态度都比较严肃。会议结束后,气氛就轻松多了,高老师说,今天是中秋节,他已经安排好了中午陪大家一起过节吃个饭,并让王秀梅师姐准备了月饼。我想我是一名访问学者,与博士生不一样,他们都是入了门的弟子,我是一名"编外"弟子,于是我同高老师说,我与在人大做访问的几位同事去聚餐,准备离开。高老师大概是看出了我的心思,就接着说:"你进到了人大法学院的门,学校安排我作为指导老师,你就是我的学生,你还是副教授呢,就应该与博士生一样对待。"这样,我这名编外弟子经高老师的一席话,就"转正"了,成为高老师认可的高门弟子。这也就是那一年进校的博士生都把我称为"师兄"的原因。

跟着高老师在人大做访问学者一年的经历,不仅使我养成了潜心钻研的良好习惯,也在高老师的指导下取得了一些学术上的进步。大大小小撰写了七八篇论文,15 万字左右,其中有关行为加重犯研究的论文,就发表在《法学家》2005 年第 2 期上。取得的这些成绩,在高老师给我的"结业鉴定"中都有所反映。

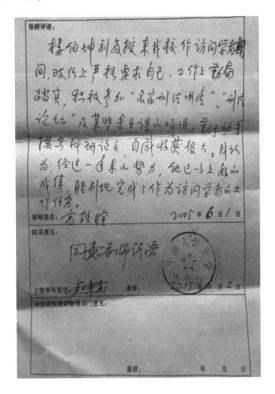

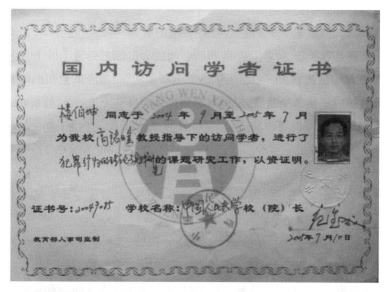

四

第四个阶段是 2007 年我考入北京师范大学刑事法律科学研究院攻读博士学位,导师也是高老师。

说起我报考高老师的博士研究生,确实有一个曲折的过程。本来我是 2004 年

9月到人大做访问学者,跟高老师做一些科研项目,也就以完成学习、研究这些基本任务为目标。可进入人大法学院后,在许多次的听课、听讲座过程中,我越来越感到自己专业能力的不足,我思考着是不是趁此机会也加把劲考个博士。于是我报名参加2005年中国人民大学的刑法学博士生招生考试,报考高老师的博士生。因此,就有了一段在"新东方"比老师年龄还大的学员在三个班轮番听课、强化外语,以及没日没夜阅读与写作的经历,酸甜苦辣,冷暖自知。然而,由于在人大的入学考试中外语没有过关,无缘人大。这样我就怀揣"访问学者证书"于当年7月初回到了我的工作单位,继续进行我的教学研究工作。

2005年下半年,赵秉志教授带领几员干将到北京师范大学成立第一家具有独立性、实体运行的研究机构——刑事法律科学研究院,2006年开始招收刑法、刑诉法的博士研究生。恰逢那一年北师大的博士招生考试初试时间与人大不是同一天,我就在两边报名(报名规则允许的),不过我报考的导师都是同一个——高铭暄老师。可事与愿违,在人大和北师大的考试中我的外语成绩都没有及格。这一年的考试对我的信心产生了较大影响,心想这辈子与"博士"无缘了,就安安心心耕耘我的三尺讲台吧。

2006年10月,中国刑法学研究会年会在杭州召开。我向学院领导请示,邀请了高老师来我们法学院给大学生作讲座。在交流过程中,高老师向我了解我当时教学科研的情况,鼓励我多研究些应用性问题,以提高对刑法研究灵敏性的感悟能力,也可以平衡我偏重理论研究可能引起的偏颇。在高老师的指导下,我又梳理了一下自己的规划,觉得作为一名教师,反正要搞教学科研,只要时间安排合理,在外语上多花些时间,再去试几次,也是可以的。所以抱着考上了当然好,考不上也无所谓的心态,在临报名前不到一个月的时间里,再次决定参加人大和北师大两校的博士生招生考试(这一年两校的考试时间又不在同一天),方法如前。经过艰苦的努力,这一次外语总算达到了合格线,加上专业课分数,我以总分第一的成绩,被北京师范大学刑事法律科学研究院录取了,专业是刑法学(归属于马克思主义基本原理),学号0001。这当中,还有诸多北师大和人大老师们的鼓励和关心。

2007年9月,我来到了北京师范大学攻读博士学位。三年博士学习时间,也是稍纵即逝。在这段时间里,我与高老师的联系更多了,除了听课,更多的是一起讨论我提出的"犯罪行为学"的命题。讨论的过程有点复杂和曲折,具体可从六年后的2013年,在高老师给我的《犯罪行为学基本问题研究》专著的"序"中了解。高老师是这样说的:"2007年楼伯坤考入了北京师范大学刑事法律科学研究院刑法专

业,成为我在北师大指导的一名博士生。入学伊始,他就与我讨论'犯罪行为'的问题,希望把'犯罪行为'作为今后学术研究的方向。说实在的,我以前指导的博士生也有研究犯罪行为的,如对作为、不作为、行为犯等的研究。我心想,作为一名喜欢从事刑法基础理论研究的学者,能够在刑法的核心问题上做一些探索,是值得肯定的。所以也没有太在乎他选择的具体方向,认为他只是想在攻博期间多做一些学问罢了。2008年他以《犯罪行为学研究》为题申报了教育部人文社科规划课题,首次把犯罪行为学作为一个学科的思想提出来了。我当时就觉得这是一种新的思想,作为一名还算年轻的学者,去探索一番,也是培养创新精神、锤炼学术品格的一个方面,所以鼓励他去大胆创新。令我意想不到的是,他好像一发不可收拾,2009年他又以《犯罪行为学基本问题研究》去申报国家社科基金项目。这是一个有点冒险的举动,但他成功了。我猜想,国家社科基金项目的评审专家大概也是基于对年轻学者学术创新的鼓励而投了赞成票,大家都想看看这个无人问津的话题研究出来到底是个什么样子。"高老师接着说:"坦率地讲,我一开始对'犯罪行为'的研究对象是否具有独立性也是有疑虑的。因为,犯罪学和刑法学作为刑事法中比较成熟的两大学科,在对各自研究的'犯罪行为'的界限还没有完全厘清的情况下,再冒出一门'犯罪行为学'来,它能研究什么呢?好在这个期间楼伯坤已经在北师大刑科院读博了,我有机会细致地了解他这个犯罪行为学的研究对象、理论体系和基本框架。在弄明白他的思想以后,我的指导也算步入了正题。为了帮助他解决成立该命题的各个论据,我就从各个方面给他'出难题',让他一个个去破解。比如,犯罪行为学为什么要独立?有什么必要?需要什么样的前提和条件?为此,他撰写了《犯罪行为学独立研究的必要性》(载《法学论坛》2010年第6期)、《犯罪行为研究体系的独立性》(载《犯罪研究》2010年第6期)。又如,犯罪行为学的研究对象是什么?它与刑法学和犯罪学研究的犯罪行为是什么关系?为此,他写了《比较视野中的犯罪行为——兼论犯罪行为学的诞生》(载《浙江工商大学学报》2010年第1期,被中国犯罪学第18届学术研讨会论文集收录)。再如,犯罪行为学是否有自己独立的研究方法?为此,他又撰写了《论犯罪行为系统化研究的范围与方法》(载《江淮论坛》2011年第5期)。随后,我提议他对国内外有关犯罪行为研究的资料做整体梳理,系统研究一下'犯罪行为'到底是怎样一个理论体系,并建议他以此作为博士论文的选题。2010年5月,他经过查阅大量的资料,完成了《犯罪行为系统化研究论纲》的博士论文,对课题涉及的几个重要问题作了专门研究,并顺利通过了专家评审和答辩。"高老师进一步说:"其实这还没有完。由于博士论文研究的仅仅是他整个课题论证的一部分,所以他没有把博士论文单独拿去出版,而是根据课题研究的计划,继续进行他的'万里长征'。又经过1年多的研究,一个有血有肉的犯罪行为学理论才呈现在我们面前。"这就是高老师指导我学术研究的一个缩影。

在高老师的精心指导下,我终于顺利完成了博士阶段的全部课程和各项学业要求,取得博士毕业证书,获得博士学位。

博士毕业后,我把博士毕业论文的主要内容与国家社科基金项目、教育部人文社科基金项目的研究成果的主要观点进行整体梳理,以国家社科基金项目的题目《犯罪行为学基本问题研究》为名,出版了这本著作。该著作经中国刑法学研究会遴选、推荐,获得第二届"中国法学优秀成果奖"二等奖。

五

第五个阶段是从我读博开始及随后的教学科研工作阶段,高老师时刻关心我的工作,经常在学术研究、工作方法等方面给予我指导。在此过程中,最令人难忘的是高老师为我主编的刑法学教材进行的全程指导。

高老师最初为我主编的刑法学教材进行指导是在2006年11月,也就是当年在杭州召开中国刑法学研究会年会后。早在2005年12月,我就将《刑法学》向浙江省教育厅申报为"十一五"重点建设教材,经省教育厅和省财政厅批准立项下文已经是2006年10月了。于是我组织编写人员做了一些准备工作,整理了编写方案,邀请高老师作为该书的学术顾问给予指导,并希望高老师为该书作序,高老师很爽快地答应了。个中原因,高老师在给这本《刑法学》教材所作的序中有所表露:主编"邀请我作为学术顾问对教材的编写提出一些思路和方法。我欣然同意。这也是我第一次以顾问的身份为一本教科书提供意见和观点。这主要基于两方面的原因:一个原因是,我是从浙江出来的,又是搞刑法的,我得为浙江法学人才(特别是刑法专业人才)的培养出点力。另一个原因是,我比较认同楼伯坤教授用严肃认真的态度来对待学术问题。我自己也一向重视教科书的编写。因为教科书会引导一大批学生的思想意识的形成和转变,不允许有半点懈怠。它不同于专著,可以凭个人的理解去求证某一个命题,即使观点还不够成熟,也可以'抛砖引玉'"。同时,高老师还详细审阅了全部书稿,对其中共同犯罪、犯罪构成要件的排序及分则罪名中司法认定的写作要求等方面,作了具体指导,使得教材更具有完整性和合理性。比如,关于犯罪构成要件及其排列问题,高老师认为:"我国刑法中犯罪构成的要件(指'四要件')已经经过了几十年的实践应用,得到了司法实践的验证,效果是好的。目前学术界有个别对'四要件'进行增或减的不同主张,但实际上都是对这四个要件或者其要素的不同组合而已,并不能从根本上动摇犯罪构成的四个要件。而在坚持'四要件'观点的基础上,有学者提出四个要件的排列应该根据人—思想—行为—对象(客体)这样的顺序排列。虽然该说具有一定的合理性,但是犯罪构成的要件理论主要是为司法人员准备的,是刑法立法和刑法理论赋予司法人员处置犯罪的工具,从这个角度讲,我认为对于犯罪构成要件的排序还是以犯罪客体、犯罪客观方面、犯罪主体、犯罪主观方面这样的顺序比较好。"这种观点鲜明、立场坚定、态度谦和的学术风格,令学生无比钦佩。

正是在高老师全面、细致的指导下,这本教材已经出了第三版,深受老师的欢迎和学生的喜爱,并被评为"浙江省普通高校'十二五'优秀教材",特别是还在五年评一次的第二届"全国刑法学优秀学术著作奖"评选中获得优秀教材奖,成为当年获奖的五本优秀教材之一,得到了业界的认可。

六

第六个阶段是我在申报国家级标志性成果的冲刺阶段,得到了高老师在选题思路和方法上的指导。

三年疫情影响了人们的正常生活和工作。这三年我与高老师的交流都是通过微信、电话进行的。

疫情发生后,我除了继续研究我主持的国家社科基金项目《基于死刑限制适用的终身监禁制度研究》和最高人民检察院检察理论研究课题《起诉标准与定罪标准关系研究》,主要目标是期望在退休之前能够申报获得并完成一项国家级的重大课题,作为对自己学术生涯的总结。这个想法也得到了高老师的支持。于是在近三年中我参加了国家社科基金重大项目选题征集活动,推荐了一些题目,并联络相关学科的专家学者组成课题组,申报了教育部哲学社会科学研究重大课题攻关项目、研究阐释党的二十大精神国家社会科学基金重大项目等,前者已经落选,后者尚未公布结果。但无论结果如何,高老师一直支持和指导我进行学术研究的历史还在继续。这是我无比幸运的人生历程。

可以这么说,我真正在学术上打下基础,并在学术界取得的一点成绩,都是与从人大到北师大跟随高老师进行学习、研究的过程分不开的。特别是高老师身上体现出来的对于学者所要具备的学术风格、社会道义和担当精神,对我当前和今后的学术生涯产生深远影响。导师指引我前进。我将继承和发扬高门形成的优良学术传统,在中国刑法学的发展和刑法学子的培养方面,作出自己的贡献。

一朝沐杏雨　一生念师恩[*]

——记高老师对我人生道路的影响

金莲淑[**]

各位老师、各位同学，下午好！

我们这个研讨会即将结束，首先非常高兴回到母校参加今天的会议，其次非常感谢主办方能允许我参加活动，又给我安排了发言，事先我并不知道。

今天看到活动举办得这么圆满，我无比高兴，觉得来得很值，希望有更多这样的机会。

我是律所的律师，但是，我跟很多人不一样，既不搞学问，也不忙于律师业务，十几年来我一直在做公益法律事务。

我想联系自己的亲身经历及成长过程，讲讲高老师对学生的成长、发展乃至对社会的影响。

我成为人大的学生，成为高老师的学生，非常不容易。几位同学讲，能成为高老师的学生三生有幸，我更是这样。1985年，我怀着跟定高老师的心愿报考了人大法学院高老师的研究生，但是很不巧，过了几个月就收到了落榜通知书。但是我看了成绩以后，感觉这成绩肯定有问题，于是我大胆地给人大招生办打了电话，请求老师核实一下我的成绩，我坚定地认为我的分数肯定是差了几十分，希望给查一下。真好，过了几天招生办打来电话说查出来了，我的成绩登分时登记错了，让我等消息。我回到黑大以后，老师说："你不要等，你去找。"于是我来到北京，招生办通知我："分数给你搞错了，也更正了，你可以报考第二志愿，回黑龙江大学。"当年我报考研究生真的是奔着高老师来的，所以我一定要争取成为高老师的学生。可

---

[*] 本文系作者在中国人民大学法学院、中国刑法学研究会、中国人民大学刑事法律科学研究中心主办的"人民教育家高铭暄先生教育思想研讨会"的发言（会议时间：2023年9月16日，会议地点：北京）。

[**] 北京市金平律师事务所主任。

是交涉20多天仍没有结果。招生办说不行，一切都结束了，即使我成绩没有问题，也不能被录取。但是我认为，如果我的分数不够，导致我没有进入复试，我都认了。当时坚持20多天之后，仍没有解决问题，我突然想到国家民委。我是少数民族，是朝鲜族。我找到国家民委，诉说我的遭遇，希望人大纠正错误，给我个机会，后来又找到了教育部。就这样，在我的坚持下，在国家民委和教育部的协调下，我留在了北京。当时有两条路可以选择，一是去读三年制的博士生，二是只能在人大读研究生班。我选择了留在人大，还是要聆听高老师的课程，要跟着高老师学。所以，我的人生能走到今天，跟高老师给我的这种吸引有关。

高老的治学精神给我的影响特别大，那种严谨的治学精神及综述的方法，对我的律师生涯有很大的影响。我办了很多疑难案件，没有高老师的影响，我不可能解决那么疑难的案件。高老师对学生非常爱护，我当时失去了父亲，又刚来到学校，特别害怕学校给我"穿小鞋"，再加上失去父亲的悲痛心理，我向高老师诉说心里的困惑，高老师特别慈祥地给我做工作，解开了我的心结。

高老师爱国爱党爱人民的精神，给我的影响也特别大。我几十年如一日为了社会、为了他人做公益，就是受高老师的影响。我经常去见高老师，高老师鼓励我继续坚持做好事。我也跟着老师做了很多工作，也得到了社会的认可。2004年，我在法学院设立了小小的助学金，新清作为党委副书记也到我们这儿讲话，2020年我获得了北京榜样的提名，高老师获大奖，我得了一个小小的纪念章。我能够在北京留下来，继续做公益，就是高老师的爱国主义精神一直在激励着我。

时间到了，我不多讲。我愿意经常回母校，愿意继续以老师为榜样，为社会多作贡献，为学院做点实事，愿我的老师健康长寿，谢谢大家！

人物侧记

铭鼎法坛、暄煦杏林的大先生

——记人民教育家高铭暄教授的法治人生*

姜 伟** 吴 笛***

在中华传统文化中,通常将德高望重、学识渊博、教书育人的长者尊称为"大先生"。习近平总书记在中国人民大学考察时指出:"老师应该有言为士则、行为世范的自觉,不断提高自身道德修养,以模范行为影响和带动学生,做学生为学、为事、为人的大先生,成为被社会尊重的楷模,成为世人效法的榜样。"话涉中国刑法,离不开一个如雷贯耳的名字。提起高铭暄教授,法律人几乎无人不晓。先生在法学教育和理论研究领域辛勤耕耘70载,为中国刑法科学建设举旗扛鼎、奋斗一生,可谓刑法学界的泰山北斗,是法学界德高望重、令人敬仰的一代宗师。先生荣获"人民教育家"国家荣誉称号,是新时代教育家的典范、大先生的楷模。我是高铭暄教授的嫡传弟子,自1978年考入中国人民大学法律系,与恩师相识已经45年。从本科生起,便追随恩师学习刑法,本科论文、硕士论文、博士论文都由恩师亲自指导。毕业留校后,又在恩师身边参与教学科研十余年,与恩师平时交流较多,对恩师的学术经历有较为深入的了解和感悟。我想从一个学生的视角记述恩师的法治人生。

高铭暄教授是新中国培养的第一代法学家,对中国刑法科学的创立和发展,倾注了全部心血,作出了卓越贡献。先生对刑法科学的开拓性创新、原创性贡献数不胜数,创造了我国刑法学界一系列"第一个",有的甚至是"唯一的一个",足以载入法学教育史册。高铭暄教授身上被历史和时代赋予很多标签,每一个身份对于我国的法治建设特别是刑法科学的发展繁荣,都属于标志性贡献,都具有里程碑意义。

---

* 原载于《民主与法制》周刊2023年第18期。
** 中国法学会副会长,中国法学会网络与信息法学研究会会长。
*** 最高人民法院审判员。

1984年，高铭暄教授指导硕士研究生学习的照片。（中为张军，左为姜伟。）

一、新中国刑法立法的创制者

　　刑法是国家的基本法律之一，通过规范国家的刑罚权，惩罚犯罪行为，保护人民权益，维护社会秩序，保障国家安全。在高铭暄教授辉煌的法治人生中，最为珍贵的篇章莫过于亲历并全程见证了新中国刑法的孕育诞生与发展完善。有法可依，是法治国家的前提和基础。新中国刑法是在废除国民党政府"六法全书"的基础上从零起步的。1954年9月，《宪法》颁行后，刑法的制定被提上立法日程，全国人大常委会办公厅法律室负责组建起草班子。经中国人民大学推荐，全国人大筛选认可，高铭暄教授有幸参与我国第一部刑法起草这一具有开创性的工作。此时，高铭暄教授年仅26岁，从中国人民大学法律系研究生毕业留校任教刚刚一年，是新中国刑法起草班子中最年轻的一员。高铭暄教授曾自谦地说"自己是一名参与刑法制定的工作人员"，实际上他是全程参与新中国第一部刑法起草的唯一学者，对于刑法草案章节体例、法条内容和立法语言的规范表达，发挥了重要作用。刑法起草小组成员，大部分是从有关单位抽调的干部，虽然不少人曾从事过司法工作，但系统学习法律的只有高铭暄教授一人。负责刑法起草小组工作的全国人大常委会办公厅法律室主任武新宇，发现很多人缺乏刑法的基础知识，就让高铭暄教授给大家上课，讲一些刑法学基本概念、基础理论,讲课效果很好。在参与刑法制定过程中,高铭暄教授负责汇编各类立法资料,包括我党解放区的法律、民国时期的法律以及苏联、法国、德国等国刑法,中国古代各朝代的律法文本,尤其是唐律和清律,还整理了最高人民法院提供的刑事审判经验材料,为规定罪名、刑种和量刑幅度提供司法实践依据。高铭暄教授讲道:"作为唯一一位自始至终参与我国刑法典创制的学者,我已记不清自己到底和大家一起度过了多少个不眠之夜,提了多少意见和建议,收集整理了多少资料,对每一个条文进行过多少次的草拟、修改和完善。"高铭暄教授举例说,在1979年《刑法》起草过程中,法律室的专家们在讨论追诉犯罪时效问题时,有人提出,如果过了追诉时效,是否可以对很严重的犯罪进行追诉?大家都认为这个问题提得好,建议在原来的条款上增加一句:如果二十年以后认为必须追诉的,可以由最高人民法院核准进行追诉。高铭暄教授提出,追诉问题应该由负责公诉的最高人民检察院来核准,这个意见被立法机关接受了。于是便有了这一句:"如果二十年以后认为必须追诉的,须报请最高人民检察院核准。"这个规定一直沿用到现行刑法的条款中。1979 年 7 月 1 日,第五届全国人民代表大会第二次会议正式表决通过了《刑法》。大会表决时,高铭暄教授作为参与刑法制定的工作人员,在人民大会堂见证了这一历史时刻。在代表们一致鼓掌通过时,高铭暄教授下意识看了看手表,那是 1979 年 7 月 1 日下午 4 时 5 分。从这一刻起,新中国终于有了自己的第一部刑法。《刑法》的立法过程,漫长而曲折。从 1954 年起,到 1979 年《刑法》颁布,制定新中国第一部刑法经历了 25 年,而高铭暄教授有幸全程参与了刑法起草的立法过程。我们应该感谢历史安排的相遇,我国刑法因高铭暄教授的参与,在法律结构、法条内容、立法语言等方面更加规范。而高铭暄教授在那个"法律虚无"的特殊年代,因 25 年的立法实操经历,逐步成长为我国刑法学界公认的领军人物。1979 年《刑法》出台后,随着我国政治、经济形势的变化,对刑法的补充和修改工作也逐渐地被提上议事日程。自 1981 年至 1996 年,全国人大常委会先后通过 25 部单行刑法。无论是单行刑法的制定,还是 1997 年刑法的全面修订,乃至其后 11 个刑法修正案的出台,高铭暄教授始终活跃在立法工作的第一线,提供了一些远见卓识,得到立法机关的充分重视和高度评价。1988 年,刑法的全面修改正式提上国家立法机关的议事日程。1993 年 12 月,全国人大常委会法工委委托中国人民大学法学院刑法教研室提出刑法总则修改建议稿。高铭暄教授主持成立了修改小组,我们几个年轻教师也有幸参加。经过深入调研、反复研讨,高铭暄教授领衔先后提出 1 份《刑法总则大纲》和4份《刑法总则(修改稿)》。至1997年《刑法》出台,在历时9年的刑法修改研拟过程中,高铭暄教授作为全国人大常委会法工委经常邀请的专家,多次参加刑法修改研究会、座谈会及立法起草、咨询等,提出一系列涉及刑法修改完善的问题和建议。从1954年第一部刑法开始起草,到1997年第二部刑法颁布,可以说,40多年的立法生涯,高铭暄教授鞠躬尽瘁、呕心沥血,亲身参与了新中国刑法发展的全部进程。从风华正茂的青年,到满头银发的长者,高铭暄教授一生积极投身于国家刑法立法工作,对刑法的创制、发展、完善厥功至伟。高铭暄教授曾经说:"我所做的一切,就是希望推动法治中国建设,保障国家安全、社会稳定,让人民权利得到保障,让犯罪分子得到应有的制裁。"而日益完善的中国刑法也让先生感到欣慰:"随着国家进步,民主法制水平提升,我们的刑法一直在发展、进步,法律条文越来越符合实际,更具体、更有针对性,可操作性也越来越强。"

二、新中国刑法学教育的领航者

高铭暄教授是新中国培养的第一代法学教育家的杰出代表,是新中国刑法学教育的先驱者。70年来,先生在人才培养、教材体系、教学方式等方面勇于探索、开拓创新,为刑法学高等教育作出不可磨灭的贡献!教材是人才培养、学科建设的基础工程。早在1956年,高铭暄教授就参加了《中华人民共和国刑法总则讲义》(内部教学使用)的编写工作,这是新中国成立后我国学者自行编写的第一部刑法学教材。1957年2月,最高人民法院翻印了这本讲义,配发给全国法院干警,几乎人手一册,既作为业务培训的教材,也作为办案的指引,在当时影响很大。我国刑法颁行以后,从1982年至2003年,高铭暄教授先后主编不同层次的全国性通用刑法学教材11部,囊括高等教育各学历层次,堪称中国当时主编刑法学教材层次最高、适用最广、数量最多的学者,发行量达数百万册,为我国刑法学教育作出了巨大的贡献。高铭暄教授创造性地提出编写刑法学教材的基本思路。他指出,要编好一部教材,除了贯彻"三基"(基本理论、基本知识、基本资料)和"三性"(科学性、系统性、相对稳定性)的写作要求,还必须处理好刑法学体系与刑法典体系、刑法理论与司法实践、全面论述与重点突出以及编写教材与便利教师使用教材等关系。

20世纪80年代,高铭暄教授与其指导的四位博士生在研讨刑法问题
(左起:姜伟、陈兴良、高铭暄、赵秉志、周振想)

1979年《刑法》颁布实施时,全国还没有体系化的刑法教科书。1982年由司法部牵头,邀请了12位刑法学界的专家、学者,在北戴河召开《刑法学》统编教材研讨会。会议要求以最快的速度,编写面向全国高等学校法学专业的刑法学教材,让法学教师和莘莘学子早日有教材可用。鉴于高铭暄教授全程参与刑法起草的立法经历和刚刚出版《中华人民共和国刑法的孕育和诞生》学术专著的巨大影响,司法部指定先生担任这部统编教材的主编。1982年年底,经过高铭暄教授和其他作者的共同努力,第一部刑法教科书《刑法学》由法律出版社正式出版。这本教材出版后供不应求,前后发行近200万册,创同类教材发行数量之最。该书荣获国家级优秀教材一等奖和司法部优秀教材一等奖双重殊荣。《刑法学》教材在新中国刑法学发展史上起到奠基架梁和承前启后的重要作用。法学界和教育部门对此书的评价是:"体系完整,内容丰富;阐述全面,重点突出;纵横比较,线索清楚;评说客观,说理透彻;联系实际,解决问题。它集学术著作和教科书于一身,不仅集中反映和代表当时我国刑法学研究的成果和发展水平,而且为我国刑法学奠定了基础。在新中国刑法发展史上,起着承前启后的作用。"

1985年,最高人民法院决定创办全国法院干部业余法律大学,并组织编写业大教材。时任最高人民法院副院长林准担任业大刑法教材主编,高铭暄教授受邀担任副主编。这部名为《中国刑法讲义》的教材深得广大学员的好评。1988年,国家教育委员会委托全国高等教育自学考试指导委员会法律专业委员会,对该书进行

高铭暄教授的中国人民大学研究生毕业证书

了分析评估,认为该书"突出了理论联系实际的原则,根据我国现行法律和司法解释,正确阐明了这门法学课程的基本理论、立法精神以及司法实践的新情况、新经验,分析比较深入。这一点是这门教材的突出特点,并优于普通高校编写的教材"。后经两次修订、一次重新组织编写,改名为《中国刑法教程》并成为经典教材,该书先后印刷23次,印数达100多万册。为适应日益发展的刑法学教学和科研需要,在国家教委的组织下,先生受命主持编写一部供高等院校法学专业使用的新教材。这部名为《中国刑法学》的教科书于1989年面世,荣获第二届全国高等学校优秀教材特等奖。1997年刑法修订之后,高铭暄教授主编全国高等学校法学专业核心课程教材《刑法学》(北京大学出版社、高等教育出版社2000年版)。该书为教育部组织的面向21世纪全国高等学校法学专业核心课程教材之一,先后10次重印,于2022年1月推出了第10版。该书注重体系的完整性、内容的科学性和知识、信息的新颖性,出版发行以来受到了广泛的好评,为我国高等法学教育和法治实践作出了重要的贡献,产生了重要的学术影响,荣获教育部全国普通高等学校优秀教材一等奖。2003年,受教育部委托,高铭暄教授主编全国第一本刑法学研究生教材《刑法专论》(高等教育出版社出版),教育部学位管理与研究生教育司对该书表示了充分肯定,向全国高校推荐此作为刑法学研究生的教学用书。高铭暄教授70年来兢兢业业、传道授业、奖掖后学,先后开设过苏联刑法、中国刑法、刑法总论、刑法各论、外国刑法、刑事政策与刑事立法、刑法前沿问题等课程,为我国培育了大批法治人才,可谓桃李满天下。先生常说:"我就是一名普通教师,既然选择了教书育人,就矢志不渝。"

姜伟同志与高铭暄教授的合影

70年来,先生始终坚持在教学第一线,他教过本科生,培养过硕士生、博士生,指导过博士后研究人员,还亲自为进修生、电大生、业大生、法官班学员、检察官班学员授课。如果听过先生的课,你就能直观体会到"大道至简""返璞归真"这两个成语的含义。高铭暄教授讲课注重理论联系实际,深入浅出、精彩生动,条理清楚、层次分明,见解独到、针对性强,极富实践意识和问题导向,有口皆碑,很受学生们的欢迎。"他的教学研究培养造就了一大批资深学者,他们活跃在世界各知名高校,如今已成长为国际学术界的栋梁之材。"这是国际社会防卫学会对高铭暄教授教育成就的评价。这并非溢美之词,而是中肯之语。高铭暄教授门下群星璀璨、栋梁满堂,是先生呕心沥血、辛勤栽培的结果,也与先生精耕细作的培养模式不无关系。

高铭暄教授把培养合格人才视为自己的神圣职责。先生常讲:"培养、指导学生,是我一生中最大的乐趣和成绩。"1981年,高铭暄教授担任硕士研究生导师,开始招收第一批研究生。1983年5月,高铭暄教授晋升为教授。1984年1月,经国务院学位委员会批准,先生成为新中国刑法学专业第一位博士生导师,结束了新中国不能培养刑法学博士的历史。随着教育对象的转变,高铭暄教授对如何培养研究

2011年4月20日,北京师范大学刑事法律科学研究院教授访问德国马普外国刑法与国际刑法研究所时,于德国黑森林滴滴湖畔合影(前排右二为高铭暄教授)。

生,进行了深入的思索。先生认为,研究生对知识的要求有别于本科生,对研究生的考核,也不能再限于书本知识,应该与科研成果挂钩,应有更为广阔的视野、更具专业的角度和更加创新的方法。对所指导的研究生,先生创造性地总结出"三严""四能""五结合"的人才培养之道。"三严"是指对学生严格要求、严格管理、严格训练;"四能"是指培养学生的阅读能力、翻译能力、研究能力、写作能力;"五结合"是指使学生做到学习与科研相结合、理论与实践相结合、全面掌握与重点深入相结合、研究中国与借鉴外国相结合、个人钻研与集体讨论相结合。20世纪80年代,教育部主管的《高教战线》和《研究生教育》曾刊文推广过中国人民大学法律系刑法专业研究生的人才培养经验。高铭暄教授在刑法教学领域首倡"综述研究"方法。先生曾经谈道:"我根据研究生的课业进程,自己先做了大量功课,然后选定一个适合的课题交给学生,要求学生在既定时间内,全面地收集材料并且深入阅读,结合当下实际情况进行思考,最后综合各种观点和因素,写成一篇综述性论文。"文献综述教学法的推行,不仅培养了学生的阅读能力,还大大拓展了视野,最重要的是让学生学会思考,形成自己的观点,培养自己的学术方向。著名刑法学家、北京大学教授陈兴良曾满怀深情地回忆:"我对刑法真正产生兴趣是在1983年的上半年,当时高铭暄教授给我们年级讲授刑法总论。高铭暄教授的刑法总论打破了我此前形成的刑法无理论的偏见,尤其是对犯罪构成理论的介绍,对我具有较大的吸引力。在刑法总论讲授中,高铭暄教授让我们每人做一篇综述。正是通过综述的方法,使我进入刑法学研究的大门,成为刑法学术活动的起点。"高铭暄教授的文献综述不仅体现在教学领域,也体现在科研领域。先生曾经讲道:"在刑法学的研究中,对已有研究成果进行综述,是一种调查研究、获得规律性认识的有效方法。通过专题性综述,不仅使作者本身科研的基本功得到训练,而且也给其他人员提供了一个很好的调查研究资料。所以这是一个值得重视的研究方法。"高铭暄教授在法学界首倡的综述研究方法,不仅惠及刑法学界,而且被其他法学研究领域所采用。这是高铭暄教授对于中国法学教育的重要贡献之一。在课堂教学方面,高铭暄教授逐步形成了"三三制"教学模式,即利用三个小时,从三个方面分析一个课题——先设定一个课题,交由某位博士生,让他在限定时间内做好资料收集、实例调查和观点分析等工作。经过充分准备后,这位博士生来到课堂上,必须在一个小时之内,向老师和同学们说明这个课题的有关内容,并提出自己的观点和论据。听了这位博士生的发言后,在座的其他博士生可以针对他的观点和材料收集情况,进行一个小时左右的评价、补充和反驳。最后的一个小时,由先生点评总结。重点对主述博士生的研究情况进行点评,也对其他同学的意见给出相应的解答。"三三制"看似对学生提出要求,其实最难的还是教师对课题的选择。高铭暄教授曾经讲道:"一个经得起反复思考、反复讨论的课题,必须充满新鲜感,有充分的可延展性,还必须与社会实际接轨。"每次课前,高铭暄教授都费尽心思准备,找到能为学生提供广阔思考空间的课题。"政治上强,业务上精,方法要对,作风要正,文风要好,这是我对学生们的期望。"高铭暄教授在培养博士研究生的过程中,始终强调抓住"三个重点",即抓政治方向、抓专题讨论和科学研究、抓学风建设,注重打基础、长能力、正学风,全面培养博士研究生的综合素质。在博士生入学后不久,先生都要求他们根据自己的情况制订有关学习提高的计划,要求他们针对自己的弱项,有针对性地予以弥补。除了课堂接触,先生还在每个学期与每位博士生至少谈话两三次,交流思想,增进师生情谊。为学者严,为师者亲。先生十分关心学生成长,既有温度,又不失原则。高铭暄教授指导研究生以"严格要求"著称。中国人民公安大学教授莫开勤记得:"高老师指导论文严谨认真,字斟句酌,标点符号、错字、漏字、用词不当等都能给修改出来。""进入我的门下,就绝不允许以混文凭的态度来虚度光阴。"这是先生时常在学生们耳边的叮嘱。"多读、多写、多发表",饱含先生对学生的关爱和期许。高铭暄教授培养博士研究生近40年,绝不成批指导,更不允许滥竽充数,每年仅带

1~2人,共指导法学博士67人、博士后10多人。在赴日交流会见早稻田大学校长时,高铭暄教授曾用毛笔题写了16个字:"传道授业、培育英才、经世致用、恩泽永垂。"我以为,这也是先生对自己一生教书育人的期许和写照,彰显了先生诲人不倦、甘为人梯的大师境界。

三、新中国刑法学术研究的开拓者

高铭暄教授是当代著名法学家,勤于研究问题,勇于理论创新,在70多年的理论研究生涯中,潜心向学、笔耕不辍,一直致力于学术研究,硕果累累、著作等身,共有个人专著8部,主编或参编的著作100多部,发表论文300多篇,参与多部俄文著作翻译,在法学研究领域成就卓著,誉满学林,成为刑法学界的领军人物,是中国刑法学研究会的擎旗人。1984年,高铭暄教授主持创建了中国刑法学研究会,被同仁公推为首届干事会总干事(后改为会长),并连续担任17年会长。2001年卸任会长后,一直担任中国刑法学研究会的名誉会长,被视为中国刑法学界的灵魂和旗帜。中国刑法学研究会的成立,为刑法学界的同仁提供了一个研讨交流的平台,使原先各自为战的研究个体,集合成为刑法科学研究的"国家队"。中国刑法学研究会是中国法学界规模最大、研究活动最规范、最具活力的研究会之一。近40年来,高铭暄教授几乎参加了历届学术年会,组织协调专家学者攻克了许多重大研究课题。高铭暄教授以一系列"开山之作""扛鼎之作",为我国刑法学的学术研究、学科建设等作出了巨大的贡献。高铭暄教授所编著的《中华人民共和国刑法的孕育和诞生》一书,不仅是中国法学学术研究的拓荒之作,而且是关于中国刑法立法研究的开山之作。1964年,在《刑法(草案)》第33稿完成后,高铭暄教授回到了中国人民大学。根据教研室领导的建议,高铭暄教授撰写了近8万字的《中华人民共和国刑法(草案)学习纪要》,梳理了刑法立法中的难点和重点问题,作为法律系教职人员的教学资料。1979年《刑法》实施后,全社会掀起学习法律的热潮,但没有诠释性和解读性的书籍可资参考,理论界和实务界对刑法的理解与适用都存在一些疑难问题。高铭暄教授是唯一全程参与刑法制定的学者,拥有丰富的第一手立法资料。应法律出版社之邀,作为最"了解"刑法的人,高铭暄教授倾注心力,在《中华人民共和国刑法(草案)学习纪要》基础上修改、补充,形成近20万字的《中华人民共和国刑法的孕育和诞生》,于1981年7月由法律出版社出版,成为改革开放后的第一部刑法学专著,社会影响很大。该书准确阐释了1979年《刑法》各条文的立法原意,记述了立法过程中的各种不同意见,展示了新中国第一部刑法从草创到颁行的20余年艰难历程,为刑法学的教学、研究和刑事司法工作提供了重要帮助。该书首印12000册,发行之后就销售一空,一些地方甚至出现了"手抄本"。高铭暄教授的恩师、曾任外交部法律顾问的我国著名法学家李浩培先生对此书给予了高度评价,称"任何人如欲谙熟我国刑法,是必须阅读的"。30多年之后的2012年,年届耄耋的高铭暄教授执笔完成对原书稿的修订,85万字的《中华人民共和国刑法的孕育诞生和发展完善》出版,在国内外引起巨大反响,于2014年荣获第三届中国法学优秀成果奖专著类一等奖。这本巨著对新中国刑法立法进程、背景、法条要义给予了全面深刻的阐释。从内容上看,该书是解读刑法精神的教科书、描述刑法发展变化的编年史、介绍刑法条文沿革的路线图;从编写体例来看,该书既有对刑法发展历程全景式的叙述,又有对刑法条款具体内容详尽的解析,以翔实丰富的文献资料和历史信息,构成新中国刑法立法的缩微档案馆和全景纪录片。2020年4月,该书被列入《教育部基础教育课程教材发展中心 中小学生阅读指导目录(2020年版)》。

《中华人民共和国刑法的孕育诞生和发展完善》荣获第三届中国法学优秀成果奖专著类一等奖。2015年4月25日,高铭暄教授在颁奖仪式上发言。

"你要给别人一桶水,你自己必须有十桶水。"这是高铭暄教授的恩师李浩培先生当年的耳提面命。先生谨记在心,要求自己的教学风格厚重平实,学术研究深入扎实,与时俱进地学习,笔耕不辍地研究,确保自己有足够的知识储备和研究成果。先生曾经讲道:"学术研究最直接的工作就是著书立说。"高铭暄教授主编出版的一系列重磅著作,奠定了先生在我国法学界的学术地位,被尊称为中国刑法学界的泰斗。高铭暄教授担纲主编的《新中国刑法学研究综述(1949—1985)》(70万余字,1986年出版),全面回顾了新中国成立以来刑法学的研究历程,收集了刑法学研究的代表性文献,是我国法学领域第一部系统全面的学科文献类著作,为法学各专业研究综述的写作和出版树立了典范。由高铭暄教授与王作富教授联袂主编的《新中国刑法的理论与实践》(56万余字,1988年出版),开刑法专题研究之先河。该书对犯罪论、刑罚论和罪刑各论中的35个重要课题进行了系统深入的探究。高铭暄教授主编的《新中国刑法科学简史》(1993年出版),填补了新中国刑法学发展史研究的空白。高铭暄教授主编的刑法学巨著《刑法学原理》三卷本(148万余字)1994年10月全部出版,堪称中国刑法学理论研究的扛鼎之作。这部鸿篇巨制是国家哲学社会科学规划重点项目成果,历经十余载潜心调研,集新中国成立以来刑法学基础理论研究精华之大成,深刻探讨了刑法的基本原则、基本原理、基本制度及其发展规律和学术成果,成为中国刑法学硕士生、博士生的基础教材。1996年,该书荣膺国家图书最高奖项——第二届国家图书奖。高铭暄教授主编的国家社会科学"九五"规划重点项目成果《新型经济犯罪研究》(83万余字,2000年出版),第一次构建了研究新型经济犯罪问题的理论体系,系统地阐述了新型经济犯罪的概念、特征和分类标准,提出了对新型经济犯罪各罪的认定原则和刑罚模式,是关于经济犯罪与经济刑法的一部精品力作。先生曾说:"我这一生就喜欢坐冷板凳,喜欢有自己一些独立思考的空间,随着自己慢慢老去,总有一天是干不动的,但是还有些东西留给社会,这是我精神上的财富。"

四、新中国刑法理论体系的设计者

高铭暄教授是中国特色刑法科学体系的奠基人和设计者、法学教育中国化的首倡者和践行者。我国刑法学界能有这样一位深谙法学教育规律、守正创新、精业笃行的名师巨擘作为领军人物,是刑法学科的幸运。先生坚持用马克思主义的立场观点方法,守社会主义制度之正,创中国特色刑法理论体系之新。高铭暄教授坚决反对做西方刑法理论的"搬运工",积极构建中国自主的刑法科学知识体系。中国刑法科学的发展和繁荣,正是由于高铭暄教授的拓荒奠基和掌舵领航。因此,高铭暄教授对中国刑法科学体系的理论贡献具有奠基性、创新性、引领性的重要意义。

高铭暄教授参加新刑法实施研讨会

高铭暄教授1956年参加撰写的《中华人民共和国刑法总则讲义》(中国人民大学法律系刑法教研室集体编写),是废除国民党政府"六法全书"之后新中国学者自己编写的第一部刑法学教材。这部教材宣告了新中国刑法学的创立,对探索构建中国刑法科学体系,具有奠基性地位和开创性意义。为构建中国特色刑法科学体系,高铭暄教授通过主编一系列高等教育《刑法学》通用教材,提出了很多创新性的观点,作出了诸多原创性的贡献,形成了一些体系性的研究成果,被法学界誉为"新中国刑法学的奠基人"。1982年,先生在主编第一部统编教材《刑法学》时,率先提议在教材体系中设立"刑法基本原则"专章,并倡导确立罪刑法定原则,由此成为定例。当时,我国1979年《刑法》并没有规定刑法的基本原则,特别是在规定类推的背景下,高铭暄教授力排众议,提出将"罪刑法定"作为中国刑法科学的基本原则,尤为难能可贵,成为教材的最大亮点。"罪刑法定"原则最终被1997年修订的《刑法》所采纳,在法律上真正成为中国刑法的基本原则。北京大学教授陈兴良曾经评价说:"这一刑法教科书在当时代表了我国刑法学的最高研究水平,其所建立的刑法学体系为后来的各种刑法论著和教科书所接受,成为各种同类著作的母本。"高铭暄教授最早提出民主刑法观、平等刑法观、人权刑法观、法治刑法观、适度刑法观、开放刑法观、超前刑法观、经济刑法观、效益刑法观、轻缓刑法观十大刑法观念。高铭暄教授对刑事责任问题进行了开创性研究,认为应当将犯罪、刑事责任、刑罚视为三个不能互相替代的概念,承认刑事责任的独立地位,主张构建犯罪论、刑事责任论、刑罚论三位一体的理论体系。这不仅是我国刑法理论的一个创举,在世界各国刑法理论中也是独树一帜,对我国刑法科学体系产生了深刻的影响。高铭暄教授坚持马克思主义的立场观点方法,主张从犯罪事实及合目的性两方面对社会危害性进行阐释,创造性地揭示了中国刑法犯罪概念的本质属性,成为我国刑法理论的基本范畴。高铭暄教授关于犯罪构成理论的研究对我国现行犯罪构成理论的奠基、成型和完善起到重要作用。早在1956年参加编写新中国第一本刑法总则讲义时,高铭暄教授执笔撰写了其中的第三章"犯罪构成"。先生不仅是最早著述我国犯罪构成理论的第一人,而且是系统深入研究犯罪构成理论的集大成者。在刑法学界出现引入德日"三阶层"理论与坚守"四要件"理论之争时,高铭暄教授不顾年迈,亲自上阵论辩,连发三篇重磅论文,从构建中国自主知识体系的高度,旗帜鲜明地坚持"四要件"犯罪构成理论体系,提出完善和坚持中国刑法学体系的构想。先生认为,我国采用"四要件"理论是一种历史性选择,具有历史合理性;符合中国国情,具有现实合理性;理论逻辑严密、契合认识规律、符合犯罪的本质特征,具有内在合理性。与德日"三阶层"犯罪论体系相比,"四要件"理论更适合中国诉讼模式,具有显著的优势。高铭暄教授既有家国情怀,更有理论自信。丰富、多元的学习经历奠定了先生系统、扎实的理论基础,形成构建中国特色刑法科学体系的学术自觉。高铭暄教授最早接触刑法,是新中国成立前在浙江大学求学期间,李浩培教授讲授的刑法学,就是当时国民党政府时期的刑法及其理论,即德日"三阶层"理论。新中国成立后,他转学到北京大学,聆听蔡枢衡先生讲授其自创的"刑法学"。自清末修律开始,德日刑法学的引进成为潮流,当时便有法学界的中西之争,蔡枢衡先生始终倡导建设中国新概念法学。在中国人民大学研究生学习期间,高铭暄教授是我国系统学习苏联刑法理论的第一批学者,当时有四位苏联刑法学专家授课。借助参与刑事立法的机会,高铭暄教授全面学习了当时可以收集到的各国刑法,特别是具有代表性的法国、德国、日本等国刑法典。改革开放以后,高铭暄教授到世界20多个国家出访,与各国学者交流刑法理论,对英美法系犯罪论体系有了进一步了解。可以说,李浩培先生讲授的德日"三阶层"理论是先生的刑法启蒙,从此与刑法结缘。蔡枢衡先生讲授的刑法学给予先生丰富的中华法律文化资源,在高铭暄教授的心里埋下"中国风"刑法学的种子。苏联刑法理论给先生打开一扇追寻刑法科学的门,英美法系犯罪理论给先生提供了"他山之石"的借鉴。通过比较鉴别后的博采众长，高铭暄教授认为，经过70年的系统培训和实践历程，"四要件"理论适合中国国情和司法实践，在中国已经实现本土化，完全转化为中国话语，成为中国特色刑法理论体系的重要组成部分。高铭暄教授坚持构建中国刑法科学体系，具有深厚的哲学基础和严谨的理论逻辑。最重要的是高铭暄教授始终坚持马克思主义思想方法的科学指导，强调遵循法律学科的学术研究规律，总结中国司法实践的有益经验，赓续中华法律文化，注重在比较鉴别中兼收并蓄。高铭暄教授主张建立以"四要件"理论为核心的中国刑法科学体系，并不是苏联刑法理论的简单套用，也不是历史上中华法系的再生，而是具有中国特色、时代特色的刑法科学体系，既与大陆法系刑法理论不同，也与英美法系刑法理论有异，这是中国对人类社会的贡献、对世界刑法理论的丰富。高铭暄教授认为："中国的刑法学必须服务于中国的刑事法治现实和实践，必须立足于解决中国刑事法治实践中出现的问题。"越是民族的，越是中国的，才越是国际的，才能得到他国的尊重。中国的刑法理论绝不能崇洋媚外，更不能生搬硬套西方理论。照搬他国的理论体系，没有平等交流的自主地位，只会跟在他国后面亦步亦趋。先生自豪地说："我国刑法是一张名片，极具特色，很接地气，它是我国实际情况的反映，也能解决实际问题。随着国家综合国力的提升，法律不断发展完善，我国刑法在世界上也会越来越有影响。所以我们不应妄自菲薄，但也不自吹自擂，只要国家富强，有影响力，有吸引力，刑法学就会做大做强，不会矮人一截，不会跟在西方后面亦步亦趋，这点志气我是有的。"高铭暄教授培养指导刑法学博士生，希冀他们不仅成为中国学术研究的中坚力量，还能肩负赶超西方法学理论的历史责任。

五、享誉国际刑法领域的"中国高"

在国际刑法学界，外国学者谈及中国刑法，必然提到"中国高"。高铭暄教授在接受媒体采访时，曾特别讲道："我一直很努力地想把中国的刑法推向世界，向外交流。"改革开放以来，通过"请进来""走出去"，高铭暄教授积极推动中国刑法学界与国际的交流，是中国刑法学国际化的开拓者和引领者。

高铭暄教授是最早走向国际的中国学者，20世纪80年代便有学术论文的译文在国外刊物发表。高铭暄教授也是国际影响最大的中国刑法学学者之一，其学术著述被译为英、法、德、俄、日、韩6种文字在外国出版或发表。高铭暄教授的代表作《中华人民共和国刑法的孕育诞生和发展完善》德译本、俄译本，分别在德国、俄罗斯出版,英译本也正在编译中。高铭暄教授是中国刑法走向世界的倡导者和实践者,积极推动刑法学的国际交流,注重引领中国刑法学界走向国际舞台。他曾说:"我们要让外国人知道中国的刑法很系统、很完备,有不少好经验。同时也要了解其他国家的经验,促进交流。"他先后出访美国、英国、法国、德国、日本、俄罗斯、埃及、澳大利亚等20多个国家,开展讲学、考察和学术交流活动,积极宣传中国特色社会主义法治,借鉴吸收发达国家的先进经验,为中国刑法学推开世界之门。1983年,高铭暄教授作为中国法学界的代表,第一次出访美国,先后访问了美国几所著名法学院校,在交流过程中,他积极地介绍中国刑法和司法实践。佐治亚大学和耶鲁大学邀请高铭暄教授前去演讲,高铭暄教授作了题为"中国刑法的产生和基本原则"的主题演讲。高铭暄教授是中日刑法学术交流的积极推动者。他和日本早稻田大学前校长、著名法学家西原春夫教授共同做了两件非常有意义的事情,对加强中日法学的学术交流发挥了重要作用。一件是共同主持举办4次中日刑事法学术研讨会。另一件是共同主编出版了两套法学系列丛书,一套是"中国法学全集"9卷本,由日本成文堂出版;另一套是"日本刑事法研究丛书"4卷本,由法律出版社出版。高铭暄教授是国际声望最大的中国刑法学学者之一。1984年,高铭暄教授参加了国际刑法学协会在埃及开罗举行的第十三届国际刑法学大会,这是中国刑法学界首次接触国际刑法学协会。1987年5月,高铭暄教授以中国法学会副会长的身份,参加了国际刑法学协会在意大利举行的国际死刑问题学术研讨会,在会上作了"中华人民共和国的死刑问题"的演讲。这次演讲取得巨大成功,让国际刑法学界对中国法律和刑法研究刮目相看,当地报纸特别提到了中国代表在会上发言,国际刑法学协会会刊《国际刑法评论》(1987年第3/4合刊)刊发了演讲的英文稿。高铭暄教授还向时任国际刑法学协会秘书长的巴西奥尼教授(美国学者)表达了中国刑法学界拟申请加入国际刑法学协会的意愿,得到了国际刑法学协会主席耶塞克教授(德国学者)等人的首肯。通过这次参会,国际刑法学协会与中国法学会建立起对话交流机制,畅通了中国刑法学界与国际刑法学界的联系渠道。中国刑法学界于1988年正式加入国际刑法学协会并成立了中国分会。因高铭暄教授在国际刑法研究和推动中国刑法学走向世界方面的杰出贡献和重要影响,1999年至2009年,国际刑法学协会连续选举他担任两届、长达十年的协会副主席,并在他卸任协会副主席后随即聘请他为协会名誉副主席,一直延续至今,这是国际刑法学界对高铭暄教授的高度认可。2004年9月,由国际刑法学协会和中国法学会共同主办、高铭暄教授领导国际刑法学协会中国分会承办的第十七届国际刑法学大会在北京成功召开,来自世界各地68个国家和地区的近千名代表出席此次盛会,受到国际刑法学界的高度评价。这是具有百年历史的国际刑法学协会第一次在亚洲国家举行国际刑法学大会,也是中国刑法学界首次承办这么大规模的国际性会议。自此,中国刑法学界以崭新的姿态站到国际刑法学学术平台上。高铭暄教授语重心长地告诫年轻学子,一定要重视刑法学的国际合作交流,强调在国际舞台上,中国刑法要有自信。要热心、尽心、耐心,增强勇气,提高底气,既学习他国的长处,又要敢于宣传自己,不卑不亢,达到双赢。高铭暄教授是我国研究国际刑法的引领者,可谓推动中国国际刑法研究的第一人。先生一贯提倡刑法学科的国际化,认为"在经济和法律全球化的今天,作为一个刑法学者,必须具有国际眼光和开放的思想和胸襟"。早在20世纪80年代,在国内学者对国际刑法还比较陌生的时候,高铭暄教授就在中国人民大学法律系开设了面向研究生的国际刑法专题课程,这是我国改革开放后较早开设的国际刑法课程,激发了部分研究生从事国际刑法研究的热情。高铭暄教授还培养了新中国早期的国际刑法学博士研究生,他招收的第一位女博士生王秀梅(现任国际刑法学协会副主席),就是国际刑法研究方向的博士,也是中国刑法学科培养的第一个国际刑法博士。为加强国际刑法研究,高铭暄教授和法国著名学者米海依尔·戴尔玛斯-马蒂联合主编《刑法国际指导原则研究》,以中文和法文分别在中国和法国出版。高铭暄教授曾被收入英国剑桥世界名人录,是我国获得国际荣誉最高的法学家。2015年4月15日,第十三届联合国预防犯罪和刑事司法大会在卡塔尔首都多哈召开。国际社会防卫学会决定授予高铭暄教授"切萨雷·贝卡里亚奖"。获奖理由是:高铭暄教授"在中国基于人权保障与人道主义刑事政策发展现代刑法学所取得的巨大成就。他的教学研究培养造就了一大批资深学者,他们活跃在世界各知名高校,如今已成长为国际学术界的栋梁之材"。国际社会防卫学会在联合国经济及社会理事会享有咨商地位,设立该奖是为了表彰全世界在刑事法律领域为推动实现法治精神与人道关怀作出巨大贡献的社会学家、法学家。"切萨雷·贝卡里亚奖"是一项极具分量的国际性大奖,素有刑法学"诺贝尔奖"之称。高铭暄教授是亚洲获得该项大奖的第一人,充分说明国际社会对以高铭暄教授为代表的新中国刑法学和刑事法治事业的充分肯定。正如国际社会防卫学会主席路易斯·阿罗约·萨巴特罗所言,"高铭暄教授的肩上汇聚了前人的最高品质,极富成果地将其一生贡献给了刑法科学和刑事法制的发展进步以及人道主义刑事政策的传播普及",授予其"切萨雷·贝卡里亚奖"可谓实至名归。这是国际社会防卫学会对高铭暄教授的最高褒奖。国际刑法学协会主席约翰·梵瓦勒教授

（荷兰学者）在颁授高铭暄教授"切萨雷·贝卡里亚奖"的颁奖仪式上深情地说道："高铭暄教授，我亲爱的同事与挚友，是中国刑事法制与外部世界的桥梁。他将世界带入中国，使中国走向世界。他的不懈努力助益于中国和中华走向世界的中心。"时任中国法学会副会长张文显教授认为，高铭暄教授的获奖标志着中国刑法学事业走向世界并取得了巨大成就，这对于推进中国的法治经验走向世界、增强中国法学和中国法治的国际影响力，具有重要意义。

2015年4月，高铭暄教授获得国际社会防卫学会授予的"切萨雷·贝卡里亚奖"

2016年11月，日本早稻田大学鉴于高铭暄教授的学术影响和国际声望，授予高铭暄教授名誉博士学位。早稻田大学是日本传统名校，其名誉博士学位入选标准非常严格。从得主情况看，主要授予在国际上负有盛名、有杰出成就的政治家、社会活动家，将名誉博士学位授予大学教授的情形极为罕见。授予高铭暄教授名誉博士学位，是早稻田大学对他在中国刑法学研究以及对中日国际学术交流所作突出贡献的充分肯定。获得早稻田大学名誉博士学位时，高铭暄教授已是88岁高龄。以如此高龄获得外国名校的名誉博士学位，创造了我国教育界、法学界的一项纪录，高铭暄教授也因此成为我国最年长的名誉博士学位获得者。

谈到中国的高铭暄教授，国际刑法学协会主席约翰·梵瓦勒评价道："中国高教授是具有高度影响力的学者，同时还密切关注司法改革和刑事政策，在其学术生涯的早期即投身中国刑法的法典化及其后续改革。他在中国刑法吸收国际条约的

2016年11月,日本早稻田大学授予高铭暄教授名誉博士学位

进程中同样产生了重大的影响。"近日,揭幕开馆的高铭暄学术馆收到国际刑法学协会的贺函,信中写道:"高铭暄先生一生投身学术研究和教书育人,在学术界享有至高荣誉当之无愧。"

六、生命不息、奋斗不止的"不老松"

高铭暄教授在自述中讲道:"我的父亲曾担任过法官,受父亲的影响,选择学习法学。""自从在浙江大学听了恩师李浩培先生讲授刑法总则之后,我就喜欢上刑法学这门学科。""特别是1953年从事刑法教学以后,本着'教育乃我之事业、科学乃我之生命'的信条,我将刑法学视为至爱,须臾也不分离,真正结下了不解之缘。"高铭暄教授著述等身、桃李满园、荣誉无数,可谓功成名就。令人钦佩的是,高铭暄教授即使年事渐高,甚至进入鲐背之年,依然老骥伏枥,不知疲倦地坚守在教学科研一线,是法学教育界令人非常崇敬的法治老人。

在2015年的"切萨雷·贝卡里亚奖"颁奖典礼上,为了遵循国际惯例,并表达对会议主办方的尊重,高铭暄教授勇于挑战自我,在勤学苦练后,用英语作了获奖答谢致辞。他以87岁的高龄,在国际讲台进行了一次英语秀。

2018年9月13日,在中国人民大学明德法学楼601学术报告厅,已经90岁高龄的高铭暄教授还为"00后"本科生、研究生新生们讲授了"开学第一课·我国刑法立法的成就、经验和展望",他一口气讲了三个多小时,根据录音整理的速记稿就有三万余字。

在三年新冠病毒流行期间,高铭暄教授不能出门,仍然坚持线上参加学术论坛,发表致辞或主旨演讲。尤为难能可贵的是,高铭暄教授因眼睛有恙,不便使用电脑,所撰写的文章、著作、讲稿等,都是他一笔一画手写出来的。在高铭暄教授91岁高龄时,仍主编出版了《当代刑法前沿问题研究》一书,对司法实践中新近出现的网络犯罪、考试舞弊犯罪、虚假诉讼罪以及人工智能治理等问题进行专题研究。2023年,高铭暄教授还在《法学杂志》2023年第1期发表学术论文《平台经济犯罪的刑法解释研究》,在《中国应用法学》(双月刊)2023年第2期发表《习近平法治思想指导下中国特色刑法学高质量发展论纲》。高铭暄教授在鲐背之年坚持发表论文、指导学生,在我国学术界实属凤毛麟角。回顾一生的奋斗历程,高铭暄教授充满"老骥伏枥,志在千里"的豪情:"今后我还要继续做好本职工作,和法学界同仁一道,努力推动法学体系不断发展完善,为我国法学的发展作出新的贡献!"年过九旬的高铭暄教授仍然活跃在刑法学前沿,心态甚至比后辈更显年轻。他用实际行动告诉人们,他的心还年轻,他还在努力奋斗!

2023年4月7日,高铭暄教授在高铭暄学术馆开馆仪式暨高铭暄学术思想研讨会上作答谢发言

在恩师看来,学习与研究是延年益寿最好的保健品。高铭暄教授每天的日程都排得很满,看资料、写论文、练英语、学计算机……忙碌而充实,留给自己户外活动的时间只有半小时。早在2001年,高铭暄教授就让学生教他"学电脑、玩手机",短信、上网、电子邮件通通都学。以学习外语为例,高铭暄教授在中学时学习的是英语,在浙江大学求学期间(两年)学习的也是英语。到北京大学后开始学习俄语,到中国人民大学读研究生后又学了两年俄语,达到能阅读俄语专业书籍和翻译俄语学术文章的水平。在中国人民大学举办的俄语竞赛中,研究生刚毕业的高铭暄教授获得了一等奖。改革开放之后,高铭暄教授又开始继续学习英语。近两年,高铭暄教授给自己立了个"新目标":每天在App上学习英语一到两个小时,达到"能够开口流利说"的水平。在凌晨的微信朋友圈里,大家不时地还能看到高铭暄教授英语学习进展的"打卡"。有段时间,朋友圈几乎天天深夜十二点都有高铭暄教授发起的"每天听15分钟3D英文广播剧"的挑战。

2019年,高铭暄教授作为"90后",还打趣道:"我现在年岁已大,但心不老,愿意继续工作。有了工作,心灵上充实,能更好地实现人生价值。总之,还是要老骥伏枥、鞠躬尽瘁,要为中国的法治发展尽自己的微薄之力。"在高铭暄教授90岁时,与他同龄的西原春夫教授托人给他带话,提议两人要做百岁奋斗老人,先工作到100岁,再减少工作量。如今,高铭暄教授仍然没有停下脚步,人工智能监管、知识产权保护、生态环境保护……他始终保持对新领域、新规范的敏感和关注。先生说:"我的座右铭是活到老、学到老。尽管年龄大了,但我仍然力求保持年轻的心态,我还要兢兢业业地为国家和人民服务,能工作就尽量工作,总之尽心尽力。"他还自我期许:"从研究生毕业留校教学到现在,我已经奋斗了70年,我还要再奋斗20年。"

理想不灭,恩师不老!

七、实至名归的人民教育家

择一事而终一生。高铭暄教授一生只做了一件事——为新中国的刑法事业开拓奠基、培育英才。从1947年读大学起算,高铭暄教授学习刑法、研究刑法已经超过了75年。从1953年研究生毕业留校以后,高铭暄教授已经为法治教育和法治建设健康工作了70年。70年寒来暑往,高铭暄教授怀揣把中国刑法学搞上去,跻身于世界之林的愿景,从青丝到白发,初心不改,在学校鞠躬尽瘁地耕耘了一辈子,乐在其中,无怨无悔。

高铭暄教授曾经在《人民日报》撰文:"大学教师,既是学者也是师者,从严治学、教书育人是本职。站在三尺讲台,是为了让学生学有所获、成长成才。教师应当扎根教学第一线,把上讲台当作最喜欢的事,履职尽责,努力为中华民族伟大复兴增添一份力量。"高铭暄教授始终以一颗赤子之心执教杏坛,不离三尺讲台。他曾多次谈道:"从1953年到现在,我都在课堂上教书。我喜欢上课,我这辈子就是吃教学这碗饭的。""无论社会活动如何繁忙,我都坚持在教学第一线。我认为教学是老师的神圣职责。"即便在1983年至1986年担任中国人民大学法律系主任期间,有时一年需要参加200多个会议,高铭暄教授仍然坚持为本科生授课。

课比天大。高铭暄教授认为,精益求精地把每堂课讲好,这是教师的"职业良心"。尽管在一线上了几十年的课,对教材内容如数家珍,但是高铭暄教授始终保持对课堂的敬畏之心。每次在授课之前,高铭暄教授都会根据不同的教学对象修改讲稿,并根据法律的最新规定,与时俱进地增删内容、调整案例,不断修改完善,精益求精。先生认为:"教学内容大致相同,但每次听的人不同,他们认知的角度就不同,当然要重新整理,语言表述也一定要适合受众的特点。"高铭暄教授在接受采访时,曾向记者解释:"法律体系随着时代和实践的发展而不断发展,法律条文也有修改,每次课要与时俱进,及时把学术前沿信息分享给学生。有时自己也会反思上一次课有哪些内容没讲到、没讲清楚、存有哪些漏洞。总之,会尽己所能上好每一堂课,让学生获得最大收益,不能浪费学生的青春。"

2021年9月9日,在中国人民大学的教师节表彰大会暨吴玉章师德师风大讲堂启动仪式上,93岁高龄的高铭暄教授为广大教师特别是青年教师作首场讲座,分享一辈子做学问、坚守教书育人岗位的为师之道。16页的手稿上满是修改的痕迹,高铭暄教授为了这次活动,前一夜改稿改到凌晨。由此可以折射出先生一丝不苟、严谨治学的学者风范。先生认为:"只有从细节做起,把每一件事情都处理好,才会真正做到尊重他人,尊重自己!"在他看来,作为高校教师,多读书、读好书是必要的,但不能一味地钻进书本出不来,应当从纯粹读书的状态中走出来,积极参加一些和专业有关的社会实践活动。"教师一般具有较高的理论和专业素养,一旦和实践相结合,就可以将教学提高到更高的层次。将社会实践引入课堂教学,也可以锻炼学生的实践能力,进一步提高其学习水平。可以借鉴国外的研究,但不能生搬硬套,照单全收。"这也是高铭暄教授教学科研的"法宝"。

2021年9月9日,高铭暄教授在中国人民大学的教师节表彰大会暨吴玉章师德师风大讲堂启动仪式上作讲座

江河眷顾奋楫者。无论是当教师还是做学术,高铭暄教授都秉持"天才就是勤奋"的人生信条,毫不懈怠,尽职尽责,几十年如一日,孜孜不倦地学习、求索,养成刻苦钻研的良好习惯。哪怕在逆境时,先生也不放弃,追求"更好"永无止境。也许身处困境最能考察一名学者的人生境界和治学态度。1963年,前后修改了33稿的刑法典草案被束之高阁。在政治动荡年代,参与刑法起草的过程倍加艰辛,高铭暄教授深感历史责任重大。先生详细记录了刑法立法中每次会议的情况,厘清每个条文、每个字句改动的前因后果,按先后顺序装订成册,所有材料摞起来有一米多高,其间记述着中国刑法发展的历史印记。在"文革"期间,中国人民大学停办,教法律的高铭暄教授被分配到北京医学院(现北京大学医学部)工作,在担任医学史教研室副主任并主持工作期间,先生还发表了医学史论文4篇,并翻译了两万余字的外国医学史人物词条。可见,科学研究充分展现了先生生命的意义。

高铭暄教授用鞠躬尽瘁的一生,立志做大先生、潜心做大学问、努力育大英才,把自己的智慧和心血,全部倾注给了我国的法学教育和法治事业。先生常说:"我就是一名普通教师,既然选择了教书育人,就矢志不渝。"这种执着坚守彰显的是高铭暄教授教书育人的初心使命,体现的是高铭暄教授对法治的赤诚情怀。在为师方面,高铭暄教授以育人为己任,既教书育人,又言传身教,甘做人梯,愿当路灯,倾心贡献自己的全部心智,是一位尽己之力倾囊相授,帮助学生、成就学生的好老师。高铭暄教授对学生悉心授业、关怀备至,很多学生因恩师高铭暄教授的教诲和指点,改变了一生的命运。在为人方面,高铭暄教授具有卓然的大家风范和高尚的人格魅力,是一位具有中国传统美德的儒雅、谦逊、博学、正直的谦谦君子。他德高望重,成就斐然,而又虚怀若谷,平易近人,淡泊名利,品行高洁。从高铭暄教授身上,学生们感受到师生关系不仅是一种知识传授,更重要的是一种精神传承。习近平总书记指出:"培养社会主义建设者和接班人,迫切需要我们的教师既精通专业知识、做好'经师',又涵养德行、成为'人师',努力做精于'传道授业解惑'的'经师'和'人师'的统一者。"经师易求,人师难得。在学生的心目中,高铭暄教授既是学问之帅,又是品行之师,不仅是一位授业解惑的"经师",而且是一位明德传道的"人师",更是心怀"国之大者"的大先生。

2019年11月,高铭暄教授回到家乡浙江玉环,走访玉环中学,受到热烈欢迎

　　高铭暄教授始终把为国家培养优秀人才视为自己的神圣职责,70年孜孜不倦地传道授业、培育英才。20世纪80年代期间,高铭暄教授负责选拔国家教委公派出国的刑法学研究生。为培育国际化法学人才,先生积极为学生们争取出国学习机会,培养了一批活跃在国际法学界的知名学者。许多学生至今仍记得当年高铭暄教授的期许:"要博采众长,在学成归国后,完善中国的法律体系。"高铭暄教授指导的学生出国留学,先生都会反复叮嘱学生"学习之后一定要回报祖国"。曾任北

京师范大学法学院院长的卢建平教授留学法国期间,一直与高铭暄教授保持信件往来,几乎每一封信,高铭暄教授都会跟他说回国报效祖国的事。卢建平教授说:"这些话,使我更坚定了回国报效祖国的信念。"中国人民大学法学院冯军教授曾被导师高铭暄教授先后选送日本和德国学习。1996年在德国进修时,他收到了高铭暄教授的来信:"冯军,你学习勤奋,毅力又佳,当然还要继续努力。我们很需要你这样的人才。"这封信,冯军教授一直保留至今。

高铭暄教授认为:"学者的责任和使命就是追求真理、宣扬真理,发现错误、修正错误。如果是教师,就要以身作则,做到名副其实的传道、授业、解惑。"在指导学生方面,高铭暄教授既奉行有教无类,又注重因材施教,对所有学生一视同仁,尊重每个学生的特点、个性和兴趣。在与学生们相处时,高铭暄教授的态度是包容而平等的。先生经常援引韩愈在《师说》里讲的那句话,"弟子不必不如师,师不必贤于弟子",开导我们,鼓励学生们发表不同观点。高铭暄教授坦言:"我不希望学生一味附和老师的观点。学术上没有禁区,在前人研究的基础上力求创新,才能解决更多学术问题。在追求真理的探索之路上,我鼓励学生创新,认为只要言之有理、持之有据就行。在我的弟子中,学术观点不同甚至激烈争辩者,不乏其人。如果说得有道理,我还是尊重人家自由的学术观点。我是这么讲,学术归学术,关系归关系,有不同意见是好事,真理越辩越明。"正是这种"海纳百川"的治学态度和宽厚包容的大师风范,使得学生、弟子们更加敬爱先生,无不将先生尊为人生难得的恩师、良师。

高铭暄教授是法学教育家,注重以身作则,一贯尊法学法守法用法。先生说过:"学生们回来看我时,说我的观点对他们的工作产生了积极影响,这是我最开心的事情。"先生不仅从学术上对学生进行指引,更以自己矢志不渝信仰法治、追求法治、坚守法治的人格魅力引导学生投身法治。先生的学生很多在执法、司法机关担任领导职务,但先生从来没有请托学生过问案件。先生教育学生遵纪守法,期望学生坚守法治,永远做一名真正的法律人。

高铭暄教授一直认为,自己最适合的职业就是教师,三尺讲台就是自己的最佳位置。先生说:"我一辈子只想扮演好一个角色,就是教刑法的老师。"70年的法学教育生涯证明,在教师这个岗位,高铭暄教授确实做到了"最佳"！1984年1月,高铭暄教授获得国家级"有突出贡献的中青年专家"荣誉称号。1995年,高铭暄教授荣获"全国优秀教师"荣誉称号。2001年,高铭暄教授被评为"全国师德先进个人"。2005年,高铭暄教授被授予中国人民大学首批荣誉教授称号。2009年,高铭暄教授被授予中国人民大学首批荣誉一级教授称号。2012年,中国法学会授予高铭暄教授"全国杰出资深法学家"称号。2019年,高铭暄教授荣获"最美奋斗者"称号。在高铭暄教授身上,有数不清的荣誉,几乎成为教育领域各类荣誉的"大满贯选手"。

2019年9月29日,中共中央总书记、国家主席、中央军委主席习近平向"人民教育家"国家荣誉称号获得者高铭暄教授颁授奖章。这是党和国家对高铭暄教授这位为新中国刑法学教育和刑事法治事业不懈奋斗70年的泰斗级资深教师给予的隆重表彰。党和国家对先生给予了崇高的礼赞和隆重的褒扬:"当代著名法学家和法学教育家,新中国刑法学的主要奠基者和开拓者。作为唯一全程参与新中国第一部刑法制定的学者、新中国第一位刑法学博导、改革开放后第一部法学学术专著的撰写者和第一部统编刑法学教科书的主编者,为我国刑法学的人才培养与科学研究作出重大贡献。"

2019年9月29日,高铭暄教授获得"人民教育家"国家荣誉称号

鹤发银丝映日月,丹心热血沃新花。"人民教育家"这一殊荣,对于一生以教书育人为己任的高铭暄教授,可谓实至名归!高铭暄教授不仅具有春蚕蜡炬、诲人不

倦的品德,而且具有高风亮节、为人师表的风范。在高铭暄教授心目中,法治是他的生命,教育是他的挚爱,党的理想是他的信仰。面对国家的褒奖、学界的肯定、学生的推崇,先生总说这是过誉,自己是代表法学教育界领奖,自己的成就不过是历史的机遇。成为法学界国家荣誉称号唯一获得者,高铭暄教授谈了三点感受:第一,"感觉到很意外、很光荣"。"作为法学界的获奖代表,我感觉这份荣誉是沉甸甸的,同时对法学界起到了鼓舞和示范作用"。第二,"就是感恩"。"没有党和国家的精心培养以及法学界的集体智慧,我是得不了这个奖的。"第三,"荣誉就意味着责任,荣誉越高,责任越重"。获得"人民教育家"称号后,高铭暄教授表示:"我是一名教师,捧着一颗爱心,站在三尺讲台,不求姹紫嫣红,切盼学生成才,共筑中华美梦!"

  谆谆如父语,殷殷似友亲。高铭暄教授亲育弟子近百,广育后学无数,可谓桃李满天下、春晖遍四方。先生常说:"我的学生们,是我一生最大的成就。"高铭暄教授成为获得"国家荣誉称号"的法学界唯一代表,先生的弟子与有荣焉。我曾与先生的众多弟子交流,特别是与先生早期培养的一些功成名就的弟子谈及先生的道德文章,弟子们说起恩师,内心都充满感恩与敬意!每个弟子都发自肺腑地说:"我不是老师最好的学生,老师却是我最景仰的先生!"在学生眼中,高铭暄教授是德高望重又和蔼可亲的"人民教育家"。师为众人重,始得众人师。高铭暄教授的为人、为学、为师,立德、立功、立言,堪称教书育人的典范、以身垂范的楷模,深受学生们的崇敬和爱戴。先生的言传身教,足以鼓舞学生秉承师志、献身教育、献身法治。我们法学后人向高铭暄教授最好的学习,就是像先生那样做人、做学问、做教育!

  如果用一个词概括高铭暄教授的精神特质,我想用"内心纯净"。在为学、为师、为业、为人上,先生遵从本心,真实坦诚,没有私心杂念,不世故,不做作,不矫情,鲜明地体现了中国知识分子从容优雅、朴实无华的风骨。高铭暄教授"言为士则、行为世范"的人生境界,"学高为师、身正为范"的人格魅力,"言传身教、知行合一"的美德风范,"求真尚善、尊法明德"的崇高信念,"自强不息、与时俱进"的奋斗精神,令人深深景仰。

  70年斗转星移、风雨兼程。高铭暄教授教书育人的历程,与新中国刑法学发展同行,也为新中国法治进步见证。回首过往,恩师是不幸的,年富力强时正值"法律虚无"岁月,特别是遭遇"十年浩劫";恩师又是幸运的,有幸参与刑事立法,适逢"法治振兴"年代,能为中国法治建设举旗扛鼎奋发作为。中国法学教育的发展、刑法科学的繁荣,蕴含着高铭暄教授作为人民教育家的巨大贡献,先生的卓越成就必将载入中国法学史册。

　　高山仰止,景行行止。浙江省玉环市是人民教育家高铭暄教授的故乡。家乡人民在玉环市大麦屿街道庆澜公园河畔,新建了一座现代式灰白建筑,这就是玉环市新文化地标——高铭暄学术馆。馆内展陈有高铭暄教授的业绩履历、法学著作、学术文稿、刑法学故事等。95岁高龄的高铭暄教授精神矍铄,再次回到故乡。2023年4月7日,学术馆里嘉宾满座、弟子齐聚、乡贤云集,共同庆贺高铭暄学术馆正式开馆,成为当地法治教育、人才培养的基地。新落成的学术馆藏展示了高铭暄教授的教学生涯、理论贡献和重大学术成果,是对他学术思想很好的总结和传播,承载了他对故乡的深厚感情,展现了一位"人民教育家"的高尚师德师风、深厚学术造诣和坚定法治信仰,对于弘扬人民教育家精神品格、推动法学学科建设以及传播法治精神具有重要意义。

　　铭鼎法坛、暄煦杏林,高铭暄教授以身垂范诠释师者本色的一生,无愧于"人民教育家"的荣誉称号,是当代大先生的典范,是我国教育家的楷模!

刑法学家的三重地理属性[*]

林 维[**]

尊敬的高老师、各位领导、各位老师,大家下午好!

特别感谢主办方的邀请,使我有机会参加高老师学术馆的开馆仪式,在此特别代表中国社会科学院大学尤其是社科大法学学科的诸位同事,恭祝尊敬的高老师寿比南山,恭祝高老师学术馆开馆成功。相信学术馆一定能成为台州的文化地标和我们刑法学子的圣地。我们也期待着能够在这里举办各种学术活动。

学术馆位于大麦屿,这是一个多么有诗意的地名。因为一说到大麦,就会让人联想到秋天的丰收。就好像作为人民教育家的高老师培养了那么多的学生,构成了中国刑法研究和实践的核心队伍,无论是在立法还是在司法,还是在理论界,高老师的学生都产生了极为重要的影响。可以说,高老师的刑法思想及其作为教育家而绵延不断的刑法学术传承,成为推动中国刑事立法、司法、学术发展的重要力量。作为师者,罕有其匹;作为学生的学生,与有荣焉。布罗代尔说,没有地理就没有历史,因此只有理解了地理,才能理解历史。刚才很多领导和老师都讲到了高老师博大精深的学术思想,我想从一个后学晚辈的角度,尝试着从三个地理属性来汇报一下我对高老师崇高学术地位和巨大社会影响的个人理解。

首先是浙江的法学家。今天有很多领导和老师都比我更有资格站在这里来报告对高老师的崇敬之情,因为嘉宾里面有很多学者,而且很多还是我的师长。王轶教授虽然是研究民法的,但他是高老师工作过的法学院的同事和当时的院长,所以他有资格来讲高老师对他所产生的学术影响。同样,胡铭院长和梁迎修院长也都是高老师学习和工作过的法学院的领导。所以我一直在想给自己找到一个理由,证明主办方让我来发言的"正当性"和"合格性",后来我想可能是这样一个原因

---

[*] 本文系作者在中国人民大学、中国刑法学研究会、浙江省玉环市委市政府联合主办的"高铭暄学术馆开馆仪式暨高铭暄学术思想研讨会"的发言(会议时间:2023年4月7日,会议地点:浙江省玉环市)。
[**] 中国社会科学院大学副校长、博士生导师。

或者理由,就是高老师是当代浙江籍法学家的杰出典范,我的导师是陈兴良教授,陈老师又是高老师的学生,我就是高老师的徒孙辈,高老师是我们这一代学生的师爷。高老师是玉环人,陈老师是建德人,两位老师都是大家,我是定海人,我可能是沾了这层光。也是因为有这样一种师承关系,加上可能因为我是浙江人,高老师平常也对我格外照顾,我几次收到高老师的新年明信片和赠书,令我既感动又惭愧,因为作为学生,其实是我最应该首先并经常向高老师致敬和汇报的。实际上从沈家本、沈钧儒、吴经熊,到当代的高老师、江平老师、陈光中老师、应松年老师等,再到陈老师、卢建平老师等,浙江籍法学家为中国的法治建设进程作出了不可磨灭的贡献,成为一支涌动不息的浙江法学浪潮,而高老师则起到了带领和指引的作用。

其次是中国的法学家。习近平总书记曾经讲过,要按照立足中国、借鉴国外,挖掘历史、把握当代、关怀人类、面向未来的思路,着力构建中国特色哲学社会科学,在指导思想、学科体系、学术体系和话语体系等方面充分体现中国特色、中国风格、中国气派。高老师坚持为人民做学问的理念,研究中国法治改革发展中的重大理论问题和实践问题,为我们建构了中国刑法的知识体系,立足中国实践,解决中国问题。我们这一代的学生所获得的最基础、最核心的刑法知识体系、范畴依然来自高老师的统编教材和红皮书,我们对于1979年刑法立法的了解几乎都来自高老师的著作。作为中国的法学家,高老师一如既往,始终高度关注着中国刑法的重大现实问题,比如刑法体系的构建、罪刑法定原则的设置、危害国家安全罪的设计、死刑的限制、刑法的及时修订和完善、国际刑事司法协助等,高老师每每在刑法演进的重大关键时刻,在刑法发展的方向性节点上,积极鼓与呼,凭着深厚的学术功底和对时代脉搏的精准把握,作出正确的判断,从而使得高老师的刑法思想始终保持开放的立场,始终保持与时代同步,始终与中国的实践共振。这和高老师日益增长的年龄恰成反比,永葆青春。尤其是作为一名"90后",高老师上个月还发表了《习近平法治思想指导下中国特色刑法学高质量发展论纲》。作为一名70后的晚辈,我们没有理由不向高老师学习,更加刻苦努力。

最后,世界的法学家。在这个年龄的法学家中,高老师具有罕见的国际视野,并取得了巨大的国际影响和声誉。经过高老师等学者的不懈努力,1988年国际刑法学协会中国分会成立,高老师当选为中国分会副主席。1996年,高老师接任国际刑法学协会中国分会主席。1999年,高老师当选为国际刑法学协会副主席。通过与欧洲、日本等主要西方国家、地区的合作,高老师有力地推动了中国和其他国家之间的法学界和法律界的交流合作,更显著地提高了中国刑法学界的国际影响,成为中国法学界在改革开放之后与国外成功开展学术合作研究的典范。正是因为高老师的个人魅力,国际刑法学协会2004年在北京召开第17届国际刑法学大会,这是国际刑法学协会成立近百年来首次在亚洲国家举行国际刑法学大会,此次大会被普遍认为是国际刑法学协会历史上最重要、最成功的一次盛会。2015年,高老师获得贝卡里亚奖,并以英文发表获奖感言。国际社会由此越来越了解并且理解中国的法治实践,高老师成为中国法治进步的最好的讲述者之一。这些事迹都标志着中国法学实践的主体性的展开。高老师的成就使得中国的法学理论乃至对于中国司法的理论阐释,在世界法学界面前开始重新获得自信,并且获得了世界法学界的高度认可。中国法学家的理论建树获得国际同仁的认可,中国法学的学科体系、学术体系、话语体系由此不断走向成熟,并获得其他国家的赞赏。

这是我作为一名晚辈学习高老师刑法思想的一些心得体会,讲得不当之处,还请各位前辈多多谅解。

再次恭祝高老师健康长寿!

高铭暄先生是一位会发光的人[*]

刘志伟[**]

各位老师，大家下午好！

我觉得，一位真正的教育家，不仅要用科学的方法向学生传授丰富的知识，还要教育学生学会做人。为此，教师不仅要具有渊博的知识，还要注重个人品德素养的提升，个人社会修养的塑造，个人人格魅力的升华，高老师正是这样的人。

在我眼中，高老师是一个求知欲非常旺盛的人，注重学习新知识、新技术，电脑、网络、微信，都是一开始兴起，他就学习了，我至今还清楚地记得高老师是2013年秋天我们一起在成都开会时学用的微信，那年他已经85岁高龄了。高老师是一位严谨、认真、仔细、坚强的人，经他审改的稿件，总是批注得密密麻麻，连标点符号错误都会修改；每次开会，他总是从头坐到尾，认真听讲，不停地记笔记；他答应的事情，总是认真、努力地完成，让我印象非常深刻的是，北京大学法学院为高老师举行了一个学术活动，在活动进行的前一天，高老师腰痛病犯了，躺在床上起不来，但高老师仍坚持坐着轮椅参加晚上的活动，坚持了4个小时之久。我从1992年到中国人民大学法学院攻读硕士学位研究生直到今天已31年，先做高老师的学生，后做高老师的同事，从他那里，我不仅收获了知识，学会了做学问，更是时时处处感受到高老师严谨认真的工作作风，高尚的人格魅力，积极向上的乐观精神，受教颇多。特别是有一件事，对我之后的工作、学习、生活和人生态度影响极大。

2012年我45岁，突然觉得眼睛花了，看不清文字，记忆力也不好，时不时忘掉做一些重要的事情，再加上当时的工作压力比较大，就觉得很烦躁，人生没什么意义，甚至有一种人生倒计时的感觉。这种状况持续了半年多，搞得我苦恼不堪。很幸运的是，这种沉闷压抑的状况在一次与高老师相遇时得到了彻底的解决。那是

---

[*] 本文系作者在中国人民大学法学院、中国刑法学研究会、中国人民大学刑事法律科学研究中心主办的"人民教育家高铭暄先生教育思想研讨会"的发言（会议时间：2023年9月16日，会议地点：北京）。

[**] 北京师范大学刑事法律科学研究院教授。

2012年夏末的一个下午6点多,我从教工餐厅出来自北往南去北师大后主楼办公室,高老师从后主楼西门出来自南往北朝我走来。当时夕阳西下,霞光满天,高老师披着一身霞光,神采奕奕,健步朝我走来。我连忙快走几步迎上去和他打招呼。"志伟好!"高老师很开心地、热情地回应我。就在与高老师擦肩而过的那一刻,我一下子就顿悟了,高老师已80多岁了,尚且还不断学习新知识,新技术,更是认真、勤奋地做学问,甚至经常工作到凌晨,我比高老师小将近40岁,人生才刚刚过去一半,有什么理由不积极向上努力工作学习和生活呢?长期压抑在我心头的阴霾就像遇到明媚的阳光一样,一下子就被驱散了。所以,我认为高老师是一位会发光的人。他的人生态度、人格魅力、乐观精神、品德修养总是时时感动着我们,使我们受益匪浅。

  谢谢!

高铭暄先生

——"最美的奋斗者"*

何荣功**

尊敬的高老师,各位领导、师长、同仁,大家下午好!

  高老师总是自谦地说自己只是一个平凡的人,只是做了平凡的事,但在我们的心中,您是伟大的人,做了伟大的事!高老师,我的发言题目是"平凡而又伟大的高老师"。献给您!

  四月的玉环,春色宜人。我首先代表武汉大学法学院全体师生、代表今天在现场的莫洪宪教授向高老师致以最崇高的敬意!对开馆仪式暨高铭暄学术思想研讨会的举行表示最衷心的祝贺!

  在法律界,大家都熟知"北高南马"的佳话。我们每一名武大刑法人和马家军的弟子对高老师都怀有特殊的感情。在我们的心中,高老师和马老师是一样的,也是一体的。自1951年高马二老在中国人民大学研究生班相遇相识后,两人的学术友谊长达60年,而且历久弥坚。改革开放后,二老筚路蓝缕,共同编写刑法学教材,创建新中国的刑法学体系;教书育人,互相扶持,为祖国培养高层次法律人才;精诚合作,组建和领导中国刑法学研究会,致力于我国刑法学科建设,构建我国刑法学自主知识体系;谋划国际交流,推进我国刑法学发展的国际化。

  谈起高马二老的友谊,我的思绪情不自禁地回到马老师生命最后的那段时间。2010年马老师因病住院,已逾八十高龄的高老师于2010年10月10日和2011年6月18日两次专程赴武汉看望马老,特别是在2011年6月18日马老病危已住进重

---

* 本文系作者在中国人民大学、中国刑法学研究会、浙江省玉环市委市政府联合主办的"高铭暄学术馆开馆仪式暨高铭暄学术思想研讨会"的发言(会议时间:2023年4月7日,会议地点:浙江省玉环市)。

** 武汉大学法学院副院长、博士生导师。

症监护室的那个暴雨如注的日子,高老师带领弟子赵老师、秀梅老师等亲赴病床与马老师见最后一面。那个场景这让我们明白了什么是真正志同道合的亲密战友!什么叫情投意合!什么叫友谊地久天长!

正是源于二老的学术友谊,我们武汉大学法学院特别是刑法学科一直得到高老师以及弟子们诸多的关心和支持,取得了一定成绩!饮水思源,不忘初心,在此,我代表武汉大学法学院、代表马家军弟子们对高老师及其弟子们表示最诚挚的谢意!

今天会议的主题是学习、探讨和总结高老师学术思想。作为晚辈,从我进入刑法学之门的那天起,就一直学习也深深受益于高老师学术思想。随着自己年龄和阅历的增长,我越来越清晰地感受到高老师为人、为事、为学的魅力,越来越明白高老师不仅是新中国刑法学的主要开拓者和奠基人,还始终是我国刑法学发展和繁荣的践行者、推动者和引领者。

身为新中国刑法学的主要开拓者和奠基人,高老师全程参与我国第一部刑法制定,是新中国第一位刑法学专业博士研究生导师,撰写了改革开放后第一部法学学术专著,主编了第一部统编刑法学教科书。这一个个"第一"足以说明高老师为新中国刑法学发展作出的杰出成就。但高老师并未就此止步,正所谓学无止境,活到老,学到老。在新中国刑法学起步后的发展、繁荣直至今日高质量发展的每一个时期、每一个阶段,都留有高老师深深的学术足迹。这两日大家一定看到了高老师的新作《习近平法治思想指导下中国特色刑法学高质量发展论纲》,在文中高老师提出按照我国高质量发展的整体规划,以高质量发展统领中国特色刑法学的新进展,统筹做好做优刑法现代化并服务于犯罪治理体系与治理能力现代化。对于立法活跃、犯罪化、非犯罪化、法典化以及立法的重点等问题一如既往地提出了独到的见解。几十年来,高老师一直都站在学术前沿,关注我国刑事法治发展的重大理论与实践问题,引领我国刑法学的发展方向。奋斗的人生最美丽,高老师是名副其实的"最美奋斗者"!

无论是对于个人,还是学校,抑或民族国家,有了物质才能生存,有了精神才能更好地生活。教书育人、立德树人根本上是崇高的精神性事业。对我们晚辈而言,高老师的学术思想直接滋养着我们,高老师的平民情怀、淡泊名利、严谨治学、一生治学、诲人不倦、率先垂范的为人、为事、为学、为师的精神更是我们的珍贵财富。

高山仰止,景行行止。虽不能至,然心向往之!祝愿高老师健康长寿,学术之树长青!

高铭暄教授学术人生：
传奇、传承、传播[*]

王文华[**]

各位师长，亲爱的同学们，大家好！

我觉得今天下午咱们聚在一起来参加恩师人民教育家高铭暄先生教育思想研讨会，意义重大。我感受颇深，也觉得非常温暖、非常感动。

前面各位领导、老师、专家讲的内容使我受益良多，高老师为人为学的一些故事，和他对学生对事业的热爱，让我受益良多。

我2004—2006年跟随高老师做博士后研究，我很幸运。优秀的博士有很多，当年报高老师的博士后的有北大、清华、法大的，还有其他一些学校的，当时机缘巧合，高老师做欧洲金融犯罪比较研究，想招一位刑法学博士，外语好一点的，因为我是北外法学院的，高老师觉得英语应该不会太差，所以就有这么一个机会。

我讲三点，第一个是传奇，第二个是传承，第三个是传播。

说到传奇，我觉得不仅是在中国，就是在世界范围内，都很难找到一位法学家能够参与刑事立法、司法、执法这么长时间，作出如此重大的贡献，获得十多个"第一""之最"，然后再将中国的法治思想推向世界，获得意大利、日本等很多国家颁发的至高荣誉。他指导学生，教书育人，为党育人，为国育才，几十年如一日。上个月我还给他打过电话，快到晚上9点了，我说是不是时间太晚了，高老师说："不晚，我还在看材料，还在看一些学生的论文，我得到12点，有时候到1点才休息。"我很惭愧，我一般11点多就收工。高老师很多事情亲力亲为，令我深受教育的是，我们参加那么多场研讨会，高老师每次都自始至终，一直坐到会议结束，还不停地做记录。

---

[*] 本文系作者在中国人民大学法学院、中国刑法学研究会、中国人民大学刑事法律科学研究中心主办的"人民教育家高铭暄先生教育思想研讨会"的发言（会议时间：2023年9月16日，会议地点：北京）。

[**] 北京外国语大学法学院教授。

晚宴气氛好的时候,高老师还会来一段京剧。

高老师在国际刑法、网络刑法等新领域作出的贡献,可能在世界范围内,不管是德日还是英美等代表性国家,都很难找出第二位。还是第一点,我感觉高老师是刑法学界、法治教育界的传奇。

第二个是传承。作为学生,我们自己能做点什么?我到北外以后,一直努力探索怎么教课、怎么带学生,我经常在想,高老师当时怎么讲、怎么教的,虽不能至,心向往之。我也请高老师去北外法学院作过讲座,他欣然应允,尽管我们的条件比较简陋。高老师出过一本《我与刑法七十年》,我还组织北外法学院全体师生召开了《我与刑法七十年》的研讨会,大家都踊跃参加,积极发言。我现在也是一名教师,在教书育人时,很多方面都在向高老师学习,我觉得这就是一种传承。

第三个是传播。作为学生,我们负有使命,把高老师的育人思想、刑法思想向世界传播,也有很多人在做这件事。北外有一个得天独厚的条件,那就是北外有101个语种,即使不能把高老师的文章、著作,他的刑法思想以及将来可能出版的传记,翻译成101种外语,我们也要努力把高老师精彩的法治思想等翻译成多种语言。这是我自己的一点不成熟的想法,我几年前就有这个想法,这个暑假我跟高老师也交流过,高老师也很开心,他说要能做是很好的。接下来,我觉得可以结合高老师的人物传记,把中文版同时翻译成英语、法语、德语、日语、西班牙语等语言同时推出,因为高老师的刑法思想、教育思想这一宝贵学术财富不仅是中国的,也是世界的,应当让中国以外的更多人知道,用多个语种讲好中国刑法故事,有利于未来在理论与实践两方面进行刑事法国际交流与合作。

最后,真诚地对高老师表示崇高的敬意,也敬祝高老师学术之树长青,福如东海、寿比南山。谢谢各位!

第二部分

高铭暄先生的刑法学思想

中国刑法科学理论体系的设计者：
高铭暄

——兼论中国刑法科学自主知识体系的建构与发展

姜 伟[*] 侯撼岳[**]

高铭暄教授是全程参与新中国第一部《刑法》制定的唯一学者、改革开放后第一部法学学术专著的撰写者、第一部统编刑法学教科书的主编者。高铭暄教授从事法学教育70年，见证了刑法的孕育、诞生与发展，也见证了中国特色社会主义法律体系从无到有的历程。高铭暄教授不仅是我国的刑法学巨擘，更是桃李满天下的法学教育家，新中国70周年华诞之际，更被授予"人民教育家"国家荣誉称号，是法学界的骄傲。高铭暄教授为我国刑法学术界和实务界培养了众多优秀人才，先后出版主编了一系列重磅教材。高铭暄教授一生都投入了法学研究与法学教育之中，是一位具有中华传统文人风骨的大师，立志做大先生、潜心做大学问、努力育大英才，令人敬仰。他以马克思主义、毛泽东思想为指导，把论文写在祖国的大地上，不做西方理论的"搬运工"，构建中国自主的法学知识体系，是我国法学教育和学术研究的一盏明灯，无愧于"人民教育家"的荣誉称号。我国刑法学界能有这样一位深谙教育规律、敢于守正创新的人民教育家作为领军人物，是刑法学科的幸运。

中国刑法科学的发展和繁荣，正是由于高铭暄教授的拓荒奠基和掌舵领航，他既是新中国刑法学的奠基者和开拓者，也是我国刑法学界公认的领军人物。他为构建我国刑法科学理论体系作出的理论贡献具有奠基性、创新性、引领性的重要意

---

[*] 中国法学会副会长，中国法学会网络与信息法学研究会会长。
[**] 北京师范大学刑法学专业博士研究生。

义,堪称新中国刑法理论体系的主要设计者。

一、构建中国刑法学科体系中的重大贡献

习近平总书记在《全面做好法治人才培养工作》中指出,要打造具有中国特色和国际视野的学术话语体系,尽快把我国法学学科体系和教材体系建立起来。[①] 学科体系是教材体系的基础,教材体系是学科体系的载体。高铭暄教授在我国刑法学科体系建构中的突出贡献首先蕴含在其教材体系之中,主编了一系列高等教育刑法学通用教材。1979年《刑法》颁布实施后,高铭暄教授以宽广的理论视野、严谨的治学态度、渊博的刑法知识,在其担任主编的刑法学教材中构建了中国刑法学科的理论体系,作出了很多原创性的贡献。被法学界誉为"新中国刑法学主要奠基人,新中国刑法理论体系的设计者"。

早在20世纪50年代,高铭暄教授参与编写了新中国第一部刑法学教材《中华人民共和国刑法总则讲义》。新中国成立以后,废除了国民党政府的"六法全书",开始探索新中国的刑法学科体系。高铭暄教授在中国人民大学执教后,不仅自1954年起参与第一部《刑法》的起草工作,还参加了1956年中国人民大学法律系刑法教研室集体编写《中华人民共和国刑法总则讲义》的撰写工作,该讲义以《刑法》总则草案稿为依据,试用后好评如潮。1957年由最高人民法院翻印,该讲义成为全国法院干部的刑法学教科书。《中华人民共和国刑法总则讲义》宣告了新中国刑法学的创立,对探索构建中国刑法学科体系,具有奠基性地位和开创性意义。

1979年《刑法》颁行以后,高铭暄教授先后受司法部、教育部委托主编本科生、研究生、自学高考、夜大、电大等高等教育不同层次的全国性刑法学教材十余部,是我国主编刑法学教材层次最高、数量最多的学者。凡法律学人,提起高铭暄无人不晓,绝大多数刑法学的必读教材都是高铭暄教授主编。

1981年首次出版的《中华人民共和国刑法的孕育和诞生》准确地阐释了1979年《刑法》各条文的立法原意,记述了立法过程中的各种不同意见,展示了新中国第一部《刑法》从起草到颁行的数十年艰难历程。该书立足于我国的具体国情,聚焦于刑事立法的动态,在体例上与1979年《刑法》一致。该书以文字的方式记录高铭

[①] 参见《习近平同志〈论坚持全面依法治国〉主要篇目介绍》,载 https://www.xuexi.cn/lgpage/detail/index.html?id=12270278413501758478&item_id=12270278413501758478,访问日期:2023年8月14日。

暄教授亲身经历的刑事立法历程,为研究我国刑法的立法沿革、立法原意、发展变化提供了宝贵的资料,为我国刑法学科体系建设的一次独创性尝试,堪为开山之作。1997年《刑法》颁布后,我国又陆续颁布了诸多单行刑事法律。高铭暄紧跟立法变化,在《中华人民共和国刑法的孕育和诞生》的基础上进行增添并修改,于2012年结合我国刑法发展历程出版了《中华人民共和国刑法的孕育诞生和发展完善》一书,完整地记述了我国刑事立法的发展历程。

1982年,高铭暄教授主编了我国第一部统编教材《刑法学》,构建了系统、清晰的刑法学教材理论体系,法学界和教育部门对此书的评价是:体系完整,内容丰富;阐述全面,重点突出;纵横比较,线索清楚;评说客观,说理透彻;联系实际,解决问题。它集学术著作和教科书于一身,不仅集中反映和代表当时我国刑法学研究的成果和发展水平,而且为我国刑法学发展奠定了基础。在新中国刑法发展史上,起着承前启后的作用。北京大学陈兴良教授曾经评价:"这一刑法教科书在当时代表了我国刑法学的最高研究水平,其所建立的刑法学体系为后来的各种刑法论著和教科书所接受,成为各种同类著作的母本。"该教材奠定了我国刑法学理论的基础体系,在其之后的刑法学教材都以这部统编教材为蓝本,堪称我国刑法学科体系的奠基之作。

进入20世纪90年代,高铭暄教授笔耕不辍,撰写并出版了诸多优秀著作。其中,1993年由其主编的《新中国刑法科学简史》,首次对新中国刑法学的发展史进行了研究,填补了我国在该领域的空白。随后,1993年至1994年,《刑法学原理》三卷本陆续出版,这部鸿篇巨制因其极高的价值追求、学术水平、实用意义,被称为中国刑法学的扛鼎之作,并于1996年获得"全国高等学校首届人文社会科学研究优秀成果奖"一等奖与"第二届国家图书奖"两大奖项。

高铭暄教授著作等身,纵观其各类学术成果,提出了很多创新性的观点,形成了一些体系性的研究成果,其学术观点不胜枚举。他率先提议在刑法中设立"刑法基本原则"专章;最早提出应当将犯罪、刑事责任、刑罚视为三个既不能互相替代,又彼此紧密关联的概念,对中国刑法学中的刑事责任问题进行了开创性的研究;创造性地揭示了中国刑法中犯罪概念的三大基本属性,与时俱进地主张对社会危害性应当从犯罪事实及合目的性两个方面进行解释;旗帜鲜明地坚持四要件犯罪构成理论体系;提出了民主刑法观、平等刑法观、人权刑法观、适度刑法观、开放刑法观、超前刑法观等十大刑法观念;等等。时至今日,诸多观点成为我国刑法学研究的基石。

高铭暄教授所编写的一系列教材和著作是中国刑法学科的开山之作、奠基之作、扛鼎之作,所构建的中国刑法理论体系与时俱进,不断发展完善,足以载入刑法学科发展的史册。可以说,高铭暄教授在70多年的刑法学研究中,推动了新中国刑法学从零到一的质的飞跃,奠定了从一到无穷的量的基础,是熠熠生辉的新中国刑法学科体系的设计者。因篇幅所限,本文着重就以下四个突出的原创性贡献进行阐述。

(一)刑法基本原则的明确与完善

刑法的基本原则是刑法中的根本性问题,是刑法所特有的、贯穿全部的原则。① 人们习惯性地认为,中国的刑法学师从苏联刑法理论。其实,不论是杜尔曼诺夫教授主编的《苏联刑法概论》(1949年版)②,还是1960年的《苏联刑法典》③,都未将刑法基本原则单列章节。1956年中国人民大学集体编写《中华人民共和国刑法总则讲义》时,采取了集体讨论、分工撰写的方式。在就教材章节体系讨论时,高铭暄教授因参与刑法起草工作,浏览并研究了各国刑法体例,建议应该将"基本原则"单列一节。这一创举有极强的创新性,符合中华文化理念先行,指导行为的传统,得到了多数人的认同。这本讲义的"前言"有三节,第一节"中华人民共和国刑法的概念",第二节"中华人民共和国刑法的基本原则",第三节"刑法科学的对象、方法和体系"。基本原则独立成节,有别于当时的苏联刑法教科书,体现了中国刑法科学在初创时期的自主性,并成为刑法教材体系中的中国特色。

1982年统编教材,高铭暄教授作为主编,提议设立"基本原则"专章,并选取了"罪刑法定""罪与刑相适应""罪责自负""惩罚与教育相结合"四条原则,写入了新中国第一本刑法学统编教材《刑法学》,由此成为定例。高铭暄教授关于刑法基本原则的论述,既有别于中央政法干部学校刑法刑事诉讼法教研室编著的《中华人民共和国刑法讲义(总则部分)》中的刑法六大基本原则④,又与贝卡里亚提出的资产阶级刑法三大原则区别⑤,以马克思主义为指导,结合我国具体国情与实务需要,设

---

① 参见高铭暄主编:《刑法学》,法律出版社1982年版,第36—40页。
② 参见〔苏〕杜尔曼诺夫:《苏联刑法概论》,杨旭译,新华书店1949年版。
③ 参见《苏俄刑法典》,王增润译,法律出版社1962年版。
④ 中央政法干部学校刑法刑事诉讼法教研室编著的《中华人民共和国刑法讲义(总则部分)》将刑法基本原则概括为六大原则:国家主权原则,主客观相一致原则,罪及个人、不株连无辜原则,罪刑相适应原则,惩罚与教育相结合、给出路原则,法制原则。参见中央政法干部学校刑法刑事诉讼法教研室编著:《中华人民共和国刑法讲义(总则部分)》,群众出版社1982年版,第33—38页。
⑤ 在近代刑法理论的发展中,贝卡里亚构建了系统的刑罚论体系,并提出了刑法的三大原则:罪刑法定原则、罪刑等价原则以及刑罚人道主义原则。

计了刑法基本原则的基本架构,奠定了我国现行刑法三大原则的基础,为我国刑法体系的独立性与自主性提供了保障。

我国在1979年《刑法》中规定了类推制度,高铭暄教授力排众议,坚持将"罪刑法定"作为中国刑法的基本原则,并对罪刑法定原则进行了较为详尽的论述,尤为难能可贵。高铭暄教授认为,罪刑法定原则不仅能更加全面地保护公民合法权利、与国际社会接轨,而且郑重地表明我国是法治国家。① 这体现了他作为一名学者勇于求真的学术态度。通过这部统编教材,"罪刑法定"原则影响了一届又一届法律学子,最终被1997年修订的《刑法》所采纳,在法律上真正成为中国刑法的基本原则。

(二)犯罪概念的理论奠基

犯罪概念是刑法理论的基石②,是刑法学研究的基本范畴。世界范围内,不同国家的立法和理论研究对于犯罪的概念都有不同的理解。就我国而言,1979年《刑法》第10条和1997年《刑法》第13条虽在具体表述上有所差异,但均认为,凡是依照法律应当受刑罚处罚的,是犯罪,但是情节显著轻微危害不大的除外。高铭暄教授作为我国刑法学泰斗,在我国犯罪概念的设置、确定、发展与完善的各个阶段,都发挥了举足轻重的作用。他坚持实质和形式相统一的犯罪概念,并详细地揭示了犯罪概念的基本属性,也即"三特征说",具体包括行为的社会危害性、刑事违法性、应受刑罚惩罚性。这种犯罪概念实际上是混合的犯罪概念,能够实现犯罪形式概念和实质概念的互动:实质概念检验形式概念,而形式概念又对实质概念起规范作用,将犯罪圈限制在合理的框架之内。正如高铭暄教授所述,混合概念同时指明了犯罪的形式特征(刑事违法性),以及犯罪的实质特征(社会危害性)。③ 我国在1979年《刑法》第10条同样采取了这样的概念。但遗憾的是,由于当时的刑法同时规定了类推制度,使得社会危害性具有远远优于刑事违法性的地位,因此,更像是一个实质的刑法概念。④ 基于此,高铭暄教授在彼时就率先提出了罪刑法定原则,试图以该原则限制类推的适用,实现社会危害性与刑事违法性的统一。后经过老一辈学者的推动,我国最终于1997年废除了类推制度,在刑法中真正实现了形式

---

① 转引自陈璇:《建构具有中国气派和国际视野的刑法理论——高铭暄刑法学思想研究》,载《中国人民大学学报》2020年第2期。
② 参见高铭暄主编:《新中国刑法科学简史》,中国人民公安大学出版社1993年版,第14页。
③ 参见高铭暄主编:《新编中国刑法学》,中国人民大学出版社1998年版,第65页。
④ 参见陈兴良:《社会危害性理论——一个反思性检讨》,载《法学研究》2000年第1期。

与实质的统一。

高铭暄教授在后续的研究中,基于宪法定位的国体,强调人民民主专政,进一步对社会危害性的内涵进行本土化解读。他坚持以马克思主义为指导,结合我国实践中特有的"定性+定量"的量化犯罪概念,高铭暄教授指出,在三大特征中,社会危害性是核心。我国是人民民主专政的社会主义国家,社会危害性应当是指"对国家和人民利益的危害性",并且这种危害性随着社会条件的变化而变化,因此,对于社会危害性的理解应当首先基于我国现有的社会条件进行认定。换言之,社会危害性是历史范畴的概念,具有可变性。这种可变性,虽然具有主观性,但是同样具有客观性。行为是否具有社会危害性、具有多大的社会危害性,是行为本身所体现的社会关系决定的,受到客观事物及其内在规律的影响。① 而这种社会危害性可以分为一般的社会危害性和犯罪的社会危害性,两者是一般违法行为和犯罪行为的实质区别。在理论界和实务界,关于两者的区分存在"量"的区别说和"质"的区别说,前者认为一般社会危害性和犯罪社会危害性是同一质上不同量的区别,即危害的性质相同而危害程度不同,后者则恰好相反。高铭暄教授基于唯物辩证法认为,质和量应当是辩证统一的。② 犯罪社会危害性的质指向"犯罪行为给刑法所保护的社会关系造成的侵害",而"量"则是指"应当受到刑罚处罚的程度"。③ 当量积累到一定程度后会发生质的变化,一般社会危害性向犯罪社会危害性转变的过程就是量的积累的过程,转变的结果则是质的变化。因此,高铭暄教授否认量的变化说,而赞同质的变化说且强调两者统一的立场,符合社会的具体情形,也揭露了违法行为与犯罪行为的本质。其实,我国历史上一直有定性与定量相统一的法律传统,可以说是我国认定犯罪的一大创造。④《唐律疏议》第十二卷·户婚十三规定:"诸同居卑幼,私辄用财者,十疋笞十,十疋加一等,罪止杖一百。"换言之,必须私自使用十匹以上才能构成该罪,即属于数额犯。就情节犯而言,第二十六卷·杂律十六规定:"诸侵巷街、阡陌者,杖七十。若种植垦食者,笞五十。各令复故。虽种植,无所妨废者,不坐。"易言之,要有所妨废,才能入罪。"六法全书"同样规定了情节犯,例如,第325条规定:"意图散于众而指摘或传述足以毁损他人名誉之事者为诽谤罪,处六月以下有期徒刑、拘役,或五百元以下罚金。"在现行《刑法》中,第13

---

① 参见高铭暄主编:《刑法学原理》(第一卷),中国人民大学出版社1993年版,第388页。
② 参见高铭暄主编:《刑法学原理》(第一卷),中国人民大学出版社1993年版,第390页。
③ 参见高铭暄主编:《刑法学原理》(第一卷),中国人民大学出版社1993年版,第390页。
④ 参见储槐植、汪永乐:《再论我国刑法中犯罪概念的定量因素》,载《法学研究》2000年第2期。

条"但书"的规定,以及分则中情节犯、数额犯的设置,均体现了我国犯罪概念上的"定性+定量"模式,凸显了我国犯罪形式概念与实质概念的辩证统一。高铭暄教授关于犯罪概念的论述,为后续学术界关于犯罪概念的阐释奠定了坚实的基础。

(三)犯罪构成理论的成型与完善

在刑法学犯罪构成问题上,到底是引进德日刑法理论中的三阶层犯罪论体系,还是坚持我国已有的犯罪构成理论,刑法学界一度出现学术观点的争鸣。2009年和2010年,面对一些学者对四要件犯罪构成理论的质疑,他亲自撰文,先后在《中国法学》《刑法论丛》及《法学》发表了《论四要件犯罪构成理论的合理性暨对中国刑法学体系的坚持》《对主张以三阶层犯罪成立体系取代我国通行犯罪构成理论者的回应》《关于中国刑法学犯罪构成理论的思考》三篇论文。高铭暄教授秉持兼容并包的思想,与其他学者展开了诸多讨论,并对坚持和完善中国刑法学中的犯罪构成体系提出了自己的思考。

高铭暄教授曾经讲道:"犯罪构成理论不仅仅是刑法学术研究的基石,而且是刑事法治建设的基石。"各国的刑法文化传统和法律规定上的差别,决定了犯罪论体系上的不同。大陆法系犯罪论体系、英美法系犯罪论体系和苏联犯罪构成体系,是三大具有代表性的犯罪成立理论体系。以德、日为代表的犯罪论体系,由构成要件该当性、违法性和有责性构成,由于这三个要件之间具有层次性,因而被称为三阶层犯罪论体系。英美法的传统是判例法,刑法理论并没有推演出如大陆法系刑法学者所提出的三阶层犯罪论体系。以英、美为代表的犯罪论体系,具有双层次性的特点,将犯罪构成分为实体意义上的犯罪要件和诉讼意义上的犯罪要件。由于这种犯罪论体系具有双层次的逻辑结构,因而被称为双层次的犯罪构成体系。20世纪80年代初,高铭暄教授和老一辈刑法学者,基于各种考量,从中国司法实践出发,选择以源自苏联的四要件犯罪构成理论为核心,建立起了新中国的犯罪论体系。长期以来,以犯罪客体、犯罪客观方面、犯罪主体、犯罪主观方面为主体架构的四要件犯罪构成理论,无论是在刑法理论还是在司法实务中都占据主导地位,在我国刑法知识的积累、发展和普及方面发挥了重要作用,也有力地指导了刑事司法实践。

晚近十多年来,学界出现了主张以源自德国和日本的三阶层犯罪论体系取代传统四要件犯罪构成理论的声音。三阶层犯罪论体系和四要件犯罪构成理论的争鸣,触及刑法学应该如何认识犯罪这一本质。对此,高铭暄教授不顾年迈,亲自撰文,回顾、检视我国的四要件犯罪构成理论,详细论证了四要件犯罪构成理论的合理性,令刑法学人钦佩不已。我国刑法学界关于犯罪构成的"四要件"(犯罪主体、客体、主观方面和客观方面)与"三阶层"(犯罪构成的该当性、违法性和有责性)的争论中,前者是我国承袭苏联并本土化的刑法理论,后者是诞生并发展在大陆法系国家的学说体系。而高铭暄是"四要件"说的坚定支持者,在他看来,"用自己的犯罪构成体系没有什么不好"。在对待犯罪构成理论何去何从这一重大议题上,高铭暄教授认为,主张取消四要件犯罪构成理论,推翻现行中国刑法学体系的观点是不可取的。他指出,四要件犯罪构成理论是一种历史性的选择,具有历史合理性;符合中国国情,具有现实合理性;逻辑严密、契合认识规律、符合犯罪本质特征,具有内在合理性。与德、日三阶层犯罪论体系相比,四要件犯罪构成理论相对稳定,适合中国诉讼模式,具有显著的优势。中国刑法学犯罪构成理论同样能够反映定罪过程,兼容出罪功能。

高铭暄教授关于犯罪构成理论的研究对我国现行的犯罪构成理论之成型和完善起到重要推动作用。可以说,以他为代表的老一辈刑法学者不仅使得我国犯罪构成理论得以成型,而且推动了犯罪构成理论的本土化。

(四)刑事责任理论的创新

高铭暄教授是我国刑事责任论研究的主要开拓者,早在20世纪90年代初,他就曾多次撰文研究刑事责任问题。近年来,高铭暄教授在口述中补充了他对犯罪论、刑罚论、刑事责任论三者之间的新看法。他认为犯罪论侧重于评价已经发生的行为,而刑事责任论则侧重于评价实施了犯罪行为的人,前者强调定罪,后者强调归责,刑罚论则强调行刑。[①] 因此,应将犯罪、刑事责任和刑罚视为三个不能互相替代的基本概念,应当承认刑事责任论相对于犯罪论和刑罚论的独立地位,是刑法学体系中不可或缺的组成部分。这不仅是我国刑法理论的一个创举,在世界各国刑法理论中,也是独树一帜,对我国刑事责任的理论框架乃至刑法科学体系都产生了深刻的影响。高铭暄教授在1993年出版的由其担任主编的《刑法学原理》(第一卷)中,亲自撰写"刑事责任"专章(该书第十章),强调"刑事责任在刑法学体系中应该占有一席之地",并认为"我国刑法学历来以刑法及其所规定的犯罪和刑罚为研究对象。对于刑事责任问题,从未作为专章列入体系。这不符合刑法科学发展的需要,也不利于刑事立法和司法实践"。犯罪论、刑事责任论、刑罚论是高铭暄教

---

① 参见高铭暄口述、傅跃建整理:《我与刑法七十年》,北京大学出版社2018年版,第124—125页。

授所力主与倡导的刑法学体系结构,也是高铭暄教授刑法理论体系的核心要义。高先生提出,中国刑法学体系的基本模式是罪—责—刑。犯罪论与刑事责任论之间相互独立存在。中国刑法学体系的基本形态:罪(犯罪论认定犯罪)—责(刑事责任论确定责任)—刑(刑罚论决定刑罚)。

刑法学是一门研究刑法及其规定的犯罪、刑事责任和刑罚的科学,刑事责任是联结犯罪与刑罚的纽带,应当成为刑法学体系中不可缺少的组成部分。[1] 在教材理论体系中,刑事责任的地位也不断提升,从犯罪概念中的"一节"(犯罪和刑事责任)到"专章"再到"专论"。随着研究的深入,不断与时俱进,其定位更加科学。2000年高铭暄主编的《刑法学》第十三章"刑事责任",在"犯罪论"之后、"刑罚论"之前。高铭暄教授此前主编的教材,如《新编中国刑法学》(中国人民大学出版社1998年版),第七章是刑事责任,放在"犯罪论"之中,在犯罪概念之后、犯罪构成之前。这种教材章节的设置不仅能体现了罪、责、刑的内部关系,而且有利于学生对犯罪认定、责任认定、刑罚认定三个递进环节产生更清晰的认识,形成强逻辑性的知识体系。

二、坚守我国自主刑法知识体系的学术自觉

在马克思主义哲学指导下,我国刑法科学体系的发展,需要坚守本土化与创新性的学术自觉。纵观高铭暄教授的学术生涯,丰富、多元的学术经历奠定了扎实的理论基础,对苏联刑法、德日刑法、英美刑法、国际刑法都有着深刻的理解,其学术研究具有极强的包容性和开阔性。高铭暄教授始终在比较借鉴中博采众长、守正创新,坚持中国刑法知识体系的主体性和自主性。

(一)立足国情,坚持学术本土化道路

自新中国成立后,我国刑法学的发展在70年间从无到有,从有到兴,经历了以苏为师、德日理论引入、中国化等多个阶段。高铭暄教授作为我国刑法学科体系的设计者,既富有家国情怀,又有坚定的理论自信,注重推进中国刑法学的自主知识体系建设,为我国刑法学科体系、学术体系、话语体系的自主性和本土化作出了突出贡献。

---

[1] 参见赵秉志、王秀梅、杜澎:《满目青山夕照明——高铭暄教授刑法思想述略》,载《高校理论战线》2003年第2期。

从学术经历来看,高铭暄教授教育背景多元,学术视野开阔。但难能可贵的是,高铭暄教授始终以构建中国刑法自主知识体系作为其终生追求的目标,始终坚持刑法学体系本土化的道路。高铭暄教授于 1947 年入读浙江大学法学院,李浩培先生为其讲授刑法总则课程,主要学习的是民国时期引进的德日刑法三阶层犯罪论体系。1949 年 9 月,高铭暄教授从浙江大学转到北京大学法律系继续学习,至 1951 年 8 月毕业。在北京大学学习期间是新中国成立初期,刑法老师是蔡枢衡教授,讲授的是他所著的《刑法学》一书的内容。蔡枢衡教授早年留学日本,师从日本著名刑法学家牧野英一研习刑法学,其在《中国法理自觉的发展》《近四十年中国法律及其意识批判》《中国法学及法学教育》等著作中强调法律意识与立法的独立性、创造性以及本土化。① 蔡枢衡教授所倡导的中国新概念法学对高铭暄教授产生了深远影响。1951 年,高铭暄教授到中国人民大学读研究生,师从苏联著名刑法学家贝斯特洛娃教授、达马亨教授、尼古拉耶夫教授和柯尔金教授,系统学习了苏联刑法理论,对苏联刑法中的四要件犯罪构成理论有了全面了解,成为较早地系统学习和研究苏联刑法理论的中国青年学者。在参与起草刑法期间,全面学习了当时可以收集到的各国刑法,特别是具有代表性的法国、德国、日本等国刑法典。苏联、保加利亚、阿尔巴尼亚、美国、德国、法国、日本等多国的刑法典被一一翻译,连中国古代各个朝代的律法文本,尤其是唐律和清律都摆上了案头。在改革开放以后,高铭暄教授又开始学习英语,多次出访美国等国家,深入了解英美刑法及认定犯罪理论。可以说,李浩培先生讲授的德日"三阶层"犯罪论体系是高铭暄教授的刑法启蒙,使高铭暄教授与刑法结缘。蔡枢衡先生的刑法学为高铭暄教授提供了中华法律文化资源,在高铭暄教授的心里埋下本土化、中国化刑法学的种子。苏联刑法理论给高铭暄教授打开一扇追寻刑法科学的门窗,英美法系犯罪理论则给高铭暄教授的学术自觉提供了借鉴。因此,高铭暄教授对于四要件犯罪构成理论的坚持,是在比较研究、博采众长之后,具有理论自洽性和历史合理性的必然选择。高铭暄教授在接受采访时谈道:"我对四要件犯罪构成理论深信不疑,坚持不懈。虽然苏联解体了,现在的俄罗斯刑法仍然是坚持四要件。所以,不要把四要件与苏联政治上的问题联系在一起,好像苏联不行了,四要件也就倒台了。不要这么简单化。"

从认定犯罪的过程看,德日刑法中的三阶层犯罪论体系、英美刑法中的双层次犯罪构成体系和我国刑法中的四要件犯罪构成理论,在认定犯罪成立方面可以说是殊途同归。每一套理论体系历经历史传承沿用至今的原因,在于其拥有理论自

---

① 参见宇培峰:《蔡枢衡法律思想述评》,载《政法论坛》2018 年第 3 期。

洽性以及相对合理性。换言之,不论哪套理论体系,只要能正确运用,都可以客观公正地认定犯罪。这一点从苏联解体后,俄罗斯在意识形态和政治体制发生变革的情况下,仍然基本沿袭苏联的刑法理论体系而未发生颠覆性变革中可见一斑。阶层论者往往以立体和平面的观点来肯定阶层论、否定四要件。立体与平面实际上就是纵轴与横轴,阶层论认为应当以纵向的视角,将违法和有责区分开,而四要件则认为可以直接对犯罪行为进行评价,而非先认定违法、后认定有责。三阶层犯罪论体系相当于中国刑法理论体系中的犯罪概念、犯罪构成、排除社会危害性行为的组合,既有"入罪"功能,也有"出罪"功能。如果割裂上述组合,仅仅比较"三阶层"犯罪论体系与"四要件"犯罪构成理论的优劣,不在一个语境下讨论问题,难以形成令人信服的结论。也就是说,两者是认识逻辑上的差异而非必然的相互冲突,两者的优劣也是相对的。前者的优势在于能在研究中较为清晰地呈现犯罪行为的所有阶段,但是劣势在于功利性不强,难以在实践中高效、便捷、准确地判断是否构成犯罪,逻辑复杂;后者的优势在于清晰明了,可操作性强,劣势则是在法学研究中略显干瘪。这也是为什么德国、日本等阶层论的国家,在立法中都不按照构成要件该当性、违法性、有责性进行规定,其原因就在于阶层论的结构模式难以适应刑事立法和刑法规范解释的需求。① 四要件犯罪构成理论经过几十年的洗礼,在我国已经形成了本土化的理论体系。针对近年来一些学者唯德日论的情况,正如高铭暄教授所说,中国刑法学体系"推翻重建论"的观点是不可取的,学习他人是必要的,但切不可在学习中迷失了自我,迷失了方向。② 四要件犯罪构成理论的形成是一种历史性的选择,又经受住了历史的考验,具有历史必然性与合理性。③

　　基于对国内外刑法理论的比较研究,高铭暄教授指出,我国没有大陆法系或者英美法系的历史传统,而四要件犯罪构成理论却已经影响深远,三阶层犯罪论体系曾在中国短暂适用,但无法在中国扎根,没有生存土壤。四要件犯罪构成理论引进之前,新中国废除了国民党"六法全书",停用了旧的司法工作人员,国家进入法律空白期,迫切需要建立新的法制体系。基于国际形势和意识形态的影响,我国具备学习苏联的理论基础和实践条件。因此,我国以苏联为师,选择四要件犯罪构成理

---

① 参见杨兴培:《"三阶层"犯罪结构模式的中国语境批判》,载《东方法学》2021年第2期。
② 参见高铭暄:《论四要件犯罪构成理论的合理性暨对中国刑法学体系的坚持》,载《中国法学》2009年第2期。
③ 参见高铭暄:《论四要件犯罪构成理论的合理性暨对中国刑法学体系的坚持》,载《中国法学》2009年第2期。

论是历史的必然。四要件犯罪构成理论引进后,经过一辈又一辈立法者、司法者、学者的完善,凝结成中国刑法理论的集体智慧,可以经受住历史的考验。我国司法人员均已经习惯适用四要件犯罪构成理论,并通过实务推动了理论的发展,四要件犯罪构成理论已经成长为本土化、中国化的理论之树。如果抛弃四要件犯罪构成理论,尊崇三阶层犯罪论体系,有"舍本逐末之嫌",并可能会造成混乱。构建中国自主的法学知识体系,绝不能做西方理论的"搬运工"。高铭暄教授强调:"我国刑法是一张名片,极具特色、很接地气,它是我国实际情况的反映,也能解决实际问题。随着国家综合国力的提升,法律不断发展完善,我国刑法在世界上也会越来越有影响。所以我们不应妄自菲薄,但也不自吹自擂,只要国家富强,有影响力,有吸引力,刑法学就会做大做强,不会矮人一截,不会跟在西方后面亦步亦趋,这点志气我是有的。"

(二)守正创新,持续构建自主知识体系

2018 年,习近平总书记在纪念马克思诞辰 200 周年大会上的讲话中指出,理论的生命力在于不断创新,要以马克思主义为指导,用宽广视野吸收人类创造的一切优秀文明成果,坚持在改革中守正出新、不断超越自己,在开放中博采众长。①

高铭暄教授守正创新,关注我国刑法的现代化发展,在不断创新、发展的同时,强调理论自信,坚持中国特色刑法知识体系。自清末修律以来,不论是国民政府的"六法全书",还是新中国以苏联为师,是否移植外国法学理论,在法学界一直都在争论。学术研究的核心原则之一是"独立性"。以陈寅恪为代表的清末民初思想家倡导"独立之精神,自由之思想"②,将学术研究的独立性原则在我国广泛传播。中国特色的刑法学历经百年沧桑,在刑法学者的集体努力与共同参与下,从无到有,从有到优,经历了历史性变革,积累了丰富的发展经验。③ 高铭暄教授强调,应当首先坚持发展中国特色刑法学科体系。他指出,"中国特色刑法学是独立自主发展的产物","中国特色刑法学自身存在的一些发展问题、面临的一系列挑战,其根源在于日益增长的刑事法治需求与刑法制度供给之间的不充分、不均衡"。④ 要推动中国特色刑法学的高质量发展,应当以习近平法治思想为根本遵循,统筹做好做

---

① 参见《习近平:在纪念马克思诞辰 200 周年大会上的讲话》,载 https://www.gov.cn/xinwen/2018-05/04/content_5288061.htm,访问日期:2023 年 8 月 14 日。
② 参见马小红:《中国法史及法史学研究反思——兼论学术研究的规律》,载《中国法学》2015 年第 2 期。
③ 参见姜敏:《论中国特色刑法学话语体系:贡献、局限和完善》,载《环球法律评论》2022 年第 4 期。
④ 高铭暄:《习近平法治思想指导下中国特色刑法学高质量发展论纲》,载《中国应用法学》2023 年第 2 期。

优刑法现代化并服务于犯罪治理体系与治理能力现代化。应当坚持四要件犯罪构成理论,以历史、辩证的视角审视犯罪构成理论。虽然我国最初引入苏联刑法是受政治、意识形态等因素的影响,但是经过以高铭暄教授等为代表的一代又一代刑法学者的完善,我国刑法已经得以充分中国化。即使持否定意见的阶层论学者也承认,在老一辈刑法学人的努力之下,四要件犯罪构成理论已经在很大程度上实现本土化,转化为中国话语。① 高铭暄教授参与制定的新中国第一部《刑法》中,就已经初见雏形。1979 年《刑法》颁布前岁,北京政法学院刑法教研室重新校订翻译了 1960 年《苏俄刑法典》,我国 1979 年《刑法》虽同样分为总则与分则,但在具体内容上却根据我国国情进行了整合和增删。在随后的 1997 年《刑法》以及 12 个刑法修正案中,苏联刑法对我国刑法的后续影响实际上非常微小,可以说,我国的刑法学体系虽然在一开始借用了苏联刑法的"皮相",却形成具有中国特色的"内核",并经过实践的淬炼,蓬勃发展出了具有中国特色的刑法与刑法学理论体系。坚持四要件犯罪构成理论,是中国特色刑法学科理论体系的应有之义。

高铭暄教授持续发展我国刑法理论,兼容并包,与时俱进。20 世纪 80 年代,高铭暄教授与马克昌教授、王作富教授等老一辈刑法学者,以源自苏联的四要件犯罪构成理论为核心,建立起了新中国刑法学知识体系。随着刑法的发展,我国学术界出现了主张以源自德日阶层式犯罪论体系取代传统四要件犯罪构成理论的声音。高铭暄教授高屋建瓴地提出了我国刑法学体系的发展方向。他认为,目前中国刑法学体系对犯罪论、刑事责任论、刑罚论三者的动态性任务,即定罪、归责、量刑、行刑等体现不足,今后要着力加强这方面的研究,使中国刑法学体系既生动地描述犯罪构成、刑事责任、刑罚本质、刑罚目的等静态理论内容,又充分地展示认定犯罪、确定责任和决定刑罚等动态过程,以完善与发展四要件犯罪构成理论。② 尤其是在刑事责任论方面,高铭暄教授近年来对于刑事责任论的进一步阐释就与德日刑法在我国的传播密切相关。在德日刑法中,有责性位于最后,即行为满足该当性、违法性后,才开始讨论是否有责,并且只有当国民具有实施其他合法行为的可能性时,才能对实施的违法行为给予非难。③ 持阶层论的学者将有责性置于犯罪论之下,高铭暄教授则将其单列为刑事责任论。在阶层论下,"表明有责性的要素是主

---

① 参见陈兴良:《刑法学:向死而生》,载《法律科学(西北政法大学学报)》2010 年第 1 期。
② 参见商璐:《建构具有中国气派和国际视野的刑法理论——高铭暄刑法学思想研究》,载《中国人民大学学报》2020 年第 2 期。
③ 参见张明楷:《刑法学》(第三版),法律出版社 2007 年版,第 204—205 页。

观构成要素",决定了是否构成犯罪①;而在四要件犯罪构成理论中,刑事责任不是犯罪构成判断中的独立要素,而是犯罪与刑罚之间的连接点,体现法律关系,既影响刑罚的有无,也影响刑罚的大小。从四要件犯罪构成理论中发展出来的刑事责任论更能清晰地表现三方的内在逻辑与关系。三者之间的关系在于:刑事责任决定刑罚适用的可能性,即没有刑事责任就一定不适用刑罚;刑罚是刑事责任的体现形式,而刑事责任的大小是判断刑罚轻重的标准,这一点体现了刑事责任论对量刑的影响;刑事责任体现犯罪的后果。因此,在未来的发展中,可以考虑以刑事责任论为切入点,结合社会危害性理论等,完善四要件犯罪构成理论体系,发展中国刑法学体系。

综上,在以高铭暄教授为代表的老一辈学者的努力下,中国特色社会主义刑法体系得以建构——既立足实际,实现理论的本土化发展,又与时俱进,守正创新。中国特色的刑法知识体系既不是大陆法系的理论体系,也不是苏联的刑法理论体系,而是独树一帜的全新的社会主义刑法体系,是中国对人类社会的贡献、对世界刑法理论的丰富。

三、构建刑法科学体系的理论逻辑

高铭暄教授参与建构并倡导的中国刑法科学体系并不是无本之木,而是具有深厚的哲学基础和严谨的理论逻辑,根植于我国法律传统、社会现实而茁壮成长的参天巨木。在刑法学理论中,犯罪概念是刑法理论体系的基石。高铭暄教授以马克思主义为指导,汲取中华法律文化的精华,构建并完善我国刑法科学体系的基本理论逻辑。

(一)坚持马克思主义的方法论

习近平总书记在党的二十大报告中指出,"不断提高战略思维、历史思维、辩证思维、系统思维、创新思维、法治思维、底线思维能力"。高铭暄教授强调,四要件犯罪构成理论是客观思维、辩证思维、系统思维指导下的科学理论体系,是我国刑法学理论基于我国司法实践和刑法学发展历史的最优选择。

其一,四要件犯罪构成理论符合犯罪本质特征和认定犯罪规律。犯罪行为中

---

① 参见张明楷:《刑法学》(第三版),法律出版社2007年版,第208—209页。

的诸多要素组成犯罪构成要件,构成要件相互结合而成为一个犯罪整体,这是对犯罪基本特质的最直观呈现。同时,这种结合不是毫无逻辑的耦合,而是基于主客观相统一,有其内在逻辑,是一个从外在到内在、从部分到整体的精密过程。在四要件犯罪构成理论中,客体、客观方面、主体、主观方面的排列遵循了从客观结果入手,推知主观恶性的认识规律,并非杂乱无章的排列,"完全、准确地反映了犯罪行为的客观本质和内在构造,是犯罪行为社会危害性、刑事违法性、应受刑罚惩罚性三大特征的具体印证,是准确认定犯罪的有效标尺"①。反观三阶层犯罪论体系,相当于中国刑法理论体系中的犯罪概念、犯罪构成、排除社会危害性行为的组合,既有"入罪"功能,也有"出罪"功能。三阶层论者抨击四要件犯罪构成理论的核心论点就在于四要件犯罪构成理论没有内在逻辑,但是如上所述,四要件犯罪构成理论并不是仅包括四个要件,而是关联社会危害性理论、正当化事由、要件排列方法等内容,如果割裂上述组合,将一套完整的"三阶层"犯罪论体系与被阉割的"四要件"犯罪构成理论比较优劣,并不是在一个语境下讨论问题,难以形成令人信服的结论。

以德国为代表的大陆法系国家在法律传统上强调抽象性的概念与概括性表述,而我国一直以来的传统犯罪构成理论,"结构相对简单,学术含量较低,体现了一种大众话语的立场"②。这也是为什么近年来诸多学者与学子指出,刑法学研究中的各类概念和表述艰涩,刑法学理论的教义学研究脱离了我国本土法律传统的原因。三阶层犯罪论体系的引进,固然对于我国刑法学的发展有着极强的推动作用。但是,四要件犯罪构成理论经受了历史的选择与考验,凭借其契合中华法律文化传统、简洁明了的优势,在我国司法界扎根,经过我国七十多年司法实践和理论研究的发展,已经充分中国化,成为一套具有中国特色的理论体系。引进语言表达、哲学逻辑、法律传统脱离我国国情的阶层论,有"照搬他国""拿来主义"之嫌。保留与发展四要件犯罪构成理论是对历史惯性和司法实践的尊重,也是基于实践检验标准所选择出的最适合我国国情的理论体系。如果我国放弃"四要件"犯罪构成理论,套用"三阶层"犯罪论体系,几百万司法人员的知识结构将被颠覆,实践中必将导致混乱。实践已经证明,英美法系、大陆法系与我国的定罪理论可谓殊途同归,在实质要件上是一致的,只是在表现形式和学术话语上的区别。

---

① 高铭暄:《论四要件犯罪构成理论的合理性暨对中国刑法学体系的坚持》,载《中国法学》2009年第2期。
② 姚建龙、刘兆炀:《否定四要件犯罪构成理论之再反思》,载《上海政法学院学报(法治论丛)》2023年第4期。

其二,应当辩证、系统地看待四要件犯罪构成理论的主观客观相统一特征。我国犯罪构成实际上是根据主客观相统一原则而分为主观、客观两大版块,此种分类方法被反对论者称为"耦合式"要件而被质疑。但是在理论与实践中,四大要件实际上是一个灵活的组合体系。由于20世纪80年代以前的教科书中强调刑法的阶级性,使得主客观之间呈现出主观主导范式、权力主导范式。① 但这种主导范式并不是四要件犯罪构成理论本身的缺陷所导致的,而是我国四要件犯罪构成理论自苏联解体后由于学理研究缺失、实践缺乏指导而产生的。因此,想要进一步发展四要件犯罪构成理论,需要基于我国国情,建立中国化的主客观统一范式,指导我国的理论与实践。这正是新时代刑法学人努力的方向。

其三,在犯罪构成理论的讨论中,应当以科学思维辩证地看待我国冤假错案的存在。2020年10月22日全国法院审判监督工作会议上,时任我国最高人民法院院长的周强指出,冤假错案要"敢于纠错、及时纠错、全面纠错,对错案发现一起、查实一起、纠正一起"。冤假错案的产生是对当事人权利的严重损害,同时侵害我国的司法公信力。纵观聂树斌案、佘祥林案、赵作海案等典型冤假错案,犯罪构成要件并不是成因,而刑讯逼供、程序不当才是主因,还有司法理念、侦查技术的低下等问题。冤假错案主要发生于20世纪90年代,受限于彼时的司法环境。当时司法人员在处理个别案件时未能严格遵循罪刑法定原则、疑罪从无理念,庭审时没有贯彻证据裁判规则。在冤假错案产生的过程中,与四要件犯罪构成理论没有直接关系。如有学者在探索冤假错案防治路径时指出,传统刑事诉讼活动以"侦查为中心"的理念向以"审判为中心"的应然调整,才是抑制刑事"冤假错案"的有效路径。② 可见,犯罪构成要件并非冤假错案产生的主要原因,以此作为摒弃传统犯罪构成要件理论的论据,并不充分。

(二)重申辩证唯物主义理论联系实际的认识论

高铭暄教授在倡导积极吸收现代法治文明成果的同时,始终强调要立足于中国本土的国情和实践,坚持理论联系实际,他主张:"中国的刑法学必须服务于中国的刑事法治现实和实践,必须立足于解决中国刑事法治实践中出现的问题。"坚定不移走中国特色社会主义法治道路是学术研究的基本道路,应当从中国实际出发,提炼刑法的基本概念、基本原理、基本制度。在现有法律制度框架内,若无重大

---

① 参见马荣春、高坤龙:《中国犯罪论体系研究范式的变迁》,载《河南财经政法大学学报》2021年第3期。
② 参见周平:《遏制刑事"冤假错案"顶层设计的法治思考》,载《中国刑事法杂志》2013年第10期。

缺陷,不宜贸然创制或引入颠覆性的制度。在高铭暄教授的推动下,理论联系实际成为我国当代刑法理论研究的主导风格。对于刑法立法,高铭暄教授表示:"刑法立法不能凭主观想象,也不能照搬前人或别人现成的东西,而是要系统深入地调查研究,一切均应立足于我国的实际。"高铭暄教授在其著作中通过对中国司法实践的有益总结、学术理论的兼容并蓄,揭示了犯罪的本质特征是社会危害性,并对社会危害性概念解释中的基本立场和两个关系进行了剖析。

第一,对于犯罪构成的概念,高铭暄教授明确指出"犯罪构成体现和决定某一行为的社会危害性及其程度,各个犯罪构成要件本质上都是对犯罪社会危害性的不同侧面的表达",而中国刑法学犯罪构成理论体系中蕴含并表达了这一犯罪本质特征。[①] 四要件体系下,我国《刑法》第13条但书将排除社会危害性放在犯罪构成体系之外进行判断,进而引发了对于四要件体系的诟病。但是从四要件体系对于犯罪概念的论述来看,四要件犯罪构成理论加上社会危害性理论才是较为完整的四要件体系,对于四要件判断的过程,实际上就是对社会危害性的量变与质变的判断过程。[②] 同时,与之相关的正当化事由判断中,同样面临这一指摘。从逻辑层面来看,不论是《刑法》第13条但书,抑或正当防卫等事由,都是犯罪判断的另一环——在正面论证行为是否符合犯罪构成之后,再反面论证是否应当排除责任,在逻辑上并不存在反对论者所说的紧张关系。对四要件犯罪构成理论的讨论必须结合社会危害性理论与正当化事由,这才是完整认定犯罪构成的理论。对四要件犯罪构成理论的认识,应当以客观、辩证、系统的思维,处理好行为违法性与社会危害性、正当化事由之间的关系,增强四要件的逻辑性与科学性。"中国刑法学之所以将正当防卫、紧急避险等阻却犯罪行为置于犯罪构成之外加以研究,完全是因为中国刑法学中的犯罪构成是承载社会危害性的实质构成,所以没有阻却犯罪行为的托足余地。"[③]

第二,"社会危害性"贯穿认定犯罪全过程。如何解释犯罪概念,是刑法学研究的基础性问题。高铭暄教授从认识论与方法论的维度,对社会危害性作了实质性阐释。

其一,对社会危害性概念进行解释要树立"必须面对犯罪事实"以及"朝着合目

---

① 参见高铭暄:《关于中国刑法学犯罪构成理论的思考》,载《法学》2010年第2期。
② 参见马荣春:《重拾四要件犯罪构成:从可取性到核心重申》,载《河南警察学院学报》2023年第1期。
③ 高铭暄:《关于中国刑法学犯罪构成理论的思考》,载《法学》2010年第2期。

的的方向进行解释"这两个最基本的立场。①"中国的刑法学必须服务于中国的刑事法治现实和实践,必须立足于解决中国刑事法治实践中出现的问题。"随着我国经济与社会的发展,社会危害性的实质内容也在随着情势而变更,因此,作为犯罪实质方面载体的社会危害性而言,其内涵并非一成不变。提炼社会危害性概念,并将其作为犯罪的本质特征,目的在于体现正义理念、适合司法需求。故而在对社会危害性进行解释时,首先要直面不断变化的犯罪事实以及社会对行为的价值判断,并朝着实现正义的目的而前进,而不能总是以批判的眼光看待。

其二,在解释社会危害性的时候,必须处理好实质理性与形式理性、社会危害性与法益侵害性两对关系。犯罪概念中,形式概念与实质概念在犯罪概念中是表里的关系。实质概念是基于实质理性,直面犯罪事实与立法目的,对社会危害性进行社会化、具体化、目的性的解释,1922年的《苏俄刑法典》即规定了犯罪的实质定义。形式概念则是脱胎于形式理性,对社会危害性进行哲学化、抽象化、概括性的描述,构造犯罪成立的"精密模型",以德国和日本为代表的大陆法系国家大都采用了此概念。随着研究的深入与犯罪概念的发展,各法系国家都逐步朝着两者结合的方向发展,我国如若过分强调形式概念,弱化实质概念,并不具有合理性。正如高铭暄教授所说,"在刑事立法阶段,实质理性决定、派生了形式理性;在刑事司法阶段,实质理性受制于形式理性,作为例外,实质理性发挥阻却犯罪的功能并补益着形式理性的局限","如何实现形式理性与实质理性的统一才是犯罪论体系的根本问题"②。

(三)注重在比较鉴别中兼收并蓄、自主创新

我国刑法体系在清末民初经历了古今绝续,以德日刑法为原型的《大清新刑律》成为传统律学与近现代刑法的分水岭③,一度使得刑法在我国得以发展。而在新中国成立后,基于政治因素和意识形态考量,苏联的刑法体系和理论在20世纪50年代深刻且长远地影响了我国的刑事立法。20世纪90年代,随着情势变化,苏联刑法对我国的影响逐步减弱,同时德日刑法、英美刑法理论进入刑法领域。在经历多次"不同背景的学术开放"④后,我国最终博采众长,形成了以四要件犯罪构成

---

① 参见高铭暄、陈璐:《论社会危害性概念的解释》,载《刑法论丛》2012年第3期。
② 高铭暄、陈璐:《论社会危害性概念的解释》,载《刑法论丛》2012年第3期。
③ 参见赵秉志:《中国刑法的百年变革——纪念辛亥革命一百周年》,载《政法论坛》2012年第1期。
④ 参见车浩:《责任理论的中国蜕变——一个学术史视角的考察》,载《政法论坛》2018年第3期。

理论为核心、独立自主的中国特色社会主义刑事法律体系。

法学研究中,比较研究是一种重要的研究方法。高铭暄教授在1985年主编的《刑法学教学大纲》中强调,刑法学要对不同国家的刑法和不同时期的本国刑法作比较研究,以剖析是非优劣、评述利弊得失,推动刑法科学的前进。① 虽然我国刑法以苏联刑法为框架,但是在立法与研究中的态度是兼容并包而不是非此即彼,对德日刑法和英美刑法进行了适当辩证吸收。早在20世纪80年代,高铭暄教授就在其论著中对我国、苏联、德日、英美的犯罪构成理论进行了比较。② 他反对以德国学者贝林为代表的新康德派刑法学者将犯罪构成与违法性对立的观点;指出英美刑法理论注重分析刑法分则规范而缺少对系统犯罪构成学说的研究;认为以特拉伊宁为代表的苏联刑法学者对犯罪构成基本理论的见解对我国有参考价值,但是需要立足我国国情,对其中的立法烦琐、理想化等问题进行规避。③在近些年来关于四要件犯罪构成理论和三阶层犯罪论体系的争论中,高铭暄教授虽已至耄耋之年,但仍撰文对四要件犯罪构成理论的合理性进行论述,提出了四要件犯罪构成理论具有历史必然性、历史合理性的论断。④

(四)赓续中华法律文化传承

一国法律制度的建立从来都不是无本之木。从秦律到《唐律疏议》,再到《大清律例》,"我国形成了世界法制史上独树一帜的中华法系,积淀了深厚的法律文化"⑤,而"各法之中,尤以刑法为切要"⑥。新中国成立后,我国的犯罪构成体系虽然借鉴苏联刑法的框架搭建而成,并吸收融合两大法系的部分内容,但正如高铭暄教授所说,我国"并无大陆法系或英美法系的历史传统"⑦,而是基于国家体制和法律传统,蓬勃发展出了符合国情、具有现实合理性的犯罪构成理论。我国古代律法中,通常不会像现代法学那样单设条款将犯罪概念及其构成总结出来进行规定,而是规定在具体犯罪的律文之中。但是我国古代的律法对于犯罪要件仍然有内在逻

---

① 参见高铭暄主编:《刑法学教学大纲》,中国人民大学出版社1985年版,第3页。
② 参见高铭暄:《犯罪构成的概念和意义》,载《法学》1982年第1期。
③ 参见高铭暄主编:《刑法学》,法律出版社1982年版,第93—94页。
④ 参见高铭暄:《论四要件犯罪构成理论的合理性暨对中国刑法学体系的坚持》,载《中国法学》2009年第2期。
⑤ 何勤华、张顺:《中华法系法典化成果与当代传承》,载https://www.spp.gov.cn/llyj/202203/t20220317_549379.shtml,访问日期:2023年3月22日。
⑥ 故宫博物院明清档案部编:《清末筹备立宪档案史料》(下册),中华书局1979年版,第845页。
⑦ 高铭暄:《论四要件犯罪构成理论的合理性暨对中国刑法学体系的坚持》,载《中国法学》2009年第2期。

辑。我国现有法律虽在表征上借鉴苏联刑法,但内里正是根植于这些法律传统与逻辑而发展起来的。

高铭暄教授主张,我国古代刑法中,对于犯罪构成的呈现与四要件犯罪构成理论较为相近,而没有"该当—违法—有责"的传统。这一观点的背后是对中国传统文化的赓续。《唐律疏议》是我国古代法律的集大成者,虽未以明文独立规定犯罪构成,但是在名例·凡七条写道:"……名因罪立,事由犯生,命名即刑应,比例即事表……"这句话的意思是刑罚由犯罪而确定,犯罪事实因犯罪行为而产生,刑罚等级一旦确立,就随之施加相应的刑罚。这句话就是现代罪刑法定与罪责刑相适应原则的体现。《唐律疏议》第十七卷盗贼三规定"有人实无谋危之计,口出欲反之言,勘无实状可寻,妄为狂悖之语者,流二千里",第十九卷盗贼三十九"谓本无规财之心,乃为别事殴打,因见财物,遂即夺之,事类'先强后盗',故计赃以强盗论",从这两条规定则可以看出我国古代法律中对主观客观相统一的要求。《唐律疏议》中实际上已经注意到犯罪构成四要件,除主体、主观方面、客观方面外,还有了犯罪客体的意识,在罪名编排上,按照名例、卫禁、职制、户婚、贼盗等进行排列。① 主客观相统一的犯罪构成理论继承了我国自古以来就有主客观统一的法律传统,这也是该理论能够顺利本土化,并经受理论质疑考验的原因之一。

在死刑存废问题上,我国同样有中华法律文化传统的背景。贝卡里亚在1764年出版的《论犯罪与刑罚》一书中,首次提出了废除死刑的观点。随着人权等概念的发展,理论和实践中关于死刑的存废、适用等一系列问题经久不衰。死刑在我国法制史上一直占据着很重要的地位,自古以来就有适用死刑的法律传统。从1979年《刑法》,到1997年《刑法》,再到近年来我国逐步废除了诸多罪名的死刑,使得我国死刑的存废与适用趋势逐步明朗,高铭暄教授关于死刑的学术主张因其刑法泰斗的地位发挥了重要作用。死刑的废除不仅是一个法律问题,更牵扯到社会、政治等诸多方面。一直以来,一些西方人权组织和国家,以我国在刑法中设置的死刑为借口,对我国的法律体系、法律文化进行抹黑、攻击。早在1987年,高铭暄教授就在国际刊物上发表文章,阐释我国的死刑制度。② 高铭暄教授主张,死刑的存废必须立足于中国国情和社会情感、法律文化,在关注世界死刑发展趋势的同时,也要排除国际社会对我国刑罚设置的过分干预。基于此,高铭暄教授根据我国法律制度、

---

① 参见钱大伟、夏锦文:《唐律与中国现行刑法比较论》,江苏人民出版社1991年版,第75—76页。
② 参见赵秉志、王秀梅、杜澎:《满目青山夕照明——高铭暄教授刑法思想述略》,载《高校理论战线》2003年第2期。

国情民意,并考察域外经验后①,明确指出,在当时的社会环境下,死刑废除的契机并未到来,但是考虑到死刑的不可逆性、对犯罪分子亲属的打击以及国际社会刑罚轻缓化的趋势,应当在保留死刑的基础上,通过对适用范围、对象、程序等的严格限制,对死刑进行限缩,实现有效控制。② 这些论述产生很大社会影响,是其立身为国的学术担当的体现。

四、结语

中国刑法自主知识体系的建立,蕴含着人民教育家高铭暄教授的巨大贡献。高铭暄教授坚持用马克思主义的立场、观点、方法守正创新,守中国特色社会主义制度之正,创中国特色刑法理论体系之新。他对中国刑法科学理论体系的卓越贡献必将载入中国法学发展的史册。中国刑法学科自主知识体系的建构,是面向历史传统的自我超越,是扬弃与变革的过程;是面向当今世界的自我完善,是向国外法治有益成果学习与借鉴的过程;是面向未来的自我发展,是与时俱进的历史演进过程。高铭暄教授作为中国刑法学科体系的设计者,为新时代刑法学人树立了榜样。我们法学后人向高铭暄教授最好的学习,就是秉承师志,献身教育、献身法治,像先生那样做人、做学问、做教育,持续健全、完善先生奠基开创的中国刑法自主知识体系,努力创造更高水平的中国特色社会主义法律文明。

---

① 参见高铭暄等:《国外死刑制度及关于死刑的学术观点综述》,载《法律学习与研究》1988年第1期。
② 参见高铭暄:《我国的死刑立法及其发展趋势》,载《法学杂志》2004年第1期。

高铭暄教授的刑法学术贡献*

陈兴良**

尊敬的高铭暄教授、各位领导和嘉宾：

值此高铭暄学术馆开馆之际，举办高铭暄学术思想研讨会，具有重要的纪念意义。高铭暄学术馆陈列了高铭暄教授任教70年以来参与刑法立法和司法活动、从事刑法教学和理论研究等各方面的成果，为我们及后辈了解高铭暄教授光辉灿烂、非凡卓越的成就提供了一个展示窗口。在此，我想从四个方面对高铭暄教授的贡献谈一点个人的认识。

一、高铭暄教授对法治建设的贡献

高铭暄教授的求学生涯跨越新旧两个时代。从1947年入学浙江大学法学院到1951年毕业于北京大学法学院，从学习旧法到肃清旧法，继而学习苏联法学理论，高铭暄教授很快适应这一历史性的变化，坚定了为新中国的法治建设奉献一腔热血的信念。对于从事刑法理论研究的高铭暄教授来说，20世纪50年代中期，随着政治运动带来的法律虚无主义泛滥，刑法教学科研的环境日益恶化，乃至于最终夭折。就此而言，高铭暄教授可谓生不逢时。但经历黑暗之后，终于迎来了法治建设的曙光，随着1979年《刑法》的正式颁布，刑法学科的恢复重建，高铭暄教授获得了大显身手的时代舞台，他没有辜负时代的使命，为国家的法治建设作出了卓越的贡献。

高铭暄教授从20世纪50年代初期开始我国刑法起草工作，到20世纪60年代初期已经完成33稿，可以说为1979年《刑法》的迅速颁布奠定了基础。从20世纪

---

* 本文系作者在中国人民大学、中国刑法学研究会、浙江省玉环市委市政府联合主办的"高铭暄学术馆开馆仪式暨高铭暄学术思想研讨会"的发言（会议时间：2023年4月7日，会议地点：浙江省玉环市）。

** 北京大学法学院教授、博士生导师。

60年代中期开始,刑法立法的起草工作随着政治运动的兴起而进入停滞状态。直到1978年拨乱反正,法治重建,在33稿的基础上经过调整和修改,《刑法》终于在1979年颁布。全程参与刑法立法的高铭暄教授,目睹了《刑法》诞生的整个过程,并记录了《刑法》制定过程,对《刑法》条文的讨论情况进行了细致的梳理,在1981年出版了《中华人民共和国刑法的孕育和诞生》一书,该书是1979年《刑法》颁布以后系统阐述《刑法》的条文含义和立法精神的著作,为我们学习和解释《刑法》提供了宝贵的资料,受到法学界的瞩目和好评。

高铭暄教授对刑法立法的贡献不仅反映在全程参与1979年《刑法》的起草,而且反映在1997年《刑法》修订以及此后的刑法修正案的制定过程。尤其是1997年《刑法》修订,这是对刑法的一次大规模修改。高铭暄教授主持的中国人民大学刑法学科承担了提供刑法总则稿的任务,并且参加了过程稿的讨论,对1997年《刑法》修订作出了重要贡献。

立法是法律的创制,在通常情况下,法律尤其是刑法具有稳定性,有些从事刑法理论研究的学者可能一辈子也没有遇到刑法制定或者修订的机会。但高铭暄教授先后两次亲身参与刑法的制定和修订,并为此贡献毕生精力,何其幸也。当然,学者不是立法者,学者在立法过程中所能贡献的只是平生所积累的专业知识和学术见解。因此,学者的意见也并不是都能被立法者采纳的,学者对立法的贡献也不是以自己的意见是否被立法者采纳作为评判标准,学者应该具有自己的独立见解,具有更为长远的眼界和更为符合事理的判断。高铭暄教授始终强调,学者的责任和使命就在于追求真理。因此,高铭暄教授坚持独立思考的精神值得我们学习。我印象特别深刻的是在1997年《刑法》修订中,展开了一场关于法人犯罪的争论。在此之前,我国1987年《海关法》开创了法人犯罪立法化的先例。在这种情况下,讨论法人犯罪的时候,基于立法事实上已经确立法人犯罪的现实,肯定说的观点更容易被接受。但高铭暄教授并不赞同法人犯罪在1997年《刑法》中予以立法化的观点,明确提出从我国的具体国情出发,根据我国刑法的基本原理,不宜将法人作为犯罪主体。我清楚地记得,当时高铭暄教授与我们学生讨论法人犯罪的时候,我提出法人犯罪是一个共同犯罪形态的问题,但高铭暄教授则认为法人犯罪是一个犯罪主体的问题。因此,尽管1997年《刑法》还是以单位犯罪的概念规定了法人犯罪,但此后高铭暄教授主编的刑法教科书中都未将单位犯罪确立为一种犯罪特殊形态,而是作为与自然人犯罪主体相对应的法人犯罪主体进行论述。在我国刑法中,单位犯罪的罪名越来越多,但司法实践中单位犯罪的判决却越来越少。原因就在于:只有在单位犯罪的犯罪与刑罚区别于自然人犯罪的情况下,单位犯罪的规定才具有意义。但目前我国刑法中的单位犯罪都实行双罚制,只有单位受贿罪和单位行贿罪等个别罪名对自然人规定了较轻的法定刑,在其他单位犯罪中对单位中直接负责的主管人员和其他直接责任人员都是按照个人犯罪定罪处罚,并没有突出单位犯罪的罪与罚的特殊性。因此,虽然刑法对大多数犯罪设立了单位犯罪,但在司法实践中并不起诉单位,只是起诉单位中直接负责的主管人员和其他直接责任人员,其处罚也与自然人犯罪相同。在这种情况下,我国刑法中的单位犯罪规定虚置现象十分严重,单位犯罪制度并没有发挥其应有的规制功能。这一单位犯罪的司法现状在一定意义上印证了高铭暄教授否定单位犯罪立法化的观点的正确性。

另外,1997年《刑法》修订时,死刑的限制问题也是一个争论较为激烈的问题。记得在1996年全国人民代表大会常务委员会法制工作委员会召开的刑法修改座谈会上,高铭暄教授上台发言,呼吁减少死刑罪名。但这一建议并没有被立法机关采纳,立法机关在1997年《刑法》修订时对死刑罪名采取了既不减少也不增加的维持原状的态度。尽管如此,高铭暄教授的死刑限制论立场代表了相当多学者的观点。一直到1997年《刑法》颁布14年后,2011年《刑法修正案(八)》取消了13个死刑罪名,我国才开启了限制死刑的立法路径,由此可见高铭暄教授关于减少死刑的观点多么具有前瞻性。

我认为,高铭暄教授对刑法立法的贡献并不在于某个立法建议是否被采纳,更重要的是对刑法立法方向的引导。

二、高铭暄教授对刑法学科的贡献

刑法学科是和刑法立法与司法的发展紧密关联的,随着1979年《刑法》的颁布,我国刑法学科开始复苏,高铭暄教授以其参与刑法立法的经历、经验、见识和知识的长期累积,成为刑法学科当之无愧的学科带头人,承担起刑法学科复兴的领军使命。

在1979年《刑法》颁布的初期,我国刑法司法经验缺乏,刑法理论薄弱,除了20世纪50年代初期从苏联引入的刑法教科书等资料,可以说是一无所有。因此,我国刑法学科是在一片废墟的基础上发展起来的。在这当中,高铭暄教授主编的统编教材《刑法学》可以说起到了奠基的作用。该书于1982年出版,这也是我国刑法理论体系成形的标志性成果。统编教材《刑法学》可以说是我国新时期刑法教科书的典范,它对当时的刑法学教育和刑法学研究都起到了促进作用。统编教材《刑法学》在我国刑法知识的演进历史中占据着独特地位,它的特点是提供了一个相对完整的刑法知识体系,在当时刑法学研究还相当薄弱的历史条件下,统编教材《刑法学》不仅对刑法学教育和刑法学理论研究,而且还对刑法司法活动中正确理解刑法和适用刑法,起到了知识范本的作用。

刑法学科体系与刑法规范体系之间存在密切的关系。一般来说,刑法各论体系直接对应于刑法分则体例,其内容表现为对类罪和各罪的构成要件的阐述。因而,在学科体系上并没有太大的理论创新空间。但刑法总论体系虽然应当反映刑法总则的规范体系,但犯罪论和刑罚论都存在一定的理论创新空间。尤其是刑法总论中的犯罪论体系,是刑法理论的精华之所在,因而最能代表刑法学科的学术水准。统编教材《刑法学》在苏联刑法学的基础上,初步建构了符合我国当时立法与司法状况的四要件犯罪论体系,这是苏联犯罪构成理论本土化的有益尝试,并且为此后我国刑法学科体系的建立和发展奠定了基础。犯罪论体系是将刑法规定的犯罪成立条件体系化处理的理论,不能认为司法人员是按照犯罪构成理论进行定罪,定罪的根据在任何情况下永远都是刑法规定而不是刑法理论,犯罪构成理论只是对定罪活动起到一种思维方法的引导作用。在这个意义上说,犯罪论体系作为一种定罪的辅助工具,并不涉及刑法的性质问题,它不是一个价值论的问题,而只是一个方法论的问题。此后,围绕犯罪论体系与我国刑法的衔接展开了争鸣,20世纪 90 年代中期开始对四要件犯罪构成理论进行要件合并与增加的讨论,但这一讨论并没有改变犯罪构成的基本结构。从 2000 年以来,随着德日刑法教义学知识传入我国,三阶层犯罪论体系在我国的影响逐渐增大,由此形成三阶层理论与四要件理论之争。我认为,这是一个学术之争,对于繁荣和发展我国刑法理论具有推动作用。刑法理论总是随着刑法的发展而不断进步的,因此理论争论是十分必要的,刑法理论就是在不同观点的碰撞中向前迈进的。无论将来我国刑法学科和刑法理论如何发展,它都是在高铭暄教授主编的统编教材《刑法学》所开创的道路和所提供的逻辑起点上一路演进而来,这是高铭暄教授为我国刑法学科发展所作出的一种不可磨灭的历史贡献。

在高铭暄教授的学术研究中,除了代表作《中华人民共和国刑法的孕育和诞生》(法律出版社 1981 年版)和《中华人民共和国刑法的孕育诞生和发展完善》(北京大学出版社 2012 年版),还有高铭暄教授主编的《刑法学原理》三卷本,这是 20

世纪 90 年代初期由中国人民大学出版社出版的最为重要的刑法著作。我有幸参与了该书若干章节的写作。我清楚地记得,在该书定稿过程中,我们每位执笔者将写好的内容打印出来,在当时中国人民大学二教的某个教室举行全体执笔者参加的统稿会,执笔者念一段讨论一段,根据讨论结果再进行修改,由此可见当时的认真态度。该书虽然是集体作品,但高铭暄教授作为主编对该书的完成起到了统领作用。《刑法学原理》出版以后,对我国刑法理论产生了重大影响,被誉为中国刑法学的扛鼎之作。该书荣获 1995 年全国高等学校首届人文社会科学研究优秀成果奖一等奖,1996 年再度荣获第二届国家图书奖。

三、高铭暄教授对人才培养的贡献

高铭暄教授是一位学者,但他首先是一位教师,教书育人是高铭暄教授终身从事的事业。因此,高铭暄教授不仅是一位优秀的学者,更是一位杰出的人师。高铭暄教授为我国法治建设和教学科研培养了大量刑法优秀人才,高铭暄教授的学生们在不同的工作岗位上为社会作出了各种贡献。作为高铭暄教授的学生,我在他的引领下走进刑法理论的殿堂,因此,高铭暄教授是我的学术引路人。

1982 年春季我到中国人民大学求学,第三个学期高铭暄教授给我们讲授刑法总论课程,打破了我此前形成的刑法无理论的偏见,尤其是高铭暄教授对犯罪构成理论的介绍,对我具有较大的吸引力。在刑法总论讲授中,高铭暄教授布置我们每人写一篇综述,我正是通过综述进入刑法学研究的大门,站到刑法学术活动的起点。综述这个用语,不仅对于当时的我,而且对于当时的刑法学界,乃至于法学界来说,都是一个陌生的概念。在《中华人民共和国刑法的孕育和诞生》一书的序中,高铭暄教授就已经使用了综述一词,称该书是根据在长达 30 年时间里参与立法积累的资料、记录和笔记,按照刑法的章节条文次序所作的一个整理和综述,实际上也就是一部回忆性的学习札记。高铭暄教授将该书称为一部综述性的著作,当然是一种谦逊的说法。实际上,该书包含了高铭暄教授对刑法中一系列重大问题的深刻思考。当然,由该书的性质所决定,其中确实主要是对刑法制定过程、改动情况的一种综述。正是通过该书,我们得以了解历经 30 年的我国第一部《刑法》的艰难制定过程,因而该书具有史料的价值。由此可见,高铭暄教授是一个工作上的有心人,随时积累资料,养成了良好的研究习惯。高铭暄教授十分重视综述方法在刑法教学与研究中的作用,指出:"在刑法学的研究中,对已有研究成果进行综述,是一种调查研究、获得规律性认识的有效方法。通过专题性综述,不仅使作者本身科研的基本功得到训练,而且也给其他人员提供了一个很好的调查研究资料。所以这是一个值得重视的研究方法。"

高铭暄教授不仅传授刑法知识,更为重要的是还传授治学方法,这是使人终身受益的。高铭暄教授在教学过程中,总是与学生进行平等交流,对学生的不同观点都能够保持宽容的态度,这对于教师来说是一种美德。以我的亲身经历来说,我的博士论文选题是共同犯罪论,高铭暄教授对这个题目也颇有心得。为博士论文的写作,我收集了大量资料,由于当时 1979 年《刑法》颁布不久,我国学者对共同犯罪的研究还较为薄弱,因而资料中除了苏联专著和教科书,还包括民国时期的各种资料。在博士论文中,我以正犯与共犯的区分制重新塑造我国共同犯罪的逻辑框架,同时撰写了关于间接正犯、共同正犯、片面共犯等论文。在审读这些论文的时候,高铭暄教授批评我采用旧法名词,论文叙述不文不白。此后,我在博士论文中将正犯改为实行犯,共犯改为共同犯罪人。但正犯与共犯的基本分析框架并没有改变,对此高铭暄教授并没有反对,因而博士论文得以顺利通过。高铭暄教授始终认为,刑法学者应当独立思考,坚持学理探讨,具有高度的科学信念;学术上没有禁区,应当勇于探索,敢于创新,坚持真理,修正错误。高铭暄教授对学生求学与求知过程中所犯错误始终采取包容与宽容的态度,鼓励学生创新,体现了"海纳百川"的治学精神,这是一种大师的风度、大家的气派。2019 年 9 月 17 日,高铭暄获得"人民教育家"国家荣誉称号,可谓实至名归。

四、高铭暄教授对国际交流的贡献

高铭暄教授作为我国著名刑法学家,在国际上也享有极高的声誉。2015 年 4 月 15 日,国际社会防卫学会在多哈举行隆重的颁奖仪式,授予高铭暄教授"切萨雷·贝卡里亚奖"。授奖的缘由在于高铭暄教授在中国基于人权保障与人道主义刑事政策发展现代刑法学所取得的巨大成就。这是国际刑法学界对高铭暄教授毕生从事刑法专业所取得成就的最大肯定和褒奖,也是我国刑法学家在国际上获得的最高奖项。

高铭暄教授十分重视对外学术交流,代表中国刑法学走向世界,对外增加我国刑事法治的能见度,扩大我国刑法学术的影响;同时也向外吸收刑事法治理念,引入刑法学术成果,从而推动我国刑事法治和刑法理论的进步与发展。例如,高铭暄教授 1987 年参加国际刑法学协会在意大利西西里岛锡拉库扎召开的国际死刑学术研讨会，这是我国刑法学界第一次接触国际死刑研究状况，对此后在我国展开的死刑存废和限制的学术之争产生了重要影响。也正是在这次会议上，我国刑法学会与国际刑法学协会建立了组织联系，为国际刑法学协会中国分会的成立奠定了基础。

高铭暄教授在对外交流中，与国际著名刑法学家建立了个人友谊，尤其值得指出的是，高铭暄教授与日本著名刑法学家西原春夫教授之间长达三十多年的密切关系。高铭暄教授和西原春夫教授共同开创了中日刑法学术交流活动，为中日两国刑法学者的交流提供了平台。2016 年 11 月 22 日，日本早稻田大学举行仪式授予高铭暄教授名誉博士学位，这项殊荣是对高铭暄教授在中国刑法学研究及刑法学国际交流中所作贡献的高度肯定。

高铭暄教授作为新中国培养的第一代刑法学家，为我国刑事法治的建设作出了重要贡献。今天我们齐聚在高铭暄教授的家乡，共同庆贺高铭暄学术馆的隆重开馆。高铭暄学术馆如同一个窗口，它集中展示了高铭暄教授在学术研究和教书育人这两个方面所取得的卓越成就。作为高铭暄教授的弟子，我感到十分高兴与自豪。我期待着高铭暄教授的学术成就能够得到传承，高铭暄教授为人为学的高尚品格能够得以光大。

高铭暄教授：
全国刑法学研究的杰出组织者和领路人[*]

陈泽宪[**]

特别高兴能参加高老师教育思想研讨会，说实在的，我不知道有致辞的任务，是到了这儿看了以后才知道的。本来我只是想来好好地聆听和学习高老师的教育思想，因为我毕竟在社科院，不在人大，高老师的这些系统的、全面的教育思想，人大的老师及人大的弟子们，比我了解得多，我想好好学习一下。

非常高兴有机会参加这个研讨会，首先，我对高老师执教70年，桃李满天下，表示崇高的敬意和衷心的祝贺。

高老师是新中国刑法学的主要奠基者和开拓者。我虽然没有机会成为高老师的入门弟子，但的确是高老师名副其实的学生。我可以举一些我与高老师的交集的例子。我记得非常清楚，1984年10月，中国法学会刑法学研究会第一次代表会议在成都举行，当时我刚工作不久，在中国社科院法学研究所刑法室工作，参加了那次会议，当时高老师担任总干事，我只是一个普通学员。从1984年到现在已有近40年了，我从普通学员到理事、常务理事、副会长，后来到常务副会长，近40年来一直追随高老师走在刑法学研究的路上。高老师不仅研究做得好，而且是全国刑法学研究的杰出组织者和领路人。现在的刑法学研究会，高老师还是名誉主席，而我虽然已经退下来变成一个顾问，但始终是在高老师的指导和领导下工作。

高老师不仅是新中国刑法学的主要奠基者和开拓者，而且是中国国际刑法学研究的开创者。中国的国际刑法学研究跟国外不太一样，国际刑法学研究在中国主要是由刑法学者来做，国外很多是由国际法学者来做。在中国，国际刑法学研究也是在高老师的组织和领导下，从无到有开展起来的。高老师曾担任国际刑法学

---

[*] 本文系作者在中国人民大学法学院、中国刑法学研究会、中国人民大学刑事法律科学研究中心主办的"人民教育家高铭暄先生教育思想研讨会"的发言（会议时间：2023年9月16日，会议地点：北京）。

[**] 中国社会科学院国际法研究所首任所长、二级研究员。

协会副主席很多年,也曾是国际刑法学协会中国分会的主席,我因为参加了国际刑法学协会,又加入了中国分会,所以多次跟随高老师出席国际刑法学大会。高老师是代表团的团长。在很多场合,我们跟各国的同行进行广泛和深入的交流,不仅向世界同行推介中国刑法学的研究成果,同时也把国外的国际刑法学的好的成果引进到中国来,使得中国的刑法学交流取得非常丰硕的成果。在这个基础上,我们又开展了多边的交流,包括中国和欧美的,中国和日本的,中国和韩国的,很多其他的域外刑法学交流也是在此基础上全面展开的。

高老师的教育思想,令我印象很深的是,他不仅仅是教师,不仅仅在三尺讲台上讲得非常好,更是把毕生很大一部分精力投入中国法治建设。高老师是唯一一位全程参与新中国第一部《刑法》制定的学者。我在20世纪80年代到社科院法学所以后,也参加了由法工委组织的一些刑法的起草和修改工作。从1993年到1997年,作为法工委邀请的全国刑法修改小组的成员,我参与了1997年《刑法》的修订,那时候几乎是全程跟随高老师和其他同行,参与《刑法》修订的过程。在整个过程中,我从高老师身上学到的不仅是非常多的好的教育思想,也有法治思想等方方面面。可以说高老师不仅对新中国第一部《刑法》的制定,而且对1997年《刑法》的修订都作出了杰出的贡献。

所以,我虽然没有直接在高老师的门下受教,但是从我40多年刑法学研究的过程看,我是高老师名副其实的学生。我再次向高老师表示衷心的感谢和崇高的敬意。也希望今天的会议能够更好地总结高老师的教育思想,让我有更好的学习机会。

谢谢大家!

高铭暄：
中国法学自主知识体系的主要奠基人

时延安[*]

在世界制度文明史上，中华法系曾占有重要一席，也深刻影响东亚地区各国的法律文化传统。中华法系的核心，就是以儒家思想为基础的一套完整的知识体系。中华法系自清末式微，受西方近代法治思想影响，中国法律制度的"中国特色"几近消失。在沉沦近一个世纪之后，在加快构建中国特色哲学社会科学学科体系、学术体系、话语体系的历史大潮中，中华法系的现代化问题成为当代中国法学研究的一个基础性问题，其核心是如何构建一套符合中国政治制度和社会文化的法学知识体系。在新中国成立前，一些传统知识分子就曾提出"中华法系复兴"的口号。新中国成立之后，几代法治工作者不断推动符合中国社会治理需要的社会主义法治建设，博采众长，兼容并蓄，已经形成了具有中国特色的社会主义法治体系，而理论界也正在形成具有中国特色、符合中国法治建设实际的自主知识体系。在这段波澜壮阔的历史中，作为中国法学自主知识体系的奠基人之一，高铭暄先生始终走在中国法学现代化进程的前列，引领一代又一代法学研究者，为构建中国特色社会主义法治体系不断奋斗。

高铭暄先生在中国人民大学求学、任教的时期，恰恰是新中国社会主义法治建设从起步到繁荣发展的阶段，也是当代中国特色社会主义法学知识体系萌芽并不断发展完善的阶段。以高铭暄先生为代表的老一辈法学家，毫不动摇地坚持党的政策为基本引领，将基本刑事政策融入法学理论，坚持马克思主义方法论，以辩证唯物主义和历史唯物主义作为理解犯罪和刑罚的基本出发点，坚持理论联系实际，不断推动学术成果和实务经验的双向转化，坚持面向世界的学术品格，以我国为主，合理汲取域外刑法学学理，主动将国际社会所公认的犯罪治理经验融入我国刑法学研究框架之中，以扎实、严谨的学风探索中国刑法学的发展道路。全面总

---

[*] 中国人民大学法学院教授、博士生导师。

结、深入研究高铭暄先生等老一辈法学家的法治和法学思想,对于我们理解中国特色法学知识体系的创新、发展之路具有重要意义,也是我们大力推进中国式法治现代化进程的重要思想来源。

高铭暄先生的法治与法学思想可以概括为六个方面:

一、始终坚持党的领导,自觉地将党的政策融入刑法学研究中

我国社会主义法治发展始终在党的领导下前进,党对法律制度及其实施的领导是通过制定政策的方式来具体实现的,因而无论是制定法律还是解释、适用法律,都要全面、准确、及时地理解党的政策内容及要求。无论是参与刑法立法工作,还是从事刑法学研究,高铭暄先生始终坚持并强调党的政策的指导意义。对此,他在回顾我国刑法立法时曾结合亲身经历写到,应当始终坚持党对立法工作的领导,刑事立法的总体方针是由党中央制定的,刑法立法要以马克思列宁主义、毛泽东思想、邓小平理论为指导,要以宪法为根据,要体现惩办与宽大相结合的刑事政策,要从我国实际情况出发,总结我国同犯罪作斗争的实际经验,要吸收古今中外对我国有益的经验。

为充分践行党有关犯罪治理的政策,高铭暄先生积极建言献策。例如,高铭暄先生就曾率先提出启动和实行特赦制度的必要性,并指出激活特赦制度具有重大的时代价值:可以在一定程度上缓和当下较为突出的社会矛盾,促进社会主义和谐社会建设;有助于完善综合治理犯罪的对策机制,切实贯彻宽严相济的刑事政策;有助于昭示"国家尊重和保障人权"的宪法精神;有助于弘扬宽容精神,逐步树立科学的犯罪观和理性的刑罚观。这一建议得到高度重视与采纳,2015 年纪念中国人民抗日战争暨世界反法西斯战争胜利 70 周年前夕,以及 2019 年庆祝中华人民共和国成立 70 周年前夕两次实行特赦,取得了良好的政治效果和社会效果。

改革开放以后,经济建设成为党和国家工作的中心任务之一,在构建社会主义市场经济体制的过程中,要想发挥刑法的积极作用、避免其消极作用,就需要将党的政策积极、准确地转化到刑事法治建设中。高铭暄先生很早就提出,考虑到我国社会和经济转型期的实际情况以及企业家犯罪的特点,对于企业家涉及市场经济领域的犯罪应该继续强调、特别强调刑法的最后保障法定位。凡是能够用民事手段、行政手段解决的矛盾纠纷和一般违法问题,绝不能动用刑事手段;无论是在立

法还是司法上,对市场经济领域出现的冲突和纠纷,在没有规定非刑事手段之前,不能轻易规定或认定为犯罪,一定要慎用刑事手段。他还特别强调,要强化刑法的经济保障功能,全面保护各种所有制经济成分的共存和发展,保护各种经济主体的合法权益,树立为市场经济保驾护航的刑事执法观。司法机关要开阔为市场经济服务的视野,扩大服务的对象和范围,增强服务意识,改善服务条件,提高服务质量。这些建议为当时的刑事立法、司法提供了有力的指导。

二、从中国实际出发,积极总结中国犯罪治理经验

作为新中国培养的第一代法学家,高铭暄先生始终坚持从中国社会实际和法律实践出发研究问题,在他主编的教材中始终强调理论联系实际的重要性,而这里的"联系实际"就是考虑我国的国情、社情以及中国社会所处的发展阶段。

众所周知,自1954年10月开始,高铭暄先生即参加由全国人大常委会办公厅法律室组建的刑法起草班子,为中华人民共和国设计第一部《刑法》。这部《刑法》的起草从中国惩治犯罪的实践出发,充分体现了实事求是的精神。从1979年《刑法》第1条规定就能看出这一鲜明的特征,即"结合我国各族人民实行无产阶级领导的、工农联盟为基础的人民民主专政即无产阶级专政和进行社会主义革命、社会主义建设的具体经验及实际情况",而且该条还将新中国成立以后确定的基本刑事政策即惩办与宽大相结合的政策写入法律。这一基本刑事政策也是我国根据犯罪治理需要提出的,具有积极而鲜明的时代意义。高铭暄先生在《中华人民共和国刑法的孕育和诞生》中详细介绍并分析了我国刑法起草中的具体考量,对我国一些"自创"或者特殊的法律制度的来龙去脉作权威的论述。例如,比较其他国家(包括苏联)刑法,我国刑法有关主犯、从犯、胁从犯和教唆犯的规定比较特殊。高铭暄先生说明了其立法理由,如此规定"比较符合我国的审判实际,能更好地体现出党和国家的政策精神,特别是对集团性的犯罪来说,更是如此"。从实践来看,在有组织犯罪越来越成为犯罪的主要方式的情况下,我国有关共同犯罪的规定的优势正在显现出来。

高铭暄先生对新中国成立以来形成的社会治理经验的法治意义也高度关注。例如,他认为"枫桥经验"将地方性基层治理经验创造性转换,将地方文化传统创新性扩展,在一定程度上将具有中国特色的社会治理经验发扬光大,贡献出符合国情、立足实践的特色方案。

三、善于将中华传统法律文化的精髓融入现代法学知识体系中

坚持法学知识体系的中国特色,除了要从中国犯罪治理实际思考问题,还要充分认识、理解中华传统法律文化尤其是犯罪治理文化的精髓,并将其与当下中国犯罪治理相结合。

从高铭暄先生的著述中就能充分看到,他始终强调中华传统法律文化的现代意义。例如,我国传统法律文化强调刑罚维护社会伦理的作用,2010年高铭暄先生撰文提出,刑罚体现社会伦理的基本途径主要有政策调适、立法确认和司法强化等。在认识到我国刑罚政策的伦理目标存在偏差等现实问题后,高铭暄先生提出,有必要通过在总体的刑罚政策上树立刑罚轻缓化的认识等措施,使得现行的刑罚政策朝刑罚应有的伦理方向调适,同时考虑到当时诸多不合理的刑罚立法状况,有必要通过限制死刑、对老年人免除死刑和无期徒刑等规定使得刑罚体现社会伦理。相关建议在《刑法修正案(八)》《刑法修正案(九)》中均有具体体现。

高铭暄先生特别重视中国传统法律制度的现代意义。例如,对于"刑事和解"制度,他就提出,我国有着悠久的调解历史,司法实践中也积累了丰富的调解经验,这为我国引进刑事和解制度奠定了实践基础;同时,我国也有"厌讼"的文化传统,刑事和解中所蕴含的"和为贵"思想与我国传统的"和合"哲学理念不谋而合,这为刑事和解制度与我国司法制度的契合奠定了文化根基。中华传统法律文化中有鲜明的"慎刑"思想,这也是中华法系最具现代性的理念。

高铭暄教授在20世纪就提出"适度刑法观"和"轻缓刑法观",实际上就是将传统法律文化"慎刑"思想与当代刑事法律制度相结合。他提出,刑法对社会经济生活的干预和调整必须适度,对犯罪法定刑的设置和对具体犯罪的处刑必须适度。在刑事立法上,要求以一定时期大多数人的罪刑等价观念为基础;在刑事司法上,要求以一般罪犯对犯罪结果的感受程度为依据,以追求最大限度的积极社会效果为目的,摒弃重刑主义思想,树立轻重兼顾、以轻为主的观念,严格限制、逐步减少死刑的适用,重视死缓制度的作用,减少剥夺自由刑尤其是短期剥夺自由刑的适用,扩大管制的适用范围,提高财产刑、资格刑的地位,打破行刑的封闭状态,实行对罪犯的开放性、社会化教育改造。

四、大力提倡人权理念，积极推进刑事法治中的人权建设

现代法治中的一个核心内容，就是与时俱进地推动人权保障。自改革开放以来，我国逐步形成了具有中国特色的社会主义人权保障学说，在实践上也逐步形成了符合中国社会实际的人权保障机制。如何强化刑事法治中的人权保障，是高铭暄先生一直孜孜以求的重要研究课题。20世纪90年代，高铭暄先生就提出，要科学地界定刑法人权保障的范围，刑法不仅要保护守法公民的权益，而且要保障刑事被害人、被告人、犯罪人的各项合法权益；建立和完善人权保护的刑法机制；取消类推制度，限制刑法溯及既往的效力，禁止司法机关越权解释刑法；严格限制和减少死刑的适用，适时做好轻微危害行为非犯罪化工作；加强行刑环节的人权保障，为刑满释放人员提供必要的生存保障。他强调树立以人为本的人本主义观念，科学地协调打击犯罪与保障人权之间的矛盾，从制度层面在社会保护与人权保障、国家刑罚权与公民个人权利之间划定一个合理的分界线。

就罪刑法定原则的人权保障意义，高铭暄先生指出，历经数百年历史的考验，罪刑法定原则被世界各国刑法奉为最基本的一项法治原则，体现了保障人权的需要并对司法权的行使作了一定的限制，罪刑法定原则是国家维护社会秩序和保障公民合法权利的结晶，是刑事领域国家权力和公民权利的高度统一。在1997年修订《刑法》过程中，他再次提出，《刑法》规定罪刑法定原则、废除类推制度有着重大意义：其一，直接表明在刑法领域坚持依法治国，建设社会主义法治国家的战略方针；其二，在坚决与犯罪作斗争的同时，更全面地保护公民的合法权利不受侵犯；其三，适应国际上的进步潮流，更好地体现我国刑法的民主性和进步性，提高我国刑事法治的国际威望。在高铭暄教授等法学研究者的大力推动下，我国1997年《刑法》正式确立罪刑法定原则。

死刑问题也是一个存在广泛争议的人权问题。高铭暄先生在不同时期撰写了多篇讨论死刑问题的文章。他指出，死刑是涉及最根本的人权、触及最深层人性的问题，在刑罚体系中死刑是一种非常特殊的刑种；死刑的适用必须具有迫不得已性，即适用死刑只能以预防犯罪的必需为前提，如果通过死刑以外的其他刑种就能够实现刑罚预防犯罪的目的，则说明不具有适用死刑的迫不得已性；适用死刑具有慎重性，适用死刑必须慎之又慎。宽严相济的刑事政策强调在适用刑法时必须考虑从宽处罚的可能性，就死刑政策而言，要求审判人员在审理刑事案件的时候对罪

行极其严重的犯罪分子必须判处死刑,但如果具有法定的或酌定的从轻、减轻处罚的情节,则不能判处死刑立即执行,而应当依法宣告死缓或判处无期徒刑乃至有期徒刑。

五、兼容并蓄,不断探索对中国刑事司法实践具有解释力的刑法学体系

由于历史原因,我国当代刑法学体系的基本框架引自苏联,不过,自20世纪80年代后,不断吸收其他国家的刑法学理论,同时也不断对我国法律实践进行经验总结、提炼,可以说,当今我国刑法学体系及理论已经远不同于苏联和俄罗斯当代刑法学理论。在我国当代刑法学的形成、发展过程中,高铭暄先生始终是前行中的一面旗帜。

在犯罪论体系方面,高铭暄先生一以贯之地坚持犯罪构成理论,并运用辩证唯物主义理论论证该理论的合理性。他很早就指出,犯罪构成理论是马克思主义刑法学的极其重要的组成部分。他认为,四要件犯罪构成理论是一种历史性选择,具有历史合理性;符合中国国情,具有现实合理性;逻辑严密、契合认识规律、符合犯罪本质特征,具有内在合理性。与德日三阶层犯罪论体系相比,这一体系相对稳定,适合中国诉讼模式,具有明显的比较优势。他鲜明地指出,任何犯罪行为最本质的方面无非就是客体、客观方面、主体、主观方面四大块。这四大块足以涵盖任一犯罪行为的各个具体构成要素,通过必要性要素的提炼和选择性要素的过滤,能够准确地划分犯罪行为与非罪行为的界限。四要件犯罪构成理论完整、准确地反映了犯罪行为的客观本质和内在构造,是犯罪行为社会危害性、刑事违法性、应受刑罚惩罚性三大特征的具体印证,是准确认定犯罪的有效标尺。

与其他国家刑法学理论不同,我国刑法学者创新性地提出了刑事责任理论。高铭暄先生十分重视这一范畴的研究,是这一领域研究的主要开拓者。早在20世纪90年代初就曾多次撰文研究刑事责任问题,也曾指导多名博士生进行刑事责任的专题研究。他认为,与犯罪论侧重于评价已经发生的行为不同,刑事责任的评价对象应当是实施了犯罪行为的人。通过对犯罪人的研究,考察其主观方面的特殊情况,在罪行决定刑事责任的基础上,进一步综合犯罪人的主观特殊情况,对刑事责任大小进行调整和修正。与犯罪论的中心任务是定罪相比,刑事责任论的中心任务是归责,即在罪行确定后,国家考虑如何归属犯罪人刑事责任的问题,如同定

罪必须以四要件犯罪构成理论为依据加以判断,量刑必须通过量刑情节的运用为参考一样,归责也应当有自己的判断依据,即归责要素和归责体系。高铭暄先生关于刑事责任论的研究,大大扩展了刑法学理论研究的视野,也为中国刑法学自主体系注入了重要的原创性要素。

高铭暄先生对刑罚论的研究也带动了刑事法学界对刑罚基本问题的热烈探讨。除了系统地对死刑问题进行研究,他较早地对罚金、量刑问题、酌定量刑情节、自首、立功、社区矫正、禁止令等具体问题进行了系统的探讨,为立法完善和司法实践提供了重要指导。同时,他还强调行刑的社会化理念,认为现代刑事法治,不仅仅以惩罚犯罪人为目标,更重要的是提倡通过刑罚来教育改造罪犯,促使他们回归社会,重新成为社会的善良公民。行刑中对犯罪分子的管理,是社会管理创新与刑法紧密联系的一个重要方面。行刑的过程是实现犯罪人再社会化的一个过程,发动社会力量对犯罪分子进行矫正,不仅可以节约司法成本,也可以通过犯罪分子与社会互动实现更好的矫正效果。他还特别指出,我国刑法规定了缓刑、假释、管制等开放性刑罚措施,但由于立法设计不完善、执行机制不健全等原因,这些制度没有发挥其应有的作用,对此应当基于行刑社会化理念予以完善。

高铭暄先生始终提倡"发展的刑法学",强调刑法学理论要与时俱进。最近,他撰文提出,中国特色刑法学是独立自主发展的产物,以兼容并蓄为内在特质,已取得了重大成就,积累了丰富的发展经验。在"十四五"期间高质量发展目标的引领下,以习近平法治思想为根本遵循,中国特色刑法学应当快步进入高质量发展的新时代,并成为全面依法治国的重要组成部分,也与中国式现代化建设同频共振。按照高质量发展的总体规划,以习近平法治思想的具体要求为纲目,应抓紧做好、做优刑法治理能力与体系的建设,尤其是提升轻微犯罪的治理能力以及网络犯罪、数字经济犯罪等新兴领域的规制效能。

六、胸怀世界,放眼全球,引领中国法学的国际性建设

当今世界,各个国家和地区人民的交往日趋紧密,全球化趋势虽然可能出现波折,但不可逆转。犯罪问题早已跨越国界,成为影响各国人民福祉的重大现实问题。作为中国刑法学界的掌舵者,高铭暄先生始终强调中国法学的国际性建设,既要全面、准确了解外国法学界的研究动向,加强国际学术交流,又要积极关注国际刑法学发展动向,深入把握国际社会关于犯罪治理的研究动向,尤其是涉及刑事问

题的国际公约。

改革开放以来，高铭暄先生足迹遍布各大洲，从事讲学、考察及学术交流活动，积极宣传中国特色社会主义法治，借鉴吸收发达国家的先进经验。1987 年，受中国法学会的指派，高铭暄教授参加了当年 5 月在意大利举行的国际死刑问题学术研讨会，在会议期间除发表中国刑法学界对待死刑的主流观点外，还专门向时任国际刑法学协会秘书长的巴西奥尼教授表达了中国刑法学界拟申请加入国际刑法学协会的意愿，得到了该协会领导的首肯，之后由中国法学会报请国务院领导批准，中国刑法学界于 1988 年正式加入国际刑法学协会并成立中国分会，这一举措对于中国刑事法学界走向现代化和国际化，作出了非常重要的贡献。特别是其本人于 1999—2009 年，连续两届担任国际刑法学协会副主席，且在任期内接受国际刑法学协会委托，在中国法学会的领导和支持下，领导国际刑法学协会中国分会于 2004 年在北京与中国法学会共同成功举办了第 17 届国际刑法学大会，受到了国内外的高度评价，对于中国刑事法学界走向国际舞台和国际社会刑事法治的进步产生了广泛而深刻的影响。

高铭暄先生对国际刑法学研究的卓越贡献，也得到国际刑法学同仁的高度赞赏。2015 年 4 月 15 日，国际社会防卫学会将"切萨雷·贝卡里亚奖"隆重授予高铭暄先生。国际社会防卫学会设立"切萨雷·贝卡里亚奖"是为了表彰全世界在刑事法领域为推动实现法治精神与人道关怀作出巨大贡献的贤达之士。高先生是获得该项大奖的亚洲第一人。根据国际社会防卫学会官方文件记载，主要是因为高铭暄教授"在中国基于人权保障与人道主义刑事政策发展现代刑法学所取得的巨大成就。他的教学研究培养造就了一大批资深学者，他们活跃在世界各知名高校，如今已成长为国际学术界的栋梁之材"。

回顾中国特色社会主义法治的发展历程，梳理中国法学自主知识体系的形成过程，会让我们深刻体会到，以高铭暄先生为代表的老一辈法学家为建设社会主义法治国家所付出的艰辛和努力。从他们身上能够看到，对普罗大众的热爱，对国家发展的赤诚，对历史责任的担当，对学术理想的坚守。他们既是中华法系文脉赓续的传承者，更是中华法系现代化的创造者。从他们身上，我们相信，中华法系在沉沦近一个世纪之后，必然以崭新的姿态傲然于世界东方。

高铭暄教授：
中国刑法学发展的见证者、参与者和推动者[*]

王秀梅[**]

我从 1997 年到 2000 年在中国人民大学法学院追随高老师攻读国际刑法方向的博士，是高老师的第一个女弟子，也是高老师第一个国际刑法方向的博士。对高老师的学术思想，特别是中国刑法国际化和国际刑法领域的学术思想，我有特别多的感受与领悟。由于一直在恩师高老师身边，我最大的感觉是高老师与法学教育和中国刑法事业有不解之缘，特别是恩师治学的每一步足迹都印证了刑法学发展的历程。从风华正茂的青年到年逾古稀的长者，恩师参与国家刑事立法创制活动已近半个世纪。在我眼中，高老师不仅仅拥有丰富的求学经历、锲而不舍的精神、诲人不倦的品德，更有令人高山仰止、景行行止的风范。

除了这些，我还有几点特别的感受：

第一，高老师具有很强烈的爱国情怀，为国家立法、司法提供了很多智力支持。从刚才高老师发言，我们也都能感觉到，高老师一再强调，人要有政治素养，忠诚党的教育事业。在新中国刑法的孕育、诞生、发展和完善过程中，高老师提出了很多意见和建议。高老师对司法解释、法律适用也都提出了很多专家意见，特别是在最高人民法院出现疑难案件，在有舆情的情况下，高老师都坚决站在正确的政治立场上。当然，学界总难免有不同的声音，每次与高老师聊起这件事，高老师说我们的学习就是要为国家服务的。所以我觉得高老师非常关心国家大事，具有强烈的爱国情怀。

第二，高老师是坚定的马克思主义法学的捍卫者，坚持在教学中运用"马工程"教材中的观点、原理，坚持用犯罪构成理论指导司法实践。其实高老师现在每天晚

---

[*] 本文系作者在中国人民大学法学院、中国刑法学研究会、中国人民大学刑事法律科学研究中心主办的"人民教育家高铭暄先生教育思想研讨会"的发言（会议时间：2023 年 9 月 16 日，会议地点：北京）。

[**] 北京师范大学法学院教授、博士生导师。

上都还坚持看一个小时的时事政治节目,能够把习近平法治思想运用到实践中,运用得非常到位,也能准确把握国内国际大局。尤其是每每在我与高老师探讨国际局势问题时,他都能把国际刑事司法和国家法治发展融入国际问题进行分析。高老师坚持马克思主义法学,捍卫马克思主义法学,并且立足中国的司法实践。

第三,高老师是使中国刑法走向世界的引领者和重要推手。高老师作为一名学者具有国际化的眼光、开放的思想和胸襟,深知学习国际法学对构建中国法学体系的重要性。高老师一贯认为中国法学的繁荣进步既要立足于本国国情又要面向世界。高老师是刑法学界第一个让世界了解中国刑法、让中国刑法走向世界的推手。把中国刑法推向世界凭借的不是语言优势,而是坚定的国际化意识以及渊博的学识。早在 1987 年,高老师作为中国法学会刑法学研究会总干事的时候,就通过一系列努力使中国刑法学研究会成为国际刑法学协会的会员单位,并带领中国代表团赴境外参加国际刑法学大会,从此中国刑法走向世界。他还担任国际刑法学协会副主席,退休之后仍被任命为国际刑法学协会名誉副主席。由于高老师在国际刑法学领域的一贯努力及贡献,2015 年国际社会防卫学会授予高老师具有全球刑事法领域诺贝尔奖之称的"切萨雷·贝卡里亚奖",这是高老师运用独创的方法推动中国刑法走向世界的一个见证。

第四,恩师虽是个"95 后",年事已高,但笔耕不辍。他不仅是刑事法学的思想者,也是刑事司法的践行者。我今天上午在高老师家,还目睹了高老师在撰写今天下午的发言稿,而且是亲自手写。特别是刑法学的一些著作,在每一次修订时,高老师都会认真修改,有时甚至是熬夜修改。我们很多刑法学子都在读高老师的《刑法学原理》,我们号称它是"红宝书",该书现在仍在修订,所以高老师这种笔耕不辍的精神,真的是我辈不敢懈怠的标杆。

高老师还有一个口头禅,就是好脑子不如烂笔头。我参加刑法学年会比较晚,1984 年的时候我才读本科,后面我参加刑法学年会时,虽然作为年轻人坐在后面,但是年会现场总能看到一道亮丽的风景线,那就是高老师永远是拿笔在记录每一个人的发言。我们在筹建高铭暄学术馆并整理这些材料时,发现高老师的笔记极多。现在都有电脑了,敲起字来很快,但也容易丢失。我的惨痛经历是,2003 年在美国留学时,我的电脑硬盘坏了,里面所有东西都丢了,正在翻译的一本书只能重新翻译一遍。但笔记则不同,它能永远保存所作的记录。高老师曾经保存了新中国刑法立法第一部草案的笔记,有些由于历史原因被毁掉了,很是遗憾,但是他记笔记的习惯永远值得我们学习。

第五,蜡炬、春蚕诲人不倦。高老师积极主张为国家培养人才,特别是国际化人才,我是直接的受益者。高老师不遗余力地为学生争取很多学习的机会,培养了一大批活跃在国内外学术界的专家学者。用高老师自己的话来说,如果说一部好的教材是法学教育的必要手段,那么培养合格的法学人才则是法学教育的核心和目的。高老师始终把培养人才视为自己的神圣职责,从不懈怠,经过多年的探索,他创造出了"三言四能五结合"的人才培养模式。高老师运用这种独创的教学方法,培养了新中国第一位刑法学博士、第一位刑法学博士后和第一位国际刑法学博士,受到教育界的赞赏。

如果说良好的教学方法具有直接的方法论意义,那么教学的工作作风对学生的影响更是深远。高老师在70年的执教生涯中,教过本科生、指导过硕士生、博士生、博士后研究人员,也教过进修生、电大生、夜大生、高级法官班学员、高级检察官班学员,无论授课对象是谁,高老师都认真负责,一丝不苟,尽心尽力,高老师的敬业精神和高超的授课技艺使听课的学生受益匪浅,特别是很多学生跟我"抱怨"说,高老师上四节课中间竟然不休息。高老师的这种执着、能力和定力真的是我们不可企及的。

虽然学生毕业必然走出校园,但是高老师的这种敬业精神、负责态度和务实求学的作风对学生的影响并不因其学习生涯结束而终止。正是因为高老师这种诲人不倦的教育精神,2021年高老师被教育部任命为全国师德师风建设专家委员会总顾问。国际社会防卫学会主席给高老师颁奖时,强调了几个理由,刚才我只说到了一个理由,还有一个理由就是大师之所以为大师,不仅在于其著述,还在于其培育团队和学派的能力,这也是高老师被授予"切萨雷·贝卡里亚奖"的另一个重要原因。

最后,我还想特别说一句,许多京剧的桥段中都充分展现了高老师的人生价值和人格魅力。高老师是著名京剧票友,京剧中的好多故事也体现了刑法惩恶扬善的价值。尤其是高老师比较拿手的一段,而且在国际国内很多场合都唱过,在这段里有杨六郎的那句"为国家哪何曾半日闲空",这也正是高老师一贯治学严谨、精益求精、执着追求和从不懈怠的个性的完美体现,是高老师的学术思想和高尚的道德情操的充分展示。高老师老当益壮,仍积极进取,用"莫道桑榆晚,为霞尚满天"形容"95后"世纪学者高老师是再恰当不过的。

集中国实际与世界眼光于一体的高铭暄思想[*]

胡 铭[**]

尊敬的高铭暄先生,尊敬的各位领导、各位老师、各位嘉宾,大家下午好!

在此,我怀着十分激动的心情参加此次会议,并代表浙江大学法学院对高铭暄学术馆的揭幕表示热烈的祝贺,对浙江大学杰出校友高铭暄先生致以最崇高的敬意。

一、高铭暄先生和浙江大学法学院的情缘

高铭暄先生是浙江大学法学院1947级杰出校友。九十多岁高龄,仍然坚守三尺讲台,培养了一代又一代的法学人才。作为新中国刑法学的主要开拓者和奠基人之一,用法治保障人民的权利,培养法治人才,实现依法治国,更是他坚守了几十年不变的初心。

高先生出身法门,启蒙于浙大。高铭暄的父亲曾历任杭州地方法院推事(即法官)和浙江高等法院审判员,其承担的审判工作主要侧重于刑法方面;家中的叔叔和哥哥也担任过法院书记官。高先生在接受央视新闻采访时笑称"自己就是生长在这个法门的弟子"。出生在这样一个与法律有着不解之缘的书香门第,高铭暄从小就对法律充满着浓厚的兴趣。

1947年秋,因成绩优异被浙江大学、复旦大学和武汉大学三所大学的法学院同时录取的高铭暄进入浙江大学法学院读书,受教于诸多名师,受到了严格的法律训

---

[*] 本文系作者在中国人民大学、中国刑法学研究会、浙江省玉环市委市政府联合主办的"高铭暄学术馆开馆仪式暨高铭暄学术思想研讨会"的发言(会议时间:2023年4月7日,会议地点:浙江省玉环市)。

[**] 浙江大学法学院院长、教授、博士生导师。

练。他大学一年级的"刑法总论"课即由时任浙大法学院院长的李浩培教授讲授。

高铭暄教授回忆说,李浩培先生讲的刑法课条理清晰,逻辑严密,内容生动,贴近实际,听起来毫无枯燥之感,引起他极大的兴趣,也为他日后从事刑法研究打下了基础。四十多年后,当李浩培先生看到昔日学生高铭暄所取得的成就时,曾多次自豪地对人说:"高铭暄的刑法课是我教的!"李浩培先生虽然主攻国际法,但其讲授的"刑法总论"分析细致、条理清晰、娓娓动听,使得青年时期的高先生极受震撼,引起了他对于刑法学习的强烈兴趣。高先生曾说过:"李浩培是我的恩师,对我一生影响很大,我学刑法也受到李浩培先生的影响。当时浙江大学法学院成立比较晚,没有请到刑法学教授,李先生就亲自给我上课。"2013年中秋,北京浙江大学校友会拜访先生时,高老师兴致勃勃地回忆起师从李浩培先生在浙江大学求学的故事,对恩师和母校的感激之情溢于言表。

1949年9月,浙江大学法学院被迫停办,李浩培先生将高老师举荐到北京大学法律系继续求学。于是,青年时期的高老师带着李浩培先生的介绍信与浙江大学法学院的成绩单,转学到北京大学法律系继续求学。

二、以开阔的世界眼光,扎根中国实践做研究

从高铭暄先生的学术经历和学术成就来看,高先生的研究具有开阔的世界眼光。高先生十分注重国际学术交流和对话,并引领中国刑法学界走向国际舞台。他曾多次出访美国、英国、德国、意大利、法国、奥地利、日本、俄罗斯、瑞士、澳大利亚、新西兰、荷兰、比利时、西班牙、韩国、土耳其、埃及等国,从事讲学、考察及学术交流活动,积极宣传中国特色社会主义法治,借鉴吸收发达国家的先进经验。

高先生还于1999—2009年,连续两届担任国际刑法学协会副主席(并于1988—1996年、1996—2011年,先后担任国际刑法学协会中国分会副主席、主席),且在任期内接受国际刑法学协会委托,领导国际刑法学协会中国分会与中国法学会于2004年在北京共同成功举办了第17届国际刑法学大会,受到了国内外的高度评价,对于中国刑事法学界走向国际舞台和国际社会刑事法治的进步产生了广泛而深刻的影响。

高先生的研究扎根中国的法治实践,关注中国刑事司法的现实问题。高先生作为唯一全程参与1979年《刑法》制定的学者,及时编著了《中华人民共和国刑法的孕育和诞生》一书,在该书中详细记述了立法过程中的各种不同意见,客观忠实

地阐释了 1979 年《刑法》各条文的立法原意,为理论界和实务界准确理解与正确适用《刑法》提供了重要帮助。该书被高老师的恩师李浩培先生盛誉为"中国刑法学界的一部重要著作,任何人欲谙熟中国刑法,是必须阅读的"。

高先生十分注重对实务中具体问题的研究。例如,2000 年,面对当时经济犯罪的严重态势,高铭暄教授主编的国家社科"九五"规划重点项目成果《新型经济犯罪研究》出版,这部专著全面、系统、深入、细致地对某些特定经济犯罪的司法适用和立法完善问题进行了研究,成为有关经济犯罪研究方面的精品力作。

高铭暄先生的学术思想博大精深,限于时间无法展开。高铭暄先生一直关心母校浙江大学的发展,多次回到浙江大学法学院授课和指导。在此,再次代表浙江大学法学院对高老师表示最崇高的敬意,祝愿先生学术之树长青、思想之花常开。

谢谢!

高铭暄先生的学术思想

——弥足珍贵的精神资源[*]

梁迎修[**]

尊敬的高铭暄先生,尊敬的各位领导、各位嘉宾,大家下午好!

非常荣幸有机会参加高铭暄学术馆开馆仪式暨高铭暄学术思想研讨会这一法学界的盛事。首先,请允许我代表北京师范大学法学院全体师生,向北京师范大学特聘教授、刑事法律科学研究院名誉院长高铭暄先生表示崇高的敬意!向高铭暄学术馆的开馆表示热烈的祝贺!

人民教育家、中国刑法学研究会名誉会长高铭暄先生是当代著名法学家和法学教育家,新中国刑法学的开拓者与奠基人,从教生涯著作等身,桃李满天下,育人不倦,为我国刑法学的人才培养与科学研究作出了重大贡献,在国内外享有崇高的学术声誉。高铭暄先生与北京师范大学渊源深厚,贡献良多。高先生在北京师范大学家属楼居住几十年,北京师范大学法学院是与高先生在地理位置上距离最近的法学院。高先生自2005年以来长期担任北京师范大学特聘教授暨刑事法律科学研究院名誉院长,为北京师范大学法学院培养了大量的博士生、博士后、访问学者、青年教师,为我院的学科建设、人才培养和学术研究作出了重大贡献。可以说,北京师范大学法学学科有今天的发展成就,离不开高铭暄先生的鼎力支持。近些年来,北京师范大学法学院的开学典礼、毕业典礼以及重大的教学科研活动,我们经常有幸能够邀请到高老师莅临现场,让我们亲身感受到高先生的大师风范和对我们北京师范大学全体师生的深情厚爱。

---

[*] 本文系作者在中国人民大学、中国刑法学研究会、浙江省玉环市委市政府联合主办的"高铭暄学术馆开馆仪式暨高铭暄学术思想研讨会"的发言(会议时间:2023年4月7日,会议地点:浙江省玉环市)。
[**] 北京师范大学法学院院长、博士生导师。

我主要从事法理学研究，但我依然从高先生的为学为人中获取了弥足珍贵的精神资源，借此场合就高先生的学术思想谈谈自己的体会：

第一，高先生孜孜不倦的学术研究精神值得我们学习。高先生95岁高龄仍然坚持做学术研究，孜孜不倦。近些年来，高先生每年都会围绕刑事法治一些热点和重点问题进行研究。比如，2020年，高先生围绕刑事治理现代化、企业合规、环境犯罪、药品犯罪等主题发表了多篇文章。尤其是在2021年，在国家出版基金资助下，高老师牵头完成了《新中国刑法立法沿革全书》这本近2000页、多达481万余字的鸿篇巨著，在学界引起了巨大反响，这充分体现了高先生对学术事业的热爱和强烈的社会责任感，也激励着我们法学界同仁全身心投入法学研究事业。

第二，高先生兼容并包的学术研究品格值得我们提倡。高铭暄先生始终倡导"百家争鸣"的学术讨论，对不同学术观点始终保持尊重、包容的态度。例如，面对学界对犯罪构成理论的质疑和争论，先生亲自作文对这场争论予以回应，并坦言"如果说得有道理，我还是尊重人家自由的学术观点"，只要言之有理、持之有据。学术归学术，关系归关系，有不同意见是好事，真理越辩越明。高先生是刑法学泰斗和大师，却始终关心青年教师和法学其他学科的研究动态。我记得北京大学法学院研究法律史的李洪海教授在北京师范大学法学院做外国法律史的讲座，高先生路过讲座现场时也进去一直听到讲座结束。事后李洪海教授说，当我看到我最为尊敬的学术泰斗和法学前辈来听我的讲座，我真的是受宠若惊，也深深为高先生的精神所折服。我还记得在最高人民法院在北京师范大学设立的人民法院社会矛盾纠纷综合治理研究基地揭牌仪式后，高先生从下午3点到7点，整整4个小时，全程聆听了一站式纠纷解决机制学术研讨会。从这些事例我们能够感受到高先生高尚的研究品格。

第三，高先生理论和实践紧密结合的学术研究理念值得我们提倡。高先生时刻关心我国刑事立法和司法实践的进展，并对现实中的重大问题作出理论回应。高先生的这一研究风格，非常清晰而鲜明地体现在他的诸多学术成果和指导的学生论文选题上。例如，早在1988年，高老师与王作富教授联袂主编的《新中国刑法的理论与实践》一书采用的就是理论与实践融合的研究视角与路径。再如，高先生最近发表在《中国应用法学》2023年第2期的论文《习近平法治思想指导下中国特色刑法学高质量发展论纲》就是围绕在习近平法治思想下中国刑法学如何高质量发展的核心命题。高先生在我们刑事法律科学研究院指导的多名博士研究生的博士论文选题针对的都是重大刑事法治现实问题。

第四,高先生立足于中国问题又富有国际视野的宽广研究风格值得我们借鉴。作为新中国刑法学的主要奠基者和开拓者,高铭暄先生为我国刑法学理论和刑事法治的发展作出了彪炳史册的巨大贡献。他在研究过程中立足于中国现实问题又富有国际视野。比如,在刑事立法思想方面,高先生强调立法应当立足中国本土的国情和实践,积极吸收现代法治文明成果,并且不断推动刑事立法的民主化与科学化。高先生还在反腐败刑事法治、金融犯罪治理等方面,提出应当关注国际社会的最新动态、积极借鉴国际刑法的优秀成果。也正是这种既立足于中国问题,又富有国际视野的宽广研究风格使高先生成为中国法学界最富国际影响力的刑法学大师。

在此,我也想借此机会,献上北京师范大学法学院刑事法律科学研究院全体师生为此次盛事准备的一份小小的礼物。这是由北京师范大学启功书院青年书法家、受教于启功教授的于乐老师书写的一幅字。我想展示给大家。书写的是两句话:形名步李克,木铎仰宣公!这句话中的"形名"指的是法学,法学在古代被称为刑名之学,一般写的是刑法的刑,但也可被写作形状、形式的形;李克就是古代的法家代表人物之一李悝,李悝制定了中国第一部成文法典《法经》,高先生是当代的刑法学大师,全程深度参与了新中国第一部《刑法》的制定。第二句话中的木铎是古代的一种响器,引申为教化民众的意思,后来成为教师的别名,北京师范大学的校徽就是木铎,宣公指的就是古代的大教育家、儒家代表人物孔子,高先生不仅仅是法学大家,也是教育大家,荣获"人民教育家"国家荣誉称号。大家也可以发现,这两句话中分别包含了高先生名字中的两个字:铭与暄。我们认为,在法学和教育领域取得丰功伟绩的高先生就如同中国古代的李悝和孔子这两位大家。我们以此两句话来表达对法学泰斗、杏坛巨匠高铭暄先生的崇高敬意!

大德者必寿,我们高兴地看到高铭暄先生年逾九十,身体安康,精神矍铄,在此衷心地祝福高先生:福如东海长流水,寿比南山不老松,学术之树常青!也祝愿高铭暄学术馆在传播高铭暄先生学术思想、推动法治教育和法学国际交流方面作出巨大的贡献!

各位领导,各位嘉宾,北京师范大学法学院在高铭暄先生、江平先生、储槐植先生、樊崇义先生等老一辈法学家的亲切关心和指导下,在社会各界的大力支持下,在历届学院领导和全体师生的努力下,取得了跨越式发展,在全国高校第五轮学科评估中,北京师范大学法学学科挺进 A-学科行列,进入国内一流法学院行列,学科发展迈上新的台阶。希望各位领导和各位嘉宾能够继续关心和支持北京师范大学法学院的发展,也诚挚邀请领导和嘉宾们莅临北京师范大学法学院传经送宝!

谢谢大家!

高铭暄教授：
新中国刑法理论的开拓者和奠基者[*]

王志祥[**]

高老师的教育思想博大精深，对他思想的学习，可以从多个角度加以展开。

刚才各位老师都作了非常好的发言，我也聆听了各位老师的发言，时间有限，我着重围绕中国式刑法学本土化问题，谈谈我个人的意见。

大家都知道，以高老师为代表的这一代刑法学者，是在学习、研究苏联刑法学的理论的基础上成长起来的，这当然有一个特殊的背景，新中国成立初期，中国一边倒向苏联学习，在法律方面也毫不例外。这样一来，苏联的刑法理论曾经对中国的刑法理论就具有非常重大的影响。高老师也强调，在学习苏联刑法理论的过程中，我国刑法学界并不是原封不动、照抄照搬，而是进行了本土化的改造。在本土化改造过程中，高老师作为新中国刑法理论的开拓者和奠基者，作出了非常重大的贡献。他在移植苏联犯罪理论过程当中，发展了苏联刑法学构成的知识内涵，其中最典型的就是中国刑法学犯罪构成理论强调犯罪构成不仅取决于社会危害性的存在，而且取决于社会危害性的程度。这样一来，在犯罪过程当中引入定量因素，在中国传统的犯罪构成理论当中，中国刑法采取立法定性加立法定量的犯罪成立模式。这是在我国独特的犯罪成立模式之下，进行的一个非常重大的知识创新。这种观点将对犯罪构成的认识提升到对社会危害性的质和量相统一的高度。从这个角度来说，如何处理形式和实质的关系，直到今天学界还在讨论。学界近几年来形成了形式解释论、实质解释论之争，实际上是在这个背景之下展开的。我们传统的犯罪构成理论当中对于形式和实质的关系所作的重大的自主创新，可以说为处理形式和实质的关系提供了具有中国特色的立法模式思路。从这个角度出发，我

---

[*] 本文系作者在中国人民大学法学院、中国刑法学研究会、中国人民大学刑事法律科学研究中心主办的"人民教育家高铭暄先生教育思想研讨会"的发言（会议时间：2023年9月16日，会议地点：北京）。

[**] 北京师范大学刑事法律科学研究院教授、博士生导师。

认为建构具有中国特色的刑法学知识体系,就是在这个基础上展开的。

这就涉及如何对待传统刑法学理论的问题,对此有两种态度,一种态度可能认为传统的刑法学理论基本上就是照抄照搬苏联刑法的模式,没有可圈可点的地方。但是,按照高老师的说法,苏联的刑法理论在引入中国的过程中,本身已经结合中国的特点进行了本土化的改造。建构具有中国特色的刑法学知识体系,就要汲取传统刑法学理论的精髓,不可能抛弃传统的刑法学理论另起炉灶。这是另一种态度。这就是我对于高老师的思想的一点粗浅的体会。

最后祝老师寿比南山、学术之树长青。

谢谢!

高铭暄先生学术思想之浅见

梁 健*

在高铭暄先生的众多学生中,我是一个身份比较特殊的学生。1992年,我在中国人民大学法律系攻读刑法学硕士学位时,高先生给我们讲授刑法学总论,从此与高先生结下师徒之缘,又因为我是高先生的浙江籍同乡,关系显得比其他同学更加亲近。硕士研究生毕业后,在高先生的推荐下,我入职浙江省高级人民法院刑事审判庭。当我在工作中遇到疑难复杂案件时,我会写信请教高先生,高先生会亲自给我回信指导。2001年至2004年,我又有幸在中国人民大学法学院脱产学习,成为高先生的博士研究生。博士毕业后,无论是在工作、学术还是为人处事方面均得到了高先生的无私提点与帮助。三十多年以来,我一直受惠于高先生。对高先生的学术思想,我将从与高先生长期互动的视角作一个可能不同于他人的观察。

一、刑法学是实现"国泰民安、风调雨顺"的学问

法律是国家治理最为重要的手段,而刑法学更是重中之重。南怀瑾先生曾说,政治的最高境界是"国泰民安、风调雨顺"。刑法对国家总体安全稳定、人民生活安定有序、人与自然和谐共处等作出了全面的规范。高先生全程参与了新中国刑法的起草、修订和完善,竭尽全力将有利于保障国家总体安全、公民权利以及生态环境保护等方方面面的规定写入刑法,以促进"国泰民安、风调雨顺"的政治最高境界的实现。高先生认为,刑法的立改废及刑罚的执行事关国家政治环境,必须慎之又慎。1979年《刑法》颁布后,高先生撰写了《中华人民共和国刑法的孕育和诞生》,后来《刑法》修订,高先生又对该书进行了修订与完善,出版了《中华人民共和国刑法的孕育诞生和发展完善》,对刑法的立法背景、立法历程、立法精神等作出了准确阐述。

---

* 浙江大学光华法学院特聘研究员,法学博士,全国审判业务专家,浙江省突出贡献中青年法学专家。

二、刑法学须在不断交流互鉴中发展

20世纪80年代,高先生在出国交流中发现国外学术界对我国的刑法研究知之甚少,便下决心要让全世界了解中国刑法的进程与学术发展情况。随后,先生积极参加国际刑法学术交流活动,在加入国际刑法学协会后,积极推动我国刑法学研究人才赴国外学习,培养国际刑事法治人才。高先生心中一直有一个刑事法治梦,梦想中国刑法和中国刑法学者走出国门,与国际上其他国家的刑法学者进行平等交流,促进世界各国刑法的共同发展。目前,高先生的著作已经被翻译为多国文字,在对外交流中发挥着重要作用。

三、刑法学必须结合实际,积极服务国家法治建设

高先生极力主张刑法理论要与司法实践紧密结合。在讲授刑法理论时,高先生通常会引用司法实践中的案例予以阐释,在指导学生进行学术研究时,非常强调问题意识、问题导向。对于刑法规定的一些制度,高先生总会想办法予以激活,契时契机地进行实践。如在新中国成立七十周年之际,以高先生为代表的专家学者向党中央提出对部分服刑罪犯予以特赦的建议,得到党中央的采纳,十三届全国人大常委会第十一次会议于2019年6月29日通过了《关于在中华人民共和国成立七十周年之际对部分服刑罪犯予以特赦的决定》,国家主席同日签署特赦令。高先生等人的建议为我国特赦制度的践行作出了突出贡献。

四、法域思想

对于我国港澳台地区的刑法问题,高先生认为,我们国家的实际情况比较特殊,属于"一国、两制、三法系、四法域",况且大陆(内地)与港澳台地区不存在主权区分,因此对这类刑事案件不可直接行使国际法意义上的刑事管辖权。我们可以将属地原则和属人原则加以演化,比如,将属人原则界定为居所地身份原则,将属地原则界定为犯罪地原则[①],这对我国相关司法实践具有重要的学术参考价值。

---

① 参见高铭暄:《十年来的刑法学研究》,载《法律学习与研究》1989年第5期。

五、关于犯罪构成理论

高先生认为,犯罪构成是指《刑法》明文规定的成立犯罪必须具备的主观要件和客观要件的总和。具体包括犯罪客体、犯罪客观方面、犯罪主体、犯罪主观方面四个有机组成部分,学理上也称作"四要件"。该理论契合犯罪侦破的实际过程,司法实践中得到了实务部门的大力拥护和贯彻执行,所以我国没有必要迎合他国的"三阶层"理论。"随着国家综合国力的提升,法律不断发展完善,我国刑法及刑法理论在世界上也会越来越有影响,不会矮人一截。"[①]

六、关于死刑存废思想

高先生认为,我国刑法对呼吁废除死刑的意见不能盲目跟风,也不可完全漠视,必须考虑中国当前社会的现实情况与未来发展趋势来综合作出判断。现阶段,绝不可完全废除死刑。但对于死刑的适用要进行极其严格的限制,必须坚决贯彻"坚持少杀,防止错杀,严禁乱杀"的死刑政策,以尽可能减少死刑,并慎重地适用死刑。高先生主张保留死刑,严格限制死刑,主张取消经济犯罪死刑,在死刑核准程序上极力主张死刑核准权收回最高人民法院。在高先生等专家学者的共同推动下,死刑核准权从2007年1月1日起收回最高人民法院。在后来的刑法修改中,逐步取消了许多经济犯罪的死刑罪名。

以上只是高先生刑法学术思想中的几个侧面,且有些解读不一定准确。高先生作为中国刑法学的主要开拓者和奠基人,全身心致力于新中国刑法事业的开拓、传承与革新,为刑法学科的体系建构、对外学术交流、学术传承、刑法学科未来发展方向等方面作出了突出贡献。高先生虽然年事已高,但初心不改,热情不减,依然每天工作到深夜,承担诸多社会事务,坚持学术研究,坚持教书育人,为我们树立了学习的榜样。

---

① 高铭暄:《对主张以三阶层犯罪成立体系取代我国通行犯罪构成理论者的回应》,载《刑法论丛》2009年第3期。

高铭暄教授：
新中国刑法学的开拓者，是灯塔亦是行者

——对高铭暄教授刑法学术思想的研究感悟

梁雅丽*

一、前言

了解了高铭暄教授"第一"的经历——"唯一全程参与新中国第一部刑法制定的学者、新中国第一位刑法学博导、改革开放后第一部法学学术专著的撰写者和第一部统编刑法学教科书的主编者"，便可知对高铭暄教授的介绍多冠以"新中国刑法学的主要奠基者和开拓者"是理所应当的。

2019年9月17日，国家主席习近平签署主席令，在人民大会堂授予高铭暄教授"人民教育家"国家荣誉称号。这一荣誉背后实则深刻记载着高铭暄教授在中国刑法学之路上持之以恒的付出以及丰硕的成果。卢建平教授曾称高铭暄教授的著作《中华人民共和国刑法的孕育诞生和发展完善》为"行进中的中国刑法"[①]。的确如此，高铭暄教授个人的学术研究之路与新中国七十余载的法治发展之路是相伴相随、密不可分的。在党的二十大报告中，有23处提及"法治"一词，并单列专题阐述"坚持全面依法治国，推进法治中国建设"。"法治兴则国家兴，法治衰则国家乱"，在全面依法治国这一场国家治理的深刻革命中，法学的兴衰与政之治忽息息相关。在百年变局与世纪疫情交织的当下，回顾、研究高铭暄教授的刑法学思想不论是对中国刑法学研究的发展，还是对刑事法治的进步，都具有重要意义。这也是如今刑法学者和实务工作者相聚玉环，共同研讨高铭暄教授学术思想的意义所在。

在《我的刑法学研究历程》一文中，高铭暄教授将自己的刑法学研究历程梳理

---

* 北京市京都律师事务所刑辩中心主任。
① 蒋安杰：《高铭暄：30年磨一剑》，载《法制日报》2012年10月10日，第9版。

归纳为三个方面:一是致力于刑法的学术探索,二是全程参与刑法立法,三是推动中国刑法学的国际交流。① 当然,高铭暄教授在刑法领域深耕数十载,不论是学术成果还是法治建言都很难一言或一文以蔽之。笔者作为执业二十八年的法律职业者,尤其是作为一名专注刑事业务的律师,在此希望能从实务工作者的视角,浅谈对高铭暄教授立足于中国国情的刑事立法思想以及倡导罪刑法定的刑法理论思想两个方面的学习感悟,最后以《中华人民共和国刑法的孕育诞生和发展完善》一书再谈高铭暄教授学术思想对实现良法善治的重要影响。

二、立足本土:观俗立法则治,察国事本则宜

学者们对高铭暄教授刑事立法思想的总结和评价,几乎都会提及"立足于本国国情",这可以说是高铭暄教授的刑事立法思想中最为显著并一以贯之的特征。② 新中国成立后,我国的刑事立法经历了一段以俄为师、全盘苏化的时期。总结历史经验,高铭暄教授坚持主张,"刑法立法不能凭主观想象,也不能照搬前人或别人现成的东西,而是要系统深入地调查研究,一切均应立足于我国的实际"③。

在高铭暄教授参与的具体立法工作中,该指导原则主要表现在以下几个方面:

在刑事立法根据方面,高铭暄教授在有关1979年《刑法》第1条所规定的我国刑法的指导思想和制定根据的体会中提出,马列主义、毛泽东思想关于调查研究、实事求是、一切从实际出发的思想,是刑事立法工作的根本指导原则。④ 除了基于彼时国情和高铭暄教授本人的理论研究,这一学术思想的形成也与高铭暄教授参与我国刑事立法的珍贵经历有关。自1954年10月全国人大常委会正式启动中华人民共和国刑法的起草工作开始,高铭暄教授就参与其中,不论是1979年《刑法》的颁布、单行刑法的制定,还是1997年《刑法》的全面修订以及至今12部刑法修正案的出台,无不凝结着他的智慧与心血。在高铭暄教授对自己最初参与刑法立法工作的回忆中,他清晰地记得,"党中央一直强调,立法的依据必须建立在中国实际

---

① 参见高铭暄:《我的刑法学研究历程》,载《河南警察学院学报》2020年第1期。
② 参见赵秉志、王秀梅、杜澎:《满目青山夕照明——高铭暄教授刑法思想述略》,载《高校理论战线》2003年第2期;叶良芳:《高铭暄教授:法苑耕耘献丹心》,载《中国地质大学学报(社会科学版)》2004年第4期;陈璇:《建构具有中国气派和国际视野的刑法理论——高铭暄刑法学思想研究》,载《中国人民大学学报》2020年第2期。
③ 高铭暄:《中国共产党与中国刑法立法的发展——纪念中国共产党成立90周年》,载《法学家》2011年第5期。
④ 参见高铭暄:《中华人民共和国刑法的孕育诞生和发展完善》,北京大学出版社2012年版,第9—10页。

情况的基础上"。因此,高铭暄教授参与立法工作的第一步就是收集资料和调查,深入了解中国社会现状。最高人民法院从全国范围内收集了新中国成立以来1万多件刑事审判材料,分析总结形成了《罪名刑种和量刑幅度的总结》,其中对所有法院适用的罪名、刑种和量刑幅度加以统计,总结了90多个罪名,5个主刑和3个附加刑的刑罚种类,提供给立法小组作为资料参考。基于此,高铭暄教授在其参与的立法工作中都强调只有坚实的数据和事实支撑,法律条文的内涵才能真正落到地面,并且避免因现实各种复杂因素而出现的漏洞和失误,而不是只有构想的空中楼阁。

在刑事立法技术方面,高铭暄教授提出四个主张:一是表述明确,不能含糊其辞、出现歧义;二是术语统一,立法用语要具有法律性和刑法性,同时要概念明晰、简明易懂;三是界限清晰,刑法内部条文之间的关系协调,刑事法与行政、经济、民事法律之间衔接顺畅;四是内容可行,便于司法、执法和公民学法。① 从法律职业者和普通公民的视角来看,高铭暄教授关于刑事立法技术的观点对立法作用于司法实践是极其重要的,立法规定不应被束之高阁、晦涩难懂,更不是法学家自娱自乐的"头脑风暴",而是要为全民普遍理解并遵守。

在刑事立法修订方面,高铭暄教授尤其强调立法修订要与我国社会主义政治经济发展相适应,现在看来,也是极其有前瞻性的。具体而言,高铭暄教授在其1989年发表的《略谈刑法修改的指导思想》一文中提出:刑事法律的修改要适应建立社会主义商品经济新秩序的需要,保护各种所有制经济的正当发展,同时,还要跟上社会主义民主政治的建设步伐,运用刑法手段铲除我国政治生活中的各种弊端及腐败现象。② 事实证明,多次响应国民社会生活需求的刑事法律修订,都集中在破坏社会主义市场经济秩序罪及贪污贿赂罪等章节。时过境迁,社会生活与国家治理对刑事法律的需求发生了变化,风险社会与积极刑法立法观成为学术界与实务界共同关注的热点,高铭暄教授敏锐洞察到了刑事立法需积极应对危及社会安全的风险行为,开展了风险社会中刑事立法正当性的理论研究。高铭暄教授认为,刑事立法犯罪标准前移是历史发展的必然,但对刑事规制必须持目的正当、手段必要、符合比例原则的谨慎态度,必须以社会安全的急切需要为前提。③ 高铭暄教授的观点在肯定积极刑事立法回应社会关切的同时,也提出要避免刑法被误用

---

① 参见高铭暄、姜伟:《刑法特别法规的立法原则初探》,载《法学评论》1986年第6期。
② 参见高铭暄:《略谈刑法修改的指导思想》,载《法学》1989年第3期。
③ 参见高铭暄:《风险社会中刑事立法正当性理论研究》,载《法学论坛》2011年第4期。

为规制性的社会管理手段,过度干预社会生活而丧失其谦抑性。

"为国也,观俗立法则治,察国事本则宜。不观时俗,不察国本,则其法立而民乱,事剧而功寡。"国家主席习近平提出,全面推进依法治国,必须从我国实际出发,同推进国家治理体系和治理能力现代化相适应,既不能罔顾国情、超越阶段,也不能因循守旧、墨守成规。学习高铭暄教授立足本国国情的刑事立法思想,便能深刻理解,高铭暄教授正是在其学术研究和立法工作中都贯彻了从实际出发、立足本土国情,才能制定出良法,真正实现法为民所立、法为民所用。

三、罪刑法定:中国刑法走向法治化、现代化的关键与标志

高铭暄教授将其刑法理论高度概括为八个"坚持",其中第一项便是"坚持并倡导罪刑法定、罪责相适应、适用刑法人人平等、刑罚人道主义等基本原则"[①]。在刑事立法中明文确立罪刑法定原则,是高铭暄教授对中国刑事立法最重要的贡献之一。

从我国刑法的发展沿革来看,尽管清末《大清新刑律》首次将作为现代刑事法治基石的罪刑法定原则写入了中国刑法,但实际上比附援引与罪刑法定的存废之争自清末起就一直存在。我国古代刑法有着"断罪无正条"者"比附援引"的规定,而罪刑法定原则与中国传统法制中的比附援引制度在理念和规则上的大相径庭,使得罪刑法定这一现代刑法最重要的基本原则在中国的引进和确立过程异常艰难。[②]

新中国成立后,1979 年《刑法》制定时正值"文革"动乱结束、建设社会主义法制新时期,我国刑法理论水平还十分有限,故当时没有确立罪刑法定原则,并且在第 79 条中规定了类推制度。而此后在对 1979 年《刑法》进行全面修订的过程中,高铭暄教授回忆,"罪刑法定原则写进刑法典之路并不是一帆风顺的,而是曲折的,其间经过了多次针锋相对的力量较量和观点争鸣,并曾经达到白热化的程度"[③]。当时有论者认为,罪刑法定原则要求立法机关把一切犯罪和刑罚预先规定在刑法

---

① 高铭暄:《我的刑法学研究历程》,载《河南警察学院学报》2020 年第 1 期。
② 参见李启成:《清末比附援引与罪刑法定存废之争——以〈刑律草案签注〉为中心》,载《中国社会科学》2013 年第 11 期。
③ 高铭暄:《中华人民共和国刑法的孕育诞生和发展完善》,北京大学出版社 2012 年版,第 171 页。

中,实际上违背了实事求是的认识路线,也会束缚司法实践的手脚,不利于处理一些新类型的案件,不利于严厉打击犯罪。对此,高铭暄教授仍旗帜鲜明地提出,"在全面修改刑法时,应在刑法中明确规定罪刑法定原则,不再规定类推制度"①。他认为,我国刑法坚持并明文规定罪刑法定原则,能够严正地表明我国是社会主义法治国家,能够适应国际进步潮流,更好地与国际接轨,有利于维护我国刑法的国际形象,提高我国刑法的威望;更重要的是,罪刑法定原则最大的价值就是避免罪刑擅断和保障人权。② 不仅如此,高铭暄教授还坚持罪刑法定原则要在刑法中明确加以宣示,而不只是废除类推制度但不明文规定罪刑法定。理由在于,这不仅可以起到法治思想原则的宣示效果,而且对实际指导刑事立法和司法,促进刑事立法的内容和技术完善,强化刑事司法工作人员的法治意识,乃至规范刑事司法解释等,都有着不容忽视的重要意义。③

罪刑法定原则对律师辩护工作同样至关重要。罪刑法定原则的关键作用之一就在于制约审判者的擅断行为和权力的扩张滥用,防止法外定罪量刑,从而保障公民的合法权益,实现社会公正。因此,作为实务工作者,尤其在进行刑事辩护过程中,我们经常会以法解释学为基础形成符合基本事实、符合实体法规定、符合当事人利益的辩护观点,而前提就在于以罪刑法定原则为指导来审视司法机关的起诉意见和裁判理由。并且,刑事责任大小主要依据罪名、犯罪危害程度、行为人刑事责任能力及法定量刑情节等因素决定,而基于罪刑法定原则,对影响刑事责任大小的因素都由刑法明文规定,这也为罪责刑相适应原则的贯彻执行提供了依据和保障。此外,对于国家治理和法治建设而言,罪刑法定原则有利于推动法治文明的发展,培养公民守法意识,提高社会治理能力和水平,为社会公民提供行为准则,威慑犯罪、预防犯罪。

"现代法治刑法的精髓,一言以蔽之,罪刑法定主义也。"④高铭暄教授在刑事立法工作中倡导贯彻罪刑法定基本原则的学术思想,为罪刑法定原则最终在我国《刑法》中确立发挥了重要作用,从而走出了中国刑法真正走向法治化和现代化最为关键的一步。

---

① 高铭暄:《略论我国刑法对罪刑法定原则的确立》,载《中国法学》1995 年第 5 期。
② 参见高铭暄:《中华人民共和国刑法的孕育诞生和发展完善》,北京大学出版社 2012 年版,第 172 页。
③ 参见高铭暄:《试论我国刑法改革的几个问题》,载《中国法学》1996 年第 5 期。
④ 陈兴良:《罪刑法定主义》,中国法制出版社 2010 年版,第 8 页。

四、良法善治：筑起立法原意与司法实践的桥梁

高铭暄教授1981年7月由法律出版社出版的《中华人民共和国刑法的孕育和诞生》一书被称为"彪炳史册,承前启后"的刑法学界"源头活水"性的著作。① 该书面世不到一个月就售罄,甚至出现了"手抄本"。高铭暄教授在屡次收到再修订和再出版的邀请后,仍然秉持严谨的治学态度而一直拒绝——该书初次出版后,国家立法机关不断制定单行法、出台1997年《刑法》、颁布刑法修正案及立法解释等,中国刑法体系已然发生了巨大变化,而直至该书出版31年后,才重新修订、扩充,形成了《中华人民共和国刑法的孕育诞生和发展完善》,并由北京大学出版社于2012年出版。

《中华人民共和国刑法的孕育诞生和发展完善》一书的重要价值之一就在于其将我国目前刑法的来龙去脉描述得一清二楚,为学界和实务界理解刑事立法原意提供了重要参考,筑起了一座立法原意与司法实践之间的桥梁。

从该书的诞生过程来看,其是一名刑法专家对我国现行刑法从孕育、诞生到发展、完善的独立观察记录,对现行刑法条文的主要内容在形成过程中产生的分歧意见进行了比较全面的记载和叙述。而正是因为高铭暄教授亲历了中国刑事立法全程,他所记录的各种意见和立法机关的最终选择,实际上就是刑事立法原意。我国主流观点认为,刑法解释的基本立场是以主观解释论为基础,以客观解释论为补充,也就是说,刑法解释首先应力求揭示立法原意,只有在绝对必要时,才可以超越立法原意以文字客观意思把握刑法规定的含义,从而兼顾法的安定性与法的发展。2015年《立法法》第104条明确规定,"最高人民法院、最高人民检察院作出的属于审判、检察工作中具体应用法律的解释,应当主要针对具体的法律条文,并符合立法的目的、原则和原意"。探寻立法原意是罪刑法定原则在司法实践中的延续,有助于规范司法运行,避免恣意解释从而保障人权,提升公民对司法和刑事法治的信心。

然而,探寻立法原意确系知易行难之事,高铭暄教授拥有立法参与者和法学研究者的双重身份,通过《中华人民共和国刑法的孕育诞生和发展完善》一书将立法原意较为完整地呈现在了大众面前,使该书成为"我国刑法理论研究不可或缺的工

---

① 参见赵秉志、阴建峰:《新中国注释刑法学的扛鼎之作——试评高铭暄教授著〈中华人民共和国刑法的孕育诞生和发展完善〉》,载《刑法论丛》2013年第2期。

具书和我国司法实务界必备的刑法适用指南"①。高铭暄教授通过记录立法过程和立法原意的方式,为后续刑法条文解释提供了宝贵的参考资料。

习近平总书记在论及立法时曾指出,健全国家治理急需的法律制度、满足人民日益增长的美好生活需要必备的法律制度,以良法善治保障新业态新模式健康发展。我国自改革开放以来的法治建设所取得的巨大成就之一就是中国特色社会主义法律体系的形成和完善,并实现了从有法可依到良法善治的理念转变,法治不仅是法律之治,而且是良法之治。高铭暄教授对中国刑法乃至中国法治的研究,具有从立法到司法的体系性和延续性,为实现良法善治作出了重要的贡献。

五、结语

高铭暄教授作为我国当代著名的法学家和法学教育家,一步一个脚印地为我国刑法立法、理论研究以及法学教育和人才培养开拓出一片天地,为我国刑法学所作的巨大贡献亦可载入史册。从法学研究到刑事立法,再到与时俱进地通过参与立法工作和发布研究成果解决实践面临的具体问题,除了"开拓者"的功绩,高铭暄教授更是新中国刑法学发展道路上的伟大行者。高铭暄教授曾在谈及与法律结缘时提到,"我觉得法律职业是一个正义的职业"②,而这份对法律职业的热情之火已经熊熊燃烧了数十年。即便高铭暄教授如今已鲐背有五,但其仍然践行着"教育乃我之事业,科学乃我之生命"的人生要旨,始终致力于探索并拓展本土刑法学研究的边界,孜孜不倦、笔耕不辍、奋斗不止、初心不改,更是如灯塔般的楷模,长久指引、激励、鼓舞着无数法律职业者。

---

① 赵秉志、阴建峰:《新中国注释刑法学的扛鼎之作——试评高铭暄教授著〈中华人民共和国刑法的孕育诞生和发展完善〉》,载《刑法论丛》2013年第2期。
② 陈磊:《我觉得法律职业是一个正义的职业——对话刑法学界泰斗高铭暄先生》,载《河南教育(高校版)》2006年第5期。

建构具有中国气派和国际视野的刑法理论

——高铭暄刑法学思想研究

陈 璇*

高铭暄教授是我国当代著名的法学家和法学教育家,新中国刑法学的主要奠基者和开拓者。多年来,他秉持"教育乃我之事业,科学乃我之生命"的人生信条,筚路蓝缕、上下求索,纵使步入鲐背之年,依然孜孜不倦、笔耕不辍,为新中国刑法学的创建、发展和繁荣,为我国法学教育和人才培养作出了巨大贡献。2019年9月,在中华人民共和国成立70周年前夕,国家主席习近平签署主席令,根据全国人大常委会的决定,授予高铭暄教授"人民教育家"国家荣誉称号。随着中国特色社会主义进入新时代,栉风沐雨、砥砺前行的中国刑法学也迈入了崭新的发展阶段。"法学之盛衰,与政之治忽,实息息相通"[1];刑法学的发展水平,亦是衡量一国法治现代化水平的重要标准。站在新的历史起点,全面回顾、研究和总结高铭暄教授深邃博大的刑法学思想,对于推动我国刑法科学向纵深发展具有重大的意义。

一、刑事立法思想:立足中国国情、广纳文明成果

一部内容完备、体系科学的刑法典,既是一个国家治理现代化的基石,也是一个民族法治建设征程的里程碑。中华法系绵延数千载,其律皆以刑法为主,至公元7世纪的《唐律》达至成熟,此后的《宋刑统》《明大诰》《大清律》均一脉相承;清末民国,中华法系的传统中断,在移植日本、德国法律体系与法学知识的基础上,先后制定和出台了数部具有现代意义的刑法典。以1949年2月22日中共中央发布

---

* 中国人民大学法学院教授、博士生导师,中国人民大学刑事法律科学研究中心研究员。
[1] 沈家本:《法学盛衰说》,载沈家本:《历代刑法考 附寄簃文存》,中华书局1985年版,第2143页。

的《关于废除国民党的六法全书与确定解放区的司法原则的指示》为标志,我国以大陆法系为模本探索刑事立法现代化的进程中止。① 自那时起,新中国的刑事立法走过了不平凡的风雨历程。高铭暄教授是唯一一位自始至终参与新中国刑法典的创制和修改完善全过程的学者。自 1954 年 10 月全国人大常委会正式启动中华人民共和国刑法的起草工作开始,无论是 1979 年《刑法》的颁布、多部单行刑法的制定,还是 1997 年《刑法》的全面修订及迄今 12 个刑法修正案的出台,无不凝结着他的心血与智慧。在长期的立法实践中,他逐渐形成了一套有关刑法典制定与完善的系统理论。高铭暄教授所撰写的《中华人民共和国刑法的孕育和诞生》(法律出版社 1981 年版)及《中华人民共和国刑法的孕育诞生和发展完善》(北京大学出版社 2012 年版),既是对我国刑事立法进程进行全景式描绘的珍贵文献,也是对其刑事立法思想全面阐述的学术巨著。高铭暄教授的刑事立法思想主要可以概括为以下三个方面:

(一)立足于中国本土的国情和实践

中国是一个后发现代化国家,在法律制度建构的过程中不可避免地需要学习和借鉴国外的有益经验。清末民国时期,刑法典的创制曾大量效仿大陆法系的刑事立法;新中国成立后,我国的刑事立法又经历了一段以俄为师、全盘苏化的时期。总结历史经验,高铭暄教授在倡导吸收域外成功经验的同时,始终强调:"刑法立法不能凭主观想象,也不能照搬前人或别人现成的东西,而是要系统深入地调查研究,一切均应立足于我国的实际。"② 具体来说,中国的刑事立法一方面需要立足于我国社会主义的国家性质,体现社会主义的基本原则;另一方面要立足于我国幅员辽阔、民族众多、社会经济发展不平衡等现实国情,还要联系我国的历史。③

德国著名社会学家贝克于 1986 年在《风险社会》一书中提出,现代世界正在从"工业社会"向"风险社会"转变。④ 高铭暄教授敏锐地洞察到,我国经济的急速发展和社会关系的高度分化,使得中国社会呈现出高风险的特征,在此背景下,我国的刑事立法应当有积极的反应,需要对自身进行调整,并在社会整体的变迁过程中

---

① 参见何勤华:《论新中国法和法学的起步——以"废除国民党六法全书"与"司法改革运动"为线索》,载《中国法学》2009 年第 4 期。
② 高铭暄:《中国共产党与中国刑法立法的发展——纪念中国共产党成立 90 周年》,载《法学家》2011 年第 5 期。
③ 参见高铭暄:《刑法肄言》,法律出版社 2004 年版,第 85 页。
④ 参见[德]乌尔里希·贝克:《风险社会》,何博闻译,译林出版社 2003 版,第 13 页。

重新定位科技进步、文明发展与刑事立法之间的协调互动关系。与此同时,刑法又不能蜕变为规制性的社会管理手段,它是与其他经济手段、行政手段等相互配合使用的犯罪治理措施。风险社会中刑事立法的正当性,必须处理好以下两个方面的关系:第一,犯罪化与非犯罪化的界限。从现代社会安全的角度来看,刑事立法将犯罪标准前移是历史发展的必然;但刑事规制仍应采取十分谨慎的态度,不仅要目的正当、手段必要、符合比例原则,还要具备辅助性。对任何风险的刑事规制,都必须以社会安全的急切需要为前提。第二,危险犯与实害犯的界限。当代社会的风险性质要求刑法提前处置危险犯。但是,一方面,处罚危险犯必须具有立法上的急切必要性;另一方面,处罚危险犯必须以行为人主观上具有不可容忍的过错为前提。①

(二)积极吸收现代法治文明的成果

由于国内外特殊的历史原因,在新中国成立后的三十年间,我国的刑法和刑法学长时间游离于世界主流之外,一度在较为封闭的环境下失去了充分吸收人类先进法律文明与法治精华的机会。直至改革开放重启法治建设后,我国刑事立法才逐渐打开了与现代法治文明相交汇的大门。在此过程中,高铭暄教授以其非凡的远见、胆略和智慧为我国刑法的现代化作出了突出贡献。2015年4月,国际社会防卫学会授予高铭暄教授"切萨雷·贝卡里亚奖"时所阐述的获奖理由即为,高铭暄教授"在中国基于人权保障与人道主义刑事政策发展现代刑法学所取得的巨大成就"。

1. 倡导罪刑法定原则的确立

我国古代刑法存在的"断罪无正条"者"比附援引"的规定,是与罪刑法定原则格格不入的②,《大清新刑律》(后改名为《暂行新刑律》)首次将作为现代刑事法治基石的罪刑法定原则写入中国的刑法。③ 在制定1979年《刑法》时,囿于我国有限的刑法理论水平,加之立法上奉行"宜粗不宜细"的原则,故1979年《刑法》没有确立罪刑法定原则,而在第79条中规定了类推制度。在讨论对1979年《刑法》进行全面修订的过程中,"罪刑法定原则写进刑法典之路并不是一帆风顺的,而是曲折

---

① 参见高铭暄:《风险社会中刑事立法正当性理论研究》,载《法学论坛》2011年第4期。
② 参见陈新宇:《从比附援引到罪刑法定——以规则的分析与案例的论证为中心》,北京大学出版社2007年版,第24—25页。
③ 参见陈兴良:《罪刑法定主义》,中国法制出版社2010年版,第8页。

的,其间经过了多次针锋相对的力量较量与观点争鸣,并曾经达到白热化的程度"①。高铭暄教授旗帜鲜明地主张:"在全面修改刑法时,应在刑法中明确规定罪刑法定原则,不再规定类推制度。"②他认为,罪刑法定原则是历经数百年历史的考验,至今被世界各国刑法奉为基本原则的一项法治原则,是国家维护社会秩序和保障公民合法权利的结晶,是刑事领域内国家权力和公民权利的高度统一。明文规定罪刑法定原则的意义在于:第一,郑重地表明我国是法治国家;第二,更为全面地保护公民的合法权利;第三,适应国际上的进步潮流,更好地与国际接轨。③ 此外,针对当时有人提出的应当废除类推但不明文规定罪刑法定原则的观点,他指出,既然废除类推,那就意味着实行罪刑法定,就必须在法律中明确加以宣示,这不仅可以起到法治思想原则的宣示效果,而且对实际指导刑事立法和司法,促进刑事立法内容和技术上的完善,强化刑事司法工作人员的法治意识,乃至规范刑事司法解释等,均有着不容忽视的重大意义。④

诚如陈兴良教授所言:"现代法治刑法的精髓,一言以蔽之,罪刑法定主义也。"⑤罪刑法定原则在1997年《刑法》中的确立,是中国刑法真正走向法治化和现代化的最为关键的一步,也是最为重要的标志。高铭暄教授的相关思想无疑为此发挥了极为重要的作用。

2. 力主限制和缩减死刑的适用

高铭暄教授主张,尽管基于中国特殊的文化传统和特定的国情民意,目前在中国彻底废止死刑尚不现实,但立法者必须清醒地看到死刑的弊端,看到它的作用是有限和相对的,应当最大限度地限制和缩减死刑的适用。理由在于:首先,判处死刑会给罪犯的亲属带来极大的痛苦和刺激,使其易成为社会上的消极对抗力量,死刑越多、树敌就越多;其次,死刑一旦适用错误,就会造成不可挽回的损失;最后,死刑过多,有损国家形象,与当今各国刑罚轻缓化的改革潮流相违背。有鉴于此,他提出了改革死刑立法的若干举措:

(1)削减非暴力犯罪死刑的适用

早在讨论修改1979年《刑法》的过程中,高铭暄教授就提出,除了应当重申《刑法》总则中既有的有关死刑的限制性规定,还需要结合《刑法》分则进行大幅度的死

---

① 高铭暄:《中华人民共和国刑法的孕育诞生和发展完善》,北京大学出版社2012年版,第171页。
② 高铭暄:《略论我国刑法对罪刑法定原则的确立》,载《中国法学》1995年第5期。
③ 参见高铭暄:《略论我国刑法对罪刑法定原则的确立》,载《中国法学》1995年第5期。
④ 参见高铭暄:《试论我国刑法改革的几个问题》,载《中国法学》1996年第5期。
⑤ 陈兴良:《罪刑法定主义》,中国法制出版社2010年版,卷首插页。

刑立法改革,即在分则条文中要对适用死刑的罪种作出审慎的筛选,使死刑仅适用于危害国家安全、危害国防安全、危害公共安全、使用暴力严重侵犯人身权利和财产权利的某些故意犯罪、重大毒品犯罪及贪利型渎职犯罪,对于非暴力性的财产犯罪和经济犯罪,原则上不应规定死刑。① 在1997年《刑法》修订后,他又进一步认为,我国削减死刑的第一步应当是非暴力犯罪,尤其是从单纯的经济犯罪着手。理由在于:首先,经济犯罪的成因复杂,受到社会、经济、政治等多方面因素的影响,仅靠死刑无法有效遏制;其次,单纯经济犯罪的社会危害性一般低于侵犯他人生命、国家安全和公共安全的犯罪,对之适用死刑有过重之嫌;再次,国家对经济犯罪适用死刑也极不经济,因为死刑从肉体上消灭罪犯,事实上同时剥夺了罪犯以无偿劳动弥补其所造成之经济损失的机会;最后,对于经济犯罪不设置死刑也是世界各国的通例,削减经济犯罪的死刑适用可以使我国《刑法》更加适应世界潮流。②

(2)建构和完善死刑替代措施

高铭暄教授积极倡导建构和完善我国的死刑替代措施。他从以下四个方面论证了死刑替代措施的合理性:第一,死刑替代措施符合我国"少杀""慎杀"的死刑政策;第二,死刑替代措施能够与报应、一般预防和特殊预防的刑罚目的保持兼容协调;第三,死刑替代措施契合我国的国情民意;第四,死刑替代措施与国际人权法的要求高度一致。在此基础上,高铭暄教授设计了三项死刑替代措施:一是经过严厉化调整后的死刑缓期执行制度。即对死缓犯考验期满之后的无期徒刑,设置相对于普通无期徒刑更为严格的假释、减刑期限。二是严格的无期徒刑。无期徒刑如果过于轻缓,在某些情况下可能难以完全实现刑法惩罚严重犯罪的功能和预防严重犯罪的目的。因此,有必要改革无期徒刑,区分出严格的无期徒刑与一般的无期徒刑,将严格的无期徒刑作为切实可行的死刑替代措施。三是附赔偿的长期自由刑。犯罪人给予被害人(及其近亲属)巨额金钱赔偿,有利于缓和被害方要求判处犯罪人死刑的心理,故在充分尊重被害方意愿的前提下,可以附赔偿的长期自由刑(例如15年以上20年以下有期徒刑)替代死刑立即执行。

3. 推动分则各罪符合现代要求

(1)反革命罪向危害国家安全罪的转变

反革命罪是1979年《刑法》分则规定的一个类罪名,它包含了1979年《刑法》

---

① 参见高铭暄:《试论我国刑法改革的几个问题》,载《中国法学》1996年第5期。
② 参见高铭暄:《我国的死刑立法及其发展趋势》,载《法学杂志》2004年第1期;高铭暄:《略论我国死刑制度改革中的两个问题》,载《法学家》2006年第1期。

第 91 条至第 102 条的 20 种具体犯罪。改革开放后中国政治、经济、社会等各方面发生了深刻变化,反革命犯罪案件也出现了许多新情况和新问题:一方面,反革命犯罪案件数量逐年下降,在全国刑事案件中所占比例越来越小;另一方面,司法实践对反革命目的的认定普遍感到棘手,影响了对相关案件的正确处理。20 世纪 80 年代末 90 年代初,尽管多数学者主张将反革命罪更改为危害国家安全罪,但也有少数学者提出不同的意见。① 在这场争论中,高铭暄教授始终明确主张应当在修订的刑法典中以危害国家安全罪取代反革命罪。理由如下:其一,反革命罪基本上是一个政治概念,与法律的规范化要求不尽相符。而且,反革命罪是政治犯罪,根据"政治犯不引渡"的国际惯例,我国无法有效惩处那些潜逃国外的危害了国家安全的罪犯。如果以危害国家安全罪取代反革命罪,则既有利于适应国际司法协助的需要,也能够和《国家安全法》的规定相衔接。其二,反革命罪中的某些具体罪名,如反革命破坏罪,反革命杀人、伤人罪,与危害公共安全罪、侵犯公民人身权利罪中相关罪名的区别仅在于有无反革命目的,但反革命目的的认定本身就极为困难。将这些罪名并入普通刑事犯罪之中,并不影响对这些犯罪应有的惩处。②

在以高铭暄教授为代表的刑法学者有力地推动下,1997 年修订后的《刑法》最终将反革命罪更名为危害国家安全罪,这是我国《刑法》顺应现代化潮流的重要标志之一,为世界瞩目。

(2)"口袋罪"的罪名分解与罪状明确化

在 1979 年《刑法》中,投机倒把罪、流氓罪和玩忽职守罪被认为是典型的"口袋罪",其罪状过于简略,难以满足罪刑法定原则的明确性要求。高铭暄教授认为,对于这三种罪,在修订刑法典时应当采取分解罪名、充实罪状的方式予以解决。首先,应当废除投机倒把罪的称谓,将该罪值得保留的内容分别规定为非法经营罪、扰乱市场罪、非法出版罪等。其次,流氓罪罪状中"或者进行其他流氓活动"的模糊用语,将一些仅有下流作风的行为也网罗进去,从而不当地扩大了处罚范围,该罪可以考虑分解为聚众斗殴罪、寻衅滋事罪、强制猥亵罪、聚众淫乱罪等。最后,在渎职罪中,除了玩忽职守罪,还应当增加滥用职权罪、逾越职权罪、故意放弃职责罪等罪名。上述这些罪名在行为方式上不同,罪过形式也存在差别,把行为方式和罪过形式分析清楚,在立法上对罪名一一作出明确界定,就可以避免玩忽职守罪的臃肿

---

① 参见赵秉志主编:《刑法争议问题研究》,河南人民出版社 1996 年版,第 57—59 页。
② 参见高铭暄:《论刑法典体系结构的完善》,载《人民检察》1995 年第 3 期。

膨胀。①

（三）推动刑事立法工作的民主化与立法技术的科学化

1. 立法工作的民主化

高铭暄教授认为，刑事立法工作应当实现民主化，立法机关应倾听各方的意见并加以尊重。总结我国立法的经验，刑事立法工作民主化主要包括三个方面：其一，重视法学家的作用；其二，重视有关实务部门的作用；其三，认真听取代表和委员们的建议。其中，特别是法学家对于刑法创制和发展的作用，高铭暄教授曾结合自身参与立法的经历进行过专门的论述。他认为，法学家参加立法工作可以有多种方式、发挥多种作用：一是提供咨询意见和建议。当立法机关通过召开座谈会、讨论会或者发出书面通知征询有关某项法律的框架、内容乃至条文设计案时，法学家以集体或个人的方式提出自己的意见和建议。二是整理和提供有关资料。刑事立法需要各方面的资料作为依据，学者中不少是精通古今中外某一方面法律的专家，可以为立法机关提供必要的资料。三是直接参与刑事法律条文的起草拟定工作。②

2. 立法技术的科学化

高铭暄教授对于我国刑事立法技术的科学化进行了多方面的思考和探索，提出了诸多精辟而深刻的见解。

（1）刑法修正案的立法完善模式

高铭暄教授早在1997年全面修订《刑法》的工作结束之时，就前瞻性地对未来刑法修改的方式提出了建议。他认为，随着时间的推移和司法机关经验的不断积累，新刑法典的不足和缺陷会逐步暴露，对于刑法的进一步修改补充，应当采取修正案的方式。因为这样做不会打乱刑法典条文的次序，直接修改某一条或某几条，或新设某一条或将某几条插入有关条文之间，另加序码标号（如第某某条之一、第某某条之二等）。这既可以保持刑法典的长期稳定，又能够不失时机地适应社会发展需要而随时对刑法典进行局部的修改补充。③

1999年12月至2023年12月，我国在24年的时间里出台了12个刑法修正案；

---

① 参见高铭暄：《试论我国刑法改革的几个问题》，载《中国法学》1996年第5期。
② 参见高铭暄：《从刑法的创制和发展看中国法律家的作用》，载《高铭暄自选集》，中国人民大学出版社2007年版，第183—184页。
③ 参见高铭暄：《20年来我国刑事立法的回顾与展望》，载《中国法学》1998年第6期。

采用"修正案"的模式来修正刑法典的某些规定,事实上已经被确立为新中国刑法修正的主流方式。高铭暄教授认为,这种修法模式应当继续坚持下去,其优点在于:①不打乱刑法典的体系结构和法条的排列次序,有利于保持刑法典的统一性和完整性;②有利于适应犯罪态势和刑事政策变化的需要,充分实现刑法典的社会价值;③有利于司法工作人员的实际操作和掌握运用;④便于广大公民学习和遵守;⑤较好地容纳各种新型犯罪的增补,合理地解决刑法的稳定性和适应性之间的关系。①

(2)进一步完善刑法典的体系

高铭暄教授指出,1997年《刑法》无疑是一部崭新、统一、比较完备、具有时代气息和显著进步的刑法典,但它在体系结构上仍存在可完善之处。他提出的具体建议包括:第一,进一步关注总则的改革。1997年以来,我国的刑法修正案大多关注分则部分;但是,总则部分还有较大的改进和完善空间,例如犯罪竞合问题、数罪并罚问题等。② 第二,可以考虑在总则第二章中将孕妇、哺乳新生儿的母亲、未成年人、老年人、精神障碍人列为特殊群体,增设"特殊群体之人犯罪的刑事责任"专节。第三,应当增设"正当行为"专节,并且进一步充实法定正当化事由的种类,包括职务行为等。第四,应当在总则第四章第八节中补充规定单位犯罪的追诉时效。第五,鉴于我国提出了建立人类命运共同体的主张,故需要与国际公约衔接,增设"危害人类和平与安全罪"专章,包括灭绝种族罪、危害人类罪、战争罪等,并将其置于分则最后作为第十一章。③

二、刑法理论思想:理论与实践、传承与创新相结合

在刑法学研究方法上,高铭暄教授历来倡导理论联系实际,主张"中国的刑法学必须服务于中国的刑事法治现实和实践,必须立足于解决中国刑事法治实践中出现的问题"④,在他的推动下,理论联系实际成为我国当代刑法理论研究的主导风格⑤。

---

① 参见高铭暄:《新中国刑法立法的变迁与完善》,载《人民检察》2019年第Z1期。
② 参见高铭暄:《中国共产党与中国刑法立法的发展——纪念中国共产党成立90周年》,载《法学家》2011年第5期。
③ 参见高铭暄:《新中国刑法立法的变迁与完善》,载《人民检察》2019年第Z1期。
④ 高铭暄:《新中国刑法学六十年发展的简要历程和基本经验》,载高铭暄、王作富:《高铭暄王作富刑法学文选:九十华诞自选集》,法律出版社2017年版,第57页。
⑤ 参见陈兴良:《学术自传——一个刑法学人的心路历程》,载陈兴良:《走向哲学的刑法学》(第二版),法律出版社2008年版,第7页。

高铭暄教授对于刑法理论有着全面而精深的研究,其思想融贯犯罪论与刑罚论、兼通刑法总论与刑法各论。其较为重要的刑法理论思想主要有以下几个方面:

(一)坚持和完善四要件犯罪构成理论

20世纪80年代初,高铭暄教授和马克昌教授、王作富教授等老一辈刑法学者一道,以源自苏联的四要件犯罪构成理论为核心,建立起了新中国刑法学的体系。长期以来,以犯罪客体、犯罪客观方面、犯罪主体和犯罪主观方面为主体架构的四要件犯罪构成理论,无论是在刑法理论中还是在司法实务中均占据主导地位,对我国刑法知识的积累、发展和普及发挥了不可估量的作用。晚近十多年来,学界出现了主张以源自德国和日本的阶层式犯罪论体系取代传统四要件犯罪构成理论的声音。高铭暄教授一方面主张"学术的精神贵在质疑,学术的发展需要自由讨论"①,充分尊重和包容不同的观点②,另一方面也从多个视角出发详细论证了四要件犯罪构成理论的合理性③:

第一,站在历史的维度来看。新中国成立之初,以俄为师、取法苏联,这是党和国家的政治决策,故学习苏联刑法学的犯罪构成学说,是我国刑法学在特定历史条件下必然的选择。20世纪80年代初恢复法学教育后,新中国第一代刑法学家经过集体研讨,一致主张我国刑法学理论应当以四要件犯罪构成理论为基本框架。由此可见,四要件犯罪构成理论凝结了刑法学家的集体智慧,经受住了历史的考验,绝非完全经不起任何推敲的政治性产物。

第二,站在现实的维度来看。中国并无大陆法系或英美法系的历史传统,以四要件犯罪构成理论为核心的中国刑法学体系已建立数十年,深入人心,并且随着法学教育的蓬勃发展,扎根开花、广为传播。在这样的现实面前,主张推倒重来,移植一个缺乏生存土壤的德日犯罪论体系,实有舍本逐末之嫌。

第三,从理论内部的视角来看。四要件犯罪构成理论内部逻辑极为严密,层次界分相当清晰,恰当地实现了对一个犯罪行为从粗到精、由表及里以及从整体到部分、由部分回归整体的剖析。此外,四要件犯罪构成理论的排布并非杂乱无章,将犯罪认定模型按照客体、客观方面、主体、主观方面的顺序加以安排,符合人们认识

---

① 《高铭暄自选集》,中国人民大学出版社2007年版,作者前言第2页。
② 参见高铭暄口述、傅跃建整理:《我与刑法七十年》,北京大学出版社2018年版,第121—122页;时延安、陈冉:《高铭暄:探寻至善的法治》,载《光明日报》2019年10月21日。
③ 参见高铭暄:《论四要件犯罪构成理论的合理性暨对中国刑法学体系的坚持》,载《中国法学》2009年第2期。

犯罪的规律,也符合刑事诉讼的规律。

第四,从不同体系的比较来看。四要件犯罪构成理论是一个相对稳定的理论体系,相比之下,三阶层犯罪论体系却变动不居,常使人产生无所适从之感。阶层式犯罪论体系建立之初,曾提出过"违法是客观的,责任是主观的"说法,但后来的发展又使故意、过失等主观要素也进入违法性判断之中,这样一来违法性和责任的区分标准就令人难以捉摸。可见,阶层式犯罪论体系本身就存在诸多矛盾和冲突之处。

犯罪论体系之争,涉及如何处理科学叙事与实践操作、学术传承与理论突破、借鉴域外与立足本国等诸多关系的问题。随着刑法理论的深入及对外交流的扩大,学界已逐渐能够以更理性、全面和包容的态度去看待和评价各种不同的犯罪认定模式。高铭暄教授指出,尽管四要件犯罪构成理论总体上是合理、科学的,但我国当前主导的刑法学体系也的确存在不足,需要加以发展和完善。他认为,目前中国刑法学体系对犯罪论、刑事责任论、刑罚论三者的动态性任务,即定罪、归责、量刑、行刑等体现不足,今后要着力加强这方面的研究,使中国刑法学体系既生动地描述犯罪构成、刑事责任、刑罚本质、刑罚目的等静态理论内容,又充分地展示认定犯罪、确定责任和决定刑罚等动态过程。[1] 这些思想充分体现了他兼收并蓄、与时俱进、绝不故步自封的学术品格,为中国犯罪论体系的完善和发展奠定了重要的基础、提供了宝贵的启示。

(二)构建相对独立的刑事责任论

在德国、日本的刑法理论中,责任论历来是隶属于犯罪论、用于判断行为是否成立犯罪的一个阶层。高铭暄教授是我国刑事责任论研究的主要开拓者[2],他最早主张应当承认刑事责任论相对于犯罪论和刑罚论的独立地位,并认为"相对独立的刑事责任论是中国刑法学体系的重大特色"[3]。这对我国的刑法理论体系产生了深远的影响。概言之,高铭暄教授关于刑事责任论的思想主要包括以下内容:

第一,刑事责任的概念和根据。刑事责任是指行为人对违反刑事法律义务的行为所引起的刑事法律后果能提供衡量标准的、体现国家对行为人否定的道德政治评价的刑事实体性义务。它具有以下四方面的特征:①强制性。刑事责任是

---

[1] 参见高铭暄口述、傅跃建整理:《我与刑法七十年》,北京大学出版社2018年版,第123页。
[2] 参见赵秉志主编:《高铭暄刑法思想述评》,北京师范大学出版社2013年版,第194页。
[3] 高铭暄:《论四要件犯罪构成理论的合理性暨对中国刑法学体系的坚持》,载《中国法学》2009年第2期。

一种由犯罪行为引起的法律后果，是一种强制犯罪人向国家承担的法律责任。②严厉性。刑事责任是一种性质最为严重、否定性评价最为强烈、制裁后果最为严厉的法律责任。③专属性。刑事责任只能由犯罪的个人和单位承担，不可转移，不能替代。④准据性。刑事责任一经确定，犯罪人和被害人均不能自行变更，也不容许"私了"。刑事责任的法律事实根据在于，行为符合犯罪构成。刑事责任的哲学根据应当是以马克思主义决定论和相对意志自由论为基础提倡的"利益责任论"，即主张刑事责任是统治阶级通过国家司法机关对基于个人自由意志实施违反统治阶级利益的行为的人所作的一种否定评价。①

第二，刑事责任的体系地位。刑事责任是介于犯罪和刑罚之间的桥梁与纽带，其功能在于对犯罪和刑罚的关系进行调节。某人实施了犯罪，也就意味着他应当对自己的行为负担刑事责任；同时，只有确定某人应负刑事责任，才存在对其适用刑罚的现实可能性。所以，刑事责任既是犯罪的后果，又是刑罚的先导。刑事责任与刑罚之间的关系是：①刑事责任的存在决定刑罚的存在。②行为人负担刑事责任的程度决定了其刑罚的轻重。③刑罚是实现刑事责任的主要但并非唯一的形式。因此，"罪—责—刑"的逻辑结构就构成了刑法的全部内容。相应的，刑事责任论应当与犯罪论、刑罚论相并列，中国刑法学体系也应当是"犯罪论—刑事责任论—刑罚论"。

第三，刑事责任的实现。①关于刑事责任的实现过程。应当负刑事责任的时间始于行为人开始实施犯罪行为之时，实际负刑事责任的时间始于人民法院作出有罪判决生效之日；刑事责任的终结时间一般是刑罚执行完毕之日。②刑事责任的实现方式并不局限于判处刑罚一类，而是包含以下多种：一是定罪判刑，二是定罪免刑，三是消灭处理，四是转移处理。

近年来，高铭暄教授对于刑事责任论又有了新的思考。他认为：首先，与犯罪论侧重于评价已经发生的行为不同，刑事责任论的评价对象应当是实施了犯罪行为的人。通过对犯罪人的研究，在罪行决定刑事责任的基础上，进一步综合犯罪人的主观特殊情况，对刑事责任的大小进行调整和修正。其次，与犯罪论的中心任务是定罪不同，刑事责任论的中心任务是归责，即在罪行确定后，国家考虑如何确定犯罪人的刑事责任问题。最后，如同定罪必须以四要件犯罪构成理论为判断依据，量刑必须以法定刑和量刑情节的运用为参考一样，归责也应当有自己的判断依

---

① 参见高铭暄主编：《刑法专论》（第二版），高等教育出版社 2006 年版，第 459—472 页。

据,即归责要素和归责体。①

高铭暄教授关于刑事责任论的思考,充满了中国学者的原创智慧,使刑事责任成为一个使定罪与量刑、定性与定量、刑法与刑事政策交相融汇的独立范畴,深刻揭示了犯罪与刑罚之间的立体多维关系,大大拓宽了我国刑法理论研究的视域。

(三)探索具有中国特色的共犯理论

从世界各国的情况来看,对共同犯罪人的分类,主要有两种方法:一是按照共同犯罪人行为的性质,把参与者分为实行犯、组织犯、教唆犯和帮助犯;另一种则是按照共同犯罪人在共犯中所起的作用,将参与者分为主犯、从犯和胁从犯。高铭暄教授认为,这两种分类方法各有优劣。前一种分类方法显示了各参与者在共同犯罪中的分工情况,有助于根据各参与者犯罪的事实,正确地解决定罪问题;后一种分类方法反映了各参与者在共同犯罪中的作用大小,有助于解决量刑问题。②

在 20 世纪 60 年代参与《刑法》起草的过程中,高铭暄教授曾经主张应当以分工分类法为基础,将参与者区分为实行犯、教唆犯和帮助犯,然后在规定每种共同犯罪人的处罚原则时再分清主从或者主次,予以区别对待。③ 现行刑事立法没有完全采纳这一建议,而是采取了将两类方式相混合的分类方法,即把共同犯罪人分为主犯、从犯、胁从犯和教唆犯四种。诚如高铭暄教授所言,这种分类方法虽然兼顾了定罪与量刑,但毕竟存在分类标准不一致的缺陷。如何在保障构成要件定型性和明确性的同时,又能恰当地确定各参与者刑事责任的高低,这是长期以来困扰大陆法系共犯理论的难题。高铭暄教授所提出的以分工为主、在确定分工之后再按照具体情况区分主从的双层次思路,既确保了分类标准的统一,又较好地兼顾了定罪环节中罪刑法定与量刑环节中罪刑相适应这两方面的需要,愈发显现出其理论优势。这充分体现了高铭暄教授在共犯理论方面的精深造诣。

(四)实现刑罚理论与实践的现代化

1.激活和发展特赦制度

早在 2009 年中华人民共和国成立 60 周年之际,高铭暄教授便与其他学者一道

---

① 参见高铭暄口述、傅跃建整理:《我与刑法七十年》,北京大学出版社 2018 年版,第 124 页。
② 参见高铭暄:《刑法问题研究》,法律出版社 1994 年版,第 195—204 页。
③ 参见赵秉志、王秀梅、杜澎:《满目青山夕照明——高铭暄教授刑法思想述略》,载《高校理论战线》2003 年第 2 期;高铭暄口述、傅跃建整理:《我与刑法七十年》,北京大学出版社 2018 年版,第 11 页。

从理论上论证了启动和实行特赦的现实必要性。他们首先将现代赦免制度的重要刑事政策意义归纳为六个方面：一是缓和国内外矛盾、促进社会和谐；二是弥补法律不足、缓和刑罚严苛；三是纠正司法误判、维护公民权益；四是鼓励犯人自新、促成刑罚目的之实现；五是彰显国家德政、昭示与民更始；六是疏减监狱囚犯、节约司法资源。接着，他们指出特赦能够凸显如下重大的时代价值：①可以在一定程度上缓和当下较为突出的社会矛盾，促进社会主义和谐社会的建设。②有助于完善综合治理犯罪的对策机制，切实贯彻宽严相济的刑事政策。③有助于昭示"国家尊重和保障人权"之宪法精神，进一步改善我国的国际形象。④有助于弘扬宽容精神，逐步树立科学的犯罪观和理性的刑罚观。⑤可以借此促进现代赦免制度的重构与运作。

此外，高铭暄教授等人还为特赦的实行提出了如下具体构想：①特赦的形式。考虑到在现行《宪法》中恢复大赦制度面临诸多困难，可将当前的赦免设定为特赦的形式，国庆特赦不宜成为定制，而应由国家在充分考量政治、经济、社会发展大局的基础上，于确属必要时为之。②特赦的实质条件。能否特赦应综合考虑多种因素，包括犯罪人自身的因素，社会对犯罪人的客观评价，原处理案件的法官、检察官的建议和意见，被害人及其家属的意见等。③特赦的适用对象与范围。从犯罪性质和犯罪情节看，特赦应侧重适用于犯罪性质不严重、犯罪情节相对较轻的未成年犯、过失犯、初犯、偶犯等；就原判刑罚和剩余刑期而言，应限定为宣告刑不超过5年有期徒刑且已经执行原判刑期1/3以上者；从排除适用范围上讲，对累犯及严重危及人身安全的暴力罪犯不宜特赦；从犯罪主体角度看，年满70周岁或者因身患严重疾病而丧失危害社会能力的犯罪人，可以作为前述情形之例外适用特赦。④特赦的程序。可由中共中央或者中共中央政法委员会向全国人大常委会提出实行特赦的建议；特赦应由全国人大常委会决定，由国家主席公布实施。①

近年来，高铭暄教授等学者有关特赦的建议，得到了党和国家的重视。我国已于2015年纪念中国人民抗日战争暨世界反法西斯战争胜利70周年前夕及2019年庆祝中华人民共和国成立70周年前夕，两次实行特赦，取得了良好的社会效果。② 高铭暄等学者所开展的前瞻性理论研究，对我国特赦制度的激活及现代赦免

---

① 参见高铭暄、赵秉志、阴建峰：《新中国成立60周年之际实行特赦的时代价值与构想》，载《法学》2009年第5期。
② 参见高铭暄、赵秉志、阴建峰：《新中国成立70周年特赦之时代价值与规范研读》，载《江西社会科学》2019年第7期。

制度在我国的法治化功不可没。

2. 完善社区矫正制度的执行

我国《刑法修正案(八)》确立了社区矫正制度。高铭暄教授认为社区矫正正式写入《刑法》,具有如下重大意义:一是从刑事立法上有力地回应了国际社会行刑社会化的要求;二是确立了监禁矫正与社区矫正这两大相辅相成的矫正体系;三是进一步促进了刑罚配置结构的合理化;四是督促社区矫正配套立法尽快出台;五是促进了行刑权的统一。[①] 在此基础上,高铭暄教授就社区矫正制度的进一步发展提出了自己的建议:①"有限"延伸适用类型。从监外执行的具体类型来看,无论是保外就医的人员,还是怀孕及哺乳期的妇女,其本身的社会危险性并不因此而降低,对此类人员进行监督十分必要,故将其纳入社区矫正的范围也未尝不可。②开发"社区"的积极作用。在我国目前管制、缓刑、假释适用率低的情况下,将行为人的社会危险性作为适用标准的同时,可以引入社会的"意愿"作为非监禁刑适用准入的一种考量标准,从而发挥社区矫正对管制、缓刑、假释适用的"逆推"作用。在决定社区矫正时可以尝试适用听证程序,对犯罪人人身危险性的调查结果进行公开质证,在此基础上提出是否实行社区矫正的建议。③设置固定的社区矫正官。为防止社区矫正流于形式,应当将以前抽象的"机构"考察具体到"人"的考察,借鉴国外的专职缓刑官制度,在立法上规定专门的监督考察负责人制度。④设置同中有异的矫正机构。尽管从宏观上来说,缓刑和假释都建立在"犯罪人人身危险性低、再犯可能性低"的基础上,但从微观上来看,二者适用的具体对象存在差异。在定罪时,假释犯的人身危险性高于缓刑犯,对假释犯的矫正还需要面对监狱矫正带来的不良后果,故应当对其采取不同于缓刑犯的管理方法。[②]

3. 实现罚金刑数额的法定化

高铭暄教授经过统计发现,我国现行《刑法》中规定罚金刑的罪名大概有205个(占全部罪名的43.7%)。其中有数额规定的仅占1/3,包括明示数额或倍比数额。另外2/3规定罚金刑的罪名只表明判处罚金,但没有规定具体数额。特别是单位犯罪中对单位判处罚金,只有骗购外汇罪和逃汇罪这两个罪名有数额规定,其他一概没有数额规定。高铭暄教授指出,对罚金刑不作数额规定,严格讲是不符合罪刑法定原则的。罪要法定,刑也要法定。刑的法定不仅是种类的法定,还有内容的

---

① 参见高铭暄:《社区矫正写入刑法的重大意义》,载《中国司法》2011年第3期。
② 参见高铭暄、陈冉:《结合〈刑法修正案(八)〉谈我国社区矫正的本土化发展》,载《中国司法》2011年第5期。

法定。罚金刑没有数额规定,对司法实践来讲就难以掌握,也不符合世界其他法治国家刑法中罚金刑的通例。高铭暄教授建议,既然罚金刑是针对犯罪人的犯罪情况和拥有的财产状况来判处的,那么判处罚金就是要剥夺被告人合法财产中的一部分,所以必须在数额上作出明确规定。这个数额可以是具体的人民币数额,也可以是一个比例或者倍数,比如,根据违法所得数额、销售数额、经营数额、应纳税数额等来确定一个比例或者倍数。既有下限,也有上限,可以考虑最低数额由刑法总则规定,最高数额由刑法分则根据不同罪名的各自状况分别规定。

三、国际刑法思想:实现与国际刑法规范的对接

高铭暄教授历来提倡刑法学科的国际化,认为"在经济和法律全球化的今天,作为一个刑法学者,必须具有国际眼光和开放的思想和胸襟"[①]。高铭暄教授是我国国际刑法学科的创立者、国际刑法研究的拓荒者。早在 20 世纪 80 年代中后期,他率先打开了中国刑法学界与国际刑法学协会联系和对话的大门,并推动创建了国际刑法学协会中国分会。[②] 他富有远见地指出,进入 21 世纪,随着经济全球化日益加深、国际交往日益便利,国际犯罪将会更加猖獗,其对国际社会造成的危险也将日趋严重。在此背景下,国际犯罪的惩治与防范、国际范围内的刑事司法协助、国际刑法的中国化以及中国刑法的国际化等问题,必将成为我国刑法学研究亟待加强的领域。除了对国际刑法的发展历程、国际刑事司法的演进、国际犯罪的界定、国际刑法的基本原则等基础性问题进行深入研究[③],高铭暄教授还特别针对中国刑法与国际刑法规范的协调和衔接问题展开了探讨。

(一)未成年人刑罚措施与国际人权法的对接

如果对比目前我国《刑法》有关未成年人犯罪处罚措施的规定和《公民权利和政治权利国际公约》《儿童权利公约》等国际人权法的相关内容,就能发现,前者还存在有待完善之处:①无期徒刑的相对禁止。国际人权法对未成年人犯罪适用无期徒刑作出了限制性规定,但我国《刑法》中尚无关于未成年人适用无期徒刑的特

[①] 高铭暄:《新中国刑法学六十年发展的简要历程和基本经验》,载高铭暄、王作富:《高铭暄王作富刑法学文选:九十华诞自选集》,法律出版社 2017 年版,第 58 页。
[②] 参见高铭暄口述、傅跃建整理:《我与刑法七十年》,北京大学出版社 2018 年版,第 143—149 页。
[③] 参见高铭暄、王秀梅:《国际刑法的历史发展与基本问题研究》,载《中国刑事法杂志》2001 年第 1 期;高铭暄、王秀梅:《当代国际刑法的发展与基本原则》,载《人民检察》2005 年第 19 期。

别规定。②监禁刑的慎重适用。国际人权法考虑到监禁刑可能对未成年人身心造成的消极影响,明确要求对未成年人犯罪应尽可能少地实施封闭性的关押,体现出立法上慎重、司法上慎用的精神。尽管我国历来对未成年人犯罪贯彻"教育为主、惩罚为辅"的刑事政策,但对未成年人犯罪慎用监禁刑这一点,我国《刑法》中尚无明显体现。③我国未成年人犯罪非刑罚处罚方法存在以下不足:第一,非刑罚处罚方法缺乏系统、专门的规定;第二,非刑罚处罚方法种类偏少、体系性不强。尽管目前不需要制定专门的未成年人犯罪单行刑法,但出于将未成年人犯罪中非刑罚处罚方法加以系统化整理的考虑,有必要在刑法典中设立专条、专节,建立形式多样、轻重有序、逐级递进的非刑罚处罚方法体系,强化非刑罚处罚方法在未成年人犯罪中的适用。①

(二)参考国际反腐败犯罪的发展趋势改进我国刑事法规制

高铭暄教授认为,当前国际反腐败犯罪的发展呈现出以下趋势:建立健全腐败犯罪的预防机制;设立严密的腐败犯罪刑事法网;针对腐败犯罪的特点设置特殊的诉讼规则和处罚措施;强调打击腐败犯罪的国际合作;注重腐败犯罪中的资金追回。他认为,中国应当顺应国际反腐败犯罪的发展趋势,参照《联合国反腐败公约》,从立法和司法两个方面完善反腐败犯罪的刑事法治。在刑事立法方面,要加强预防性立法,建立公务员财产申报制度;要修改腐败犯罪的构成要件,严密刑事法网;要改进腐败犯罪的死刑立法,促进腐败犯罪的引渡合作。在刑事司法方面,一要建立专职的反腐败犯罪机构;二要完善反腐败刑事司法中的证人制度;三要健全涉外资产追回机制。②

(三)参照国际人权法完善我国刑事诉讼法

高铭暄教授认为,我国刑事诉讼法的完善不仅要符合中国社会主义民主法治建设的需要,还要应对国际人权法的要求。有些为国际公约所确定的权利,在中国的《刑事诉讼法》中还缺少规定,需要加以充实完善,如不受强迫自证其罪的权利、获得保释的权利、强制措施的救济权利以及免受双重危险的权利等。《刑事诉讼

---

① 参见高铭暄、张杰:《中国刑法中未成年人犯罪处罚措施的完善——基于国际人权法视角的考察》,载《法学论坛》2008年第1期。
② 参见高铭暄、张杰:《论国际反腐败犯罪的趋势及中国的回应——以〈联合国反腐败公约〉为参照》,载《政治与法律》2007年第5期。

法》修改的核心在于司法机关处理刑事案件的制度和过程。在刑事诉讼过程中需要贯彻国际人权法的内容,同时需要重视相应配套措施的保障作用。只有将与刑事诉讼制度相关的改革放在中国整个司法改革的视野当中统筹安排、协调进行,才能更好地推进刑事诉讼制度改革,才能保证国际人权法的内容真正得以落实。[1] 令人欣慰的是,他的这些建议已在我国《刑事诉讼法》的改革中逐步落实。[2]

四、结语

新中国刑法学的 70 年,走过了初创起步、浴火重生和繁荣发展的历程。高铭暄教授是这一历程的重要见证者、亲历者和参与者。无论是跋涉在曲折艰险的激流险滩,还是行走于顺达开阔的平坦大道,他始终以高度的文化自信和海纳百川的宽广胸怀,"参考古今,博辑中外",扎根中国大地的立法和司法实践,矢志不渝地推动我国刑法学朝着现代化、国际化的方向迈进。其刑法学思想极具中国风格、中国气派,同时又富有国际视野,为我国刑法学的发展奠定了坚实的基石,赋予了强大的精神力量,既是我国刑法理论发展的一座丰碑,也是启迪、激励后辈学人攀登学术高峰的一笔宝贵财富。

---

[1] 参见高铭暄、孟军:《国际人权公约与中国刑事诉讼法的修改与完善》,载赵秉志主编:《刑事法治发展研究报告》(2005—2006 年卷),中国人民公安大学出版社 2006 年版,第 677—687 页。
[2] 例如,2012 年修订的《刑事诉讼法》第 50 条明确规定了"不得强迫任何人证实自己有罪"的原则。

第三部分

高铭暄先生关于具体领域的学术思想

刑事立法是现代刑事法治建设的基础

——高铭暄教授刑法立法活动暨立法思想之考察

赵秉志[*] 彭凤莲[**]

一、前言

为庆祝中华人民共和国成立70周年,全国人民代表大会常务委员会于2019年9月17日通过《关于授予国家勋章和国家荣誉称号的决定》。根据这一决定,国家主席习近平于2019年9月29日向高铭暄教授颁授了"人民教育家"国家荣誉称号,这是我国法学界和法学家获得的唯一一个国家级荣誉。高铭暄教授作为新中国培养的第一代法学家的杰出代表,是我国刑法学的主要奠基者和开拓者,他自新中国成立之初迄今的70载学术生涯中,对我国的刑事法治建设、刑法学教学研究、法学人才培育和刑法学国际交流事业作出了杰出的贡献,在我国法学界、法律界乃至国际法律学界都享有崇高的声誉,他荣获"人民教育家"国家荣誉称号可谓实至名归。

刑事法治是现代法治基本而重要的组成部分,而刑法立法又是刑事法治的基础,因而刑法立法工作历来为我国法律界和法学界所重视、青睐。在高铭暄教授丰富、充实、辉煌的人生历程中,参与新中国刑法立法的创建和发展完善工作是其中格外耀眼的一个组成部分。他从当年血气方刚、风华正茂的青年刑法学者,到如今满头银发、鲐背之年的刑法学大师,始终心系国家刑法立法。他是历史跌宕中全程参与并见证新中国第一部《刑法》诞生的唯一的刑法学者,参与国家刑法立法创制

---

[*] 北京师范大学刑事法律科学研究院教授、博士生导师,中国刑法学研究会名誉会长,国际刑法学协会中国分会主席。
[**] 安庆师范大学校长、教授、博士生导师。

活动伴随其职业生涯长达近 70 个春秋。在其学术研究生涯中,关注刑法立法和刑事法治改革前沿问题是高铭暄教授一贯坚持的主要学术风格之一。① 以亲历的刑法立法实践和刑法立法问题研究相结合,高铭暄教授逐渐形成了有关刑法立法创制与修正的刑法立法理论见解,并致力于新中国刑法学科的建构与拓展。新中国先后颁行的两部刑法及晚近以来我国刑法立法的完善都包含着他的智慧与贡献,有关刑法立法的理论论述和论著也成为高铭暄教授学术成就的一个重要方面。

全国人民代表大会常务委员会《关于授予国家勋章和国家荣誉称号的决定》号召,要"以国家勋章和国家荣誉称号获得者为楷模,大力宣传他们的卓越功绩,积极学习他们的先进事迹"。诚如著名教育家陶行知先生所言,"学高为师,德高为范"。高铭暄教授的辉煌人生和道德文章都值得学生学习、研究和颂扬。限于篇幅,本文选择恩师高铭暄教授的刑法立法活动与立法学术思想这个熠熠生辉的方面,试图予以较为全面系统的梳理和研讨。

二、高铭暄教授参与刑法立法主要活动述略

新中国成立以来 70 余年的刑法立法,经历了 1979 年第一部《刑法》的创制、修订通过 1997 年《刑法》及其颁行之后迄今我国刑法立法的持续完善三个阶段。高铭暄教授全程参与我国刑法立法从创立到修订再到完善的这三个阶段,他是唯一全程参与第一部《刑法》创制的刑法学者,是参与 1997 年《刑法》研拟的主要学者之一,也是长期多次参与修正完善 1997 年《刑法》的学者之一,他为新中国刑法立法的创制、发展和完善作出了无与伦比的杰出贡献。

新中国成立之初就开始了建设社会主义法制的探索。早在 1950 年,当时的中央人民政府法制委员会就曾邀约了一批法律专家如陈瑾昆、蔡枢衡、李祖荫、李浩培、李光灿等参与起草刑法,他们先后起草出两个刑法文本,一个是 1950 年的《中华人民共和国刑法大纲草案》,另一个是 1954 年的《中华人民共和国刑法指导原则草案(初稿)》。这两个刑法文本在今天看也有其闪光点,但它们都没有向社会公开征求过意见,也没能进入立法程序,因而没有成为立法文件,只能算作刑法立法资料。②

1954 年 10 月,伴随着新中国第一部《宪法》的颁行,全国人民代表大会常务委

---

① 参见高铭暄:《刑法续言——高铭暄刑法学文集》,北京大学出版社 2013 年版,"前言"第 1—2 页。
② 参见高铭暄:《中华人民共和国刑法的孕育诞生和发展完善》,北京大学出版社 2012 年版,"前言"第 1 页;高铭暄、赵秉志:《中国刑法立法之演进》,法律出版社 2007 年版,第 39—40 页。

员会办公厅法律室受命组建班子,负责起草刑法。当时,研究生毕业留校任教刚1年、年仅26岁的高铭暄教授被中国人民大学法律系派到全国人民代表大会常务委员会办公厅参与刑法起草班子的工作,从此与我国刑法立法工作结下不解之缘。1954年到1963年,从刑法草案第1稿到第33稿,历经九年风雨;1978年到1979年,再从刑法草案第34稿到第38稿,又是一年光阴。撇开中间由于连绵不断的政治运动和"文化大革命"而停顿的十多年时间不计,在这十年参与新中国刑法立法创建的历程中,高铭暄教授倾注了自己的全部学识、热情、心血和汗水,成为自始至终亲力亲为我国第一部《刑法》创制过程的唯一学者。在这十年中,他已记不清提出过多少立法意见和建议,搜集和整理过多少供国家立法机关参考的资料,对每一个刑法条文作过多少次的草拟、修订和完善。

高铭暄教授不仅把参与刑法立法作为一定时期组织上分配给自己的一项工作,而且把参与和研究刑法立法视为自己毕生从事的事业的一个重要部分来对待,并且由衷地重视和热爱。作为有着良好学术素养与习惯的学者,他在参与和研究刑法立法过程中积累了丰富的第一手刑法立法资料,也经历了数不清的立法问题争议和法条表述的字斟句酌,这成为他日后学术发展的重要基础,也使他得以为我国刑事法治和刑法学研究事业作出了独特的贡献。1963年10月,在刑法草案第33稿完成而刑法立法工作暂告一个段落之后,高铭暄教授回到中国人民大学法律系继续任教,当时他根据教研室的要求,利用自己参与刑法立法的机会和有意识积累的有关资料,结合自己参与刑法立法的相关体会,把刑法立法中的难点和重点予以梳理,于1964年5月完成了近8万字的主要解析刑法草案第33稿的《中华人民共和国刑法(草案)学习纪要》,为相关教职人员提供了难得的教学资料。我国第一部《刑法》于1979年7月1日通过并于1980年1月1日正式施行后,在当时学习、研究刑法缺乏有关资料的情况下,高铭暄教授当年撰著的学习纪要的价值引起了司法机关的注意,最高人民检察院研究室1981年7月编印的《检察业务学习资料》第13辑特别将其全文刊载,推荐给全国检察系统人员学习。同时,鉴于他全程参与第一部《刑法》起草工作的独特经历,法律出版社慧眼独具,特约高铭暄教授撰写一本论述中国刑法诞生方面的著作,这一约请对他而言是正中下怀,于是高铭暄教授利用教学之余加班加点进行梳理、研究和写作,不到半年时间,完成了近20万字的名为《中华人民共和国刑法的孕育和诞生》的书稿,由法律出版社于1981年7月正式出版发行。① 该书既是高铭暄教授的第一部个人学术著作,也是党的十一届

---

① 参见高铭暄:《我的刑法学研究历程》,载《河南警察学院学报》2020年第1期。

三中全会作出建设社会主义法制决策之后我国法学界出版的第一部学术著作。该书全面、系统地阐述了我国第一部《刑法》的诞生过程及各个条文的演进轨迹,并对刑法立法过程中的各种分歧意见进行了客观介述和评析,是学习、研究和适用 1979 年《刑法》的重要参考,面世后 12000 册很快就售罄,一时间可谓"洛阳纸贵",当时由于社会上复印机还很罕见,甚至出现了"手抄本"。

高铭暄教授这本著作的背后也有深深的遗憾。因为有注意收集资料的学术素养,他借参加刑法起草工作之便,细心收集了刑法草案从第 1 稿到第 33 稿的所有资料,刑法草案研拟过程中的一些争议和意见也都批注在资料上,他将这些资料装订成册,堆起来有半人多高。在"文化大革命"中将被下放到江西参加劳动之前,为稳妥起见,高铭暄教授将这些资料交由中国人民大学法律系保密资料室保存,以备将来自己和同事参考,没料到后来竟被管理学校的军宣队和工宣队当作废品烧掉了。1978 年高铭暄教授重返校园后得知此事时痛惜不已,多年后他还念念不忘,成为毕生最大的憾事。他说,这样宝贵的立法资料全国只有这一套,如果能留存下来,那写作我国刑法的孕育诞生的脉络会更清晰、内容会更丰富!① 当然,我们也会对我国刑法的创制有更加深入而切实的了解。

1979 年《刑法》颁行之后,随着我国改革开放的阔步进展和政治、经济、治安形势的急剧变化,刑法的修改和补充工作也接踵而至。从 1981 年至 1996 年间,全国人民代表大会常务委员会先后颁行了 25 部单行刑法,对 1979 年《刑法》的诸多内容作了一系列修改和补充。在此期间,高铭暄教授参与了大部分刑事法律的草创工作,他积极提供咨询意见,发表立法建言,建议纠正不当条文,其立法贡献受到我国立法机关的高度评价。

对 1979 年《刑法》的修订工作自 1982 年起开始酝酿准备,于 1988 年起提上国家立法机关工作日程,至 1997 年《刑法》通过,历时 15 年。② 高铭暄教授以促进我国刑法立法改革与完善为己任,极力倡导开展刑法修改研究工作。由他担任总干事(会长)的中国法学会刑法学研究会,在他的组织与主持下,自 1986 年开始,在历年举行的全国刑法学术年会上,都关注刑法的修改与完善问题,并通过每年结集出版的年会学术文集,为立法机关的刑法修改工作提供了重要的理论

---

① 参见高铭暄、黄薇:《25 年曲折立法路 见证新中国第一部刑法诞生的艰辛》,载《国家人文历史》2011 年第 7 期。
② 参见王汉斌:《关于〈中华人民共和国刑法(修订草案)〉的说明——1997 年 3 月 6 日在第八届全国人民代表大会第五次会议上》,载高铭暄、赵秉志编:《新中国刑法立法文献资料总览》(第二版),中国人民公安大学出版社 2015 年版,第 773 页。

参考资料。① 尤其是1997年《刑法》出台前夕,于1996年11月在四川省乐山市举行的1996年中国法学会刑法学研究会年会(即中国刑法改革研讨会)上,与会的近200名刑法理论界和法律实务部门的专家学者们对全国人民代表大会常务委员会法制工作委员会(以下简称"全国人大常委会法工委")1996年10月拟定的《刑法修订草案(征求意见稿)》进行了热烈的研讨,提出了不少富有建设性的意见。高铭暄教授在会上作了题为"为我国刑法的改革和完善而努力"的报告,总结了近十年来刑法修改研究的情况,为我国1997年《刑法》的顺利通过作了较为充分的理论论证与铺垫。

在1997年《刑法》修改研拟过程中,作为全国人大常委会法工委经常邀请参与刑法修改工作的主要专家学者之一,高铭暄教授除了撰文探讨刑法修改完善问题,还多次应邀参加刑法修改研讨会、座谈会,参与立法起草、咨询工作,提出了一系列有关刑法修改、涉及宏观微观多方面问题的宝贵建议,其修法见解受到国家立法机关的高度重视。② 1993年12月,在全国人大常委会法工委刑法修改小组开始着手研究刑法分则修改问题后不久,全国人大常委会法工委委托中国人民大学法律系刑法专业修改刑法总则,由高铭暄教授和王作富教授主持,赵秉志教授协助组织实施。接受委托后,中国人民大学法律系刑法专业成立了刑法总则修改小组。③ 该小组从1993年12月到1994年9月进行了较为集中的研讨和研拟工作,先后向国家立法机关提交了一份《刑法总则大纲》(1994年1月13日)和四份《刑法总则修改稿》(1994年1月、5月、6月和9月)。尤其是1994年6月和9月向全国人大常委会法工委提交的两份《刑法总则修改稿》,为国家立法机关修订刑法总则提供了有益的建议和参考,后来全国人大常委会法工委在此基础上于1995年8月8日起草了《刑法总则修改稿》。④

1996年3月《刑事诉讼法》修正通过后,国家立法机关迅速将主要精力转到刑法的系统修改工作。1996年8月12日至16日,全国人大常委会法工委在北京专门邀请高铭暄等六位资深刑法学专家就刑法修改问题进行充分的座谈研讨。⑤ 全国

---

① 参见"附录二 中国刑法学研究会历届全国刑法学术年会一览",载赵秉志主编:《中国刑法学研究会学术研究30年》,法律出版社2014年版,第860—861页。
② 参见高铭暄:《我的刑法学研究历程》,载《河南警察学院学报》2020年第1期。
③ 参见赵秉志主编:《新刑法全书》,中国人民公安大学出版社1997年版,第1851—1870页。
④ 其他五位专家为王作富、马克昌、曹子丹、单长宗、储槐植教授。此次刑法修改座谈会情况,参见高铭暄、赵秉志编:《新中国刑法立法文献资料总览》(第二版),中国人民公安大学出版社2015年版,第1340—1373页;赵秉志主编:《新刑法全书》,中国人民公安大学出版社1997年版,第1851—1870页。
⑤ 参见高铭暄、赵秉志编:《新中国刑法立法文献资料总览》(第二版),中国人民公安大学出版社2015年版,第1065—1073页。

人大常委会法工委印发《刑法修订草案（征求意见稿）》（1996年10月10日）后，于同年11月11日至22日在北京召开了大型刑法修改座谈会征求对该草案的意见。11月22日大会发言时，高铭暄教授以一个学者对国家刑事法治建设和人权保护事业高度负责的精神，针对刑法修订草案中死刑立法改革幅度不大的状况进行了慷慨激昂的评析发言，他从历史经验、死刑价值、国家"少杀"的刑事政策以及国际交往需要等多维角度，旗帜鲜明地提出刑法修订应努力削减死刑的建议，可谓振聋发聩、给人启迪。

1997年《刑法》通过后，高铭暄教授作为新中国成立以来基本上始终参与我国刑法立法工作的最有代表性的刑法学家，受到中央电视台等多家主流新闻媒体的邀约采访，中央电视台《东方之子》节目等对他进行了专访。同时，应教学科研机构、司法部门之邀请讲授、宣传1997年《刑法》，他更是应接不暇。

1997年《刑法》是一部统一的、比较完备的、具有一系列重大改革和多方面进展的刑法，是新中国刑法立法发展历程中的一个里程碑。但是，1997年《刑法》并没有终止我国刑法立法继续发展进步的需要和步伐。1997年《刑法》颁行后二十多年来，根据需要，在刑法立法领域，我国立法机关又陆续制定和通过了1部单行刑法、12个刑法修正案和13件刑法立法解释文件，进一步完善了刑法立法，并确立了通过刑法修正案局部完善刑法的基本修法模式。在这二十多年中，高铭暄教授虽已年逾古稀，仍以"老骥伏枥，志在千里"的精神，超乎常人所能地参与了多个刑法修正文件的研拟和研究工作，为我国刑法立法的完善殚精竭虑，①并坚定不移地支持国家立法机关采取刑法修正案的模式局部修改完善刑法，以维护刑法的统一性和权威性。

鉴于1979年《刑法》之后我国又于1997年修订通过了《刑法》，以及之后二十多年来我国刑法立法又有了一系列发展完善之举，而高铭暄教授基本上参与了新中国所有刑法规范的制定和修改活动，多年间他一直打算修订《中华人民共和国刑法的孕育和诞生》，希望为我国刑事法治建设和刑法学研究奉献一部与时俱进的阐述我国刑法立法发展过程与演进轨迹的立法著作，并把他的刑法立法思想和感想写进该书中。② 经过多年的准备和不懈的努力，2012年在高铭暄教授84岁高龄

---

① 例如，2020年10月，高铭暄教授已逾92岁高龄，即使在因病住院期间，在收到由赵秉志教授转交的全国人大常委会法工委就《刑法修正案（十一）（草案二次审议稿）》的征求意见专函后，他仍认真予以研读，口述其修法意见并委托赵秉志教授代为整理成书面文稿转交全国人大常委会法工委，表现出刑法学泰斗对国家刑法立法完善工作的极大热忱和高度负责精神。参见赵秉志主编：《〈刑法修正案（十一）〉理解与适用》，中国人民大学出版社2021年版，第17页。

② 参见陈磊：《我觉得法律职业是一个正义的职业——对话刑法学界泰斗高铭暄先生》，载《河南教育（高校版）》2006年第5期。

时,他撰著的长达 85 万余字的《中华人民共和国刑法的孕育诞生和发展完善》一书由北京大学出版社出版发行。这部鸿篇巨制的上卷基本上是 1981 年出版的《中华人民共和国刑法的孕育和诞生》一书的内容,反映的是 1979 年《刑法》的孕育诞生过程和条文内容的演进轨迹;下卷反映的是 1979 年《刑法》颁行后尤其是 1997 年《刑法》及其之后我国刑法立法的发展和完善历程。这部著作可以说是高铭暄教授一生参与刑法立法活动的心血和智慧之作。由于其视角独特、内容丰富,这部著作一经面世,立即受到学界的广泛好评,引起强烈反响。①

三、高铭暄教授关于刑法立法的主要思想

亲历多年的刑法立法实践并长期注重对刑法立法领域问题的研究,高铭暄教授逐渐形成了一整套关于刑法立法的思想和见解。高铭暄教授的刑法立法思想,在宏观上有立法观念、立法原则、立法指导思想、刑法体系安排等的举纲张目;在微观上也涉及具体条文、具体罪名、术语表达上的精雕细琢。与我国刑事立法过程相适应,以高铭暄教授刑法立法思想的发展脉络和相关内容为对象,我们把高铭暄教授的刑法立法思想大致分为 1979 年《刑法》背景下和 1997 年《刑法》颁行以来两大部分予以考察。

(一)1979 年《刑法》背景下高铭暄教授的刑法立法思想

1. 关于刑法立法宏观问题的见解

(1)关于刑法立法根据的认识

高铭暄教授认为,制定和修改刑事法律,至少应该具有四个根据:一是宪法根据,即刑事法律的规定不能与宪法相抵触,而必须贯彻宪法的基本原则和基本精神。这是由宪法的根本法地位所决定的。二是实践根据,即刑事立法必须从实际出发,立足于本国的国情、民情和罪情,注意总结和反映我国同犯罪作斗争的成功经验,防止可能出现的漏洞和失误。刑法立法要参考外国的刑法条文,但真正的依据还是要从中国的实际出发。三是政策根据,即刑事立法要体现我国的基本刑事政策,并运用这一政策指导和协调立法内容。刑法立法是随着国家形势的变化而变化的,也要随着国家刑事政策的调整而调整。四是理论根据,即刑事立法要讲究科学,以政治理论、经济理论、法学理论为指导。一部无视理论指导的立法是注定

---

① 参见蒋安杰:《高铭暄:30 年磨一剑》,载《法制日报》2012 年 10 月 10 日,第 9 版。

要失败的。①

(2)关于刑法立法原则的见解

20世纪80年代中期,高铭暄教授结合当时我国刑法立法的实际状况,明确提出我国刑事立法必须坚持四项原则:一是立法权限的集中性原则,即刑事法律的立法权,必须集中于国家的中央权力机关,即由全国人民代表大会及其常务委员会行使。各级地方人民代表大会及其常委会、各级行政机关及司法机关,均无权制定和颁布刑事法律。民族自治地方依照《宪法》及《刑法》的规定,根据当地民族的实际情况,对犯罪和刑罚问题所作的变通或补充规定,应当允许,但必须报请全国人民代表大会常务委员会批准后,方能生效施行。二是立法思想的一致性原则,即无论是制定刑法,还是颁布单行刑法,都必须使立法思想保持内在的统一性。既要注意立法宗旨的一致,又要注意基本原理的一致,还要注意不同法规之间的一致。强调立法思想的一致性,是为了减少立法矛盾,保证刑事立法的整体效能。三是立法内容的必要性原则,即刑事立法的内容必须是成熟的、必不可少的,对不该规定的,要坚决舍弃;对应该规定的,即使具有一定的超前性,也不能遗漏。四是立法方式的多样性原则,即刑事立法在形式上可以多种多样,既包括刑法,也包括单行刑事法律,还包括非刑事法律中的附属刑法规范。②

(3)关于刑法立法观念的转变

刑法立法观念的先进与否决定着刑法的先进与否。一部好的刑法必须有先进的立法观念为指导。20世纪80年代后期,高铭暄教授提出了如下与政治、经济发展相适应的刑法立法观念。

其一,应转变有关经济犯罪的观念。随着社会主义商品经济的发展,在刑法观念上最迫切需要加以转变的是有关经济犯罪的一些观念:首先,要确立作为社会主义公有制经济之重要补充的私营经济也是我国刑法所保护的客体的观念。把社会主义制度下的私有制也放到一个比较重要的地位,加以必要的刑法保护。其次,为适应商品流通、搞活市场的需要,应当改变过去不分情况,把所有经济交易中的居间中介行为都视为投机倒把的观念。再次,在商品经济条件下,市场的含义在扩大,商品的外延也在扩大,因此刑法观念必须与这种现象相适应。最后,要摒弃"为

---

① 参见高铭暄:《刑事立法工作的宝贵经验——学习〈彭真文选〉摘记》,载《法学杂志》1993年第4期;吕佳臻、王秀梅:《对话高铭暄:立法的真正依据要从中国实际出发》,载《法律与生活》2019年第15期。

② 参见高铭暄:《刑法问题研究》,法律出版社1994年版,第77—83页。应当注意,高铭暄教授当时所说的刑法立法方式的多样性原则,是针对1997年《刑法》颁行前刑法立法的实际情况而言的。

富不仁"的观念,保障劳动者正当的合法利益。

其二,要破除旧有的刑法观,树立社会主义民主的刑法观念。应当转变那种只把刑法看成"专政工具"和"打击手段"的观念,切实地把刑法在保障社会主义民主中的作用提高到应有的地位。在刑法中牢固树立社会主义人道主义的观念,也是发展社会主义民主的必然要求。

其三,要打破刑法作为国内法不应当规定有关国际犯罪的任何条款的观念。随着社会主义商品经济的不断发展和国际交流与合作的日益扩大,1979年《刑法》已经不能适应国际日益扩大的刑事合作和交流以及国际刑事斗争的需要,应当加以改进。有鉴于此,应当注意确立我国刑法的普遍管辖原则,在我国刑法中规定引渡和司法协助等条款,并在我国刑法中设立相应的国际犯罪。[①]

(4)关于刑法立法主要特点的归纳

1979年《刑法》施行十年之际,高铭暄教授概览十年来我国刑事立法的基本情况,进行深刻反思,回顾总结既往,探讨展望未来,将我国以往刑事立法的主要特点归纳如下:

其一,坚持马列主义、毛泽东思想的理论指导。在刑事立法中坚持马列主义、毛泽东思想的指导,首要的就是将其基本观点和方法加以贯彻。其次,马克思主义关于人类社会发展运动规律的一些学说,也对我国刑事立法起到了重要的指导作用。最后,马列主义、毛泽东思想关于刑法的一些理论学说更直接影响了我国的刑事立法。如刑法中的死缓制度,正是毛泽东同志所直接倡导的。

其二,立足于中国的国情。这既是辩证唯物主义对立法工作的一个原则要求,也是我国刑事立法的一个突出特点。主要反映有三:一是立足于我国的社会主义国家性质,体现社会主义的一些基本原则。二是立足于我国幅员辽阔、民族众多、社会情况复杂的社会条件,不能搞一刀切。为此,刑法规定民族自治地区可以根据当地民族的政治、经济、文化的特点和刑法的基本原则,制定对刑法的变通或者补充的规定;而我国刑法的某些规定比较原则和灵活,也正符合我国社会情况比较复杂这一实际。三是立足于我国现代化建设的需要。在改革开放的背景下,严惩严重经济犯罪和其他重大刑事犯罪分子,保障社会主义现代化事业的顺利发展,也就成为现实刑事立法的一个重要方面。

其三,总结了我国同犯罪作斗争行之有效的经验。我国在同犯罪作斗争中积累的行之有效的经验,如严肃与谨慎相结合,惩办与宽大相结合,缩小打击面、扩大

---

① 参见高铭暄、王勇:《社会主义商品经济与刑法观念的转变》,载《政法论坛》1988年第5期。

教育面等,都在我国刑事立法中得到了很好的贯彻;我国所创制的死缓、管制等制度,也在刑法中得到了体现。

其四,吸收了刑法学理论中正确的见解。我国刑法的起草工作,自始至终都是在刑法学专家和学者的参与下进行的,而且立法机关也比较注意研究刑法理论,因而刑法的一些规定就必然体现新中国成立以来我国刑法学研究的成果。如新中国成立初期,刑法学界就曾对刑法要不要把无期徒刑、管制、拘役作为一个刑种规定下来有所争论,1979年《刑法》采纳了多数人的肯定性意见。再如1979年《刑法》颁布后,挪用公款的情况大量出现,刑法学界认为,对危害严重的挪用公款行为追究刑事责任是必要的,但司法解释以贪污罪论处不妥当,应独立定罪。后来国家立法机关在制定《关于惩治贪污罪贿赂罪的补充规定》时采纳了该主张,把挪用公款规定为一个独立的罪名。

其五,借鉴了国外刑事立法中的有益成分。首先,1979年《刑法》从体系上借鉴了《苏联刑法典》的体系安排;其次,在一些具体条文的规定上,参照了外国刑法的有关规定;再次,我国刑法在某些问题的规定上如刑事责任年龄,采取了大多数国家刑法所采用的通例;最后,对于大多数国家没有规定的某些情况如通奸,我国刑法也未予规定为犯罪。

其六,原则性与灵活性相结合。这是我国刑事立法的一大特点,如在罪与非罪的界限标准上即是如此。

其七,及时与谨慎立法相结合。1979年《刑法》施行后的一些单行刑法即是应需要而及时制定的。同时,立法机关对刑事立法也十分谨慎,对一时拿不准、缺乏立法经验的情况,就没有在刑法中勉强作出规定。如污染环境、侵犯著作权和发明权等犯罪当时就未在1979年《刑法》中规定,而是留交非刑事法律先行规定,待经验成熟时再补充进刑法中。

其八,刑法立法方式、立法程序和立法技术有所发展。立法方式上,在刑法之外,还有单行刑法和非刑事法律中的刑法规范等。有些单行刑法实际上就相当于刑法修正案,以这种方式对刑法进行修正,具有及时性和针对性,比较可取,而且对刑事立法的修法方式将产生重要影响。立法程序上,刑事立法工作日趋民主化。立法技术上,立法机关对刑事法律采取了逐步完善的方法。如在刑法之外,对一些问题,一旦时机成熟,立法机关就颁布补充规定等。①

---

① 参见高铭暄、赵秉志、王勇:《中国刑事立法十年的回顾与展望》,载《中国法学》1989年第2期。

（5）关于刑法特别法的立法规范问题

在20世纪80年代我国存在相当数量的特别刑法规范的背景下,高铭暄教授撰文予以研究,认为刑法特别法规作为一种立法形式,不外乎两大基本类型:一是单行法规;二是非刑事法律中的附属刑法规范。我国已颁行的一系列刑法特别法规在立法技术上经历了一个不断提高的过程:如附属刑法条款由当初"追究刑事责任"的笼统规定,发展到具体指明依照刑法的哪一条款定罪量刑,直至比较完整地在非刑事法律中集中设置刑法规范,并在特别法规之后附载刑法的有关条文。但是,总结已有的经验,有必要强调注意几个问题:一是表述要明确。刑法特别法规是对刑法的补充和修改,是追究行为人刑事责任的法律根据,其内容一定要具体、明确。二是内容要可行。立法的目的是执行,要重视法律施行的效果。三是界限要分清。非刑事法律的附属刑法规范应当独立设置条款,以便明确一般违法行为与犯罪的界限。四是术语要统一。立法的语言应该概念清晰,含义确切,统一规范,简明易懂。要尽量使用统一的刑法语言,避免使用民俗用语。除增设新罪名和必要的用语外,应一律使用刑法已有规定的罪名和用语。有些特别法规先后使用过"依法惩处""给予刑事处分""追究刑事责任"等用语,不尽一致,建议立法机关统一使用"追究刑事责任"。①

2. 高铭暄教授关于修改1979年《刑法》的观点

（1）关于1979年《刑法》的基本评价

高铭暄教授认为,1979年《刑法》的颁行具有重大意义:其一,它使新中国刑法规范第一次得以体系化,奠定了我国刑法体系的基础。其二,它使我国刑事司法办案工作有法可依,结束了以往刑事司法工作主要依靠政策的局面,基本上能做到罪刑法定。其三,它为我国刑法学教学研究提供了丰富的思想源泉和现实的规范依据,带动刑法学教学研究从停滞状态走向复苏乃至逐步繁荣。因此,从总体上讲,1979年《刑法》是一部保护我国社会主义现代化建设的良法。但由于受当时历史条件和立法经验的限制,1979年《刑法》在体系结构、规范内容和立法技术上难免存在一些缺陷。② 作为自始至终参与这部刑法创制工作的刑法学者,高铭暄教授对1979年《刑法》的基本评价是客观的、历史的、一分为二并区分主次的。

（2）关于全面修改1979年《刑法》的必要性和可行性

高铭暄教授指出,1979年《刑法》由于受到当时"宁粗勿细"立法思想的影响导

---

① 参见高铭暄、姜伟:《刑法特别法规的立法原则初探》,载《法学评论》1986年第6期。
② 参见高铭暄:《新中国刑法立法的变迁与完善》,载《人民检察》2019年第Z1期。

致内容过于简单和原则,致使在刑法之外,后来还有许多单行刑法和非刑事法律中的附属刑法规范,缺乏体系上的归纳,显得零乱,不便于掌握。而且有的单行刑法出台以后,刑法原有条文规定究竟是否废除也不明确,以致司法文书中对有的罪名适用刑法时,既引用刑法条文,又引用单行刑法相应条文,很不规范。再者,由于单行刑法是一个一个地创制,彼此缺乏照应,在法定刑上有所失衡。特别是党的十四大以来,为了建立社会主义市场经济体制,实现体制转轨,各方面都发生了深刻变化,在犯罪现象上也出现了许多新情况、新问题,为了建立起良好的社会主义市场经济秩序,需要加强宏观调控和加快经济立法,同时也需要完善刑法。对市场经济中出现的不轨行为,哪些应规定为犯罪,罪与非罪的界限应如何划分,如何对这些犯罪进行科学的分类,这些都要作通盘的考虑,而不是通过几个单行刑法修修补补就能够解决的。因此,无论是司法实务部门,还是刑法学界,一致要求全面修改刑法,从而制定出一部新的刑法。[①]

在 1979 年《刑法》颁布十周年之际,高铭暄教授在有关论文中专门论述了修改和完善这部刑法的必要性与可行性问题。

关于修改 1979 年《刑法》的必要性。首先,1979 年《刑法》同日益发展的社会主义商品经济已经不能相适应。从社会主义所有制关系看,《刑法》并没有把保护公有制以外的经济形式作为一项重要任务加以规定,也没有设立相关的规范性条款。从社会主义商品流通领域看,1979 年《刑法》把一些对促进商品流通有益的行为也规定为投机倒把罪或受贿罪。在商品经济的其他许多领域和方面,也都存在 1979 年《刑法》不能与之相适应的情况。这就要求从整体上对其作适当的修改。其次,1979 年《刑法》同近年来已逐步展开的政治体制改革及社会主义民主的日益发展也是不相适应的。由于刑法的不完善,对许多滥用职权、亵渎职务而给国家造成严重损失的危害行为,还无力追究其刑事责任。再次,1979 年《刑法》中还存在与宪法不协调之处,如 1979 年《刑法》中只有保护公有制的破坏集体生产罪,却没有保护私营经济的破坏个体生产罪的规定,宪法要求保护私营经济的合法权益的规定就未能在刑法上得以体现。最后,1979 年《刑法》同其颁行以后的其他特别刑法规范及刑事司法实践也显得有些不协调。从立法上说,陆续颁布的特别刑法规范经实践检验较为成熟的内容就应当被刑法所吸收,存在明显缺陷的内容则需要废除或修改。从司法上说,实践中出现了许多 1979 年《刑法》不能解决的问题,影响了

---

① 参见高铭暄:《我国十五年来刑事立法的回顾与展望》,载《法学》1995 年第 1 期;吕佳臻、王秀梅:《对话高铭暄:立法的真正依据要从中国实际出发》,载《法律与生活》2019 年第 15 期。

司法工作的效率与效能。因此,1979年《刑法》和其他刑法规范亟须修改完善。①

关于修改1979年《刑法》的可行性。第一,作为当时刑法规范核心内容的1979年《刑法》已施行了近十年,通过这些年司法实践的反复检验,属于立法缺陷与不足的问题及其症结所在已经有了较为充分的显露,司法对立法完善的要求也日臻明确和具体。这为立法完善提供了实践根据。第二,1979年《刑法》施行以来,我国刑法理论开始注意从理论与实践的结合上,逐步开展对刑法修改与完善的研究,在宏观和微观上都提出了一些完善刑法的见解,这方面的研究还正在以更加富有创造性的方式深入展开。这些研究无疑为刑事立法的完善提供了理论方面的根据和参考意见。第三,我国立法机关逐步摸索和积累了较为丰富的刑事立法经验,而且也注意调查研究,收集与整理了理论界与实务部门关于修改、完善刑事立法的不少意见材料。这为刑法的完善提供了主体条件和资料准备。第四,党的十三大明确了我国目前处于社会主义初级阶段,强调要坚定不移地继续实行改革开放的基本国策,提出继续大力加强社会主义法制建设的要求,立法科学化的任务已逐步提出并将分批上马。这些情况,也为开始着手完善我国刑法立法提供了形势和氛围方面的条件。②

时至20世纪90年代中期,全面修改刑法已成为广大司法实务工作者和学者的普遍共识,针对个别学者认为全面修改刑法时机仍不成熟的担心,高铭暄教授指出这种担心是不必要的,并进一步论述了全面修改刑法已经具备的诸多有利条件:首先,邓小平同志关于建设有中国特色社会主义的理论、党的基本路线、党的十四届三中全会通过的《中共中央关于建立社会主义市场经济体制若干问题的决定》,为全面修改刑法指明了方向。其次,全国人民代表大会常务委员会把刑法的修改列入工作计划。全国人大常委会法工委已经做了修改刑法的很多准备工作,1988年至1989年已经有了一个初步的修改方案,并结合修法工作,收集、整理了许多有关外国资料。同时,全国人大常委会法工委组织小班子,把刑法分则条文包括原有条文、补充条文加以汇集整理,对刑法总则条文也在进行修改研究。这就为全面修改刑法打下了良好的基础。再次,刑法及其修改补充的单行刑事法律、附属刑法规范已经过不同时间、不同程度的司法实践的反复检验,属于立法缺陷与不足的问题以及它的症结所在,已经有了较为充分的显露,加之最高人民法院、最高人民检察院为全面修改刑法作了大量的调查研究,还针对实践中的问题作了许多司法解释,这

---

① 参见高铭暄、赵秉志、王勇:《中国刑事立法十年的回顾与展望》,载《中国法学》1989年第2期。
② 参见高铭暄、赵秉志、王勇:《中国刑事立法十年的回顾与展望》,载《中国法学》1989年第2期。

些都为刑法的修改提供了丰富的经验。最后,法律院校、法学研究单位的刑法专家、学者,对刑法的修改进行了多年认真的研究,发表和出版了不少研究成果,在宏观和微观上都提出了许多宝贵的意见和合理的建议。①

(3)关于修订1979年《刑法》的指导思想问题

思想指导行动,高铭暄教授非常重视我国刑法的指导思想问题。他在《中华人民共和国刑法的孕育和诞生》一书中就指出:"刑法是我国的基本法之一,它从立法原则到具体规定,从制定到实施,都必须以马克思列宁主义、毛泽东思想为指针。"②他强调修改刑法要有正确的指导思想。高铭暄教授认为,随着我国政治、经济形势的飞速发展,全面修改刑法的条件已经成熟,但是刑事法律的修订是一项极其严肃的工作,必须要有明确的指导思想。他早在1989年就撰文《略谈刑法修改的指导思想》,指出修改刑法必须强调四个方面:一是要适应建立社会主义商品经济新秩序的需要,保护我国宪法所规定的各种所有制经济的正当发展,惩治破坏各种经济成分的犯罪活动;二是要跟上社会主义民主政治的建设步伐,运用刑法手段铲除我国政治生活中的各种弊端和腐败现象,使我国政治制度和政治生活更趋于民主化和科学化;三是要总结《刑法》实施以来的丰富经验,将其吸收到刑法之中;四是要注重借鉴与吸收国外刑事立法的成功范例和刑事司法的有益经验。③

高铭暄教授在《中国刑事立法十年的回顾与展望》一文中再次指出,要使对刑法的修改、补充真正成为对刑法规范的完善和科学化,应当明确其指导思想。总的来说,刑法的修改和补充,要以适应我国现阶段社会主义商品经济与社会主义民主政治的发展需要为宗旨,要达到增强刑法对社会的调整与促进力量的效果。具体来讲,这种指导思想应当包含和突出表现为以下几个要点:第一,在刑法锋芒所向上,应从反革命罪转向严重经济犯罪和严重危害社会治安的犯罪。重点应放在打击直接破坏社会主义经济建设的严重经济犯罪和妨害经济建设环境的严重危害社会治安的犯罪上。第二,在定罪量刑的基础上,应由社会危害性中心论转向以社会危害性为主、兼顾罪犯的人身危险性。社会危害性思想是以朴素的"恶有恶报"观念为基础的,没有充分考虑到预防犯罪的需要。如果在坚持以社会危害性为定罪量刑主要基础的同时,也注重考虑罪犯的人身危险性(即再犯可能性),就有可能对症下药,真正达到预防犯罪的目的。因而在修改刑法时,要充分考虑到这一点。第

---

① 参见高铭暄:《我国十五年来刑事立法的回顾与展望》,载《法学》1995年第1期。
② 高铭暄编著:《中华人民共和国刑法的孕育和诞生》,法律出版社1981年版,第11页。
③ 参见高铭暄:《略谈刑法修改的指导思想》,载《法学》1989年第3期。

三,在刑罚制度上,应由较严厉和较封闭的刑罚适当地向缓和与开放的刑罚转变。从预防犯罪的角度看,严厉和封闭的刑罚既不利于对罪犯的教育和改造,也不利于他们的再社会化。因此,应当在修改刑法时对这种情况加以必要的改变。第四,在犯罪的范围上,应由只注重国内犯罪,向同时也注重国际犯罪和跨国、跨地区犯罪转变。随着我国对外开放政策的推行和国际交往的不断加强,国际犯罪和跨国、跨地区犯罪问题已日益成为我国社会所面临的一个重要问题。所以,我们有必要在修改刑法时对之予以足够的重视,以充分发挥刑法对我国开放秩序的有效保护,并适应日益扩大的国际社会刑事合作的需要。①

(4)关于1979年《刑法》体系结构的完善

关于刑法总则体系的完善。修改刑法中的一个重要问题是要注意体系结构的合理安排。高铭暄教授认为,就刑法总则而言,1979年《刑法》总则总体上是比较好的,实践中并没有遇到很大的问题,所以稍加修改补充即可。该《刑法》总则原分为五章的体系结构可作适当调整,内容上要有所补充,可调整和补充为七章:第一章"刑法的根据和原则",主要阐明刑法的制定根据,同时确立刑法的基本原则,特别是罪刑法定原则;第二章"刑法的适用",包括刑事管辖权、刑法的溯及力即从旧兼从轻原则,以及刑法与其他有刑罚规定的法律的关系;第三章"犯罪与刑事责任",包括犯罪行为、刑事责任年龄、刑事责任能力、故意犯罪与过失犯罪、犯罪停止形态、共同犯罪、单位犯罪;第四章"正当行为",主要指正当防卫、紧急避险;第五章"刑罚",其中剥夺政治权利一节可改为剥夺权利;第六章"刑罚的具体运用",包括量刑的原则,自首、坦白与立功,累犯与再犯,数罪并罚,缓刑,减刑,假释,时效;第七章"刑法用语"。②

关于刑法分则体系的完善。高铭暄教授认为,随着社会经济、政治形势的发展,1979年《刑法》原有分则体系也日益暴露出不能完全适应实际需要的弊端,须作较大的调整:一是反革命罪一章宜改名为"危害国家安全罪";二是应考虑分别增设侵犯公民民主权利罪、妨害司法罪、有关违反劳动保护和危害公共卫生犯罪的专章;三是应把破坏社会主义经济秩序罪作为修订重点,可以考虑划小同类客体,增分为走私罪,生产、销售伪劣商品罪,侵犯知识产权罪,危害金融罪,妨害公司、企业

---

① 参见高铭暄、赵秉志、王勇:《中国刑事立法十年的回顾与展望》,载《中国法学》1989年第2期;高铭暄、赵秉志、王勇:《略论我国刑事立法的完善》,载中国法学会编:《十年法制论丛》,法律出版社1991年版,第201—202页。

② 参见高铭暄:《论刑法典体系结构的完善》,载《人民检察》1995年第3期。

管理罪,妨害公平竞争罪,扰乱市场秩序罪,妨害税收罪,危害环境和自然资源罪等数章;四是为了强化反腐败,有必要把贪污贿赂犯罪单列一章;五是可将毒品犯罪列为专章①;六是军人违反职责罪宜作为专章纳入刑法分则体系②。

(5)关于修订1979年《刑法》的立法方式和立法技术问题

关于立法方式。在1979年《刑法》背景下,我国刑法当时修改补充的立法方式主要采取了制定独立于《刑法》的单行刑法和在非刑事法律中设置附属性刑法条款的方式。高铭暄教授当时认为,从我国当时的刑法立法实际出发,在立法方式上应当继续坚持多样化的原则,除在必要时全面修改刑法以外,平时要注意针对需要而分别采取制定单行刑法、制定非刑事法律中的刑事条款以及发布刑法修正案等多种立法形式对刑法进行修改和补充。他尤其强调应当加强使用刑法修正案的方式来对刑法进行修改和补充,认为刑法修正案的立法方式既灵活又简便,有利于立法机关及时对刑法中已经不符合当前形势的有关条文作出修正(补充、修改或废除),或对当前迫切需要在刑法立法上加以解决的问题作出补充规定。③

关于立法技术。高铭暄教授认为,刑事立法是一门高深的学问,光有政策的指导和理论的贯通是不够的。在制定和修改刑事法律中,立法技术相当重要。立法技术的完善,直接关系到立法内容的科学性和可行性,并进而关系到实践中对法律的准确理解和正确运用,因而不可忽视。尤其是作为刑事立法体系主体和核心部分的刑法,其立法技术的完善与否,不仅关系自身,而且还影响到其他刑法规范的创制和完善,因而更应引起注意。我国1979年《刑法》由于受当时历史条件和立法经验的限制,在立法技术上采取了"宜粗不宜细""宁疏勿密"的做法。这表现在某些分则条文不是一条一罪,而是一条数罪;某些条文罪状的规定过于简单,犯罪构成要件缺乏必要的描述;不少法定刑幅度过大,加之情节档次抽象,遂使轻重宽严难以掌握。这些都不利于罪刑法定、罪刑相适应原则的真正贯彻。为此,在全面修改刑法时,应当在立法技术上有一个较大的改进。具体而言,刑法无论在条文结构上还是在条文用语表述上都应讲究科学性,该繁则繁,该简则简,繁简得当,尽可能做到明确、具体、严谨,便于实际应用。首先,每条条文前应设立标题,概括地明示该条内容,使人一目了然。其次,分则条文原则上应采取一条一罪的规定方法,便

---

① 参见高铭暄:《论刑法典体系结构的完善》,载《人民检察》1995年第3期;高铭暄:《我国十五年来刑事立法的回顾与前瞻》,载《法学》1995年第1期。
② 参见高铭暄:《我国十五年来刑事立法的回顾与前瞻》,载《法学》1995年第1期。
③ 参见高铭暄、赵秉志、王勇:《中国刑事立法十年的回顾与展望》,载《中国法学》1989年第2期。

于分清一罪与数罪的界限,有助于正确定罪量刑。对某些常见多发且情况复杂的犯罪,还应注意运用设立普通构成与加重构成或减轻构成的立法技术,区分犯罪的不同情况和危害程度,规定轻重不同而相互衔接的几个法定刑档次,便于"对号入座"地定罪量刑,有效地贯彻罪刑相适应原则。再次,在罪状表述上,应尽量少采用简单罪状的方式,多采用叙明罪状的方式,对犯罪特征的描述力戒笼统、含糊,力求明确、具体。对某些经济犯罪条文,也可适当采用空白罪状的方式,利用经济法律、法规对现实生活反应敏捷、应变性强的优点,使刑法条文既保持相对稳定性,又能适应现实发展变化的要求。复次,要注意各种犯罪法定刑之间的协调平衡。重罪、轻罪在法定刑上应有显著差别,危害性相近的犯罪在法定刑上也应大体接近。对于具有法条竞合关系的犯罪条文,特殊法条的刑罚应重于普通法条,至少不能轻于普通法条。最后,要总结刑法中法条用语和表述笼统、含糊、不严谨的事例,从中吸取经验教训,切实予以纠正,使修改后的刑法不仅内容科学新颖,体系结构合理,而且文字表述明确、具体、严谨,从而给我国人民和司法机关提供一部具有高度科学性和便于操作遵行的法律武器与行为规范。[①]

(6)关于刑法总则若干重要问题的立法完善

其一,关于罪刑法定原则的确立问题。新中国第一部《刑法》对罪刑法定原则未作明文规定。但是在高铭暄教授等我国老一辈刑法学者的倡导下,在1979年《刑法》颁行之后不久,由高铭暄教授主编的我国第一部全国统编的《刑法学》教材中即主张我国刑法是以罪刑法定原则为基础的,也即罪刑法定原则是我国刑法的一项基本原则。[②] 这一主张遂成为我国刑法学界的主流观点,并为日后刑法修订中罪刑法定原则的立法化打下了基础。在国家立法机关把修改1979年《刑法》提上立法日程后,高铭暄教授在有关研究中认为,由于类推制度的存在,不能说我国1979年《刑法》体现的罪刑法定原则是完全的,只能说基本上实行了罪刑法定原则。为了使我国刑法从基本上实行罪刑法定原则走向完全实行罪刑法定原则,高铭暄教授认为,在未来的刑法中应当明确规定罪刑法定原则,并取消类推制度。规定罪刑法定原则的条文可以考虑作如下表述:对于行为时法律没有明文规定为犯罪的行为,不得定罪处罚。[③] 明文规定罪刑法定原则具有重大意义:一是严正地表明我国是社会主义法治国家;二是更全面地保护公民的合法权利;三是适应国际进步潮

[①] 参见高铭暄:《我国十五年来刑事立法的回顾与前瞻》,载《法学》1995年第1期。
[②] 参见法学教材编辑部《刑法学》编写组:《刑法学》(修订本),法律出版社1984年版,第38—39页。
[③] 参见高铭暄:《试论我国刑法改革的几个问题》,载《中国法学》1996年第5期。

流,更好地与国际接轨。在刑法上确立罪刑法定原则,除了废除类推制度,还应讲求立法技术的完善,特别是内容的表述要明确。表述罪状时,应尽量少用简单罪状的方式,多采用叙明罪状的方式,最好在每条条文前设立标题,概括地明示该条条文的内容,让人一目了然。特别是分则条文,其标题也就是罪名。对法定刑的结构和幅度也要作必要的调整。[1]

其二,关于刑法的适用范围。高铭暄教授建议补充我国刑法对有关的国际犯罪应行使普遍刑事管辖权的条款,并增加我国已缔结的有关刑事司法协助条约中有关引渡的内容。[2]

其三,关于"一国两制"方面的刑法立法。在香港回归前,高铭暄教授即撰文指出,在将来的"一国两制"时期,不可避免地会发生港澳特别行政区刑法与全国性刑法的冲突问题。凡事预则立,不预则废。对"一国两制"时期港澳特别行政区刑法与全国性刑法的关系,立法机关要开始着手研究,以便将来及时制定这方面的法律。[3]

(7)关于单位犯罪的立法完善

从1987年到1996年,我国单行刑法和相关法律中规定单位犯罪的罪种已有50多个,而司法实践中判定单位犯罪的案例却极为鲜见。高铭暄教授认为,这一巨大反差值得深入调查研究。要想将单位犯罪纳入法制化的轨道,至少要解决以下几个问题:首先,要对单位犯罪加以明确界定。单位犯罪比法人犯罪的外延要宽,如果在未来的刑法中仍沿用单位犯罪的称谓,就应对"单位"一词作出较为明确的解释。其次,要对单位犯罪中的罪种范围加以限制。传统上的"自然犯"如杀人、放火等不可能有单位犯罪,过失犯罪也不应当有单位犯罪。单位犯罪只宜限定为经济犯罪和妨害社会管理秩序罪中的某些犯罪以及贪利型的渎职罪。再次,对单位犯罪应一律采取双罚制:既对单位判处罚金,又追究直接责任人员的刑事责任。单位犯罪的数额起点可高于自然人犯罪的数额起点;但单位中直接责任人员刑事责任的标准应与自然人犯该种罪的刑事责任持平。复次,对单位犯罪应采用总则与分则相结合的立法模式:在分则有关罪种中具体规定单位犯罪应处的刑罚(双罚制);在总则中对单位犯罪及其处罚作出一般指导性的规定。最后,对单位犯罪如何追

---

[1] 参见高铭暄:《略论我国刑法对罪刑法定原则的确立》,载《中国法学》1995年第5期。
[2] 参见高铭暄、赵秉志、王勇:《中国刑事立法十年的回顾与展望》,载《中国法学》1989年第2期。
[3] 参见高铭暄、赵秉志、王勇:《中国刑事立法十年的回顾与展望》,载《中国法学》1989年第2期。

究刑事责任,应当在刑事诉讼法中作出相应的规定。①

(8)关于刑罚体系和刑罚制度的完善

高铭暄教授认为,关于1979年《刑法》修订中如何完善我国的刑罚体系和刑罚制度,主要应当考虑几个方面的问题:一是扩大罚金刑的适用范围。凡是含有拘役的法定刑,一般都可以考虑增设单处罚金作为供选择的刑种。关于罚金的数额问题,应采取总则和分则相结合的方式:总则规定下限,分则规定上限。罚金的数额反映在罪种上,对经济犯罪和非经济犯罪应有较大区别;反映在刑事责任主体上,对单位犯罪和自然人犯罪也应有所不同。二是增设资格刑。三是逐步缩小死刑的适用范围。四是将坦白罪行规定为法定可以从轻的情节。②

(9)关于死刑的缩减和限制

1979年《刑法》在死刑立法上较好地体现了"少杀"的精神,其后国家立法机关先后通过一系列单行刑法,使可适用死刑的罪种成倍增加。高铭暄教授主张对我国刑法中的死刑规定应该一分为二看待:既要看到它作为刑罚工具的凌厉作用,不能轻言废除;又要看到它的作用是有限的、相对的,设置和适用要慎之又慎,只对极少数罪大恶极、非动用这种极刑不可的才予以动用。总之,还是要贯彻坚持少杀、严禁滥杀、防止错杀的死刑政策,把死刑的设置和适用最大限度地加以缩减和限制。在未来的刑法中,对死刑的设置和限制应该有大的动作:一方面,重申1979年《刑法》总则中的有关正确规定:死刑只适用于罪大恶极的犯罪分子;明确死刑不适用于犯罪时不满18岁的人和审判时怀孕的妇女,删去对已满16岁不满18岁的人可以适用"死缓"的规定;强调死刑除依法由最高人民法院判决的以外,都应当报请最高人民法院核准,建议将1980年以来先后下放的部分死刑核准权,一律予以收回,让最高审判机关来把死刑关,统一平衡适用死刑的标准,避免高级人民法院将死刑案件的上诉审和复核审合二为一的流弊,从而有效地贯彻"少杀"政策;继续保留并完善死刑缓期执行制度。另一方面,在分则条文中要对包含死刑的罪种予以审慎筛选,死刑主要适用于危害国家安全、危害国防、危害公共安全、使用暴力严重侵犯人身权利和财产权利的某些故意犯罪以及重大的毒品犯罪和贪利型渎职犯罪,对于非暴力性的财产犯罪和经济犯罪原则上不配置死刑。③

---

① 参见高铭暄:《试论我国刑法改革的几个问题》,载《中国法学》1996年第5期。
② 参见高铭暄、赵秉志、王勇:《中国刑事立法十年的回顾与展望》,载《中国法学》1989年第2期。
③ 参见高铭暄:《试论我国刑法改革的几个问题》,载《中国法学》1996年第5期。

（10）关于《刑法》修订中罪名和罪状的完善问题

高铭暄教授还就1979年《刑法》修订中罪名和罪状的立法完善提出了一些建言,主要涉及:其一,在罪名的存废上,建议将破坏集体生产罪改为破坏生产罪;取消"打砸抢"罪、盗窃珍贵文物出口罪等。其二,在罪名的增设上,建议增加劫持交通工具罪、侵占罪、抢劫枪支弹药罪、破坏矿产资源罪等。其三,在完善侵犯著作权犯罪的立法上,建议取消"以营利为目的"的主观方面之限制,并增设非法复制发行罪、假冒他人作品罪和剽窃作品罪。其四,在三大"口袋罪"的分解上,建议取消投机倒把罪这一不合时宜的罪名,对该罪名所包含的、有必要保留的内容进行梳理,归入业已分化出的罪名或拟增设的非法经营罪、扰乱市场罪等罪名之中;取消流氓罪名,分解为聚众斗殴罪、寻衅滋事罪、强制猥亵罪、聚众淫乱罪等;调整玩忽职守罪的构成,增设滥用职权罪、逾越职权罪、故意放弃职责罪等罪名,使玩忽职守罪不致臃肿膨胀。① 其五,在职务犯罪的完善上,建议修改巨额财产来源不明罪;增设滥用职权罪以加强打击职务犯罪;梳理职务犯罪与普通犯罪的罪刑关系;严格限制职务犯罪的主体;增加适用职务犯罪的附加刑;等等。②

1997年通过的《刑法》广泛参考和采纳了我国刑法学界的修法理论主张与建议,其中当然包括高铭暄教授的诸多真知灼见。可以说,在为1979年《刑法》的孕育和诞生作出独特的杰出贡献的基础上,高铭暄教授又为1997年《刑法》的研拟和巨大成功作出了重要贡献。

（二）1997年《刑法》颁行以来高铭暄教授的刑法立法思想

1.关于1997年《刑法》的基本认识

（1）关于1997年《刑法》的立法特色

在高铭暄教授看来,1997年《刑法》是一部崭新的、统一的、比较完备的、具有时代气息和多方面显著进展的具有里程碑意义的刑法,其显著特点有四个:其一,它科学地概括了刑法的基本精神,明文规定了罪刑法定、适用刑法人人平等、罪责刑相适应三大刑法原则,使我国刑法迈上了现代化法治的轨道,筑起了人权保障的法治根基。其二,它是我国以往刑法规范的集大成者,基本上实现了新中国刑法的统一性和完备性,具有承前启后、与时俱进的显著特色。其三,它开启了我国刑法理论研究的新局面。其四,它奠定了我国刑法学走向世界的基础,它是我们开展比较

---

① 参见高铭暄:《试论我国刑法改革的几个问题》,载《中国法学》1996年第5期。
② 参见高铭暄、姜伟:《职务犯罪的刑法对策》,载《中国人民大学学报》1991年第5期。

刑法学研究的基础性样本,也是推动我国刑法文化对外交往的"名片"。① 在其他相关研究中,高铭暄教授认为,立足于本国国情与适当借鉴国外先进经验相结合,也是1997年《刑法》的一个特色,主要表现为扩大了中国刑法对中国公民的域外管辖权;设立了普遍管辖权原则;扩大了开放型刑罚——管制和罚金的适用范围;更改了反革命罪名;等等。②

高铭暄教授还认为,1997年颁布的《刑法》在立法内容和精神上体现了"三严",即严密法网、严格制度、严惩有方。所谓严密法网,是指1997年《刑法》规定了相当完备的罪种,总数已达400种以上,比较全面地反映了我国社会政治、经济、军事、教育、科技、文化、卫生、婚姻家庭各个生活领域所发生的形形色色犯罪的实际情况。所谓严格制度,是指1997年《刑法》在总结1979年《刑法》实施17年经验的基础上,对一系列制度特别是属人管辖制度、正当防卫制度、量刑制度(如酌情减轻、累犯、缓刑)和行刑制度(如管制、剥夺政治权利的执行以及减刑、假释、时效),作了更加严格的规定。所谓严惩有方,是指1997年《刑法》坚决将那些严重危害国家安全、严重危害社会治安和严重破坏经济的犯罪列为严惩的对象。③

(2)关于1997年《刑法》是否存在法典化的需要

《民法典》由第十三届全国人民代表大会第三次会议于2020年5月28日通过,自2021年1月1日起实行。随着《民法典》的颁行,我国刑法学理论上出现了刑法应当法典化的讨论,一些人提出了我国需要创立一部刑法典的观点,言下之意即我国1997年颁行的《刑法》尚够不上是一部刑法典。针对这一问题,高铭暄教授旗帜鲜明地指出,我国1997年《刑法》,无论是从立法体例还是从具体内容上看,实质上都是典型意义上的"法典"。因而我国并不存在"刑法的法典化"之立法问题。不能因为刑法文本没有"典"的文字表述,就认为我国还没有"刑法典"。④ 实际上,高铭暄教授早就持这种见解,并认为1979年通过的《刑法》和1997年修订颁行的《刑法》都不失为一部刑法典,可以简称为1979年刑法典和1997年刑法典。⑤

高铭暄教授的上述见解是正确的,也是我国立法机关和刑法学界的主流观点。

---

① 参见高铭暄:《新中国刑法立法的变迁与完善》,载《人民检察》2019年第Z1期;高铭暄:《新中国刑法立法的伟大成就》,载《法治现代化研究》2020年第1期。
② 参见高铭暄:《刑法肄言》,法律出版社2004年版,第105页。
③ 参见高铭暄:《略论修订后刑法的"三严"》,载《政法论坛》1997年第2期。
④ 参见高铭暄:《习近平法治思想指导下中国特色刑法学高质量发展论纲》,载《中国应用法学》2023年第2期。
⑤ 参见高铭暄:《中华人民共和国刑法的孕育诞生和发展完善》,北京大学出版社2012年版,"自序"和"前言"。

实际上,国家立法机关1997年修订《刑法》时的目的和目标,就是"要制定一部统一的、比较完备的刑法典"①。刑法学界普遍认为,1979年通过的《刑法》虽然粗略,但从其体系结构和基本内容看不失为一部刑法典;1997年修订通过的《刑法》整合了当时既有的刑法规范并作了多方面的修改充实,使我国刑法立法得到了空前的发展进步,是一部真正意义上的统一的刑法典,其颁行标志着新中国刑法法典化的重大进步。② 当然,我国1997年《刑法》的问世乃至立法机关迄今对《刑法》的修正,并没有终结刑法的完善之路,刑法法典化所要求的形式合理、内容科学而完备的统一刑法典之目标,仍需要随着社会的发展而对《刑法》不断进行修正。③ 甚至将来再修订《刑法》时也不妨将我国《刑法》明确冠以"中华人民共和国刑法典"的名称,但这只是在我国已经有刑法典的前提下和基础上的进一步明确化。

2.关于我国刑法立法规律性、统领性问题的认识

(1)刑法立法的概念和研究意义

高铭暄教授认为,刑法立法既指刑法立法活动,也指刑法立法活动的成果,即通过立法活动制定出来的全部刑法规范。二者存在密切联系。刑法立法既有与其他立法的共性,又有不同于其他立法的特性。刑法立法的特性有两个:一是就内容而言,它是制定、修改或废止有关犯罪、刑事责任和刑罚的法律规范即刑法规范的活动;二是就立法主体而言,刑法立法的主体是国家权力机关。研究刑法立法具有丰富发展刑法理论、促进司法实务工作和有助于法学人才培养等多方面的意义,但最重要、最直接的意义,在于总结刑法立法经验、探索刑法立法规律,以更好地指导刑法立法实践。④

(2)关于我国刑法立法工作的经验

高铭暄教授结合自己数十年参与刑法立法工作的体会和我国立法工作的有关指示,总结归纳了我国刑法立法工作的九条经验:一是刑法立法要从中国实际出发,立足于本国国情;二是刑法立法要有理论依据、宪法依据和政策依据;三是刑法立法只宜规定成熟的东西,要逐步完备;四是刑法立法要顺应形势发展的需要,便于适用;五是刑法立法要充分做好立法前的准备工作;六是刑法立法要实行民主的

---

① 王汉斌:《关于〈中华人民共和国刑法(修订草案)〉的说明》,载《人大工作通讯》1997年第Z1期。
② 参见赵秉志:《一部统一的、比较完备的新刑法典》,载《法学家》1997年第3期;《刑法学》编写组编:《刑法学(上册·总论)》,高等教育出版社2019年版,第45—49页;高铭暄、马克昌主编:《刑法学》(第十版),北京大学出版社、高等教育出版社2022年版,第9—12页。
③ 参见赵秉志:《当代中国刑法法典化研究》,载《法学研究》2014年第6期。
④ 参见高铭暄主编:《刑法专论》(第二版),高等教育出版社2006年版,第35—36页。

立法程序;七是刑法立法要注意吸收各方面的专家参加立法工作;八是刑法立法要密切注意法律适用中的问题,适时进行修改补充;九是为搞好刑法立法工作,必须学习相关法律和相关的政治与法学理论。①

其中首要的经验,即制定和完善刑法一定要立足于本国的实际,在1997年《刑法》颁行前后,高铭暄教授都在强调这一点。他认为,我国刑法立法工作要立足的这个"实际",主要是指:第一,我国的社会主义革命取得基本胜利以后,剥削阶级作为阶级已经消灭,但是阶级斗争还将在一定范围内长期存在,犯罪现象也将长期存在,而且可能是时起时伏的,有时猖獗一些,有时隐蔽一些。第二,我们过去在长期革命斗争中,主要靠政策办事,这在当时是完全正确的。新中国成立以后,需要将党和国家的政策逐步制定为法律。特别是进入社会主义建设新时期,我们不仅要依靠政策,更主要的是要依靠宪法和法律来治理国家,因此,我们要强调社会主义法制建设。但社会主义法制建设需要有一个过程,一个从法制不完备到逐渐完备的过程。第三,我国幅员辽阔,人口众多,民族众多,各地政治、经济、文化的发展很不平衡,风俗习惯也有很大差异。第四,我国人民在长期同犯罪作斗争的过程中积累了丰富的经验,但是,由于形势发展很快,对一些新情况、新问题还存在缺乏经验、经验不成熟的问题,不能只作原则性的规定。总之,只有坚持从实际出发的实事求是原则,才能使制定的刑法具有鲜明的中国特色。②

后来,在为纪念党的十一届三中全会召开40周年所发表的一篇论文中,高铭暄教授又结合对我国刑法立法演进历程的考察和研究,把我国刑法立法发展的基本经验进一步提炼和概括为以下四点:第一,始终坚持党对立法工作的领导;第二,善于运用刑事政策指导刑法立法修正;第三,与时俱进引领刑法立法进步;第四,努力创造和形成刑法立法与刑法理论、司法实践协同发展的格局。③ 其中,关于党对刑法立法工作的领导,高铭暄教授对此早有认识和研究,并在2011年为纪念中国共产党成立90周年所发表的论文中就结合我国刑法立法的历史发展轨迹作了阐述。他认为,我国刑法立法的健康发展离不开党的正确领导,这种领导主要体现在三个方面:一是政策思想的指导,主要包括从实际出发的政策思想,从惩办与宽大相结合到宽严相济的基本刑事政策,关于死刑的政策思想;二是组织领导;三是工作方法

---

① 参见高铭暄主编:《刑法专论》(第二版),高等教育出版社2006年版,第36—40页。
② 参见高铭暄:《关于中国刑法理论若干问题的思考》,载高铭暄、赵秉志主编:《刑法论丛》(第一卷),法律出版社1998年版,第4—5页。
③ 参见高铭暄、孙道萃:《我国刑法立法的回顾与展望——纪念中国共产党十届二中全会召开四十周年》,载《河北法学》2019年第5期。

上的指导,即刑法立法活动较为充分地贯彻了党一贯倡导的民主立法原则。①

(3)关于国家政治决策与刑法变革之关系的见解

2009年,在新中国成立60周年之际,高铭暄教授发表了一篇论文,结合我国政治决策与刑法变革关系的历程探讨如何实现二者良性互动这一重要课题。他认为,二者的关系既是政治问题也是刑法问题,二者的关系在新中国成立60年间经历了曲折的过程,终于在改革开放以来的30年间逐步回归良性关系,二者的关系上存在三个问题:一是国家政治决策的科学化、民主化需要进一步加强;二是刑事法治尚需进一步完善和改进;三是国家政治决策推动刑法变革的主动性需要进一步增强。实现未来国家政治决策与刑法变革的良性互动需要从三个方面努力:一是促进国家政治决策的科学化、民主化,从而为刑法变革提供良好的前提条件;二是刑法变革应追求科学的、和谐的、人本的刑法;三是经过变革的刑法应当是既符合中国国情又能够走向世界的刑法,从而使正确的国家政治决策得到贯彻实施。②

(4)关于刑法立法工作的感悟

在我国改革开放30周年之际,高铭暄教授应邀在《中国法学》发表笔谈文章,他结合亲身参加我国刑法立法工作数十年的经历,归纳了对刑法立法工作的三点认识和体会:第一,刑法立法的科学性和完善需要一个过程,这是符合哲学认识论的发展规律的。第二,刑法理论研究对我国刑法立法的发展完善具有促进作用,这体现在两个方面:一是法学家通过直接或间接地参与立法工作,促进刑法立法的发展完善;二是刑法理论的研究为刑法立法的发展完善做了许多铺垫和准备。第三,刑法立法工作者要冷静地对待、科学地分析领导人的讲话和指示,全面而准确地理解其精神实质,绝对不能把领导人的只言片语或者在个别特定场合的话语当作具有普遍意义的原理运用于刑法立法活动中。高铭暄教授关于刑法立法工作的这些真知灼见,是我国刑法立法理论的宝贵财富。③

(5)关于新中国刑法立法发展进步的规律性认识

在2012年出版的《中华人民共和国刑法的孕育诞生和发展完善》这部关于新中国刑法立法演进的著作中,在前言部分的结语中,高铭暄教授总结性地概括了关于新中国刑法立法发展进步的四点规律性认识:第一,新中国刑法是随着我国经

---

① 参见高铭暄:《中国共产党与中国刑法立法的发展——纪念中国共产党成立90周年》,载《法学家》2011年第5期。
② 参见高铭暄、孙晓:《论国家政治决策与刑法的变革》,载《法学杂志》2009年第1期。
③ 参见高铭暄:《改革开放三十年刑法立法感言》,载《中国法学》2008年第6期。

济、政治、社会的发展而发展的。第二,我国对刑法的修正方式的认识和采用有一个发展变化的过程,从 1979 年《刑法》背景下主要采取单行刑法和附属刑法的方式,发展到 1997 年《刑法》颁行以来确立刑法修正案作为刑法修正方式的基本地位,标志着我国刑法立法技术的日益成熟。第三,在采取刑法修正案方式的背景下,在《刑法修正案(七)》之前都是仅对刑法分则内容进行修正,自《刑法修正案(八)》开始同时涉及修正刑法总则规范,尤其是采取措施削减死刑,其意义巨大,影响深远。第四,我国刑法的改革和完善进展显著、成绩斐然,但还有若干问题(尤其是死刑问题)需要改进,刑法立法改革之路还任重道远,不可懈怠。① 高铭暄教授关于我国刑法立法发展的这些规律性认识,对我国刑法立法未来的健康发展具有重要意义。

3. 关于进一步完善我国刑法立法原则性问题的主张

近年来,高铭暄教授在多篇论文中,围绕如何进一步完善我国刑法立法,在宏观思路和举措上进行了研讨,并提出了一系列具有建设性的意见和建议。

(1) 当前应否启动全面修订刑法的工作

针对应将全面修订刑法适时提上立法工作日程的观点,高铭暄教授在 2018 年的有关研究中认为,当前启动全面修订 1997 年《刑法》的时机尚未成熟。因为:其一,我国经济社会及我国刑法基本理念与制度在短期内不会发生重大变化,缺乏全面修订刑法的迫切性;其二,1997 年《刑法》仍在实践中发挥着举足轻重的作用,因而不存在全面修订刑法的必要性;其三,目前全面修订刑法的准备工作尚无从谈起,并未纳入国家立法机关的计划。因此,目前刑法完善的任务还是局部修正刑法,并以制定刑法修正案的方式为宜。②

在 2023 年的最新研究中,高铭暄教授认为,在我国现阶段犯罪态势发生重大变化后,1997 年《刑法》应否进入全面修订阶段是一个需要讨论的问题,此问题的抉择会对我国刑法立法产生整体的重大影响。如需要进行全面修订,应当做好顶层规划,分阶段、分批次有序完成;如不需要全面修订,则需要考虑如何应对不断出现的立法需求并且维持好刑法的稳定性与统一性问题。③

---

① 参见高铭暄:《中华人民共和国刑法的孕育诞生和发展完善》,北京大学出版社 2012 年版,"前言"第 13—14 页。
② 参见高铭暄、孙道萃:《97 刑法典颁行 20 年的基本回顾与完善展望》,载《华南师范大学学报(社会科学版)》2018 年第 1 期。
③ 参见高铭暄:《习近平法治思想指导下中国特色刑法学高质量发展论纲》,载《中国应用法学》2023 年第 2 期。

(2)关于未来我国刑法立法改革的宏观问题

在1997年《刑法》通过后不久的21世纪之初,高铭暄教授曾提出中国刑法改革要转变刑法立法观念的主张。他指出,我国传统的刑法观念认为,刑法是履行阶级专政职能、镇压阶级敌人反抗、惩罚严重刑事犯罪分子的工具,由此决定,中国刑法的确立和变更曾主要取决于政治斗争的需要。"工具刑法观"使刑法立法缺乏长远预见。因此,转变刑法观念,确立与时代发展和社会变迁相适应的现代刑法观念,就成为21世纪中国刑法变革和中国刑法学发展的必要前提。在立法方面,立法机关必须树立以人为本的人本主义观念,科学地协调打击犯罪与保障人权之间的矛盾,从制度层面上为社会保护与人权保障、国家刑罚权与公民个人权利划定一个合理的分界线。①

在2011年探讨我国刑法立法发展完善的一篇论文中,高铭暄教授提出,未来我国刑法立法改革至少应注意四个方面的问题:一是坚持刑法立法的必要性原则;二是进一步关注刑法总则的立法改革,促进总则与分则的协调完善;三是全面贯彻宽严相济的基本刑事政策,重视促进死刑立法改革;四是积极关注并立法回应技术革命背景下产生的新型犯罪。②

在晚近几年的一些论文中,高铭暄教授进一步提出了未来我国刑法立法改革还应注意的其他宏观、共性方面的问题,包括:坚持党领导立法的基本道路;加强刑法立法体制、机制和内容的科学性;坚持以刑法修正案修正刑法的修法模式;加强刑法理论对刑法立法的指导;切实抓好立法质量;追求刑法立法技术的科学化和精细化;加强重点领域(如正当防卫制度和其他正当化事由、共同犯罪制度、刑事责任问题等)和新兴领域(如网络犯罪、人工智能犯罪和数字犯罪等)的刑法立法完善;等等。③

(3)关于局部修改刑法的形式问题

对于局部修改补充刑法,高铭暄教授在1997年《刑法》修订之前就主张最好采

---

① 参见高铭暄、赵秉志:《新中国刑法学研究50年之回顾与前瞻》,载高铭暄、赵秉志主编:《刑法论丛》(第四卷),法律出版社2000年版,第38—39页。
② 参见高铭暄:《中国共产党与中国刑法立法的发展——纪念中国共产党成立90周年》,载《法学家》2011年第5期。
③ 参见高铭暄:《新中国刑法立法的变迁与完善》,载《人民检察》2019年第Z1期;高铭暄:《习近平法治思想指导下中国特色刑法学高质量发展论纲》,载《中国应用法学》2023年第2期;高铭暄、孙道萃:《97刑法典颁行20年的基本回顾与完善展望》,载《华南师范大学学报(社会科学版)》2018年第1期;高铭暄、孙道萃:《我国刑法立法的回顾与展望——纪念中国共产党十一届三中全会召开四十周年》,载《河北法学》2019年第5期;高铭暄、孙道萃:《〈刑法修正案(十一)(草案)〉的解读》,载《法治研究》2020年第5期。

取刑法修正案的形式。1997年《刑法》颁行后,他更加鲜明地主张局部修改刑法应采取刑法修正案的方式,认为刑法修正案可以不打乱刑法条文次序而直接修改补充刑法,这样既可保持刑法的长期稳定性,又能不失时机地适应社会发展需要而对刑法进行局部的修改补充,如此修法,能使我国这部统一的刑法典不断完善,松柏常青。①

在1997年《刑法》颁行后,国家立法机关对刑法的局部修改已基本采取和确立了制定刑法修正案的方式,在这种情况下,虽然局部修改刑法应采取修正案方式的主张已成为我国刑法学界的主流观点,但刑法学界还是存在对刑法的局部修改宜采取多元化方式的观点,即主张在修正案形式之外,还可以采取制定单行刑法和附属刑法条款的形式。针对此种观点,高铭暄教授坚定地支持国家立法机关采用刑法修正案形式修改刑法,系统阐述了局部修改刑法应采用刑法修正案形式而不宜采用单行刑法和附属刑法条款形式的主张。他分析了采用单行刑法和附属刑法条款形式的弊端,指出刑法修正案方式有利于维护法治统一,有助于限制权力而杜绝"法出多门",有利于公民认知与司法适用,同时兼顾了刑法的灵活性与稳定性,虽然既往的以刑法修正案模式修法也存在由全国人民代表大会常务委员会制定不妥、立法与立法解释混淆、犯罪化标准不够明确、刑法文本不重新公布等不足之处,但瑕不掩瑜,制定刑法修正案这种修法模式应予以坚持和完善。②

高铭暄教授还进一步对刑法修正案模式的改进与完善提出了一些建议:一是改由全国人民代表大会通过刑法修正案,而全国人民代表大会常务委员会主要负责对刑法规范进行立法解释。二是立法机关要优化刑法修正案的立法技术,提高修正案的可操作性,克服刑法修正案与刑法在体例编排等立法技术层面上的脱节现象,在每次通过刑法修正案的同时重新公布刑法,由立法机关及时公布新增罪名或者调整后的罪名,重新调整刑法条文序列,以维护刑法文本的严肃性和统一性,便于公民了解和司法适用,并在刑法修正案中增设"立法(修法)说明"且及时公布,以明确立法原意,促进法条的正确适用。三是建立完整的刑法修正案的立法评估体系,包括事前的立项调研、立法过程中的质量把关和立法后的评估与修正等环节。四是做好实验性立法,以促进刑法与刑事诉讼法的立法同频性,如在认罪认罚

---

① 参见高铭暄:《20年来我国刑事立法的回顾与展望》,载《中国法学》1998年第6期。
② 参见高铭暄、吕华红:《论刑法修正案对刑法典的修订》,载《河南省政法管理干部学院学报》2009年第1期;高铭暄、郭玮:《我国刑法修正模式辨正》,载《法学杂志》2018年第12期;高铭暄:《新中国刑法立法的变迁与完善》,载《人民检察》2019年第Z1期。

从宽制度和企业刑事合规制度改革试点问题上就应当进行实验性立法,以与刑事诉讼法相配合。①

在最新的研究中,高铭暄教授持续关注这个问题,指出当前完善刑法的相关议题仍集中于刑法立法的完善方式,对于坚持刑法的单一体例还是允许特别刑法、单行刑法等模式仍有不同主张,认为"法典化"模式能有效应对治理犯罪的立法需要,而采取特别刑法等模式则要付出加大刑法规范不统一性的代价。他同时提示说,制定刑法修正案作为唯一修法方式,若仅从刑法规范的统一性、体系性上进行宏观论证会显得乏力,仅意在引导刑法学界对此问题加深研究和论证。②

4. 关于完善1997年《刑法》若干具体问题的建议

(1)关于未成年人犯罪之刑事责任的立法完善问题

未成年人犯罪的刑事责任是我国刑法总则中的一项重要制度,历来受到重视。1997年《刑法》完善了1979年《刑法》中未成年人犯罪的刑事责任规定,主要改进有两点:一是将已满14周岁不满16周岁未成年人应负刑事责任的罪名予以明确规定;二是取消了对已满16周岁不满18周岁的未成年人所犯罪行特别严重可以判处死缓的规定,明确对未成年人一律不适用死刑。1997年《刑法》关于未成年人犯罪刑事责任的改进受到高度认可。在1997年《刑法》颁行和经过几年实践后,高铭暄教授经研究认为,1997年《刑法》在未成年人刑事责任的立法上仍然存在不足之处而应予以立法完善。其一,第17条第2款对相对责任年龄段的未成年人应负刑事责任范围的某些规定不尽合理,以至于与本条列举之罪的危害程度大体相当甚至危害更大的犯罪(如绑架罪)未能纳入。为解决此问题,可结合这一年龄段的未成年人实施某种危害行为的可能性,在第17条第2款中增补与已列举之罪危害相当的犯罪,同时在列举的罪名之后标明对应条款。其二,对未成年犯从宽处罚的原则应作进一步的明确,并在相应的制度中作落实性规定:一是限制或者禁止某些刑种的选择适用,包括原则上应禁止对未成年犯适用财产刑,严格限制剥夺政治权利刑种的适用,尤其应禁止对未成年犯单独适用剥夺政治权利;二是刑罚裁量制度的增

---

① 参见高铭暄、吕华红:《论刑法修正案对刑法典的修订》,载《河南省政法管理干部学院学报》2009年第1期;高铭暄、孙道萃:《97刑法典颁行20年的基本回顾与完善展望》,载《华南师范大学学报(社会科学版)》2018年第1期;高铭暄、孙道萃:《我国刑法立法的回顾与展望——纪念中国共产党十一届三中全会召开四十周年》,载《河北法学》2019年第5期;高铭暄:《习近平法治思想指导下中国特色刑法学高质量发展论纲》,载《中国应用法学》2023年第2期。
② 参见高铭暄:《习近平法治思想指导下中国特色刑法学高质量发展论纲》,载《中国应用法学》2023年第2期。

减方面,应排除未成年犯构成累犯的可能性,补充规定具有适用针对性的未成年犯缓刑制度;三是刑罚执行制度的完善,应排除对累犯以及因杀人、爆炸、抢劫、强奸、绑架等暴力性犯罪被判处十年以上有期徒刑、无期徒刑的犯罪分子,不得假释条款适用于未成年犯的可能性;四是应将刑事责任年龄的起算点明确为"行为时"。①

后来,高铭暄教授又从我国刑法与国际人权法的相关规定协调的角度,对我国刑法中未成年人犯罪处罚措施的完善进行了探讨,提出了若干立法建言:其一,对未成年人犯罪一般情况下不应适用无期徒刑,我国刑法立法有必要对此予以明示。其二,我国刑法立法也有必要明示,对未成年人犯罪要慎重适用监禁刑。其三,我国对未成年人犯罪的非刑罚处罚方法缺乏系统、专门的规定,而且种类偏少、体系性不强,建议将训诫、责令具结悔过、赔礼道歉三种措施合并称为一种措施即"司法警告"或"法庭悔过",剔除"由主管部门予以行政处罚或者行政处分"的非刑罚处罚方法,将收容教养加以司法化改造;并适当增加一些新的适用于未成年人犯罪的非刑罚处罚种类,如担保释放、监管令、社区服务令、送入工读学校、社会帮教等。其四,可以考虑在刑法中设立专条甚至专节,对未成年人犯罪的处罚措施特别是其中的非刑罚处罚方法作出专门性规定。②

(2)关于单位犯罪的立法完善问题

单位犯罪是高铭暄教授在1997年《刑法》颁行后仍然关注较多的问题之一,其涉及的立法问题主要包括:

关于单位犯罪刑事责任的承担模式。高铭暄教授认为:第一,在未来中国的刑法中,对单位犯罪应一律采取双罚制。对刑法中原有的单罚制的单位犯罪可直截了当地规定为自然人犯罪。第二,对单位犯罪应根据违法所得或其他社会危害性的表征规定罚金刑的额度或幅度,改变目前的无限额罚金制。第三,单位犯罪的数额起点可高于自然人犯罪的数额起点,但单位犯罪中直接责任人员刑事责任的标准应与自然人犯该种罪的刑事责任持平或略低。第四,在罚金之外,还可针对单位不同于自然人的特殊情形为其配置专门的刑罚种类。

关于国家机关应否成为单位犯罪的主体,我国刑法中规定的单位犯罪,是把国家机关与企业、事业单位、团体一起列为单位犯罪的主体。高铭暄教授认为,把国

---

① 参见高铭暄、王俊平:《中国未成年犯刑事责任立法研究》,载张智辉主编:《国际刑法问题研究》,中国方正出版社2002年版,第221—225页。
② 参见高铭暄、张杰:《中国刑法中未成年人犯罪处罚措施的完善——基于国际人权法视角的考察》,载《法学论坛》2008年第1期。

家机关列为单位犯罪的主体是不科学的,也是行不通的。主要理由是:第一,单位犯罪与国家机关的性质不符。国家机关是代表国家行使职能的机关,它在活动中体现的是国家意志,这种意志与犯罪意志不能共存。第二,司法操作上困难极大。我国的国家机关体系是在人民代表大会制度下实行一府两院制,在统一的权力机关下一府两院互不隶属。让司法机关对权力机关、行政机关进行起诉、审判,无论是在法理上还是逻辑上都是讲不通的。第三,追究国家机关的刑事责任会招致严重的恶果。如果一个国家机关被定罪,它还有继续存在的法理依据吗?还有威信和信心履行职能吗?其在犯罪期间制定的法规、规章还能有效吗?这些问题都无法予以圆满回答。第四,从国外情况看,凡是承认法人犯罪的国家刑法中,都是排除了国家机关作为犯罪主体的可能性的。因此,应从立法上删除国家机关作为单位犯罪的主体。[1]

(3)关于刑事合规的刑法立法问题

近年来,域外刑事合规这一新鲜事物风靡我国,为我国刑事法理论所关注,也为我国司法实务界所积极探索。针对这一崭新的课题,鲐背之年的高铭暄教授没有落伍,他结合域外的法治经验和中国的刑事法立法与理论,专题研究了在引进刑事合规制度下中国刑法和刑事诉讼法如何完善与协调的问题。他的这一研究在刑法立法方面的见解要点如下:其一,以美国为代表的西方国家,针对刑法领域的合规立法,涉及定罪(免责)方面,并以量刑减免为主要内容。其在刑法方面的激励性立法,涉及成熟的刑事合规立法例、行之有效的具体规定、专门立法、法典修正、罪名增设、刑罚措施变更等,多有启示。其二,关于我国单位犯罪与刑事合规的理论契合问题。"伴随着企业刑事合规改革试点工作全面推进,包括单位犯罪刑事责任在内的刑事立法完善也应积极跟进。"[2]我国单位犯罪的理论与刑事合规存在多方面的冲突,应当对我国单位犯罪的理论进行必要的改造以使其与刑事合规协调,包括重塑单位犯罪的归责原理、重构单位犯罪的概念与出罪机制和调整单位犯罪的法定成立条件。其三,修改刑法立法以确立刑事合规的激励机制的建议:一是在刑法上确立双重激励机制,以《刑法》第 13 条但书为依据,犯罪情节不严重的不起诉,即便需要定罪的也予以宽大量刑,并在条件成熟时可在《刑法》总则第四章第一节中将有效的合规计划作为法定从宽量刑情节,而疏于刑事合规的也须从重处

---

[1] 参见高铭暄、彭凤莲:《论中国刑法中单位犯罪的几个问题》,载顾肖荣主编:《经济刑法》(第二辑),上海人民出版社 2004 年版,第 3 页。

[2] 高铭暄:《习近平法治思想指导下中国特色刑法学高质量发展论纲》,载《中国应用法学》2023 年第 2 期。

罚。二是刑罚裁量与执行方面的立法完善,包括为将有效合规计划作为法定量刑情节,可以在《刑法》第 30 条单位犯罪的规定中增加第 2 款,"单位制定并实施有效的合规计划的,可以从轻、减轻或者免除处罚;情节显著轻微、危害不大的,可以不认为是犯罪";补充刑罚种类,对单位犯罪在罚金刑之外,再增设资格刑,包括限制与剥夺企业的生产经营资格、竞争权限、营利能力等内容,真正实现以合规为激励要素强化对企业进行刑罚处罚的有效性;完善对单位的罚金刑,建议在《刑法》第 52 条中增设第 2 款,"对单位判处罚金的,应当根据其建立与执行刑事合规的有效性等情况,决定罚金数额";增设企业缓刑,建议在《刑法》第 72 条中增设一款,"企业积极建立并有效实施合规计划的,可以判处缓刑"。三是将合规义务予以法定化,强化并规定单位负有监管其内部员工和单位代理人行为以避免他们实施犯罪行为的注意义务,并确立单位高管负有刚性的合规构建与实施的法定义务,可以考虑在《刑法》第 31 条中增设第 2 款:"单位负责的主管人员违反构建和实施合规计划义务的,依照前款的规定处理。"①

(4)关于死刑法治改革问题

死刑法治改革问题是当代中国刑事法治改革和社会主义人权事业中的一个极其重大的现实问题,晚近十多年来我国死刑制度的改革从立法到司法都取得了巨大进步,但未来的死刑改革仍然任重而道远。死刑法治改革问题也是高铭暄教授多年来持续关注的一个重点,在 1997 年《刑法》颁行之后,随着我国死刑法治改革的进展,高铭暄教授更加重视对死刑制度改革的关注、研究和呼吁。

21 世纪初期,高铭暄教授曾结合联合国《公民权利和政治权利国际公约》的要求,以国际的视野,对我国死刑法治改革问题进行研究并提出以下几方面的立法完善建言:①在死刑的适用范围上,应随着社会、经济的不断发展,尽可能予以缩小,作出更严格的限制。②在死刑适用的对象上,凡在羁押、取保候审、监视居住以及剥夺自由刑执行期间怀孕的妇女,均不得判处死刑和执行死刑;在死刑缓期执行期间一旦发现怀孕的妇女,应立即予以改判,改为无期徒刑或者有期徒刑;刑法还应对精神病人不能适用死刑,至少不能被执行死刑作出明确规定。③关于死刑罪犯的要求赦免或减刑权,我国若能赋予被判处死刑的罪犯以要求赦免或减刑权,则对于进一步限制死刑的适用将会起到积极有效的作用。④为了使我国的死刑立法与国际人权法的要求接轨,应该将我国的死刑罪名严格控制在严重的暴力犯罪及行为所侵犯的客体价值与人的生命权利相当的极其严重的非暴力犯罪的范

---

① 高铭暄、孙道萃:《刑事合规的立法考察与中国应对》,载《湖湘法学评论》2021 年第 1 期。

围内。①

在此后的一篇研究死刑立法发展趋势的文章中,高铭暄教授着重论述了经济犯罪死刑的废止主张。他指出,我国刑法上包含死刑的罪种过多,应当设法逐步予以削减。第一个目标应当针对非暴力犯罪,特别是对单纯的经济犯罪(贪污罪、受贿罪不在其列)原则上不应配置死刑。主要理由是:首先,经济犯罪的成因是多方面的,靠死刑是无法有效遏制的。其次,单纯经济犯罪的社会危害性一般都要低于侵犯他人生命权利、国家安全和公共安全的犯罪,对之适用死刑有过重之嫌。再次,从国家和社会的利益考虑,对经济犯罪适用死刑也是极不经济的。最后,对于经济犯罪不设置死刑是世界各国的通例。期望立法者能削减乃至废除对经济犯罪所设的死刑,作为刑法立法完善的一个近期目标。②

在北京师范大学刑事法律科学研究院于2005年12月25日举办的"关注死刑改革"系列论坛的首期论坛上,高铭暄教授应邀作了题为"当前中国死刑制度改革若干重大问题的建言"的主旨演讲,并将演讲稿整理成文发表了专论,提出了关于我国死刑制度改革的四项建议:其一,我国刑法中的死刑罪名应当逐步减少。建议先有效废止经济犯罪的死刑,再以此为契机废止所有非暴力犯罪的死刑。其二,适用死刑的标准应当严格统一,其根本出发点在于要严格限制死刑的适用。其三,二审死刑案件应一律开庭审理。其四,死刑复核程序应当合理设计。③

在最高人民法院于2007年1月1日起全面收回死刑案件核准权之后,随着死刑司法改革的深入和死刑立法改革在刑法修正案研拟过程中的呼之欲出,高铭暄教授也加深了关于死刑改革的研究,他在几篇论文中都研究了死刑的替代措施问题。在一篇论文中,他在考察法治发达国家关于限制死刑和死刑替代措施之法治经验教训的基础上,指出虽然废除死刑从法理上讲并非必须寻找替代措施,但这是获得民众对废除死刑的支持的一条途径,终身监禁可能是最好的死刑替代措施,但应当是允许假释的终身监禁,并应设定一个较长的最低服刑期限。④ 在另一篇论文中,他较为全面地研究了我国死刑制度改革中的死刑替代措施问题,其主要见解如

---

① 参见高铭暄、李文峰:《从〈公民权利和政治权利国际公约〉论我国死刑立法的完善》,载高铭暄、赵秉志主编:《21世纪刑法学新问题研讨》,中国人民公安大学出版社2001年版,第311—325页;高铭暄:《从国际人权公约看中国部分非暴力犯罪的死刑废止问题》,载《法制日报》2003年6月26日,第10版。

② 参见高铭暄:《我国的死刑立法及其发展趋势》,载《法学杂志》2004年第1期。

③ 参见高铭暄:《当前中国死刑制度改革若干重大问题的建言》,载赵秉志主编:《刑法评论》(2006年第2卷),法律出版社2006年版,第2—13页。

④ 参见高铭暄、王秀梅:《死刑替代利弊分析》,载《江苏行政学院学报》2008年第1期。

下:其一,死刑替代措施,是指基于限制死刑适用的目的,对于立法上特定性质的犯罪,司法中特殊情况下的罪犯,不适用死刑立即执行,而代之以其他刑罚处罚方法。其二,死刑替代措施有四点重要意义:一是符合我国"少杀、慎杀"的死刑政策;二是与刑罚报应罪犯、预防犯罪的刑罚目的兼容协调;三是契合我国的国情民意;四是与国际人权法的要求高度一致。其三,死刑替代措施的种类可有三种:一是作严厉化调整后的死缓制度,但不宜将之调整为不可假释的终身监禁;二是有必要改革无期徒刑,区分出严格的无期徒刑与一般的无期徒刑,并将严格的无期徒刑作为某些犯罪之死刑立即执行的替代措施;三是附赔偿的长期自由刑。其四,关于死刑替代措施的立法方式,建议以刑法修正案的方式,对当前死刑制度的改革和刑罚体系的调整作一次全面、系统的修改完善。① 在后来的另一篇论文中,高铭暄教授进一步发展了他关于死刑替代措施的见解,这篇论文的理论前提是死刑替代措施要替代的是严格意义上的"死刑",它既包括"死刑立即执行"也包括"死缓"。其主要见解如下:其一,死刑替代措施,就是在不适用死刑的情况下,应该采用的代替死刑的刑罚方法。从实质上看,死刑替代措施是对那些值得配置死刑的罪名,在不配置、不适用死刑的情况下,采用的可以起到替代死刑功能的措施。其二,无期徒刑是我国刑法中替代死刑的唯一刑种,因为死缓不是刑罚种类意义上的死刑替代措施,不得假释的终身监禁不符合改造罪犯的基本理念和"废除或限制死刑"的目的,而无期徒刑是我国刑罚体系中处罚严厉性仅次于死刑的刑种。其三,我国刑法中现有的无期徒刑缺乏应有的严厉性和平等性,要想作为死刑的替代措施则必须改良。其四,无期徒刑要作为替代死刑的方法,建议设置先予关押一定期限再考虑减刑、假释的方法,即先予关押 10 年,在此期限内一律不得减刑、假释;10 年关押期满后,再根据罪犯的悔罪、立功情况和人身危险性强弱,综合考虑是否给予减刑、假释。如此改良无期徒刑,能够保持其严厉性,发挥其威慑力,维护其执行上的平等性,并有利于与有期徒刑的衔接,因而具有科学性与合理性。其五,为适应无期徒刑的改良,还要完善相关的配套制度,包括调整无期徒刑的减刑、假释制度,完善死缓制度。②

2010 年 8 月,全国人民代表大会常务委员会初次审议并向社会公布了《刑法修正案(八)(草案)》,表明拟废止 13 种近年来较少适用或者基本未用的经济性、非暴力犯罪的死刑。高铭暄教授随即发表文章,支持我国立法机关即将迈出的死刑立

---

① 参见高铭暄:《略论中国刑法中的死刑替代措施》,载《河北法学》2008 年第 2 期。
② 参见高铭暄、楼伯坤:《死刑替代位阶上无期徒刑的改良》,载《现代法学》2010 年第 6 期。

法改革的重大步伐,论述了从刑法立法上削减死刑罪名的重大价值和意义:一是回归对死刑的理性认识,有助于推进死刑制度改革;二是贯彻了宽严相济的刑事政策,有助于促进刑事法治发展;三是彰显生命价值的至上性,有助于切实保障公民人权;四是有助于促进社会治理机制健全,实现社会文明进步。①

在我国死刑的立法改革即将迈开步伐的背景下,为促进我国死刑立法的全面改革进步,高铭暄教授还撰文对死缓制度进行了深入研究,提出了若干有新意的见解和立法完善建言:其一,新中国死缓制度经历了从政治策略形态向法律制度形态嬗变的进程,先前的死缓政策的政治色彩和品格极其显著,而之后死缓制度法典化后的限制死刑意义突出。其二,死缓制度的逻辑理性即其逻辑构造的严谨性和论理关系的科学性。传统的主流观点认为,死缓是死刑的执行方式而应归属于死刑,但死缓属于缓刑的特殊方式的主张更有说服力,因为死缓实质上是对死刑附条件的免除执行而非延缓执行。其三,死缓制度的实践理性就是死缓制度对社会法治实践的合目的性意义,其基本点有二,即刑罚个别化价值和死刑谦抑价值。其四,我国刑法关于死缓适用的技术规则存在两个基本缺陷:一是死缓的适用对象(罪行极其严重但又不是必须立即执行的犯罪分子)缺乏刚性要求,不太符合罪刑法定原则;二是死缓适用的结果取向配置(没有故意犯罪)缺乏柔性,不完全符合刑法谦抑精神。② 死缓制度这两方面的立法缺陷应在适当时予以立法完善。③

(5)关于罚金刑的改革问题

结合当代刑罚的轻刑化发展趋势,高铭暄教授对我国刑法中罚金刑的改革问题给予了长期持续性的关注。2009年,他曾结合宽严相济的刑事政策的贯彻发表了罚金刑改革的论文。他认为:其一,罚金刑是针对性很强的科学而有效的刑罚种类,且能够体现刑罚的宽缓和文明进步,与宽严相济的刑事政策的本质是契合的,贯彻宽严相济的刑事政策就要重视罚金刑的运用。其二,我国的罚金刑设置存在一系列有悖于宽严相济刑事政策的弊端,为实现刑罚宽缓需要从多方面改革罚金刑,包括将罚金刑上升为主刑并同时保留其作为附加刑适用,扩大罚金刑的适用范围,完善罚金刑的适用方式,减少乃至取消无限额罚金的规定,增设罚金刑的行刑时效制度。其三,为体现刑罚严厉性也需要对罚金刑进行一些改革,包括完善罚

---

① 参见高铭暄、黄晓亮:《削减死刑罪名的价值考量》,载《法学杂志》2010年第12期。
② 2015年8月29日通过的《刑法修正案(九)》已将1997年《刑法》第50条原来规定的死缓执行死刑的实质条件"如果故意犯罪,查证属实的……"修改补充为"如果故意犯罪,情节恶劣的……",即增加了"情节恶劣"的要求。
③ 参见高铭暄、徐宏:《中国死缓制度的三维考察》,载《政治与法律》2010年第2期。

金刑与资格刑、自由刑、管制刑的配置立法,以更好地发挥刑罚惩治与预防犯罪的功能,以及对主观恶性较大、有明显犯罪倾向者不宜规定单科罚金等。①

十年后,高铭暄教授仍在关注罚金刑改革问题,并着重强调罚金刑要有数额规定的修法主张。他分析说,在我国现行《刑法》规定有罚金刑的200余个罪名中,没有明文规定罚金具体数额的约占2/3,这种状况在单位犯罪条文中表现更为突出,这是不符合罪刑法定原则的,也不利于司法机关掌握,与世界其他法治国家刑法中罚金刑的通例也不合,因而必须改进。他建议,我国刑法中罚金刑数额的改进可以考虑由刑法总则规定罚金刑的下限,由刑法分则条文根据不同罪的状况分别规定罚金刑的上限。②

(6)关于风险社会刑法立法的正当性问题

风险社会刑法的积极应对及其合理边界是当今各国刑法立法及刑法理论所共同面临的一个重要的新课题,也是我国刑法立法与刑法学研究面对的一个重要的新问题。高铭暄教授在其耄耋之年仍与时俱进地关注刑事法治新课题,撰文研究风险社会中刑法立法的正当性问题,其见解要点如下:其一,在当今风险社会中,刑事立法正当性问题的实质,在于刑法提前规制一种危险行为的合理依据,即在何种情形下必须动用最严厉的刑法来保障社会安全;刑事立法在不得已突破刑法基本原则提早动用刑罚时,必须受到哪些因素的制约。其二,风险社会中的刑事立法面临诸多技术上的难题,主要是在刑法上如何定义和判断需要刑法规制的危险行为。其三,风险社会中,我国刑事立法面临社会利益的分裂对立及刑法法理与社会治理政策的对立等处境,不得不紧跟社会形势频繁扩张适用刑法以应对风险社会隐藏的巨大危险,包括创设新罪种,前移犯罪标准而将危险犯改为行为犯、将实害犯改为危险犯,扩张或缩减构成要件要素等。其四,风险社会中,刑事立法实现其正当性必须处理好两种关系:一是在立法实践中正确把握犯罪化与非犯罪化的界限,以解决在何种情形下必须动用最严厉的刑法来保障社会安全的问题;二是在立法中正确把握危险犯与实害犯的界限,以解决刑事立法在不得已突破刑法基本原则提早动用刑罚时,必须受到哪些因素制约的问题。就后者而言,动用刑法处罚危险犯必须具有立法上的急切必要性,并且必须是行为人主观上具有不可容忍的过错。③

在我国现行《刑法》总则和分则其他一些具体内容上,高铭暄教授也有所研究

---

① 参见高铭暄、孙晓:《宽严相济刑事政策与罚金刑改革》,载《法学论坛》2009年第2期。
② 参见高铭暄:《新中国刑法立法的变迁与完善》,载《人民检察》2019年第Z1期。
③ 参见高铭暄:《风险社会中刑事立法正当性理论研究》,载《法学论坛》2011年第4期。

并提出了相关的立法完善主张,限于篇幅,本文不再赘述。

四、高铭暄教授关于刑法立法的主要著作

以上所述高铭暄教授的刑法立法思想,主要见之于其相关学术论文。除论文外,高铭暄教授所撰写、编辑的刑法立法方面的一些著作和书籍,也是他对我国刑事法治建设和刑法学教学研究的重要贡献。我们在此也予以简要介述。

(一)刑法立法方面的著作

高铭暄教授关于刑法立法方面的著作,主要有以下五种:

一是《中华人民共和国刑法的孕育和诞生》。该书由高铭暄教授于1980年11月完成撰写,由法律出版社于1981年7月正式出版发行①,全书近20万字。高铭暄教授是自1954年至1979年全程参与我国第一部刑法典(1979年《刑法》)起草的唯一学者,积累了刑法起草过程中丰富的资料。该书对我国第一部刑法典全部条文的演进过程、争议问题和立法抉择作了全景式的解读与阐释,展示了我国第一部刑法典数十年创建的艰难历程,对于客观、全面、系统、准确地理解法律和把握立法原意有着突出的、极为重要的作用。该书是高铭暄教授的第一部学术著作,也是我国改革开放以后刑法学界乃至法学界出版的第一部学术专著。② 该书面世后受到法学理论界和法律实务界的广泛关注与好评,12000册很快售罄,产生了深远的学术影响。曾任外交部法律顾问、联合国前南斯拉夫问题国际刑事法庭法官的我国老一辈著名法学家李浩培先生曾评价说,该书"是我国刑法学界的一部重要著作,任何人如欲谙熟我国刑法,是必须阅读的"③。该书于2008年荣获中国法学会首届"中国法学优秀成果奖"专著类二等奖。

二是《中华人民共和国刑法的孕育诞生和发展完善》。该书由高铭暄教授于2012年3月完成,由北京大学出版社于2012年5月正式出版并公开发行,全书85万余字,作者时年84岁高龄。该书系高铭暄教授在其1981年出版的《中华人民共和国刑法的孕育和诞生》一书的基础上加以修改和较大幅度地补充而成,由前言、

---

① 由于当时的历史条件影响,该书标明是"内部发行",即在政法机关和法律院校发行。
② 参见高铭暄:《中华人民共和国刑法的孕育诞生和发展完善》,北京大学出版社2012年版,"自序"第1页。
③ 赵秉志、王俊平:《高铭暄 新中国刑法学的开拓者》,载《中国审判》2007年第9期。

上卷、下卷三个部分组成。前言部分简要勾勒了我国刑法的孕育诞生和发展完善过程,旨在给读者一个全面、历史、宏观的把握;上卷仍定名为"中华人民共和国刑法的孕育和诞生",除了进行一些文字的技术处理,基本上是1981年版原书的再现,是1979年第一部刑法典创制过程及各个条文内容演进的写照;下卷定名为"中华人民共和国刑法的发展和完善",按照1997年《刑法》的章节和条文次序进行论述,上追溯到1979年《刑法》及其之后的单行刑法和附属刑法的规定,下延伸至1997年《刑法》颁行后的单行刑法、8个刑法修正案和9个刑法立法解释文件的内容,力图讲清每个规定的来龙去脉,使之浑然一体。总而言之,该书以我国两部刑法典的体例为基准,对每一个条文的立法演进、争议观点、立法理由、立法本意等问题进行了较为深入、细致的阐述和梳理,从而对于理解刑法立法原意、妥当把握刑法条文用语、考察刑法立法体制和立法精神沿革,都具有重要的指导和参考价值。该书问世后,受到刑法学界的广泛关注和高度认可,当年即被评为"2012年中国十大影响力法学理论研究成果",尤其是该书2013年还荣获了含金量很高的第三届"中国出版政府奖"图书奖提名奖,并被我国政法领导机关负责人和著名学者评价为"解读刑法精神的教科书"和"刑法立法的理由书"[1];有学者撰写书评称其为"新中国注释刑法学的扛鼎之作"[2];还有学者的书评认为该书是"融文献立法学术价值于一体的刑法学巨著"[3]。由于近年来中国刑法学界逐步走向世界,该书作为全面了解中国刑法的代表性著作也引起了外国刑法学界的关注和了解欲望,2016年至2021年间,该书由我国学者译成德文和俄文(俄文版翻译还得到国家社会科学基金中华学术外译项目的立项资助),先后在德国和俄罗斯正式出版,为传播中国法律文化作出了积极的贡献。该书于2014年12月荣获中国法学会第三届"中国法学优秀成果奖"专著类一等奖,耄耋之年的高铭暄教授于2015年4月25日在颁奖仪式上作为专著类获奖者的代表,作了题为"老骥伏枥,志在千里:为法学研究奋斗终身"的发言,其精神令人感佩。

三是《中华人民共和国刑法的孕育诞生和发展完善(精编本)》。高铭暄教授于2019年获得"人民教育家"国家荣誉称号后,其代表性著作《中华人民共和国刑法的孕育诞生和发展完善》得以入选《教育部基础教育课程教材发展中心中小学生阅

---

[1] 蒋安杰:《高铭暄:30年磨一剑》,载《法制日报》2012年10月10日,第9版。
[2] 赵秉志、阴建峰:《新中国注释刑法学的扛鼎之作——试评高铭暄教授著〈中华人民共和国刑法的孕育诞生和发展完善〉》,载《刑法论丛》2013年第2期。
[3] 黎宏:《融文献立法学术价值于一体的刑法学巨著——读高铭暄教授著作〈中华人民共和国刑法的孕育诞生和发展完善〉》,载《人民检察》2012年第21期。

读指导目录(2020年版)》。为便于青少年读者阅读和了解我国刑法的产生与发展历程,年逾九旬的高铭暄教授又特意将原书予以精编修订,并新增补了2015年通过的《刑法修正案(九)》的相关内容,仍交由北京大学出版社,于2020年10月出版了这部42万余字的精编本。该书的出版体现了高铭暄教授热心培育我国青少年法治信仰与理念的殷殷之情。

四是《中国刑法立法之演进》(中英文本)。该书由高铭暄教授与赵秉志教授合著,与中文对照的英文部分邀请王俊平、李山河两位青年学者担任译者,于2006年7月完成书稿,由法律出版社于2007年6月正式出版发行,全书40万余字。该书是论述中国自古至今刑法立法演进的学术著作,全书包含六章:前两章概要介述古代和近代中国刑法立法的演变;第三章至第五章全面系统地论述新中国刑法立法从孕育到诞生再到发展完善的历史进程;第六章展望中国刑法立法今后中长期的发展前景,并对若干重大问题的完善进行探索、提出建言。该书的编著宗旨是为刑法初学者全面把握中国刑法立法的历史演变规律提供引导性帮助,为刑法学研究者和法律实务工作者提供参考,更期待能够成为西方法律学者全面正确了解中国刑法立法及其发展趋向的窗口。该书寄托了作者积极进行中外刑法文化交流的愿望。

五是《我与刑法七十年》。该书由高铭暄教授口述、傅跃建教授整理而成,由北京大学出版社于2018年6月出版发行,全书15万余字。该书采用采访文体的形式,由傅跃建教授提问、高铭暄教授作答而成,是高铭暄教授从事刑法教学70载的回忆性、记叙性著作,其中第一部分用较大的篇幅记述了高铭暄教授参与和见证新中国刑法立法进程的点点滴滴,具有可读性和感染性,是了解高铭暄教授参与新中国刑法立法活动的一个重要的参考资料。

(二)刑法立法方面的文献资料书籍

高铭暄教授编辑的刑法立法方面的文献资料书籍,有以下两类、六个版本。

第一类是刑法立法文献资料总整理性书籍,先后有三个版本:

一是《新中国刑法立法文献资料总览》,由高铭暄教授和赵秉志教授合编,由中国人民公安大学出版社于1998年2月出版,分上、中、下三册,全书241万余字。该书以作者多年积累、占有和搜集的有关刑法立法文献资料为基础,并经过长期努力而编成,在内容上除将1997年《刑法》载于书首外,还包括三编:上编为1979年《刑法》颁布前的刑法立法文件与文献性资料,下编为1979年《刑法》颁布以来的刑法立法文件与文献性资料,附编为国家立法、司法领导机关有关刑法立法方面的资料和法学界有关刑法立法的代表性方案与建议。可以说,该书是新中国近半个世纪间刑法立法历程的客观写照,是一部前所未有的系统、全面、客观地反映新中国刑法立法文献资料的总整理、集大成性质的专业工具书、参考书,是一部对刑法学研究和整个刑事法治建设都具有重要参考价值的书籍。该书出版后受到我国法学理论界、法律实务界特别是刑法学界的广泛好评,尤其成为刑法学理论工作者和刑法学专业博士研究生、硕士研究生从事学术研究的基本参考书。

二是《新中国刑法立法文献资料总览》(第二版),仍由高铭暄教授和赵秉志教授合编,由中国人民公安大学出版社于2015年6月出版,全书413万余字。该书在结构上将第一版的"上编、下编、附编"调整为"上编、中编、下编、附编",在内容上充实了第一版之后至2015年17余年来的刑法立法文件及相关文献、资料共计250余件,172万余字。通过增补、充实与调整,该书在体系结构上更为清晰、合理,在内容上更具全面、系统、丰富和最新适用的价值。

三是《新中国刑法立法沿革全书》,由高铭暄教授、赵秉志教授和商浩文副教授合作编著,作为国家出版基金项目由中国人民公安大学出版社于2021年12月出版,全书481万余字。该书在《新中国刑法立法文献资料总览》(第二版)的基础上修订充实而成,并更名为《新中国刑法立法沿革全书》。鉴于该书对学术研究的重要价值,经中国人民公安大学出版社鼎力推荐,该书得以成功入选2020年国家出版基金资助项目。该书在维持原书第一、二版精选我国刑法立法文件及相关资料的宗旨和原有基本体系框架的基础上,进行了较大幅度的修改、充实和删减,主要有三个方面:一是增写了相关阶段的刑法立法述评部分,分别置于上、中、下三编之首,并在书末对我国刑法立法的发展趋势进行了展望性论述,旨在为读者更好地掌握各个阶段刑法立法的演进提供指引;二是在下编中增加了第二版之后六年来有关刑法立法的文献与资料;三是在附编中删除了原书中刑法学界相关完善刑法的意见材料,旨在将该书内容集中于真正的立法文献和具有规范参考性的资料,以提高该书的权威性,也最大限度地压缩这部大型工具书的篇幅。总而言之,该书虽然是一部工具书、文献资料书,但又是刑法学科极为重要的基础性参考书,其对刑法学理论研究和刑事法治建设无疑具有重要的价值。

第二类是刑法立法规范与资料精选性书籍,先后也有三个版本,均由高铭暄教授和赵秉志教授合编。一是《中国刑法立法文献资料精选》,由法律出版社于2007年8月出版,全书70万余字。二是《中国刑法规范与立法资料精选》(第二版),由法律出版社于2013年11月出版,全书105万字。三是《中国刑法规范与立法资料精选》(第三版),由法律出版社于2021年3月出版,全书108万余字。该书在内容上分为上下两编:上编为"现行刑法规范",收录现行刑法及国家立法机关通过的现行有效的其他刑法规范和相关文件(包括单行刑法、刑法修正案和刑法立法解释,以及研拟和通过这些刑法立法规范时的相关文件);下编为"历史文献资料",收录新中国成立以来我国重要的刑法立法文献和有代表性的刑法草案。相比于大型的总整理性质的刑法立法文献资料书籍,该书是我国刑法立法规范与文献资料方面的中型工具书、资料书,编著目的是适应刑法学一般读者尤其是青年刑法理论和刑事法实务工作者的专业需要。这三个版本陆续问世后,均受到欢迎与好评。

五、结语

高铭暄教授参与的刑法立法活动贯穿于他70载的学术人生,他的刑法立法思想是其刑法思想的重要方面,他有关刑法立法的著述是其学术成就的重要组成部分。考察、梳理高铭暄教授的刑法立法活动、立法思想和相关著述,也是我们概览我国刑法立法发展历程和研习刑法立法一系列重要问题的过程,并主要从以下两个方面给予我们若干启示:

在新中国刑法立法方面的启示,主要包括:其一,刑事法治对现代法治国家至关重要,而刑法立法是刑事法治的基础和前提,所以刑法立法工作必须得到重视。其二,刑法立法工作的进展与国家的政治、经济、社会形势和政治决策密切相关并受其支配和影响,现代文明社会才能造就现代化的刑法立法,而现代化的刑法立法又能促进现代文明社会的建设。其三,刑法立法是一门科学和技术,是有规律可循、有科学性可言、有技术规范要遵守的,但刑法立法的科学性和完善化是一个不断前进的过程,只能循序渐进,不可能一蹴而就。其四,新中国刑法立法最宝贵、最重要的经验,就是刑法立法要从中国实际出发,立足于本国国情;但中国刑法立法也要放眼世界,根据我国社会发展进步的需要兼收并蓄,尽可能地借鉴和吸收人类社会文明的优秀成果。其五,刑法立法的完善离不开与刑法理论和司法实践的协同发展,离不开民主立法,离不开法学家的参与。

在刑法学者参与刑法立法的意义方面的启示:其一,刑法学者参与刑法立法,对刑法立法工作而言非常重要,有助于科学立法,也是民主立法的体现。其二,直接、间接参与或者关注刑法立法,对刑法学者也至关重要,有助于学者打牢专业基础、开阔学术视野、深化理论研究。其三,刑法学者个人学术事业的命运与国家法治建设事业的大局密切关联,只有国家法治昌盛,才能给法律学者提供用武之地和成才的舞台;只有将个人的学术事业纳入国家法治建设事业的大局,法律学者才能真正有所作为。其四,法学家的成就离不开坚韧不拔的精神、长期不懈的积累和独立通达的思考,机会只会偏爱那些有准备的头脑,高铭暄教授参与刑法立法活动和成为著名法学家的经历再次诠释了这些人生哲理。

总而言之,我们认为,高铭暄教授的刑法立法活动和立法思想是其学术人生重要而耀眼的方面,也是新中国刑法立法曲折发展历程的一个写照,对之进行考察研究很有意义,也会颇有收获。

高铭暄教授刑法研究的中国式思维*

谢望原**

2023年4月7日,浙江省玉环市,高老师在高铭暄学术馆开馆仪式上发表感言

刑法研究的中国式思维,乃是基于中国式现代化命题派生而来的概念。中国式现代化,是中国共产党始终坚持并不断推进的一项伟大事业。党的二十大又进一步明确提出了中国式现代化的政治纲领。中国式现代化内涵丰富,外延宽阔,但究其核心要求,就是必须"既有各国现代化的共同特征,更有基于自己国情的中国特色"。基于此基调,如果将中国式现代化的原则引入中国刑法学研究领域,我的理解是:中国式现代化必然要求中国式刑法学研究思维。而人民教育家高铭暄教

---

* 本文系作者在中国人民大学、中国刑法学研究会、浙江省玉环市委市政府联合主办的"高铭暄学术馆开馆仪式暨高铭暄学术思想研讨会"的发言(会议时间:2023年4月7日,会议地点:浙江省玉环市)。

** 中国人民大学法学院教授、博士生导师。

授的刑法学研究思想就是典型的中国式刑法学研究思维。

所谓中国式刑法学研究思维,就是基于中国国情,置身于中国自己的刑法文化传统与现实刑法立法和司法,在中国刑法语境中来思考、研究并解决中国刑法问题。中国式刑法学研究思维不是要割断中国刑法学与他国刑法学的联系与交流,而是强调刑法研究必须立足于中国自己的刑法立法与刑事司法,从而建立真正有中国特色的刑法学理论体系。

毋庸置疑,高铭暄教授的学术研究始终坚持了刑法研究的中国式思维。在我看来,其主要特点可归纳为以下三个方面。

一、始终立足中国刑法立法研究

毫不夸张地说,高铭暄教授几乎参加了新中国成立以来的所有刑法立法。也许正是这样特殊的经历,他自始至终把自己的刑法学研究奠基在中国刑法立法之上。高铭暄教授早年的《中华人民共和国刑法的孕育和诞生》及其后来的《中华人民共和国刑法的孕育诞生和发展完善》,正是中国刑法立法研究的扛鼎之作。特别是后者,被翻译为多种语言在海外出版,使得国际社会对中国刑法立法及其发展完善有了全面了解,也使得中国刑法学研究真正走向世界。

二、始终以强大的理论自信构建中国特色刑法学理论体系

高铭暄教授在其刑法学研究中,从不盲从于国外的一些刑法学说,这与有些学者照抄照搬他国刑法学理论的做法形成鲜明对比。无论是20世纪80年代初高铭暄教授主编的影响力极大的司法部统编教材《刑法学》,还是21世纪以来他与马克昌教授主编的多次再版、发行量巨大的红皮《刑法学》,都是原汁原味的正统中国刑法学的样板。高铭暄教授主持完成的《刑法学原理》三卷本,更是系统阐释并构建了当代中国刑法学的理论体系。高铭暄教授的这些理论建树无不体现了其对中国刑法学的强大理论自信。

三、始终以宽大包容胸怀面对学术挑战

宽容或包容乃是中华传统文化的重要内容之一,因而也是刑法研究的中国式

思维应有之义。近些年来,我国一些中青年刑法学者对我国刑法学的四要件犯罪论大加批驳、否定,极力主张以德日刑法学的三阶层理论取而代之。众所周知,高铭暄教授是我国刑法学四要件犯罪论的主要创立者和倡导者。面对来势汹汹的四要件否定论,按常理来讲,别人对自己钟爱的理论学说极度批驳、否定,高铭暄教授本该生气或者反感,但他从来没有表示过不高兴,更没有批评指责持不同学术立场者。他唯一的公开表态,似乎就是在《中国法学》发表了《论四要件犯罪构成理论的合理性暨对中国刑法学体系的坚持》——一篇极其有说服力的回应文章。高铭暄教授这种始终以宽大包容胸怀面对学术挑战的态度,值得每一位学者敬重和学习。

最后,衷心祝福高铭暄教授永葆青春!我确信——高铭暄学术馆必将成为中国刑法学研究发展与传承的重要基地!

如何运用刑法学历史研究方法？

刘树德*

习近平总书记2018年12月18日在庆祝改革开放40周年大会上的讲话总结了改革开放40年积累的九个方面的宝贵经验，其中最后一点就是必须坚持辩证唯物主义和历史唯物主义世界观和方法论，正确处理改革发展稳定关系。① 方法论是关于具体方法的理性提炼和理论概括。哲学社会科学研究范畴很广，不同学科有自己的知识体系和研究方法。对一切有益的知识体系和研究方法，我们都要研究借鉴，不能采取不加分析、一概排斥的态度。② 无论是刑事审判实践，还是刑法学研究，均离不开法律方法论或者法学方法论的指导。此处着重就如何学习和运用好高铭暄先生主编的四本刑法学教材③中所论及的刑法学历史研究方法谈几点粗见。

一、四本刑法学教材论及的历史研究方法

历史研究方法是运用历史资料，按照历史发展的顺序对过去事件进行研究的方法，亦称纵向研究法，是比较研究法的一种形式。历史研究方法既可以做定性研究，也可以利用定量资料；历史研究方法应用的范围很广泛，既可应用于社会学科领域，例如，政治学研究、法学研究等，也可应用于自然学科领域，如生物学研究、地理学研究（研究地球的历史）等。简单来说，历史研究就是以过去为中心的研究，具体通过对已存在的资料的深入研究，寻找事实，然后利用这些信息描述、分析和解释过去的过程，同时揭示当前关注的一些问题，或对未来进行预测。

---

* 最高人民法院审判管理办公室副主任。
① 参见习近平：《习近平谈治国理政》（第三卷），外文出版社2020年版，第188—189页。
② 参见习近平：《习近平谈治国理政》（第二卷），外文出版社2017年版，第341页。
③ 四本刑法学教材分别是：法学教材编辑部《刑法学》编写组：《刑法学》，法律出版社1982年版；法学教材编辑部《刑法学》编写组：《刑法学》（修订本），法律出版社1984年版；高铭暄主编：《中国刑法学》，中国人民大学出版社1989年版；高铭暄主编：《新编中国刑法学》，中国人民大学出版社1998年版。

无论是《刑法学》,还是《中国刑法学》,抑或《新编中国刑法学》,均在第一章"刑法学概述"专列一节"刑法学的研究方法"①对刑法学的研究方法进行论述②(见表1)。

表1 四本刑法学教材论及的刑法学历史研究方法(摘录)

书名	相关论述内容提要	简要评介
《刑法学》③	作为无产阶级世界观的辩证唯物主义和历史唯物主义,是我们研究科学的唯一正确方法。如何在刑法学中具体运用这种方法,是一个广泛艰深的课题……(一)应该根据马克思列宁主义关于经济基础与上层建筑理论,联系阶级斗争和社会制度来研究刑法……(二)应该以辩证发展的观点,把刑法的现行规定与历史状况和未来前景联系起来研究。既着眼于现在,也考虑过去与未来。我们不主张单纯采取资产阶级的所谓历史方法,只是罗列现象,叙述历史,用过去来为今天的保守、落后甚至反动作辩护。我们追溯刑法上某种学说或制度的沿革,是为了总结必要的经验和教训,作为今日解决这一问题的参考……(三)应该根据马克思列宁主义关于物质与精神的相互关系的理论,根据唯物主义的认识论,坚持理论联系实际的研究方针,使我们的刑法学始终不脱离实际,始终为实践服务……(四)应该根据"洋为中用"的方针,以我为主地对外国的刑法理论、刑事立法和司法实践,进行比较研究……	——

---

① 《刑法学》(1982年版和1984年版)的"刑法学的研究方法"在第一章第三节,《中国刑法学》和《新编中国刑法学》的"刑法学的研究方法"在第一章第二节。

② 此种安排并未在高铭暄和马克昌两位先生主编的《刑法学》中得到延续。该书是在"绪言"中以"刑法学的作用和研究方法"为标题对刑法学的研究方法展开论述(具体内容与《新编中国刑法学》基本相同,包括总结性的冒段和四种具体研究方法即分析的方法、比较的方法、历史的方法、理论联系实际的方法的相关论述)。该书在"后记"中载明"绪言"系高铭暄先生撰写。参见高铭暄、马克昌主编:《刑法学》(第十版),北京大学出版社、高等教育出版社2022年版,"绪言"第4—6页、"后记"第691页。

③ 参见法学教材编辑部《刑法学》编写组:《刑法学》,法律出版社1982年版,第11—15页。该书"刑法学的研究方法"一节在冒段后各用一个自然段对四个"应该……"展开进一步的论述;该书"说明"仅载明"初稿经集体讨论后,由高铭暄、马克昌、高格修改定稿。部分章节由余叔通修改定稿",未载明具体章节的撰写分工。2023年3月9日,高若辰(高老师之孙)通过微信告知高老师对笔者3月8日所提问题的回复:(1)1982年版《刑法学》是法学界第一本统编教材,当时强调集体,不突出个人,故只在"说明"中载明统稿者,不在封面标明主编及副主编。(2)至1984年时开始强调主编负责制,包括《刑法学》在内的各种统编教材开始在封面标明主编和副主编。(3)《刑法学》第一章"刑法学概述"系北京大学甘雨沛教授撰写,并经余叔通教授修改。

如何运用刑法学历史研究方法?

(续表)

书名	相关论述内容提要	简要评价
《刑法学》(修订本)①	(基本同上②)	——
《中国刑法学》③	研究刑法学,也和研究其他社会科学一样,要以马克思主义哲学方法为指导。辩证唯物主义和历史唯物主义是研究刑法学的根本方法。依据这种方法,就应该根据马克思主义关于经济基础和上层建筑的理论,联系阶级斗争和社会制度来研究刑法;就应该以辩证发展的观点,把刑法的现行规定与历史状况和未来前景联系起来研究;就应该遵循唯物主义认识论,坚持理论与实践相结合的方法,使刑法学的研究来自实践,并为实践服务。这就是说,阶级分析的方法、历史的方法、理论联系实际的方法,都是刑法学的研究方法。我们应该努力运用这些方法来进行刑法学的研究。	此处将"唯一正确方法"调整为"根本方法"。
《新编中国刑法学》④	研究刑法学,也和研究其他社会科学一样,要以马克思主义哲学方法为指导。辩证唯物主义和历史唯物主义是研究刑法学的根本方法。依据这种方法,就应该对研究对象由此及彼、由表及里地进行全面深入的分析,特别是要根据马克思主义关于经济基础和上层建筑的理论,联系阶级斗争和社会制度来研究。依据这种方法,就应该以辩证发展的观点,把刑法的现行规定与历史状况和未来前景联系起来,把所考察的问题置于一定的历史环境之中,联系社会经济政治条件作出客观的历史分析和评价。依据这种方法,就应该遵循唯物主义认识论,坚持理论与实践相结合的方法,立足本国,放眼世界,使刑法学的研究来自实践,并为实践服务。这就是说,分析的方法、比较的方法、历史的方法、理论联系实际的方法,都是刑法学的研究方法。我们应该努力运用这些方法来进行刑法学的研究。	"阶级分析的方法"被调整为"分析的方法"(分析的方法除阶级分析的方法之外,还包括定性分析和定量分析)。⑤

---

① 参见法学教材编辑部《刑法学》编写组:《刑法学》(修订本),法律出版社1984年版,第11—14页。该书"刑法学的研究方法"一节在冒段后各用一个自然段对四个"应该……"展开进一步的论述。

② 1984年《刑法学》"修订本说明"有如下内容:全国人民代表大会常务委员会于1982年3月8日通过了《关于严惩严重破坏经济的罪犯的决定》,1983年9月2日又通过了《关于严惩严重危害社会治安的犯罪分子的决定》。这两个决定对《刑法》相关条款作了重要的修改和补充。修订本主要根据这两个决定进行必要的局部增删,绝大部分内容仍保持原作未动。

③ 参见高铭暄主编:《中国刑法学》,中国人民大学出版社1989年版,第5—6页。该书"刑法学的研究方法"一节在冒段后仅对"分析和比较的方法"作了论述;同时,该书"说明"载明第一章系高铭暄先生撰写。

④ 参见高铭暄主编:《新编中国刑法学》,中国人民大学出版社1998年版,第5—9页。该书"刑法学的研究方法"一节在冒段后列四个二级标题,分别对"分析的方法""比较的方法""历史的方法""理论联系实际的方法"展开论述;同时,该书"说明"载明第一章系高铭暄先生撰写。

⑤ 参见高铭暄主编:《新编中国刑法学》,中国人民大学出版社1998年版,第6页。

(续表)

书名	相关论述内容提要	简要评价
	…… (三)历史的方法 　　如果说比较的方法主要是横向研究的话,那么历史的方法则是纵向研究……研究刑法同样要运用历史的方法。这不仅指对我国各个历史时期的刑法思想、刑事立法、刑法制度的产生、发展和演变情况要进行系统的考察研究,而且从事刑法学的某项专题研究时,比如研究责任年龄、责任能力、正当防卫、紧急避险、犯罪未遂、共同犯罪、数罪并罚以及某一类、某一种犯罪时,也都应有历史考察的内容,把问题置于一定的历史范围之内,总结前人经验,评判其是非得失,取其精华,去其糟粕,以为今人的借鉴。我国建国以来的刑事立法工作,始终坚持以总结本国的经验为主,同时又吸取本国历史上的和外国的经验,既反对盲目照搬,崇洋复古,又反对闭目塞听,闭关自守。这说明运用历史的方法研究刑法问题,不仅是刑法学本身发展的需要,而且也是刑事立法工作的直接需要。我们党制定的"古为今用"、"洋为中用"的方针,在刑法研究领域内是完全适用的,是必须坚决贯彻执行的。	

综合上表各教科书对历史研究方法的论述来看,至少可以得出以下几点结论:一是历史研究方法在"名分"上存在一个从不独立到独立的变化,即《刑法学》尚未单独提出历史研究方法,而是将其置于"辩证发展的观点"之下,而《中国刑法学》和《新编中国刑法学》均明确列出"历史的方法";二是历史研究方法在内容上存在一个从粗略到丰富的变化,即《刑法学》对"潜隐"的历史研究方法略有论述,《中国刑法学》对"明示"的历史研究方法略加论述,而《新编中国刑法学》对"明示"的历史研究方法进行了更为详细的论述;三是历史研究方法在性质上存在一个从受批判的异者到被普遍接受的变化,即《刑法学》从意识形态出发批判"资产阶级的所谓历史方法",而《中国刑法学》《新编中国刑法学》则改变了此种随意"定性""戴帽"的做法,亦即历史研究方法本身作为一种研究方法并不存在阶级属性、内涵外延的区别,无论是资产阶级还是无产阶级均可以使用。

二、一部专著——运用历史研究方法的必备工具

法意,即立法意图和立法目的。基于当下的立法传统和实践惯例,立法机关并未将某一法律制定过程中形成的所有记录公之于众,使得实务界和理论界在运用

历史解释方法来探寻具体法律规范的含义时面临查找原始档案记录的困难。面对此种情景,此时那些参与立法工作的人员撰写、发表、出版的有关法律的制定背景、讨论过程、条款说明等之类的论文或者专著,无疑扮演着"准立法说明书"的角色,显得如此珍贵和重要。高铭暄先生基于全程参与新中国刑法制定的唯一亲历者身份,将其所见所知所闻所研衷辑而成的《中华人民共和国刑法的孕育诞生和发展完善》①(以下简称《刑法的孕育诞生和发展完善》)就是一部非常具有学术价值和实践价值的专著。如果说全国人大常委会法制工作委员会刑法室主任王爱立主编的《中华人民共和国刑法条文说明、立法理由及相关规定》②(以下简称《刑法条文说明、立法理由及相关规定》)一书是一本"官方版""准立法说明书",那么《刑法的孕育诞生和发展完善》无疑是一本"民间版""准立法说明书"③。

《刑法的孕育诞生和发展完善》分上下两卷,其中,上卷定名为"中华人民共和国刑法的孕育和诞生",除了一些文字技术性处理,基本上就是《中华人民共和国刑法的孕育和诞生》④(以下简称《刑法的孕育和诞生》)一书的再现,内容主要按照1979年《刑法》的章节条文次序进行论述,主要反映《刑法》的孕育诞生过程,特别是从第22稿到第33稿再到定稿⑤这些主要阶段在条文的起草、讨论、修改过程中的一些情况和问题,有些地方也对条文的精神和含义作一些学理解释。下卷定名为"中华人民共和国刑法的发展和完善",基本采取上卷的体例,围绕1997年修订的《刑法》的章节条文次序进行论述,上溯1979年《刑法》及其之后的单行刑法和附属刑法的有关规定⑥,下延伸至1997年《刑法》之后的单行刑法⑦,特别是8个"刑法

---

① 参见高铭暄:《中华人民共和国刑法的孕育诞生和发展完善》,北京大学出版社2012年版。
② 参见王爱立主编:《中华人民共和国刑法条文说明、立法理由及相关规定》,北京大学出版社2021年版。参与该书的编写者均是立法机关工作机构即全国人大常委会法制工作委员会刑法室的工作人员。
③ 参见刘树德:《追求"立法说明书"的新高度》,载《法治日报》2021年8月31日,第9版。
④ 参见高铭暄编著:《中华人民共和国刑法的孕育和诞生》,法律出版社1981年版。
⑤ 中央人民政府法制委员会分别于1950年7月25日和1954年9月30日起草两个刑法文本即《中华人民共和国刑法大纲草案》和《中华人民共和国刑法指导原则(初稿)》(参见高铭暄、赵秉志编:《中国刑法立法文献资料精选》,法律出版社2007年版,第198—247页);全国人民代表大会常务委员会办公厅法律室于1954年10月开始起草,到1957年6月28日,已草拟出第22稿(参见高铭暄、赵秉志编:《中国刑法立法文献资料精选》,法律出版社2007年版,第274页);此后,自1962年5月开始至1963年10月9日止,经过多次重大修改和征求意见,拟出第33稿(参见高铭暄、赵秉志编:《新中国刑法立法文献资料总览》(上册),中国人民公安大学出版社1998年版,第337—365页)。
⑥ 自1981年至1997年《刑法》修订期间,最高立法机关先后通过了24个单行刑法,并在107个非刑事法律中设置了附属刑法规范,对1979年《刑法》作了一系列的补充和修改。参见高铭暄:《中华人民共和国刑法的孕育诞生和发展完善》,北京大学出版社2012年版,"前言"第3页。
⑦ 全国人民代表大会常务委员会于1998年12月29日通过的《关于惩治骗购外汇、逃汇和非法买卖外汇犯罪的决定》。

修正案"①和 9 个"刑法立法解释"②的相关内容,讲清每个规定的来龙去脉,使之浑然一体。

无论是先前独立存在的《刑法的孕育和诞生》,还是《刑法的孕育诞生和发展完善》,均在对法律条文进行条分缕析之际准确地阐释了立法原意,无疑,既为理论界运用历史的研究方法进行刑法学研究提供了真实的、全面的素材,也为实务部门准确运用历史解释方法适用刑法提供了可行的、好用的工具。此处仅以"拒不执行判决、裁定罪"为例加以印证。《刑法的孕育诞生和发展完善》一书作了如下论述:

> 本条规定之罪是在 1979 年《刑法》第 157 条规定的基础上修改而来的,1979 年《刑法》规定:"以暴力、威胁方法阻碍国家工作人员依法执行职务的,或者拒不执行人民法院已经发生法律效力的判决、裁定的,处三年以下有期徒刑、拘役、罚金或者剥夺政治权利。"该条规定了妨害公务罪和拒不执行判决、裁定罪两个罪名。在刑法修订研拟中,本罪被独立出来单独列条加以规定。
>
> 从此罪法条的写法演变看,经历了一个变化的过程。1988 年 9 月的修改稿直接将 1979 年《刑法》第 157 条规定的罪状的后半句及法定刑移植过来,由此形成了该稿对拒不执行判决、裁定罪的规定。1988 年 11 月 16 日和 12 月 25 日的修改稿对前稿的写法作了两处调整:一是在此罪罪状中增设了"以暴力、威胁方法"的限定。二是提高了此罪法定刑的上限,即由原先"三年"的规定修改为"五年"……
>
> 在之后的研拟中,有部门提出,实践中以暴力、威胁方法拒不执行判决、裁

---

① 全国人民代表大会常务委员会分别于 1999 年 12 月 25 日通过的《中华人民共和国刑法修正案》、2001 年 8 月 31 日通过的《中华人民共和国刑法修正案(二)》、2001 年 12 月 29 日通过的《中华人民共和国刑法修正案(三)》、2002 年 12 月 28 日通过的《中华人民共和国刑法修正案(四)》、2005 年 2 月 28 日通过的《中华人民共和国刑法修正案(五)》、2006 年 6 月 29 日通过的《中华人民共和国刑法修正案(六)》、2009 年 2 月 28 日通过的《中华人民共和国刑法修正案(七)》、2011 年 2 月 25 日通过的《中华人民共和国刑法修正案(八)》。
② 全国人民代表大会常务委员会分别于 2000 年 4 月 29 日通过的《关于〈中华人民共和国刑法〉第九十三条第二款的解释》、2001 年 8 月 31 日通过的《关于〈中华人民共和国刑法〉第二百二十八条、第三百四十二条,第四百一十条的解释》、2002 年 4 月 28 日通过的《关于〈中华人民共和国刑法〉第二百九十四条第一款的解释》、2002 年 4 月 28 日通过的《关于〈中华人民共和国刑法〉第三百八十四条第一款的解释》、2002 年 8 月 29 日通过的《关于〈中华人民共和国刑法〉第三百一十三条的解释》、2002 年 12 月 28 日通过的《关于〈中华人民共和国刑法〉第九章渎职罪主体适用问题的解释》、2004 年 12 月 29 日通过的《关于〈中华人民共和国刑法〉有关信用卡规定的解释》、2005 年 12 月 29 日通过的《关于〈中华人民共和国刑法〉有关出口退税、抵扣税款的其他发票规定的解释》、2005 年 12 月 29 日通过的《关于〈中华人民共和国刑法〉有关文物的规定适用于具有科学价值的古脊椎动物化石、古人类化石的解释》。

定的很少见,大多数是以"拖"、"泡"、"躲避"以及隐匿财物等方法拒不执行,故应删除"以暴力、威胁方法"的表述;该罪的处罚不宜过重,以原规定的最高刑3年为宜。① 经过研究,立法工作机关在1996年8月8日的分则修改草稿中部分采纳了上述建议。具体写法是:"以隐瞒、欺骗、转移财产等方法抗拒人民法院对已经发生法律效力的判决、裁定的执行的,处三年以下有期徒刑、拘役、剥夺政治权利或者罚金。犯前款罪使用暴力、威胁方法的,依照本法关于阻碍公务罪的规定从重处罚。"在1996年8月31日的刑法修改草稿中,立法工作机关对上述写法作了两处调整:一是删除了此罪罪状表述中"欺骗"的方法;二是在此罪罪状中增加规定了"情节严重"的表述。

到了1996年10月10日的修订草案(征求意见稿),立法工作机关对此罪的写法又作了较大的修改和调整:一是放弃了之前稿本对此罪罪状的写法,重新表述了这种犯罪的罪状;二是考虑到此罪与政治权利没有直接关系,故删除了之前稿本对此罪规定的剥夺政治权利。

具体而言,该稿第279条规定:"对人民法院的判决、裁定有能力执行而拒不执行,情节严重的,处三年以下有期徒刑、拘役、管制或者罚金。"在1997年3月1日的修订草案第311条中,立法机关删除了之前稿本对此罪规定的管制。经过这一修改,最后形成了1997年《刑法》第313条的规定:"对人民法院的判决、裁定有能力执行而拒不执行,情节严重的,处三年以下有期徒刑、拘役或者罚金。"

1997年刑法典生效后,针对1997年《刑法》第313条的规定,一些部门反映,该条所规定的"裁定"是否包括人民法院依法执行支付令、生效的调解书、仲裁决定、公证债权文书等所作的裁定,在实践中存在着不同的认识;同时,一些国家机关工作人员由于地方保护主义思想作怪,利用职权严重干扰人民法院的执行工作,从而导致法院的裁判不能执行,对于这种行为,也应当明确法律责任。基于此,立法机关经过研究,于2002年8月29日通过了《关于〈中华人民共和国刑法〉第三百一十三条的解释》。该解释指出,《刑法》第313条规定的"人民法院的判决、裁定",是指"人民法院依法作出的具有执行内容并已发生法律效力的判决、裁定。人民法院为依法执行支付令、生效的调解书、仲裁裁决、公证债权文书等所作的裁定属于该条规定的裁定"。同时,该解释

---

① 参见最高人民法院刑法修改小组:《关于刑法分则修改的若干问题(草稿)(1989年3月)》,载高铭暄、赵秉志编:《新中国刑法立法文献资料总览》(下),中国人民公安大学出版社1998年版,第2338页。

规定:"下列情形属于刑法第三百一十三条规定的'有能力执行而拒不执行,情节严重'的情形……"①

如同撰写其他条款一样,此处对《刑法》第 313 条"拒不执行判决、裁定罪"的立法沿革(从 1979 年《刑法》到 1997 年《刑法》,甚至延伸至此后的立法解释)进行了全过程的记录和展示,同时就该条文所涉罪状和法定刑进行调整的实践依据及理论依据进行了如实地反映和评介。尤其是针对司法实践中遇到的一些重点、难点问题,例如拒不执行判决、裁定罪中犯罪对象"裁定"的范围及理论界尚存在争议而立法必须作出决断的或者暂时不宜作出规定的问题,例如,1997 年《刑法》要不要立足当时的国家社会经济政治形势的发展变化而明确规定罪刑法定原则,并鲜明地废除类推制度②,《刑法的孕育诞生和发展完善》一书均进行了更加深入、系统的论述。可以说,这样一部"民间版""准立法说明书"专著无疑为刑法学历史研究方法的运用提供了精良的必备工具。

三、一篇论文——运用历史研究方法的精准示范

历史研究方法除可以在编写刑法学教科书或者撰写刑法专著时运用外,同样也可以在撰写刑法学术论文时运用。高铭暄先生和王红博士发表的《我国正当防卫制度理论根据的自主选择》③(以下简称《自主选择》)一文可以说是运用历史研究方法的精彩示范。

首先,《自主选择》一文在论文前部鲜明地提出如下蕴含着历史发展味道的结论性命题,即"我国传统刑法理论深受苏联刑法理论的影响,在阶级斗争的范式下以社会危害性概念为逻辑起点,将'排除社会危害性说'作为正当防卫制度的理论根据,具有一定的历史必然性"。(第 60 页)同时,《自主选择》一文在承前启后部分同样有如下体现历史发展眼光的论述,即"西方国家关于正当防卫本质的代表性理论的沿革和发展,可以给我国当前正当防卫制度理论根据的自主选择提供两点重要启示:其一,我国正当防卫制度的理论根据,除了能合理解释我国刑法对正当防

---

① 参见高铭暄:《中华人民共和国刑法的孕育诞生和发展完善》,北京大学出版社 2012 年版,第 539—540 页。
② 参见高铭暄:《中华人民共和国刑法的孕育诞生和发展完善》,北京大学出版社 2012 年版,第 171—175 页。
③ 参见高铭暄、王红:《我国正当防卫制度理论根据的自主选择》,载《学习与实践》2020 年第 5 期。对该文的援引,仅在正文中标注页码。

卫的制度设计,还必须与我国的国家性质相承接。其二,我国正当防卫制度的理论根据应依据我国的社会发展、现实需要以及实践理性而适时更新"。(第66页)

其次,《自主选择》一文在"我国传统的正当防卫理论根据"这一部分论及防卫限度条件时对立法修改的历史沿革进行了如下论述:"从我国刑事立法来看,不论设立还是修订防卫限度条件,无不体现出我国正当防卫制度对国家或者社会利益的整体考量。有益无害的正当防卫作为公民与违法犯罪活动作斗争的武器,本来是不应进行限制的,但是一切事物总有其对立面,且稍不注意,就会走向自己的反面。因此,刑法需要为正当防卫设置一定的限度。超过正当防卫限度条件的防卫过当行为,是对正当防卫权利的过度运用,由裨益社会蜕变成危害社会,应当负刑事责任。我国最高立法机关于1997年全面修订刑法时,考虑到'实践中对正当防卫掌握过严,对防卫过当掌握过宽,使得受害人不仅得不到保护,反而会被以防卫过当追究刑事责任,这极大地挫伤了公民同违法犯罪作斗争的积极性'。为此,最高立法机关将正当防卫的限度标准进一步放宽为'明显超过必要限度造成重大损害'。这一修改虽然旨在强化公民正当防卫的权利,但更像是在号召、吸引公民积极运用正当防卫与危害社会的违法犯罪行为作斗争。关于这一点,在1997年全面修订刑法时增设的特殊防卫制度①中进一步得到彰显。"(第62页)

再次,《自主选择》一文在"自由主义意识形态下西方的正当防卫理论根据"这一部分归纳概括出西方历史上前后相继的两种正当防卫本质理论(即个人本位的正当防卫本质理论与社会本位的正当防卫本质理论),具体论述:"西方资本主义国家将萌生于复仇观念、蜕变为私人刑罚的正当防卫正式作为近代意义上的法律制度得以确立的刑法立法,可以追溯到1791年的《法国刑法典》。在早期自由资本主义阶段,西方国家所提出的关于正当防卫本质的刑法理论广泛受到了18世纪启蒙思想家提出的'天赋人权''社会契约论'等基本思想的深远影响。进入垄断资本主义时期之后,过于强调个人权利的绝对保护,并以此作为正当防卫的唯一基础,越来越难以促进社会整体福祉的增益。于是,西方国家在正当防卫制度中融入了社会利益的考量,以保护个人的私利对公民行使正当防卫的权利进行一定限制。然而,不论是个人本位的正当防卫本质理论,还是社会本位的正当防卫本质理论,其背后都承载着西方自由主义的国家意识形态。"(第63页)

---

① 1997年《刑法》第20条第3款规定:"对正在进行行凶、杀人、抢劫、强奸、绑架以及其他严重危及人身安全的暴力犯罪,采取防卫行为,造成不法侵害人伤亡的,不属于防卫过当,不负刑事责任。"——笔者注

最后,《自主选择》一文在"新时代我国正当防卫制度理论根据的自主选择"这一部分阐述"新时代正当防卫制度理论根据生成的社会背景"时,同样是按照时间顺序(四个阶段:1949—1976年、1978—2000年、2000—2012年、2012年至今)来展开分析论证的,具体如下:

新中国成立70年来,我国社会随着社会主要矛盾的变化历经了长时段、大跨度、迅疾亦剧烈的社会变迁与结构转型。在不同时期的社会背景之下所生成的刑法理论与司法实践可谓大相径庭。

从建国到"文化大革命"结束前,国内阶级斗争之弦不曾松懈。反映到法学领域,就是全面移植苏联的马克思主义法学体系,"这完全取决于中苏两国共同对马克思主义意识形态的认同,是一种历史的必然"。我国第一部刑法典的前33稿以及以社会危害性原理为核心所建构的传统刑法理论,即是在阶级斗争的背景之下孕育而生的。当时"中国的法律制度是在阶级斗争的摇篮中成长起来的,'统治阶级的意志'是法学和法制的全部生命所在"。因此,我国传统刑法理论完全承继了苏联阶级斗争法学的观点,认为正当防卫是法(即统治阶级的意志)赋予公民的一项权利,公民实行正当防卫是同违法犯罪作斗争,而不仅是保护自己的利益,正当防卫的正当性基础主要来源于其对国家或者社会的有益性。

我国刑法传统理论中的正当防卫之所以极其重视保护国家或者社会的利益,除了受苏联阶级斗争法学的影响,还与改革开放后我国社会的实际状况有关。改革开放是国家自上而下的改革,使中国之后40年的经济结构和社会结构发生了深刻变化。最明显的就是,随着单一计划经济体制的破除以及非公有制经济的活跃发展,中国社会经历了人类历史上又一次大规模的人口流动,社会的高度流动性必然带来社会的进一步分化。在改革开放初期,各种社会问题层出不穷,治安形势复杂严峻,暴力犯罪活动猖獗。为了保证改革开放事业的顺利进行,实现社会主义经济发展的第一要务,"维稳"便成为压倒一切的头等大事。不论是20世纪80年代初期的"严打"运动还是之后90年代调整的"综合治理"模式,均彰显了国家在这一时期对社会秩序价值的优先追求。因此可以说,我国刑法传统理论中把正当防卫作为法律武器的观点,不仅向上迎合了中国社会主义意识形态,还向下满足了当时我国社会治理的现实需要,具有历史合理性。

进入新世纪以后,我国社会的大转型依然在继续。尽管民间社会的独立性、自主性开始出现多维度萌发,个人的自主性不断增强,个人主义和功利主义不断张扬,公民的权利意识不断觉醒,但由于此时我国社会的主要矛盾还没有发生根本性的变化①,经济建设仍是国家的工作重心所在。为此,党和国家在2004年提出了建设和谐社会的战略任务,继续为改革开放保驾护航。与构建社会主义和谐社会的国家政策相适应,根据经济社会的发展以及治安形势的变化,我国确立了宽严相济刑事政策。应这一刑事政策的要求,司法实践中法院裁判涉正当防卫的案件在整体上呈现出"虽无罪率低,但刑罚轻缓"的特点,以此来调和保护社会秩序与保障公民权利之间的紧张关系。

经过改革开放的长期奋斗与创造,党的十九大报告指出,中国特色社会主义进入了新时代,我国社会的主要矛盾发生了根本性变化,即已经转化为"人民日益增长的美好生活需要和不平衡不充分的发展之间的矛盾"。所谓人民的美好生活需要,不仅是对物质文化生活的"质"提出了更高的要求,更是在民主、法治、公平、正义、安全、环境等方面的要求日益增长。改革开放所带来的经济的快速发展、社会的急剧转型是不平衡、不充分的,由此所引发的阵痛实际上已经有人承担了。因此,进入新时代以后,人民群众普遍对权利的认知和渴望日益明显。为此,当再次讨论我国正当防卫制度的理论根据时,必须站在新的历史方位上,充分考虑人民群众对个人权利保护的迫切愿望,满足人民群众对美好生活的现实需要,这应是新的共识。(第66—67页)

综上,《自主选择》一文无论是在谋篇布局、起承转合中提出具有结论性、总结性的命题,还是在相关段落中展开的具体分析论证,均恰当地运用了历史研究方法或者历史解释方法,无疑为我们运用历史研究方法研究刑法提供了精准的范例。

四、一个文件——运用历史研究方法的尝试模仿

作为国家公文的刑事裁判文书往往由首部、事实、理由、判决结果和尾部五个部分组成。刑事裁判文书样式对这些部分的不同结构安排,自然会直接影

---

① 2002年,党的十六大报告指出,我国正处于并将长期处于社会主义初级阶段,现在达到的小康还是低水平的、不全面的、发展很不平衡的小康,人民日益增长的物质文化需要同落后的社会生产之间的矛盾仍然是我国社会的主要矛盾;2007年,党的十七大报告又重申,我国仍处于并将长期处于社会主义初级阶段的基本国情没有变,人民日益增长的物质文化需要同落后的社会生产之间的矛盾这一社会主要矛盾没有变。——笔者注

响刑事法官的裁判思维逻辑和刑事裁判文书说理的最终样态。新中国成立以来,刑事裁判文书样式经历了一个逐步演变的过程。① 此处借助寻找一份或许再也找不到的文件(即中央人民政府司法部1951年制发的《诉讼用纸格式》)之机,展示笔者运用历史研究方法来破解相关问题的尝试。具体包括以下三个问题:其一,此种位置调整具体是在新中国成立后什么时间作出的? 其二,为何要将裁判文书的主文即结论从前置调整为后置?② 其三,此种位置调整是否受到苏联的影响?

就第一个问题而言,抱持一个尚待最终确证的结论:中央人民政府司法部1951年制发的《诉讼用纸格式》③并未对裁判文书样式结构作出专门调整。2022年10月27日经最高人民法院批准,笔者前往中央档案馆查找到了6份相关档案④,从中得知以下讯息:①1951年司法部确实制发了《诉讼用纸格式》,这从1955年司法部有关业务部门起草的《关于诉讼用纸格式(草稿)的几点说明——附:〈诉讼用纸格式(草稿)〉》的如下表述可得到证明,"本部在一九五一年三月曾印发了诉讼用纸格式十九种(另有簿册格式十六种),使各地法院的诉讼用纸有了一个初步统一的规定"。另外,1951年5月30日的《湖南省人民法院通知》(法审字第七七七号)亦有这样的内容:"奉中央人民政府司法部五一年四月四日司一函字第三三九号函:'本部为了便利各级法院审判工作的进行,特草拟诉讼用纸格式二十种、簿册格式十六种,分印成册,随文发送,希你院(部)斟酌实际需要情况,自由参考采用,并希各省人民法院分别转印发交各省所属各级司法机构先行参考试用,在本年年底前将试用情形及经验汇报本部以便

---

① 参见李滇:《建国60年刑事判决说理制度的回溯与展望》,载《行政与法》2009年第10期。
② 我国大陆现行裁判文书的主文即结论是后置的,使得其既不同于革命根据地时期和陕甘宁边区时期的前置[例如黄克功案判决书,即陕甘宁边区高等法院刑事判决刑字第二号,参见熊先觉:《司法文书学》(修订版),中国法制出版社2011年版,第23—25页],也不同于民国时期(我国台湾地区现继续沿袭,例如陈水扁贪腐案判决书)的前置,还不同于大陆法系主要国家的前置(例如德国、日本)。
③ 受能力所限,笔者尽管通过不同途径寻求帮助查找,但至今尚未在最高人民法院档案室、司法部档案室、国家图书馆、中国人民大学图书馆、北京大学图书馆、中国政法大学图书馆发现这一文件。
④ 具体包括:(1)1955年《关于诉讼用纸格式(草稿)的几点说明——附:〈诉讼用纸格式(草稿)〉》;(2)1955年12月6日《关于征求拟制诉讼用纸格式意见的函》;(3)1956年3月20日《关于重新规定"诉讼用纸格式(样本)"的函——附:诉讼用纸格式(样本)》;(4)1957年2月《关于修改"诉讼用纸格式"的说明》;(5)1957年12月16日《关于修改和印发"诉讼用纸格式"的通知——附:诉讼用纸格式》;(6)1980年7月21日《关于下发诉讼文书样式(试用)的通知——附:诉讼文书样式(试用)》。

修订,再行正式制发.'"①②1955年《诉讼用纸格式(草稿)》中包括的刑/民事判决(第一式)、刑/民事判决书(第二式)和裁定(第一式)、裁定书(第二式)样式的结构均为"事实—理由—判决主文"。③1956年3月20日司法部印发了《关于重新规定"诉讼用纸格式(样本)"的函——附:诉讼用纸格式(样本)》[(56)司普字第二四一号]。该函重新规定各高级人民法院、中级人民法院适用的诉讼用纸格式31种(刑事判决、裁定书和民事判决、裁定书样式的结构为"事实—理由—主文"),基层人民法院适用的诉讼用纸格式25种。该函应该是前述1955年的几点说明所指的最终成果:"由于这些格式②不够完备,各地在工作中又自行拟制了一些格式,因而近几年来诉讼用纸格式不一致的情形又增加了。法院组织法颁布后,各地法院要求中央制定统一的诉讼用纸格式,为此,我们在过去格式的基础上,参考了各地新的经验及尽可能满足工作的需要,草拟了诉讼用纸格式22种③,但仍由于诉讼法典尚未制定,目前诉讼用纸格式不可能做到十分完全,我们只希望在道理上说得通,在实用上简便易行。"④1957年12月16日司法部印发了《关于修改和印发"诉讼用纸格式"的通知——附:诉讼用纸格式》。该通知记叙了如下修改过程:1956年6月28日司法部发电征求各地诉讼用纸格式的意见;根据这些意见对原来的诉讼用纸格式进行修改,于1957年2月发至山东、江苏、湖南三省的7个中级人民法院、9个基层人民法院试用3个月后再作修改,又于1957年11月邀请北京市、河北省的3个中级人民法院、9个基层人民法院讨论修改,最后正式制定用纸格式33种(其中,刑事判决、裁定书和民事判决、裁定书样式的结构均为"事实—理由—判决主文")。⑤1980年7月21日司法部印发《关于下发诉讼文书样式(试用)的通知——附:诉讼文书样式(试用)》[(80)司发普字第一百二十四号]。《诉讼文书样式(试用)》合计8类64种,另附判决书样式4种,其中刑事判决、裁定书及民事判决、裁定

---

① 该通知提到的诉讼用纸格式为20种,具体包括:(1)诉讼卷宗面;(2)诉状;(3)传票;(4)通知;(5)送达证书;(6)拘票;(7)提票;(8)押票;(9)搜索票;(10)验伤单;(11)通缉书;(12)证人具结书;(13)笔录;(14)调解笔录;(15)通知书(宣告缓刑通知书);(16)通知书(宣告剥夺政治权利通知书);(17)刑事处分书;(18)判决执行通知书;(19)证据物品目录;(20)五联收据。而前述说明提到的则为19种,两者尚存在差别。另外,前述说明的如下表述,"不论内容与形式上都稍有变动,除较过去增加了判决、裁定、逮捕证等格式外,较显著的改变,主要是我们把传票、逮捕证、搜查证等格式采取命令式和通知式的形式,改变了过去的表格式,借以明确法律责任与执行法律的严肃性",表明1951年3月印发的《诉讼用纸格式》并未对判决、裁定的样式加以规定。此点从《湖南省人民法院通知》中也可得到间接的证明。
② 即指1951年3月《诉讼用纸格式》规定的19种。——笔者注
③ 1957年2月《关于修改"诉讼用纸格式"的说明》中有如下表述:"为了统一全国各级人民法院诉讼用纸格式,在1956年3月间我们印制了诉讼用纸格式29种(样本)发给各级人民法院使用。"

书样式各规定了两种结构:一为"事实—理由—判决(主文)",二为"主文—事实—理由"。

为了确认上述初步的结论,笔者在获悉苏州市中级人民法院正在编纂1949年至2021年典型优秀裁判案例后,邀请该院办公室有关同志帮助复印了1950—1953年间的20多份裁判文书。笔者阅读后发现,1950年裁判文书的主文均在前部①,而1952年裁判文书的主文既有在前部的,也有在后部的②,例如,1951年6月9日昆山县人民法院刑事判决1951年度刑字第84号(顾阿梅伤害吴阿妹案)的主文"顾阿梅伤害他人之身体应予训诫。吴阿妹之医药费计二万五千元应由被告顾阿梅负担"是置前的;1952年7月昆山县人民法院刑事判决1952年度特刑字第24号(王金宝反革命等案)的主文"依惩治反革命条例第十三条及惩治贪污条例第三条之规定判处徒刑五年,剥夺政治权利五年"是置后的;1952年6月4日昆山县人民法院民事判决1952年度民字第92号(徐阿大与王阿三离婚案)的主文"准许徐阿大与王阿三离婚"是置前的。上述档案文献和个案判决书亦可说明熊先觉先生的如下论断并不完全准确:民国时期的民刑判决书格式的正文部分是"主文—事实—理由"的三段论结构形式。这为革命根据地的人民司法工作所采用,新中国成立后也一直沿用到20世纪50年代后期,才演变为"事实—理由—结论(判决结果)"的结构形式。③ 综上,从1949年新中国成立直至1956年中央司法机关(司法部或者最高人民法院)统一出台有关裁判文书样式的规范性文件或者指导意见④的较长时间

---

① 据浙江省嘉兴学院李滇同志2022年11月15日回复的微信得知:(1)1951年报纸上刊登的上海市一份判决书全文的结构为"主文—事实—理由";(2)1951年河北省宣城县人民法院一份刑事判决书正文从右到左为"主文—事实—理由";(3)1952年江苏省大丰县人民法院一份判决书的正文为"主文—事实理由"两部分;(4)1953年江苏省溧阳县人民法院一份刑事判决书正文只有"案由—判决理由(含结论)"两部分;(5)1954年四川省成都市一份刑事判决书正文只有"事实—判决结果及理由"两部分;(6)1955年四川省宜宾法院一份判决书主文移到后部,且没有"主文、事实、理由"字样。
② 此时不同法院的不同做法可能还是沿袭旧习惯使然。这也间接地说明1951年司法部《诉讼用纸格式》并未对裁判文书的样式结构作出统一的规定。
③ 参见熊先觉:《司法文书研究》,人民法院出版社2003年版,第20页。
④ 据浙江省嘉兴学院李滇同志2022年11月15日回复的微信得知,1956年10月17日最高人民法院发布的《各级人民法院刑事案件审判程序总结》第四部分"裁判"中提出,"在被告人有罪的判决书中应当说明事实、理由、判决三项内容。事实部分应当写明具体的犯罪事实,包括犯罪的时间、地点、手段、动机、结果等。理由部分应当说明认定事实的证据和适用政策、法律、法令的根据或者应受刑罚或者免于刑事处分的理由。判决部分应当写明被告人所犯罪名,判处的刑罚或者免于刑事处分……在具体写法上,有罪的判决书中的事实与理由两部分可以合并写,也可以分开写……关于第一审人民法院所用的裁定书的格式、写法和署名,与判决书基本相同,内容一般比较简单"。参见最高人民法院办公厅编:《最高人民法院重要司法文献选编》,人民法院出版社2010年版,第11—12页。

内,各地法院在审判实践中存在不同的做法。

就第二个问题而言,因笔者阅读所限,熊先觉先生①作的如下论述是最为丰富和最有权威性的:20世纪50年代后期的变化,即从前置变为后置,有其时代背景。主要是从1957年下半年的"反右"运动开始,极"左"思潮泛滥,法律虚无主义猖獗肆虐,以左为正,以正为右,左比右好,越左越好,否定司法程序和司法文书规格,错误地认为讲究司法程序和司法文书格式是搞"烦琐哲学",是"旧法观点",用"主文"一词不通俗,便改为"结论",实际上连"结论"一词也不用,而直书"根据上述事实和理由,判决如下",并认为"主文"置前不合乎"逻辑"……②另外,1949年12月《北京市人民法院审判工作总结》第二部分乙二"关于文风(判决书之制作)"有这样的论述,"现在我们用的格式,还是旧日的一套,这是三段论法的倒转(结论,小前提,大前提)。主文即结论,事实是小前提,政策法令是大前提。究竟是好是坏,应深入研究讨论。但如果不会用这格式,也可以不用,只要写得清楚明白就可以"③。

在笔者看来,熊先觉先生对此处的"逻辑"所指仅作了实践(心理学)层面的进一步阐述,即"主文"置前更契合旁听当庭宣判者和当事人的心情(即"旁听者急切想听到的是'主文',当事人首先关注的也是'主文'"④),可以称之为"实践逻辑",但尚未从"理论逻辑"即从规范(法律科学)层面加以进一步展开。基于赫尔曼·康特洛维茨的如下系列论述,"假如法律科学是一门经验科学,则其主要方法将是通过原因与结果(cause and effect)作出说明(explanation);假如它是一门理性的规范科学,则其主要范畴将是通过理由与后果(reason and consequence)进行证立(justification)""证立明确体现在判决书的论证说理之中""可控的不是法官的思维过程,而是他对判决的外在证立""受约束的不是法官是如何想的,而是他在判决书中如何说"⑤,可以说,裁判文书"主文"置后反映的是法官实际思考得出判决结论的思维过程,而"主文"置前反映的是法官对判决结论之所以成立的事实理由和规

---

① 熊先觉先生于1950年2月被调任中央人民政府司法部部长史良的业务秘书。
② 参见熊先觉:《司法文书研究》,人民法院出版社2003年版,第21页;另见熊先觉:《司法文书学》(修订版),中国法制出版社2011年版,第29页。
③ 据浙江省嘉兴学院李滇同志2022年11月15日回复的微信得知,该总结收录在《新中国法制研究史料通鉴》(第十卷),中国政法大学出版社2003年版,第11946页。显然,该总结仍只是停留在"应深入研究讨论"的层面,尚未进行理论层面的分析。
④ 熊先觉:《司法文书研究》,人民法院出版社2003年版,第22页。
⑤ 〔德〕赫尔曼·康特洛维茨:《为法律科学而斗争:法理论论文选》,雷磊、姚远译,商务印书馆2022年版,第27、271页。

范理由两个层面的推理论证过程①。

就第三个问题而言,笔者从中央档案馆上述档案中得知两则讯息:第一,前述1955年说明中有这样的表述:"判决书格式,我们草拟了两种,第一式的判决书首部主要依照各地常用的格式加上了法庭组成人员及写明了审理案件的时间……第二式主要是根据苏联和人民民主国家的判决格式②草拟的,这与现在通行的判决格式的不同之处主要表现在:(1)判决书是以国家的名义宣布的;(2)在判决书首部部分增加了法院名称,法庭组成人员,审判的时间地点以及出庭的当事人姓名等。"第二,1955年12月6日《关于征求拟制诉讼用纸格式意见的函》[(55)司普字第二六七三号]中有这样一段话:"判决和裁定采用了苏联的格式。六月间我们所拟诉讼用纸格式,曾经送苏联专家提意见。巴萨文③同志精心地拟制了几个判决和裁定的格式,作为我们的参考。"④上述这份档案文献和苏联的判决书范例直接或者间接地证明苏联对新中国初期刑事裁判文书样式调整的影响。

正如习近平总书记所强调的,要按照立足中国、借鉴国外,挖掘历史、把握当代,关怀人类、面向未来的思路,着力构建中国特色哲学社会科学,在指导思想、学科体系、学术体系、话语体系等方面充分体现中国特色、中国风格、中国气派。要推出具有独创性的研究成果,就要从我国实际出发,坚持实践的观点、历史的观点、辩

---

① 参见袁力、邵新:《德国民事裁判文书结构与说理的关联分析》,载《法律适用》2017年第1期。
② 笔者拜托同门庞冬梅教授(现就职于河南大学法学院)及上海政法学院龙怡教授了解苏联及俄罗斯这方面的相关情况,得知现在的俄罗斯及苏联的裁判文书的主文是置于后部的。2022年11月14日上海政法学院龙怡教授微信回复:据其俄罗斯籍学生Davydova Valeriia(唐佳怡)提供的信息可知,俄罗斯革命前的时期(直至1917年)、苏联时期(1918—1991年)、现代俄罗斯时期(1991年至今)的刑事裁判文书的裁判结论均放在后面,例如,1912年4月3日萨拉托夫地方法院作出的一份入室盗窃案件判决书,1918年6月21日最高法庭作出的海军上将Shchastny准备反革命政变案件判决书,2016年9月8日莫斯科市巴斯曼区法院作出的一份欺诈案件判决书。另外,还请留学德国的博士研究生徐澍了解欧洲有关国家这方面的情况,2022年11月11日他微信回复:(1)1834年巴伐利亚州的一个判决的主文在后,德国统一后,判决的主文均在前;(2)法国的判决主文在后。
③ 据浙江省嘉兴学院李滇同志2022年11月15日回复的微信得知,苏联法学专家供职政法委员会3人(苏达里柯夫、贝可夫、鲁涅夫),全国人民代表大会常务委员会法案委员会1人(叶甫盖涅夫),司法部4人(巴萨文、科尔金、柯勒马柯夫、柯瓦连科,供职时间分别为1955.7—1957.6、1954.11—1957.5、1957.10—1959.9、1954—1957)。
④ 该函还包含如下一条有关裁判文书排版调整的重要信息:"我们拟制诉讼用纸格式,有两点主要变更:一、诉讼用纸格式一律改为横写。理由是:(1)文字改革会议建议国家机关采用横行横写,我们估计这个前途有其必然性。(2)公安部门早已实行横排横写。目前法院收到公安部门函件装订卷宗已感很大不便,我们应取得一律。(3)我们征求过几个县、区法院意见,他们都说横写没有困难,开始可能别扭些,熟惯就好了,而且有很多干部亦习惯于横写。(4)浙江等省高级法院曾向本部要求把诉讼用纸格式改为横写。因此把诉讼用纸改为横写,不是困难很多,而是有各方面的群众基础。"

证的观点、发展的观点,在实践中认识真理、检验真理、发展真理。[①] 可以说,无论是刑法学知识体系的构建[②],还是正当防卫理论根据的确立[③],抑或是裁判文书样式主文位置的调整[④],科学、合理、全面、恰当地运用历史研究方法无疑是大有裨益和非常必要的。如同我国刑法学者对整个 20 世纪 50 年代初期"处于仿摹和消化苏俄刑法学阶段"[⑤]的刑法学研究所评价的,"在这一时期,我国的刑法学研究大量介绍和引进了苏俄的刑法学理论,这对于我国刑法学的建立起到了重要的借鉴作用。当然,从另外一个意义上说,在否定旧法观点的同时,把历史上的刑法学理论也予以全盘否定,因而割断了历史联系,这种历史虚无主义是不利于刑法学研究发展的。同时,在大量引入苏俄刑法学理论的时候,也存在照搬苏俄刑法理论的教条主义倾向,在一定程度上妨碍了具有中国特色的刑法学理论体系的建立"[⑥],新中国初期对刑事裁判文书样式的调整多少也存在"简单否定"[⑦]、"盲从照搬"的倾向。

[①] 参见习近平:《习近平谈治国理政》(第二卷),外文出版社 2017 年版,第 338、341 页。
[②] 例如,陈兴良教授对法学知识形态论、刑法学知识论、犯罪学知识论、刑法教义学方法论、判例刑法学方法论、犯罪论体系理论的论述运用了历史研究方法。参见陈兴良:《刑法知识论》,中国人民大学出版社 2007 年版,第 1 页以下。
[③] 例如,陈兴良教授对"社会危害性理论"的反思性检讨和批判性清理、"违法性理论"的反思性检讨、"主客观相统一原则"的双重清理等均运用了历史研究方法。参见陈兴良:《刑法知识论》,中国人民大学出版社 2007 年版,第 177 页以下。
[④] 例如,法学界已就"法律监督机关""审判监督""行政行为""人民检察""独立行使审判权""一般监督""基本法律修改权"等范畴、命题进行生成史研究。参见田夫:《中国独立行使审判权制度的历史考察》,载《环球法律评论》2016 年第 2 期;王海军:《"法律监督机关"的立法内涵、演进逻辑及内在机理》,载《现代法学》2022 年第 1 期;王海军:《人民检察院性质的理论辨思——"法律监督机关"的概念史考察》,载《华东政法大学学报》2022 年第 3 期;田夫:《审判监督概念能成立吗?》,载《华东政法大学学报》2022 年第 2 期;章剑生:《中国行政法中行政行为概念形成史简考》,载沈岿主编:《行政法论丛》(第二十八卷),法律出版社 2022 年版;刘晓林、姜翰:《中国近代"法理"话语的传入与演化——以吉林大学藏程树德编〈法律原理学〉为中心的考察》,载《吉林大学社会科学学报》2023 年第 1 期;王海军:《一般监督制度的中国流变及形态重塑》,载《中外法学》2023 年第 1 期;林彦:《传统续造:基本法律修改权的创制》,载《清华法学》2023 年第 1 期;等等。
[⑤] 陈兴良:《刑法知识论》,中国人民大学出版社 2007 年版,第 41 页。
[⑥] 高铭暄主编:《新中国刑法科学简史》,中国人民公安大学出版社 1993 年版,第 9—10 页。
[⑦] 1949 年 3 月 31 日董必武同志签署《废除国民党的六法全书及其一切反动法律》的训令发布,明确提出各级人民政府的司法审判不得再援引其条文,由此宣告国民党统治下的民国法统在中国大陆的终结。或许,民国时期主文前置的判决文书样式也随之被否定。

高铭暄刑事政策思想的理论价值和实践意义

黄京平[*]

高铭暄先生是新中国刑法学的主要奠基者和开拓者。刑事政策思想是高铭暄先生学术思想的重要组成部分;系统的刑事政策思想与具有鲜明自主知识体系特色的刑法学理论相结合,是高铭暄先生学术思想典范意义的重要表现之一。

高铭暄先生刑事政策思想的理论价值和实践意义,主要体现于以下几方面。

一、刑事政策与犯罪学的关系

在刑事法治的实践中,把握好刑事政策与犯罪学的关系是刑事政策理论和实践必须正视的重要方面。对犯罪学可靠研究成果的重视程度、利用质效,影响刑事政策的决策质量,也影响刑事政策的实施效果。

高铭暄先生认为,应当充分认识社会变迁引发犯罪结构变化的基本规律,联动犯罪学与规范刑法学,以刑事政策的理性化推动刑法参与社会治理的科学性。犯罪结构变化与刑法规制之间虽有内在的逻辑协同关系,但前者并非可以直接转化为后者,需要借助刑事政策的媒介作用才可以实现。从客观现象到规范内容,刑事政策充当价值判断与法治转化之间的解码通道,既深度提炼犯罪现象与实证数据,使其成为刑法确定应对犯罪基本策略的重要依据,刑事政策也随之形成并具体化;同时,刑事政策也将犯罪学关于犯罪现象的变动规律和防治规律转换并传输至规范刑法学,主要通过刑事立法和司法实现犯罪控制的治理目标。在这一过程中,刑事政策的刑法化,不仅使犯罪学与刑事政策学实现无缝对接,承接犯罪学的影响性因子,而且,刑事政策的导入使刑法参与社会治理、打击犯罪等活动跳出了纯粹的规范层面,上升到了国家政策与社会治理现代化的层面,直接影响刑法在社

---

[*] 中国人民大学法学院教授、博士生导师。

会治理进程中的角色与作用。①

高铭暄先生认为,提高刑事立法质量的核心举措之一是注重运用刑事一体化的立法方法。提高刑事立法的科学性,关键是打通犯罪学、刑事政策学与刑法学之间的联结通道,使犯罪学可以提供最基础的犯罪数据及犯罪治理规律等。刑事政策学可以整合社会需求、进行价值重组等,为立法的规范化提供可靠的事实根据和价值基础,继而确保刑事立法在最原初意义上的科学性、正当性。②

二、刑事政策刑法化

刑事政策刑法化既是刑事政策学和刑法学共同关注的重要理论分支,也是刑事法治实践中需要精准落实的刑事政策学与刑法学相融合的理论。针对刑事政策刑法化的理论和实践问题,高铭暄先生认为,在我国的刑事法治实践中,要树立刑法局限性与刑法功能发展性并重的思维,确保由事实、价值到规范的转换经得起立法科学性、处罚正当性与制裁有效性的必要检验。其中,最为关键的是,为了严格控制刑法过度参与社会治理,应当高度警惕刑事政策刑法化走向价值与功能的误区,尤其在刑事政策的变动性与刑法的稳定性、刑事政策的价值性与刑法的规范性、刑事政策的功利性与刑法的公正性等取舍上,要避免偏离法治的轨道,避免走向政策的需要超越规范正当、民意诉求替代立法理性、司法效果大于法律效果等误区。刑事政策的过度刑法化是刑法极端工具化的根源,是刑法可能过度参与社会治理的根源,甚至导致纵容预防性刑法观的潜在风险。所以,应当防止刑事政策强势替代刑法的本体地位。③

三、宽严相济刑事政策

宽严相济刑事政策是进入 21 世纪之后党和国家确定的基本刑事政策。对宽严相济刑事政策理论和实践的研究是高铭暄先生刑事政策思想最重要的部分,充分体现了高铭暄先生理论联系实际的一贯学风。特别值得提及的是,发表于《法学杂志》2007 年第 1 期的《宽严相济刑事政策与酌定量刑情节的适用》一文,是宽严相济

---

① 参见高铭暄、孙道萃:《预防性刑法观及其教义学思考》,载《中国法学》2018 年第 1 期。
② 参见高铭暄、孙道萃:《〈刑法修正案(十一)(草案)〉的解读》,载《法治研究》2020 年第 5 期。
③ 参见高铭暄、孙道萃:《预防性刑法观及其教义学思考》,载《中国法学》2018 年第 1 期。

刑事政策正式确立初期最重要的研究文献之一,该文对宽严相济刑事政策精辟、独到的解析,为全面规范、准确落实国家的基本刑事政策提供了坚实的理论基础。

关于宽严相济刑事政策的历史地位和时代价值,高铭暄先生以极其鲜明的态度强调,我国以往的刑事司法过于注重对犯罪的惩治打击,存在犯罪化、刑罚化比例偏高,重刑化趋势明显的倾向。某些情况下,刑事司法不仅没有化解社会矛盾,反而使社会矛盾趋于紧张。以构建社会主义和谐社会的理念为指导,正式将宽严相济刑事政策确立为基本刑事政策,标志着我们党对持续二十余年的"严打"刑事政策的理性反思,对"惩办与宽大相结合"基本刑事政策的坚持和发展;同时,它还表明了我国刑事司法对国际上"轻轻重重"刑事政策的关注与回应。①

关于宽严相济刑事政策的基本含义,高铭暄先生认为,宽严相济就是针对犯罪的不同情况,区别对待,该宽则宽,该严则严,有宽有严,宽严适度;宽不是法外施恩,严也不是无限加重,而是要严格依照《刑法》《刑事诉讼法》以及相关的刑事法律的规定,根据具体的案件情况惩罚犯罪,做到"宽严相济,罚当其罪"。只有这样,才符合建设社会主义和谐社会的需要,才符合社会公平正义的要求。②

关于宽严相济刑事政策的基本功能,高铭暄先生认为,主要包括三个方面:第一,促使我国刑罚向轻缓化、人道化、文明化的总体方向迈进。观察我国刑事政策承继嬗变的历史进程,就宽与严的关系看,宽严相济刑事政策侧重点在于宽,这与刑罚向宽缓文明发展的世界潮流是相符合的。第二,要求刑事立法更加科学严密。不仅要求罪名体系统完整,犯罪构成规定明确,而且要求刑罚体系科学缜密,刑罚运用方式方法灵活,以利于对犯罪的惩治与预防。第三,要求刑事司法公正文明。既要求有罪必罚,又要求罚得其当,罚得有效,以体现正义与效益的要求。③

四、刑事政策与犯罪控制模式选择

高铭暄先生是最早关注刑事政策与犯罪控制模式关系的学者之一,发表于《中国法学》1993年第6期的《挑战与机遇:面对市场经济的刑法学研究》一文,就对这一问题进行了深入探讨。关于刑事政策与犯罪控制模式的关系,高铭暄先生的基本立场和观点为:在社会主义市场经济体制确立的背景下,建立在计划经济体制之

---

① 参见高铭暄:《宽严相济刑事政策与酌定量刑情节的适用》,载《法学杂志》2007年第1期。
② 参见高铭暄:《宽严相济刑事政策与酌定量刑情节的适用》,载《法学杂志》2007年第1期。
③ 参见高铭暄、孙晓:《宽严相济刑事政策与罚金刑改革》,载《法学论坛》2009年第2期。

上的刑法基础已不存在,重建刑法根基成为刑法学研究的重要任务之一,且应当从市场经济中汲取发展的生命力。市场经济的刑法观念必然要贯穿市场经济文化价值观念的基本精神。为适应市场经济引发社会全方位变动的情势,应当在反思既往从重从快刑事政策的基础上,对刑事政策作出必要的调整,犯罪控制模式应当由理想型向现实型转变。相关的要点有以下几方面:一是由犯罪的社会功能和刑罚的社会成本所决定,可以合乎逻辑地引申出刑法的不完整性和最后手段性的结论,也即刑法作为一种社会控制手段,其功能是有限的,不可将维持社会秩序的任务完全交由刑法完成。犯罪控制模式应以犯罪的相对性与刑罚的经济性为基本理念,即不求彻底消灭犯罪,但求以最小的社会成本将犯罪最大限度地控制在社会能够容忍的范围之内。据此,理性的选择只能是破除重刑主义与泛刑罚化的观念,建立一个实现刑罚资源的最佳配置并能取得遏制犯罪的最佳效果的犯罪控制模式。二是刑事政策是刑法的灵魂、核心,刑法是刑事政策的条文化、定型化,刑事政策对刑法的制定和适用均有直接的指导意义。没有一成不变的刑事政策,刑事政策总是以一定的犯罪态势为基础,并应根据社会发展与犯罪变化的实际情况,及时地进行调整与校正。三是已经实行十多年的依法从重从快刑事政策,虽然取得了一定效果,但并没有达到理想的控制犯罪的社会效果,应当予以适当调整,应当摒弃"治乱世用重典"的传统观念,应当从犯罪演变的客观规律出发,在对犯罪实行综合治理、预防与惩治并举、注重犯罪预防的前提下,坚持惩办与宽大相结合的刑事政策,通过切实有效的刑事法律活动,力求将犯罪控制在社会所能够容忍的范围之内。①

五、刑法立法中的刑事政策

高铭暄先生是唯一全程参与新中国刑法立法、对新中国刑法立法具有卓越贡献的刑法学家。关于刑事政策与刑法立法的关系,他有着切身的体会和非同一般的深刻认识,除了本文前述或后续有关的内容,主要集中于以下方面:

一是坚持党领导刑法立法的基本道路,善用刑事政策指导刑法立法,是我国刑法立法科学发展的基本经验。刑事政策作为社会政治与经济发展的法定制度的供给途径,对刑法立法有着直接的指导意义。党在领导社会主义革命和建设的各个阶段,始终通过制定各种政策引导刑法立法,并取得了良好效应。1979年《刑法》第1条明确

---

① 参见高铭暄、陈兴良:《挑战与机遇:面对市场经济的刑法学研究》,载《中国法学》1993年第6期。

规定,"惩办与宽大相结合的政策"是立法依据,这堪称刑事政策指导刑法立法的良好开端。1997年《刑法》的制定过程也充分贯彻党和国家的各项政策,并通过刑事政策这一制度通道,将党和人民的意志法定化,确保刑法的系统修正契合人民群众的需要。在1997年《刑法》的不断修正进程中,也充分有效地贯彻了刑事政策。尤其从《刑法修正案(七)》开始,充分贯彻落实党和国家确定的宽严相济刑事政策,已经成为重要的刑法立法指导思想。党的政策思想在刑法立法中的全面贯彻落实,即惩办与宽大相结合刑事政策、宽严相济刑事政策对刑法立法始终发挥指导作用,就是坚持党领导刑法立法基本道路的根本措施之一。党的领导是刑法立法工作取得成功的根本保证,是我国刑事立法不断发展、丰富与完善必须坚持的基本原则。①

二是以宽严相济刑事政策为指导构建刑事治理(犯罪治理)的科学立法格局。基于对1997年《刑法》不断修正的规律和特点的独到认识②,尤其是对刑法修正积极贯彻刑事治理立法思维的充分认可③,高铭暄先生认为,为了适应国家治理体系和治理能力现代化的总体要求、时代要求,应当更准确地把握犯罪产生、发展和预防惩治的规律,注重社会系统治理和综合施策。刑事治理体系和刑事治理能力,是国家治理体系和治理能力在刑事领域的体现;刑事治理体系和刑事治理能力现代化,是中国特色社会主义现代化事业的有机组成部分,其关键在于坚持依法治理,将犯罪问题纳入国家治理体系,而不是单纯对其惩治和打击。这对全面、规范、准确贯彻宽严相济刑事政策提出了更高、更细的要求。对社会危害性较大的犯罪应当保持高压态势;对社会危害性较小的犯罪,或者有从轻情节的犯罪,可以留下从宽处置的余地和空间;对能够通过行政、民事责任和经济社会管理等手段有效解决的矛盾,不宜作为犯罪处理,应当尽力避免不必要的刑罚扩张。也就是说,秉持宽严相济刑事政策的立法原则,才能构建科学的刑事治理体系,才能实现刑事治理能力的提升、优化。④

---

① 参见高铭暄、孙道萃:《我国刑法立法的回顾与展望——纪念中国共产党十一届三中全会召开四十周年》,载《河北法学》2019年第5期;高铭暄、王俊平:《中国共产党与新中国刑法立法》,载《法学论坛》2002年第1期。
② 参见高铭暄、孙道萃:《97刑法典颁行20年的基本回顾与完善展望》,载《华南师范大学学报(社会科学版)》2018年第1期。
③ 参见高铭暄、傅跃建:《新时代刑事治理现代化研究》,载《上海政法学院学报(法治论丛)》2020年第4期。
④ 参见高铭暄、孙道萃:《〈刑法修正案(十一)(草案)〉的解读》,载《法治研究》2020年第5期;高铭暄、曹波:《新中国刑事治理能力现代化之路——致敬中华人民共和国七十华诞》,载《法治研究》2019年第6期。

六、刑事司法中的刑事政策

刑事政策与刑事司法的关系,或者刑事政策在刑事司法中的作用方式、作用力度、作用范围等,是刑事政策研究和实践的最重要领域,也是不同学术立场、不同理论观点、不同司法观念、不同实务做法不可避免地聚焦的重要理论和实践领域。正是在这个领域,高铭暄先生刑事政策思想的重要理论意义和实践价值,乃至其所坚守的基本学术立场、所具有的高贵学术品格、所取得的崇高卓越的学术成就等均得到充分的展现。关于刑事政策与刑事司法的关系,高铭暄先生的主要学术观点有以下几方面:

一是刑事政策与司法裁量权的关系。刑事司法者在罪刑法定原则的指导下,严格依照刑事法律的规定进行司法判断、作出司法处断,一般情况下就能使宽严相济刑事政策得到基本实现。刑事法律为了适应惩罚犯罪的需要,专门作出了一些弹性的、灵活的规定。在这种情形下,刑事司法者依法恰当地行使自由裁量权,就成为贯彻落实宽严相济刑事政策的基本方式。我国刑法赋予法官自由裁量权的一项重要制度就是酌定量刑情节适用制度。酌定量刑情节适用制度与宽严相济刑事政策的实施具有天然的密切联系。从广义上讲,《刑法》第 37 条规定的定罪免刑也属于酌定量刑情节适用制度。根据刑法规定的实质精神,对具有酌定量刑情节的被告人判处轻缓刑罚、裁决定罪免刑,就是规范落实宽严相济刑事政策的基本手段。①

二是刑事政策的司法作用范围。我国刑事治理能力现代化的基本经验之一是摆正刑事政策与刑事法律的关系,坚持依法治理。刑事政策法律化的基本路径分别是通过立法程序上升为国家刑事法律的立法路径和在刑事司法中直接适用既有刑事法律的司法路径。相比而言,如果刑事政策的目的或要求符合既有刑事法律的规定,在刑事法律规定的范围内贯彻刑事政策要求、实现刑事政策目的,无疑是最为简洁、经济的刑事政策法律化方式。刑事治理现代化必然要求摆正刑事政策与刑事法律的关系,不容争辩地将刑事法律作为刑事政策作用界限的"藩篱",始终坚持法治思维、运用法治手段进行依法治理,防止刑事政策成为"脱缰野马",在刑事司法实践中"恣意狂奔"。②

---

① 参见高铭暄:《宽严相济刑事政策与酌定量刑情节的适用》,载《法学杂志》2007 年第 1 期。
② 参见高铭暄、曹波:《新中国刑事治理能力现代化之路——致敬中华人民共和国七十华诞》,载《法治研究》2019 年第 6 期。

三是刑法与刑事政策关系的科学化。刑法规定是相对封闭的,但个案却始终是开放的。适用刑法规定,不仅需要坚持法治意识,坚持严格司法,也需要回到适用刑法的原点,充分考虑案件的具体情况,实现法律效果与社会效果的高度统一。刑事政策是指导刑法适用的重要依据,但刑事政策介入不当,则可能适得其反。罪刑法定原则的理论基础、基本内涵以及法治旨趣,使其可以在刑事司法中协调刑法与刑事政策的关系,使刑法规范与刑事政策的关系趋于科学化,符合刑事法治的基本要求。①

四是与刑事政策的关系不协调,是导致刑事司法偏离刑法基本原则的主要原因之一。在刑事司法中,刑事政策是影响刑法适用的基本因素,刑法基本原则的司法化无法绕开刑事政策的影响而独立实现、独立运行。但是,在刑事司法活动中,刑事政策的司法化容易滋生刑事政策替代刑事法律、刑事政策过度扩张等问题,可能突破罪刑法定原则,引发过于严厉的治理倾向。例如,20世纪80年代到21世纪初的三次"严打",就暴露了相应的问题。扫黑除恶的专项斗争中,公安司法机关按照统一部署和要求,坚持依法严惩、打早打小、除恶务尽,始终保持对各类黑恶势力违法犯罪的严打高压态势,严厉、高压的雷霆之势,既有"打早打小"的积极旨趣,如果不谨慎,也有可能使宽严相济刑事政策的具体实施偏离正确的方向。扫黑除恶不能脱离犯罪学的基本原理,不能抛弃犯罪治理与有效控制的基本理念。②

五是摆正刑法基本原则与刑事政策的理性关系。刑事政策应当参与刑法适用的过程,这本身就是刑事政策指导刑法适用的难点。刑法基本原则是刑法立法精神的忠实载体,在功能导向上与刑事政策的目的完全一致。但是,刑事政策的开放性、应急性、显著的功利导向和刑法立法规定的稳定性,又都是刑法适用获得良好法律效果和社会效果的制度资源特性。所以,刑法基本原则对刑事司法的指导,应当是在刑法适用与刑事政策指导之间,设置一个"调节器"并实现理性交汇,互联互动式地起着指导刑事司法实践的作用。③

七、刑事政策的细化研究和具体实践

除了以上刑事政策的宏观问题、基础问题、总体性问题、系统性问题,对刑事政

---

① 参见高铭暄:《刑法基本原则的司法实践与完善》,载《国家检察官学院学报》2019年第5期。
② 参见高铭暄:《刑法基本原则的司法实践与完善》,载《国家检察官学院学报》2019年第5期。
③ 参见高铭暄:《刑法基本原则的司法实践与完善》,载《国家检察官学院学报》2019年第5期。

策理论的细化分支和宽严相济刑事政策的具体实践,高铭暄先生也高度重视、持续关注,形成了丰富的研究成果。这些研究成果不仅对国家宽严相济刑事政策的具体实施具有基础性的理论支撑作用,而且为国家刑事政策新的重要实践形态(如特赦)提供了决策支持,意义非凡,实为刑事法学理论指导刑事法治实践、刑事法学理论服务刑事法治实践的典范。具体而言,主要有以下几个方面:

应当摒弃绝对化的环境犯罪刑事政策,即摒弃生态中心主义与人类中心主义的"两极化"刑事政策,兼顾人类法益与环境法益,确立环境保护与经济发展并行的环境犯罪刑事政策,并积极推进这一刑事政策在刑法立法中具体落实。①

我国刑罚体系中的罚金刑本质上与宽严相济刑事政策的精神相契合,尤其单处罚金对落实基本刑事政策中的宽大政策具有无法替代的作用,能够在全面、规范、准确贯彻宽严相济刑事政策中发挥重要的作用。我国既有的罚金刑制度,存在罚金刑地位不高、适用范围狭窄、无限额罚金制的规定较多、罚金刑配置方式单一、罚金刑执行难等诸多问题和缺陷,所有这些,均影响对宽严相济刑事政策的全面贯彻、准确落实。因而,只有对罚金刑进行系列的改革完善,包括为实现刑罚宽缓而进行罚金刑改革(如对过失犯罪均可规定选科罚金刑)及为体现刑罚严厉而进行罚金刑改革(如罚金刑与资格刑的配置立法),才能为宽严相济刑事政策的贯彻落实提供必要的刑罚制度资源。②

特赦有助于切实贯彻宽严相济刑事政策。宽严相济刑事政策的确立和实施,有助于弘扬宽容精神,有助于树立科学的犯罪观和理性的刑罚观。只有树立科学的犯罪观和理性的刑罚观,才能为赦免制度的常态化运行清除观念障碍。新中国成立70周年之际实施的特赦是切实贯彻宽严相济刑事政策的重要举措,充分体现了宽严相济刑事政策区别对待的基本内涵,可以凸显对刑罚轻缓化、人道化的尊崇,充分展现了特赦制度适用决策者、司法决策者的宽容精神,不仅有助于鼓励罪犯悔过自新,强化教育改造的效果,也有助于改变社会公众对严刑峻罚的过度迷信与依赖。同时,新中国成立70周年之际实施的特赦,还对九类适用对象中部分服刑罪犯明确设定了排除适用特赦的范围,这体现了宽严相济刑事政策宽中有严的一面,符合全面、规范、准确贯彻宽严相济刑事政策的要求。③

---

① 参见高铭暄、郭玮:《论我国环境犯罪刑事政策》,载《中国地质大学学报(社会科学版)》2019年第5期;高铭暄、郭玮:《德国环境犯罪刑事政策的考察与启示》,载《国外社会科学》2020年第1期。
② 参见高铭暄、孙晓:《宽严相济刑事政策与罚金刑改革》,载《法学论坛》2009年第2期。
③ 参见高铭暄等:《新中国成立70周年特赦之时代价值与规范解读》,载《江西社会科学》2019年第7期。

当代刑法在与安全政策的规范性衔接上,应当正视刑法工具属性的客观性与刑法功能主义的发展性。在安全与自由、人权保护与安全保障之间,应当以比例原则协调彼此的关系,从而控制极端工具化的异变,防止安全刑法被关进"极端工具"的牢笼,遏制"预防性"功能的恣意化。例如,在新冠疫情防控的非常时期,总体国家安全政策顺势而入,为刑法在应急或突发状况下的理性与积极应对提供了价值共识、社会认同以及个体遵从感等社会治理条件,也为具体司法规范的制定、具体政策指引的确定孕育了合法性基础,还为严厉打击疫情期间各类违法犯罪行为提供了正当性依据。对涉疫情犯罪依法从严从重处罚,虽是宽严相济刑事政策从严一面的体现,但目的是保障社会公众的生命安全、自由与国家总体安全。在强调从严从重、从快从简的前提下,亦绝不能忽视对自由和人权的保障,包括个人信息的保障、轻微涉疫危害行为的非犯罪化、个体极度恐慌情绪的合理关照等。我国新冠疫情防控取得的成果既充分肯定了积极防控政策的必要性与合理性,也足以显示遵循依法防控的现代治理观巩固、贯彻了总体国家安全观。[①]

八、结语——以法治原则和人权保障为基石的刑事政策

高铭暄先生最新发表的《习近平法治思想指导下中国特色刑法学高质量发展论纲》一文中,有一段与本文主题密切关联的精辟论述。高铭暄先生认为,"坚持在法治轨道上推进国家治理体系和治理能力现代化是习近平法治思想的明确要求。犯罪治理体系与治理能力现代化是国家治理体系与治理能力现代化的核心组成,是衡量新时代国家治理水平以及经济社会现代化程度的重要参考。当前,中国特色刑法学在实践中面临的困难与痛点,皆与犯罪治理能力与治理体系的不足有关。刑法要积极发挥各项功能和机能,必须与其他相关法律保持协同与协作,以最大限度克制自身的局限性,因为刑法不是孤立的,刑法也不是万能的。在犯罪的综合性、整体性、协同性等科学理性的认识基础上,逐步健全犯罪治理体系与能力,有别于过往只强调单纯的打击犯罪之做法,刑法不再是'刀把子';也有别于除恶务尽的犯罪消除观,不再片面提出全面消除犯罪现象的单一诉求。继而,在犯罪惩治、人权保障之间,要实现动态性的均衡、有序与最优化结果,以契合现代犯罪治理的应然规律与实际需要……按照刑法治理体系与治理能力的一般安排,刑法不只依

---

① 参见高铭暄、孙道萃:《总体国家安全观下的中国刑法之路》,载《东南大学学报(哲学社会科学版)》2021年第2期。

靠最严厉的刑事制裁来实现预设任务和目标;而应整合刑事法治资源……理性扩充刑法干预的范围、力度和形式等,以求最佳的犯罪治理效果……在新时代,犯罪治理的起点不再只是发挥刑法的惩罚作用,简单地试图消灭犯罪,而应当是全面保障人民的生命财产安全,持续供给强劲有力的社会安全感。相应地,犯罪治理的归宿亦是如此。犯罪治理效果的好与坏,应当由人民群众的安全感、获得感与幸福感来决定。这意味着刑法的犯罪治理体系与治理能力建设,必须全面围绕以人民为中心展开,回溯到人权保障之上,并设置好相应的实施机制等"[1]。在这段论述中,虽然没有出现"刑事政策"的术语,甚至没有使用"政策"一词,但高铭暄先生实质上明确指出,刑事政策当随时代的需求进行必要的调整,并用以指导现实的、未来的刑法立法、刑事司法和犯罪治理实践,深度参与中国特色刑法学的新发展。刑事政策调整的趋向表明,它与现代刑法立法、现代刑事司法、现代犯罪治理机制完全一样,应当并实际建立于法治原则和人权保障的共有基石之上。高铭暄先生关于刑事政策的这一论断,立意高远、视野宏阔、思想深邃、内涵丰富、指向明确,对刑事政策的理论研究和具体实践具有重要的指导意义。

---

[1] 高铭暄:《习近平法治思想指导下中国特色刑法学高质量发展论纲》,载《中国应用法学》2023年第2期。

从刑事控制到刑事治理：
高铭暄教授刑事治理现代化思想

周振杰[*]

高铭暄教授在重视刑法学理论研究的同时，也非常重视刑事政策与刑事司法问题研究，尤其是犯罪治理问题，并逐渐形成了自己的刑事治理现代化思想。

一、形成过程

高铭暄教授的刑事治理现代化思想形成的过程，大致可以分为从刑法的权利保障到现实型的刑事控制，再到刑事治理现代化两个过程。

(一) 从刑法的权利保障到现实型的刑事控制

早在20世纪80年代，高铭暄教授就指出，商品经济正在冲击各种传统观念，包括刑法制度和刑法观念。因此，必须摒弃将商品交换中的居间中介活动和投机倒把活动画等号的思想观念，承认技术和信息本身就是商品，提供技术和信息就是一种劳动支出，理应取得报酬，应利用刑法来同凌驾于法律之上的特权行为作斗争，并以此来保障公民民主权利的实现。[①]

继而，高铭暄教授适应市场经济的需求，在重视刑法权利保障功能的基础上，提出了刑事控制思想。他指出，市场经济的刑法观念必然要贯穿与体现市场经济文化价值观念的基本精神。为适应市场经济引发的社会全方位变动的情势，刑事控制模式应当由理想型的刑事控制模式向现实型的刑事控制模式转交，并对依法从重从快刑事政策从理论上进行反思，调整刑事政策。[②]

---

[*] 北京师范大学法学院教授、博士生导师。
[①] 参见高铭暄、王勇：《社会主义商品经济与刑法观念的转变》，载《政法论坛》1988年第5期。
[②] 参见高铭暄、陈兴良：《挑战与机遇：面对市场经济的刑法学研究》，载《中国法学》1993年第6期。

(二) 从现实型的刑事控制到刑事治理现代化

在倡导现实型刑事控制模式的基础上,高铭暄教授提出,刑法通过惩罚犯罪维持社会的稳定,保障民众的安全,这与社会管理的任务是一致的。刑事法治应成为社会管理创新的坚实后盾,并应在如下五个方面努力:关注社会情势,贯彻宽严相济刑事政策;保障公民权利,重视民生犯罪;"刚柔并济",坚持以人为本;革新纠纷解决机制,灵活、多样化解矛盾;落实行刑社会化,契合多元治理理念。①

在上述思考的基础上,高铭暄教授提出了自己的刑事治理现代化思想。他认为,刑事治理现代化乃国家治理现代化的核心组成,是衡量新时代国家治理水平及经济社会现代化程度的重要参考,并概括了刑事治理现代化的内涵:国家在科学犯罪观指导下,根据犯罪原因和致罪机制的理性剖析,吸收社会力量参与犯罪防治,合理组织犯罪反应机制,增进全社会犯罪防治的实际效能,表现出治理理念开放性、治理主体多元性、治理方式协作性以及治理规则科学性等内涵特征。②

二、主要内容

高铭暄教授刑事治理现代化思想的主要内容,可以大致概括为如下六个方面:

第一,推进刑事治理现代化有其历史必然性。高铭暄教授认为,刑事治理能力现代化是中国特色社会主义现代化事业的有机组成部分,新中国七十余年的发展史也是刑事治理能力现代化的变迁史。自新中国成立始,刑事治理能力现代化的命运就和国家的命运紧密联系在一起,先后经历培育摸索时期、停止倒退时期、恢复提升时期、迈向成熟时期四个阶段。③

第二,推进刑事治理现代化具有现实必然性。犯罪问题已经成为世界各国普遍面临的最严重社会问题,科学建构国家治理体系、有效建立健全国家治理机制、提升刑事治理现代化水平,乃各国应对日益严峻的犯罪形势、营造安定有序的社会环境之关键所在。因此,推进刑事治理现代化是新时代经济社会发展的客观要求,是适应社会主要矛盾变迁的内在需要,是我国刑事治理实践变迁的经验凝

---

① 参见高铭暄、陈冉:《论社会管理创新中的刑事法治问题》,载《中国法学》2012 年第 2 期。
② 参见高铭暄、傅跃建:《新时代刑事治理现代化研究》,载《上海政法学院学报(法治论丛)》2020 年第 4 期。
③ 参见高铭暄、曹波:《新中国刑事治理能力现代化之路——致敬中华人民共和国七十华诞》,载《法治研究》2019 年第 6 期。

结,也是应对日渐严峻的犯罪形势的必然选择。①

第三,刑事治理现代化的基本原则是法治原则。高铭暄教授认为,社会管理的发展方向应当是与社会主义法治国家和法治政府的建设相结合,始终将社会管理置于法治化轨道上,以法治理念为指导,以法律程序和法律规范为支撑,依法管理。刑法需要对社会上出现的新型犯罪行为,例如网络犯罪、食品安全犯罪等,及时从立法和司法上予以有效规制,更好地发挥刑法对社会安全的保护作用。②

第四,刑事治理现代化应慎用刑事手段。高铭暄教授指出,立法上的不明确性,在一定程度上为刑事诉讼法扩张和过分介入市场领域留下了制度上的缺口。因此,为了保障市场经济的发展,对经济领域的冲突纠纷应慎用刑事手段。③ 针对危害药品安全犯罪,高铭暄教授认为,立足多元参与的合作治理路径,从法秩序统一的角度,应当整合民法、行政法、刑法制裁措施,依托刑法的激励作用实现正面预防,以"刑事合规"激发企业自治,实现多元参与对药品犯罪的社会共治。④

第五,刑事治理现代化的根本立场是立足中国。高铭暄教授认为,刑事治理现代化必须毫不动摇地坚持马克思主义指导,坚持党的领导;准确把握刑事治理规律,树立现代刑事治理理念;摆正刑事政策(治)与刑事法律的关系,坚持依法治理;深入推进科学立法、民主立法,不断完善刑事法制;积极参与刑事治理国际经验分享,打造中国特色刑事治理模式,既是我国刑事治理能力现代化的基本经验,也是今后刑事治理能力持续提升的着力方向。⑤

第六,刑事治理现代化是国家治理现代化不可或缺的一部分。高铭暄教授认为,以"枫桥经验"为代表的社会治理方案,是践行党的群众路线的新时代表达,亦是基层自治及推进国家治理现代化的新时代需求,与国家治理体系和治理能力现代化具有逻辑上的高度契合性。应以此为视角,从坚持党的领导、人民主体地位、三治融合、共建共治共享格局和构建平安和谐社会五个方面推进国家治理现代化具体路径的探究。⑥

---

① 参见高铭暄、傅跃建:《新时代刑事治理现代化研究》,载《上海政法学院学报(法治论丛)》2020年第4期。
② 参见高铭暄、陈冉:《论社会管理创新中的刑事法治问题》,载《中国法学》2012年第2期。
③ 参见高铭暄:《高铭暄:对经济领域的冲突纠纷应慎用刑事手段》,载《法人》2013年第3期。
④ 参见高铭暄、陈冉:《刑事治理现代化背景下危害药品安全犯罪的治理转型》,载《公安学研究》2022年第3期。
⑤ 参见高铭暄、曹波:《新中国刑事治理能力现代化之路——致敬中华人民共和国七十华诞》,载《法治研究》2019年第6期。
⑥ 参见高铭暄、傅跃建:《新时代"枫桥经验"与国家治理现代化:内在逻辑与实现进路》,载《上海政法学院学报(法治论丛)》2022年第4期。

高铭暄教授刑法立法思想研究

徐　宏*　沈烨娜**

一、引言

"人民教育家"高铭暄教授是我国当代泰斗级资深法学家和法学教育家,是新中国刑法学的主要奠基者和开拓者。深耕刑法学 70 余年,高铭暄教授始终黾勉治学、孜孜不倦,为新中国刑事法治事业之发展与繁荣作出了不可磨灭的重大贡献。作为唯一一位自始至终参与新中国第一部刑法立法工作的学者,高铭暄教授更是全程陪伴、见证了新中国刑法立法砥砺前行的风雨历程,不论是 1979 年《刑法》的艰难发布,还是 1997 年《刑法》的全面修订,抑或是迄今 12 个刑法修正案的整饬出台,无不倾注着高铭暄教授的心血与汗水,凝结着他的智慧与期望。在长期立法实践与深刻理论研究的汇流激荡之下,高铭暄教授的刑法立法思想逐步形成并愈发完善,其撰写的《中华人民共和国刑法的孕育和诞生》与《中华人民共和国刑法的孕育诞生和发展完善》两部巨著便是他刑法立法思想的忠实记录和生动彰显。毋庸置疑,刑法乃新中国治国理政之重器,亦是新时代拓展中国式法治现代化的坚定基石。刑法立法研究意蕴深远,置身新的历史起点,全面总结、深入研究高铭暄教授博厚高明的刑法立法思想恰逢其势、正当其时。在其熠熠生辉的思想源流之中,笔者认为,以刑法立法理念、刑法规范体系和刑法立法技术三大部分最为显要。

二、坚持中国式刑法立法理念

1954 年,应全国人大通知参与刑法立法伊始,高铭暄教授便坚定地立足于中国立场,矢志于中国刑法立法的完成。70 载光阴漫漫赓续至今,高铭暄教授知之愈

---

*　华东政法大学副教授、硕士生导师。
**　华东政法大学硕士研究生。

明、行之愈笃,始终坚持中国特色的刑法立法理念,抱持现代、民主、科学的中国式刑法立法追求。具体而言,便是一以贯之地坚持政治性与人民性相统一、现实性与前瞻性相结合、民族性与世界性相促进。

(一) 政治性与人民性相统一

从不平凡的岁月中走来,高铭暄教授作为坚定的马克思主义学者,不折不挠地秉承着献身法治、为国为民的情怀担当,将坚持党的领导、坚持以宪法为依据、坚持以人民为中心奉为刑法立法的圭臬。正应了习近平总书记所强调的"党性和人民性从来都是一致的、统一的"。政治性与人民性的高度统一便是高铭暄教授刑法立法思想的鲜明本色。

高铭暄教授以马克思主义的立场、观点和方法为指引,始终如一地坚持正确的政治方向,明确指出"刑法立法的健康发展离不开党的正确领导"[1],以亲身实践和著述建言坚定不移地践行党领导刑法立法的中国特色社会主义法治道路。党的领导是我国刑法立法的根本保障[2],具体包括政策思想指导、组织指导、工作方法指导三大方面[3],要求立法机关在立法过程中全面而准确地理解党的方针、贯彻党的政策、落实党的路线。高铭暄教授积极支持党的刑事政策与刑法立法规定的良性互动,既应以"惩办与宽大相结合""宽严相济"等相应历史阶段的刑事政策引导、推动、加强当时的刑法立法,亦应由具体的刑法立法规范有力地回应、贯彻、丰富刑事政策,促使二者在同频共振中交相辉映。

与此同时,创制法律的活动实质上代表、彰显着人民行使法的创制权力,任何法律法规的创制都必须发扬立法民主性的原则,刑法概莫能外。[4] 高铭暄教授长期以来不断推动刑法立法全过程的人民民主,指明这既是党领导刑法立法的基本支点,也是刑事法治人民性的灵动体现。刑法立法紧跟社会主义民主政治建设的步伐[5],首要的便是实行民主的立法程序,在刑法创制、修订过程中吸收各方面的专家参与立法。"只有在多谋善断、群策群力、集思广益的基础上开展刑法立法工作,刑

---

[1] 高铭暄:《中国共产党与中国刑法立法的发展——纪念中国共产党成立90周年》,载《法学家》2011年第5期。
[2] 参见高铭暄、孙道萃:《我国刑法立法的回顾与展望——纪念中国共产党十一届三中全会召开四十周年》,载《河北法学》2019年第5期。
[3] 参见高铭暄、王俊平:《中国共产党与新中国刑法立法》,载《法学论坛》2002年第1期。
[4] 参见高铭暄、王俊平:《中国共产党与新中国刑法立法》,载《法学论坛》2002年第1期。
[5] 参见高铭暄:《略谈刑法修改的指导思想》,载《法学》1989年第3期。

法才能够符合实际,才能够行得通,这是刑法立法的一个最基本的经验。"①为此,高铭暄教授大力主张立法机关应当倾听并尊重全国范围内各行各业的声音与建议,尤其重视法学家和有关实务部门的作用,以征求意见、妥善汇总、认真研究的形式实现"广泛的民主、充分的讨论、真实的评议",为刑法立法奠定坚实的理论性、实践性基础。

而今,中国特色社会主义迈入新时代,高铭暄教授的刑法立法思想更是将政治性与人民性进一步融汇贯通。秉持高度的政治自觉,高铭暄教授以全面依法治国为根本纲领,以习近平法治思想为根本遵循,毫不动摇地推动中国特色刑法立法的高质量发展。其中,他着重强调应当坚持将以人民为中心作为刑法立法的起点和归宿,要求毫不懈怠地推进公开参与、评估修正等刑法立法全过程的合法与民主,以持续完善、现代科学的刑法立法为人民群众供给强劲有力的社会安全感。②

(二)现实性与前瞻性相结合

一切从实际出发,实事求是地创制好、发展好契合我国基本国情、符合我国司法经验的刑法,是高铭暄教授关于刑法立法最朴实的愿景和最真切的渴望。"要使刑法立法既具有现实性,又具有前瞻性"③,高铭暄教授以此为行动目标,将充足的成熟性与适度的超前性融贯于立法内容的必要性原则之中④,致力于促使立法机关根据国家发展的实际需要,步伐稳健、目光长远地开展刑法立法工作。

回溯新中国刑法从无到有、从有到优的历史脉络,在 1979 年《刑法》创制的准备过程中,高铭暄教授仔细审视当时刑法立法的历史条件与法制资源,基于实际情况认同并亲身参与就"比较成熟的经验和迫切需要规定的问题"⑤进行的"宜粗不宜细"的刑法立法工作,助力我国"千头万绪、百废待兴"的法制领域制定出了第一部《刑法》;在 1997 年《刑法》修订的考察阶段,高铭暄教授认真总结 1979 年《刑法》施行后的丰富经验和有利条件,着眼国家政治、经济、社会飞速发展的现实机遇及其未来需要,支持并提倡《刑法》的全面修订,促成新中国刑法完成了里程碑式的经典跨越;在 1997 年《刑法》基本实现新中国刑法的统一性和完备性之后,高铭暄

---

① 高铭暄、王俊平:《中国共产党与新中国刑法立法》,载《法学论坛》2002 年第 1 期。
② 参见高铭暄:《习近平法治思想指导下中国特色刑法学高质量发展论纲》,载《中国应用法学》2023 年第 2 期。
③ 高铭暄:《刑法学发展的基本经验》,载《法学家》2009 年第 5 期。
④ 参见高铭暄、姜伟:《刑法特别法规的立法原则初探》,载《法学评论》1986 年第 6 期。
⑤ 高铭暄:《中华人民共和国刑法的孕育诞生和发展完善》,北京大学出版社 2012 版,第 9 页。

教授又综合考量刑事法治的实践现状与激流涌动的刑法学界争论,提出目前全面修订1997年《刑法》为时过早,现阶段仍应以刑法修正案的修法模式持之以恒地完善刑法规定、拓展前沿立法,吸收并利用最新科研成果来不断增强我国刑法立法的守正创新。以时为序,高铭暄教授的刑法立法思想饱含严肃而鲜明的时代特征,理论研究联系客观实际,现实性与前瞻性并重,他始终正视刑法创制与修订的实践根据和实务前沿,既善于发现刑事立法与司法实践的新情况、新经验、新问题,又善于发挥其丰厚的刑法积累和学殖学养而提出新主张、新方法、新应对。

"当严则严,当宽则宽,当灵活则灵活,当限制则限制"[1],高铭暄教授与时偕行、见微知著,恰到好处地提出调整定罪量刑基础、规范具体罪名轻重、防控新型刑事风险、推动刑罚体系现代化等具有针对性和创新性的刑法立法构想。质言之,高铭暄教授的刑法立法思想兼具历史发展性和实践生命力,从不苛求单一刑法规范的面面俱到、一蹴而就,而是求真务实、有的放矢地要求立法讲究主次有别、突出主要矛盾、分清轻重缓急,确保刑法立法工作的整体连续性和秩序协调性,促使刑法之锋芒所向无不是国家治兴的利害关键。

(三)民族性与世界性相促进

民族性与世界性的交织融合是现代刑法立法不可辩驳的基本规律,高铭暄教授深以为然。源远流长的中华优秀传统文化与博大精深的马克思主义思想理论共同涵养了高铭暄教授的民族情怀与世界眼光,"既具有民族性,又具有世界性"[2],他的刑法立法思想根系深植于中国本土国情,因长期的法治实践而精干健壮,因辽阔的国际化视野和全球化格局而枝繁叶茂。

一方面,高铭暄教授的刑法立法思想自中华民族的优良刑法文化传统承继而来,立足中国实际情况与实际需要,深耕细作于中国刑事法治沃土,注重刑法的本土化建设。另一方面,高铭暄教授广纳人类社会刑事法制领域的文明进步成果,关注并把握世界各国刑法改革的总体趋势,提倡国内刑法立法与国际公约的有益规定相衔接,进而积极合理地吸收借鉴国际犯罪与刑罚改革普适化的立法经验,顺应世界刑法向着民主、人道、开放、科学发展的进步趋势。[3] 例如,高铭暄教授从我国对外开放的现实需求和加入国家公约的制度必要性出发,在20世纪80年代末便提

---

[1] 高铭暄:《刑法立法的长足进展》,载《中国法学》1997年第5期。
[2] 高铭暄:《刑法学发展的基本经验》,载《法学家》2009年第5期。
[3] 参见高铭暄:《中国刑法的最新发展》,载《中国刑事法杂志》1998年第2期。

出了修正刑法适用范围和规制对象,补充设置普遍刑事管辖权、国际犯罪罪名、国际刑事责任承担等规定以应对有关国际犯罪和跨地区犯罪的立法建议,并参酌我国与部分国家缔结的有关刑事司法协助条约,提出增加有关引渡等刑事司法协助内容的刑法规定。① 这些建议之绝大部分已然为历次刑法修订与相关司法解释所悦纳吸收,高铭暄教授本人也在推动"国际刑法中国化及中国刑法国际化"的进程中享有卓尔不群的国际声誉,并曾获得"切萨雷·贝卡里亚奖"等诸多荣誉。

正所谓"独立自主是不可动摇的'底色',中西借鉴是积极有益的'添色'"②,高铭暄教授兼容并蓄刑法立法思想的民族性与世界性,在二者的交融促进中助力我国刑法以更为自主完善、开放包容的姿态接轨并跻身国际刑法立法话语体系,坚定民族自信、展现大国担当,在世界舞台发出铿锵有力的中国声音、作出举世瞩目的中国贡献。

三、勤求现代化刑法规范体系

刑法立法现代化是高铭暄教授刑法立法思想核心内容的精准概括。从刑法宏观的谋篇布局到微观的罪刑规范,从刑法总则的体系内容到刑法分则的罪名安排,高铭暄教授不遗巨细地关切着我国刑法立法的历史沿革与未来走向,笃志勤求刑法体系结构与规范内容现代化水平的高质量提升。

(一)探索刑法总则的成熟进步

刑法总则奠定了刑法的根本脉络和整体基调。高铭暄教授一贯注重刑法总则的成熟与进步:之于总则结构,他主张合理排列、主次有致,将总则编五大章节的排布拓展为"刑法的根据、任务和原则""刑法的适用""犯罪与刑事责任""正当行为""刑罚""刑罚的具体运用""刑法用语"七大章节③;之于总则内容,他主张刑法总则内容与刑法理论体系保持协同、有机"反哺",力主刑法基本原则的规范确立和犯罪论、刑法论规定的优化妥帖。

1.倡导罪刑法定原则的确立

囿于当时"宜粗不宜细""宁疏勿密"立法观念及立法条件的限制,我国1979年

---

① 参见高铭暄、赵秉志、王勇:《中国刑事立法十年的回顾与展望》,载《中国法学》1989年第2期。
② 高铭暄:《习近平法治思想指导下中国特色刑法学高质量发展论纲》,载《中国应用法学》2023年第2期。
③ 参见高铭暄:《论刑法典体系结构的完善》,载《人民检察》1995年第3期。

《刑法》中诸多条文表述含混不清,加之类推制度的存在及个别特别刑法中"重法溯及既往"等内容的影响,罪刑法定原则显然并未得到明确的规定和贯彻。① 1997年《刑法》全面修订,罪刑法定原则再次成为争议焦点,在其曲折的入法历程中爆发了多次针锋相对的力量较量和观点争鸣。其中,高铭暄教授始终旗帜鲜明地支持并倡导罪刑法定原则的明文确立。

"法无明文规定不为罪,法无明文规定不处罚"的罪刑法定原则是现代刑事法律规范中光彩夺目的明珠。"刑法典中应当明确规定罪刑法定原则,并取消原《刑法》第79条规定的类推制度"②,高铭暄教授不愿明珠蒙尘,义正词严地郑重阐释了自己确立罪刑法定原则的明确观点,同时纠正既有特别刑法关于刑法溯及力问题的错误取向,坚定支持1979年《刑法》第9条所体现的从旧兼从轻原则。他指出,罪刑法定原则的确立将直接表明在刑法领域坚持依法治国的战略方针,必将促进刑法立法的科学化、完备化,全面保护公民的合法权利不受侵犯,裨益于全社会法治意识的显著提高。③ 在高铭暄教授等支持者的强力推动下,1997年《刑法》最终确立了罪刑法定原则、刑法面前人人平等原则、罪责刑相适应原则三大刑法基本原则,废除了类推制度、禁止重法溯及既往等规定,充分体现了我国刑事法制的时代性、进步性和文明性。④ 规范落成是深化贯彻罪刑法定原则新的起点,高铭暄教授以持续发展的眼光看待问题,要求通过正确的定罪量刑和正确的司法解释来不断增强罪刑法定原则之生命力⑤,为刑法立法的正义提供不竭的营养源泉。

2.增进犯罪论规定的完整化

我国《刑法》第二章是关于犯罪论的规定,共分为"犯罪和刑事责任""犯罪的预备、未遂和中止""共同犯罪""单位犯罪"四大部分进行阐释。高铭暄教授立足于大量的实践调研和审慎的规范考察,敏锐地指出我国对于犯罪的总则规定尚有不足,例如对于犯罪竞合问题缺乏内涵明确的一般性规定⑥,对于单位犯罪的规定仍然不够完善等,亟须充分结合刑法理论和域外经验予以裨补缺漏。尤其之于社会主义市场经济繁荣活跃的当今,刑法完备治理单位犯罪具有更重要的意义。为

---

① 参见高铭暄:《中华人民共和国刑法的孕育诞生和发展完善》,北京大学出版社2012年版,第171页。
② 高铭暄:《试论我国刑法改革的几个问题》,载《中国法学》1996年第5期。
③ 参见高铭暄:《试论我国刑法改革的几个问题》,载《中国法学》1996年第5期。
④ 参见高铭暄:《刑法立法的长足进展》,载《中国法学》1997年第5期。
⑤ 参见高铭暄:《20年来我国刑事立法的回顾与展望》,载《中国法学》1998年第6期。
⑥ 参见高铭暄:《中国共产党与中国刑法立法的发展——纪念中国共产党成立90周年》,载《法学家》2011年第5期。

此,高铭暄教授极富洞见地提出:第一,需要正本清源地明确界定单位犯罪的概念,所谓单位犯罪必须具有"以单位名义实施""追求本单位的不法利益""由本单位的领导集体或其负责人代表本单位策划决定"三大特征。第二,应当对单位犯罪的罪种范围加以限制,单位只宜限定为经济犯罪和部分妨害社会管理秩序罪以及贪利性渎职犯罪的主体,不宜过度扩大。第三,针对单位犯罪应当一律采取"双罚制",即既对单位判处罚金,同时也追究直接责任人员的刑事责任。第四,规范单位犯罪应当采用总则与分则相结合的立法模式,在总则中设置单位犯罪及其刑罚的一般规定,在分则具体罪名中具体规定罪状情节与相应的法定刑。第五,应当及时配套刑事诉讼法,对单位犯罪刑事责任的追究和辩护作出系统性规定。①

3. 推动刑罚论规定的合理性

刑罚论的合理化是高铭暄教授刑法立法思想中优化刑法总则规定的另一重要层面。详言之,"刑罚的目的是通过惩罚和矫正,实现特殊预防和一般预防",他认为,现阶段我国"较严厉和较封闭的刑罚应适当地向缓和与开放的刑罚转变"②,需要顺应宽严相济的政策方针和刑罚轻缓化的国际潮流,严格控制死刑适用,重视罚金刑、增设资格刑,并科学规范刑罚的具体运用。

首先,高铭暄教授积极推动死刑立法改革,理性反思死刑适用的正当性与必要性。立足于我国特殊的文化传统和特定的国情、民情、罪情,高铭暄教授冷静地指出当前彻底废除死刑的条件远未成熟的客观现实,清醒地指明死刑的有限性、相对性和无可挽回性,要求在刑法立法与刑事司法中坚决遵循我们党严格控制死刑适用的一贯态度,严肃慎重适用死刑,逐步减少死刑,直至最后废除死刑。③ 早在20世纪讨论修订1979年《刑法》之时,高铭暄教授便系统阐述了自己之于死刑适用的观点:其一,死刑只能适用于罪大恶极的犯罪分子;其二,死刑不应当适用于犯罪时不满18岁的人和追诉审判时怀孕的妇女;其三,死刑核准权应当由最高人民法院统一行使;其四,应当继续保留并完善死刑缓期执行制度,并与刑事诉讼法配套一致;其五,审慎筛选、削减分则中非暴力性质的死刑罪名,对单纯的经济犯罪(贪污罪、受贿罪不在其列)原则上不应当设置死刑。④ 高铭暄教授的观点高屋建瓴地重申了既有刑法的正确规定,又为刑法立法的死刑改革廓清了新的突破路径。在以高铭

---

① 参见高铭暄:《试论我国刑法改革的几个问题》,载《中国法学》1996年第5期。
② 高铭暄、赵秉志、王勇:《中国刑事立法十年的回顾与展望》,载《中国法学》1989年第2期。
③ 参见高铭暄:《我的刑法学研究历程》,载《河南警察学院学报》2020年第1期。
④ 参见高铭暄:《试论我国刑法改革的几个问题》,载《中国法学》1996年第5期。

暄教授为代表的"死刑改革派"的努力下,2011年我国《刑法修正案(八)》第一次废除了部分死刑罪名,所废除的13个死刑罪名属于高铭暄教授一贯认定的应当废除死刑的范畴。实践印证了他的远见与智慧,以此为开端,高铭暄教授主张应当继续循序渐进、分门别类地在立法上减少死刑罪名,于一定的历史时期相应控制死刑的合理范围,从而为将来最终废止死刑创造积极条件。①

其次,高铭暄教授素来重视罚金刑的法定化规范,建议丰富资格刑的法定刑种。罚金刑之于经济社会的治理而言意义重大,高铭暄教授聚焦罚金刑问题,提出应当扩大罚金刑的适用范围、促进罚金数额的成文化。他指出,改造罚金刑无须大刀阔斧地赋予其主刑地位,可以在其附加刑地位基础之上增设"单处罚金"的机会,在实然上扩大其适用范围。对于罚金刑的具体数额,高铭暄教授认为未来的刑法中应当取消无数额的规定,兼采罚金制和比例罚金制,通过总则规定下限、分则规定上限的形式明确罚金具体数额,同时将罚金的数额差异直观反映于罪种与刑事责任主体的差异之上,加强民众可预期性与可信赖度。② 与此同时,考虑到我国资格刑局限于剥夺政治权利及专门适用于军职罪的剥夺勋章、奖章、荣誉称号的刑罚,尚不足以应对某些特定情况下剥夺罪犯犯罪条件与犯罪能力的现实需求,高铭暄教授针对性地提出增设资格刑、丰富刑罚种类的倡议③,力求强化刑罚处罚的有效性,真正达到刑罚有效预防犯罪的目的。

最后,高铭暄教授同样强调刑罚具体运用的科学规范。尽管"坦白从宽,抗拒从严"的刑事政策广为人知,但我国1979年《刑法》中并未对坦白情节予以具体化、法定化。高铭暄教授认为,坦白罪行宜规定为"可以而不是'应该'从轻"的法律情节,其与自首有所区别,从宽的幅度原则上亦应小于自首。毋庸讳言,这一主张既有利于犯罪嫌疑人主动交代犯罪事实、实行教育改造,也能够避免不法分子"钻法律的空子",紧密适应了司法实践中犯罪与犯罪人的复杂情况。④ 经1997年《刑法》修订,立法机关便将这一科学主张纳入刑法规范范畴,现行《刑法》第67条第3款明文规定了坦白作为可以从轻的法定情节。

除此之外,近年来高铭暄教授对于刑法总则的成熟进步又提出了与时俱进的观点,值得立法机关省思不足、内化借鉴。例如,他主张刑法总则第二章增设特殊

---

① 参见高铭暄:《中国共产党与中国刑法立法的发展——纪念中国共产党成立90周年》,载《法学家》2011年第5期。
② 参见高铭暄:《试论我国刑法改革的几个问题》,载《中国法学》1996年第5期。
③ 参见高铭暄、赵秉志、王勇:《中国刑事立法十年的回顾与展望》,载《中国法学》1989年第2期。
④ 参见高铭暄、赵秉志、王勇:《中国刑事立法十年的回顾与展望》,载《中国法学》1989年第2期。

群体制度,比较集中地规定特殊群体犯罪及其刑事责任;刑法总则第二章设立正当行为专节,统合并增加除正当防卫、紧急避险两项之外的正当行为;刑法总则第四章第八节补充规定单位犯罪的追诉时效;等等。①

(二)追求刑法分则的动态完善

刑法分则具体规定了我国刑法所规制的犯罪行为及其罪刑规范。从1979年《刑法》的129个罪名至《刑法修正案(十一)》实行后1997年《刑法》的483个罪名,罪名数量的跃迁昭示着分则不断讲益完备。高铭暄教授是这一跃迁的亲历者,更是这一跃迁的推动者,他从不沉湎于已有的刑法立法成就,从不迷失于域外的刑法学说理论,始终以实践和规范为导向,追求刑法分则的动态完善,在灵活性与有效性之间精准、均衡、适度地促进我国刑法分则罪名的增删调改、举要删芜。

1. 适时优化规范分则章节罪名

第一,分则罪名应当应和时代发展,1979年《刑法》中反革命罪宜改为危害国家安全罪。"反革命"一词属于政治概念,高铭暄教授认为这一罪名的使用不尽符合法律的规范化要求。在该类罪名之下的具体罪名,诸如反革命破坏罪,反革命杀人、伤人罪等,皆与危害公共安全罪、侵犯公民人身权利罪中的相关罪名差异甚微。相关区别特征仅在于有无反革命目的,而司法实践中对于有无反革命目的的认定难度颇大,将此类罪名并入普通刑事犯罪类别之中既能够精简刑法条文,也不会影响对犯罪行为应有的惩处。② 高铭暄教授的观点得到了刑法学界与司法实务界的积极响应,在他们的共同推动下,1997年《刑法》果断地将1979年《刑法》分则第一章的反革命罪更名为危害国家安全罪,删去了此类犯罪之主观反革命目的的定义,并按照危害国家安全的性质对此类犯罪罪状作了修改和调整,将该章中实际属于普通刑事犯罪性质的罪种妥善移入了其他罪章。③ 应当说,高铭暄教授力促的这一刑法修改紧跟时代浪潮,是中国刑法致力于科学化和适应现代刑法之通例的重要举措。④

第二,分则罪名应当重点关注突出问题,破坏社会主义经济秩序罪一章宜加强立法修订。改革开放以来,我国经济腾飞,破坏社会主义市场经济秩序犯罪持续高

---

① 参见高铭暄、谢佳文:《推动刑法立法进程需把握的关键点》,载《检察风云》2018年第10期。
② 参见高铭暄、赵秉志、王勇:《中国刑事立法十年的回顾与展望》,载《中国法学》1989年第2期。
③ 参见高铭暄:《中国刑法的最新发展》,载《中国刑事法杂志》1998年第2期。
④ 参见高铭暄:《中华人民共和国刑法的孕育诞生和发展完善》,北京大学出版社2012版,第296页。

发。高铭暄教授秉持"社会主义市场经济本质上是法治经济"的治理初衷,长期关注破坏社会主义经济秩序罪的优化完善,热心为社会主义市场经济法治建设的强化发展建言献策。于20世纪刑法全面修订之初,他便强调破坏社会主义经济秩序罪是刑法修订的重中之重,在该类罪名之下可以考虑划小同类客体,将走私罪,生产、销售伪劣商品罪,侵犯知识产权罪,危害金融罪,妨害公司、企业管理罪,妨害公平竞争罪,扰乱市场秩序罪,妨害税收罪,危害环境和自然资源罪等罪名具体规定、单列成章。① 于新时代刑法日臻完备之今,高铭暄教授再次明确破坏社会主义市场经济秩序罪仍是刑法修订的中心地带,应当以刑法立法平等保障市场主体、激活市场活力,同时适应法定犯时代的立法要求,保持经济犯罪修改的适度活性。高铭暄教授视域广阔、洞见深远,他主张充分认识经济犯罪法定犯的变动性,提倡动态有为地调整社会行为的犯罪化与非犯罪化,进而更好地服务社会主义市场经济之蓬勃发展。②

2.适时增加补充分则章节罪名

高铭暄教授注重刑法分则罪名的针对性与指向力,在尊重既有立法的基础上主张增设专门章节,加强规范供给,集中并突出重点领域、关键内容的保护与规制。择要而言,第一,增设侵犯公民民主权利罪专章。刑法采用侵犯公民民主权利罪与侵犯公民人身权利罪合为一章的立法体例。高铭暄教授认为这一体例实然上平列了两个同类客体且未必协调,为了适应大力加强社会主义民主的需要,应当突出对公民民主权利的保护。第二,增设妨害司法罪专章。高铭暄教授基于妨害司法犯罪规定较为分散的立法现实,认为应把刑法中的妨害司法犯罪加以集中,同时根据司法实际需要再增设诸如伪造、毁灭重要证据罪,暴力阻止证人作证罪,严重扰乱法庭秩序罪,破坏监管秩序罪等若干罪名。第三,增设有关违反劳动保护和危害公共卫生犯罪的专章。20世纪90年代初,立法机关陆续制定并发布了《劳动法》等劳动保护相关法律法规,对于其中关涉违反劳动保护和危害公共卫生的犯罪规定,高铭暄教授认为有必要将其收拢集中,在刑法分则内辑为专章。第四,增设贪污贿赂犯罪专章。1979年《刑法》将贪污罪内置于侵犯财产罪章节之中,将贿赂罪内置于渎职罪章节之中。虽有其合理之处,但鉴于二罪的腐败属性和对职务行为廉洁性的侵损,高铭暄教授明确主张应当考虑已有的执法经验,通过专章规定的形式独

---

① 参见高铭暄:《论刑法典体系结构的完善》,载《人民检察》1995年第3期。
② 参见高铭暄、孙道萃:《97刑法典颁行20年的基本回顾与完善展望》,载《华南师范大学学报(社会科学版)》2018年第1期。

立、细化贪污贿赂犯罪,从而准确厘定其罪与非罪之界限、廓清罪状情节之轻重,严肃惩处腐败犯罪。第五,增设毒品犯罪专章。毒品犯罪危害巨大,事关国民健康、民族体质,高铭暄教授认为应当考虑其常发性与国际性特征,专门列为单章以对其加强打击、从严惩治。① 第六,增设信息网络犯罪专章。伴随互联网高新技术的迅猛发展,信息网络犯罪、人工智能犯罪日益高发,并正在成为今后的重要犯罪类型。高铭暄教授认为其与传统犯罪类型存在明显差异,应当专章列明、区别对待,从而突出网络立法的专门性和专业性。② 第七,增设危害人类和平与安全罪一章。全球化潮流不可逆转,世界已然紧密相连,立足于人类命运共同体的正确主张,高铭暄教授积极促进我国刑法立法与国际公约相衔接,将灭绝种族罪、危害人类罪、战争罪等严重国际犯罪纳入我国刑法的规范视野,置于刑法分则最后作为第十一章。③

以上观点或全部或部分为我国刑法立法所吸收采纳,高铭暄教授目光如炬,以卓越的前瞻性视野不断充实我国刑法分则的罪名章节,希冀为我国司法实践中的常发犯罪、重点犯罪、新兴犯罪提供更为全面、专业的规制路径。

3. 适时删减调整分则章节罪名

刑法是稳定的,但不是一成不变的。高铭暄教授时刻留意犯罪行为与刑法罪名之间的对位与失位情况,主张依据司法实践的最新动向及时清理僵化法条、适时更新删减罪名规范,确保刑法精准有力地打击犯罪、保护人权。以取消"打砸抢"罪为例,该罪名带有强烈的主观意味,是特定历史条件下的产物。高铭暄教授认为这一罪名在法制的实然意义上便不能独立存在,具体定罪时符合伤害罪、抢劫罪或故意毁坏公私财物罪犯罪构成的,应以相应普通犯罪论处,取消该罪名有利于定罪的明确化和量刑的准确化。④ 以分解投机倒把罪、流氓罪、玩忽职守罪等三个"口袋罪"为例,其往往罪状简略而包容甚多,宜一一拆分罪名、充实罪状。高铭暄教授认为,投机倒把罪可以分别规定为非法经营罪、扰乱市场罪、非法出版罪等罪名,在不同维度具体维护公平有序的社会主义市场经济秩序;流氓罪可以分别规定为聚众斗殴罪、寻衅滋事罪、强制猥亵罪、聚众淫乱罪等罪名,分而治之以精准化处理人民内部的矛盾;玩忽职守罪在实践中被动吸纳了擅用职权、擅自行动、超越职权等其应然内涵以外的行为方式,可以将超出部分予以拆解,在渎职罪章节中具体设置滥

---

① 参见高铭暄:《论刑法典体系结构的完善》,载《人民检察》1995 年第 3 期。
② 参见高铭暄、孙道萃:《97 刑法典颁行 20 年的基本回顾与完善展望》,载《华南师范大学学报(社会科学版)》2018 年第 1 期。
③ 参见高铭暄:《新中国刑法立法的变迁与完善》,载《人民检察》2019 年第 19 期。
④ 参见高铭暄、赵秉志、王勇:《中国刑事立法十年的回顾与展望》,载《中国法学》1989 年第 2 期。

用职权罪、逾越职权罪、故意放弃职责罪等罪名,在立法上明确界定不同的行为方式和罪状形式,进而避免单个罪名的臃肿膨胀,更有力地打击渎职犯罪。①

四、力行科学化刑法立法技术

刑法立法学问艰深,除却立法理念与体系规范的恰切贯通,高铭暄教授还强调"必须在刑法的科学性上下功夫",在制定与修订刑法过程中大力践行刑法立法技术的科学化。"立法规定要方便公民学习法律和司法机关适用法律,不能让人对法律规定无所适从"②,从刑法有效适用的科学导向出发,他以平实的语言提出了立法技术专业、便宜的完善要求。往事不可追,面向未来的刑法立法,高铭暄教授支持以刑法修正案的形式适时修正现行刑法的瑕疵不足,持续加强刑法条文的科学性与适用性。

(一)秉持刑法修正案的修法模式

高铭暄教授早年曾提倡立法方式的多样性原则,即建立包括刑法、单行刑事法律和附属刑法规定的大刑法规范③,但经多年的立法实践与理论思辨,他对于刑法立法模式选择问题的认识更为透彻,对于统一刑法的立法模式深为赞同,力主刑法的修改与补充应当加强使用刑法修正案形式,明确强调"采取刑法修正案的立法形式,标志着中国刑法立法技术日趋成熟"④。1997年《刑法》全面修订至今,我国共发布了12个刑法修正案,在事实上经受住了历史考验,确立了刑法修正案作为刑法修正方式的主流地位。应时审势,高铭暄教授直指当前再次全面修订刑法的时机远未成熟,运用刑法修正案的修法模式既能够充分尊重和发扬我国法典化的历史禀赋,有利于贯彻刑法立法的内在一致性和体系稳定性,也具备足够的规范张力和实践灵活性,有利于司法实践的掌握运用与广大公民的普遍遵守,值得长期坚持延续并不断改进健全。

1.强调全国人大作为修法主体

高铭暄教授始终坚持立法权限集中原则,即必须由全国人大及其常委会行使

---

① 参见高铭暄:《试论我国刑法改革的几个问题》,载《中国法学》1996年第5期。
② 时延安、陈冉:《高铭暄:探寻至善的法治》,载《光明日报》2019年10月21日,第11版。
③ 参见高铭暄、姜伟:《刑法特别法规的立法原则初探》,载《法学评论》1986年第6期。
④ 高铭暄:《中华人民共和国刑法的孕育诞生和发展完善》,北京大学出版社2012版,第13页。

立法权,对于基本法律的修改应坚持以全国人大修改为原则,以全国人大常委会修改为例外。考虑到刑法自身的特殊性和极端重要性,其修改应由全国人大负责。目前,刑法修正案概由全国人大常委会审议通过,高铭暄教授以为不妥。他强调应当由全国人大负责制定、通过刑法修正案,由全国人大常委会主要负责对刑法规范进行进一步明确的立法解释。刑法立法修正与刑法立法解释互相厘清、两相配合,如此既能保证全国人大立法权的完整,促使刑法修正案与刑法典具备同样坚实的法理基础,避免二者可能发生的效力争议,同时也能够促使全国人大常委会充分发挥职能,于立法解释之中疏解实践分歧、明确概念定义、指导司法应用。①

2.关照《刑法》全文作为修正对象

高铭暄教授曾在2009年就当时业已发布的6个刑法修正案予以专门统计,结果显示其修正对象均以分则内容为主,一定程度上忽视了对总则相关内容的修改完善。时至今日,12个刑法修正案依然大多关注于刑法分则部分,总则的修正篇幅相对较少。针对这一不合理的立法现象,高铭暄教授提出刑法修正应当关照全文,尤其需要适时修改总则内容,从而起到提纲挈领的作用。他实事求是地指出刑法特别是总则在实践发展进程中所暴露出的问题和不足,又审慎提醒"刑法总则涉及面广,对总则的改动势必关乎刑法典整体的协调与稳定"②,进而为总则的修正划定了充分论证、态度谨慎、应时作为的操作路线,注重刑法修正的质效。

3.提议修正后重新公布刑法

历经十二次刑法修正,大量新近条文插入刑法原有规范体例之内,一定程度上导致刑法条文规定"错综复杂",造成编排上的脱节、适用上的不便。为此,高铭暄教授提议在公布刑法修正案内容之时同步重新公布、刊载刑法文本,将修正的、新设的条文统合于权威刑法之中,明确变动后具体条文的标准编号、援引方式以及罪名名称。借由版式的更新与明晰,确保刑法修正案与原刑法内容替代、形式同一、效力等同,实现修正后刑法文体的严肃性、统一性,有助于修正条文与原有条文在司法实践中的规范适用。③ 此外,鉴于目前对于刑法修正案立法原意解读的缺失和误区,高铭暄教授特别提出,官方可以通过增设"立法(修法)旨意(说明)"的形式公开立法理由,言简意赅地阐释当次立法的背景、原因和官方意旨,有理有据进而

---

① 参见高铭暄、吕华红:《论刑法修正案对刑法典的修订》,载《河南省政法管理干部学院学报》2009年第1期。
② 高铭暄、吕华红:《论刑法修正案对刑法典的修订》,载《河南省政法管理干部学院学报》2009年第1期。
③ 参见高铭暄、吕华红:《论刑法修正案对刑法典的修订》,载《河南省政法管理干部学院学报》2009年第1期。

有效辅助刑法的正确适用,避免不必要的司法纷争。①

(二)提升立法精细化的修法水平

高铭暄教授不仅谙熟刑法修正的宏观模式,同时关切刑法条文的具体设计。擘肌分理、不厌其详,他考辨我国司法运用实况与域外经典刑事规范,针对我国刑法条文提出了"表述要明确、内容要可行、界限要分清、术语要统一"②的具体主张。换言之,高铭暄教授着力于提升刑法立法技术的精细性、精准性和可操作性,反对简略式立法,力主条文结构与表述的明确化、细致化、人性化,要求该繁则繁、该简则简、繁简得当,尽可能做到明确、具体、严谨。③

1. 条文结构简明清晰

条文结构简明清晰方有助于司法实践的有效运用。一方面,高铭暄教授主张各个条文之前应当设立标题,概括地明示条文内容。以标题统领条文的具体格式是诸多域外国家使用的立法技术,能够一目了然地交代规范对象、指明规范意图,特别之于分则条文而言,标题便是罪名,既有助于促进立法的成熟、规范和科学,也有利于司法实践对条文的准确把握和正确适用。④另一方面,高铭暄教授认为分则条文原则上应当采取一条一罪的规定方法,以此方式清楚地释明罪与非罪、此罪与彼罪、一罪与数罪的界限。具言之,各个分则条文均应设置自己独立的罪名、罪状和法定刑,并恰切运用设立基本构成与加重构成的立法技术,区分不同的犯罪情况和危害程度,规定数个轻重不同而互相衔接、彼此照应的法定刑档次,达致刑法内部条文轻轻重重、罪刑相当的体系性协调,在便利司法正确定罪量刑的基础上有效贯彻罪刑相适应原则。⑤

2. 条文用语具体到位

条文用语具体到位方裨益于司法实践的准确运用。用语表述是刑法内容最直观的呈现,高铭暄教授提出,应当总结并改进现行《刑法》中法条用语和表述笼统、含糊、有歧义、不严谨的地方,从中吸取教训并予以切实改正,使刑法条文"既具有

---

① 参见高铭暄、孙道萃:《我国刑法立法的回顾与展望——纪念中国共产党十一届三中全会召开四十周年》,载《河北法学》2019年第5期。
② 高铭暄、姜伟:《刑法特别法规的立法原则初探》,载《法学评论》1986年第6期。
③ 参见高铭暄:《我国十五年来刑事立法的回顾与前瞻》,载《法学》1995年第1期。
④ 参见高铭暄:《我国十五年来刑事立法的回顾与前瞻》,载《法学》1995年第1期。
⑤ 参见高铭暄、赵秉志、王勇:《中国刑事立法十年的回顾与展望》,载《中国法学》1989年第2期。

概括性,又具有精密性"①。尤其针对罪状的表述,他认为我国条文罪状应多以叙明罪状为主,语义清晰周延,减少简单罪状的使用。但这并不意味着罪状规范模式应当一概而论,相反,高铭暄教授洞察不同犯罪类型的具体情况,指出对于某些经济犯罪条文可以适当采用空白罪状的方式,利用经济法律法规对现实生活反应敏捷、应变性强的优点,促使刑法条文既能够保持相对稳定性,又能够适应现实发展变化。②

五、结语

立善法于天下,则天下治;立善法于一国,则一国治。高铭暄教授躬身笃行于我国刑法立法的良法善治之路,70年激流壮阔,他的刑法立法思想迎立时代潮头而与时俱进、淬炼成金。不妄言之,新中国刑法每一次前进的步伐,背后都蕴含着高铭暄教授竭忠尽智的推力。以法治为信仰、以实践为遵循,高铭暄教授初心不渝,牢牢把握我国刑法立法的应然逻辑和实践规律,树立起中国特色的刑法立法理念,勤求现代化的刑法规范体系,力行科学化的刑法立法技术,砥砺开拓出刑法立法的中国风格、中国范式、中国气派。朝乾夕惕,功不唐捐,高铭暄教授的刑法立法思想无愧为我国刑法立法史和刑法学术史上的一座丰碑,引领我国刑法立法行稳致远,赋予后辈学人以现代化、科学化、国际化的深邃启发,激励后来者学习之、深化之、践行之,为全面实现我国刑事法治现代化而不懈奋斗!

---

① 高铭暄:《刑法学发展的基本经验》,载《法学家》2009年第5期。
② 参见高铭暄:《我国十五年来刑法立法的回顾与前瞻》,载《法学》1995年第1期。

我国传统犯罪论体系的重要意义[*]

黎 宏^{**}

尊敬的人民教育家高铭暄先生,各位领导、各位同仁、各位来宾:

非常荣幸能够作为清华大学法学院的代表,参加这样的盛会。1989 年 7 月,当时我还在武汉大学法学院读研究生,在武昌紫阳湖宾馆,在恩师马克昌先生的引荐下,和其他同门一道第一次见到传说中的高老师,并亲耳聆听高老师回忆他和马先生之间的友谊。我 1999 年 8 月到北京工作,之后便经常有机会聆听高老师的教诲,并向高老师讨教。高老师对于我们这些在北京生活学习的马先生的学生,也是以弟子相待,让我们有了一种强烈的学术共同体的归属感。

我曾经在一本译书的序言中说,英雄造时势,时势亦造英雄,一国一民族在伟大的时代更能呼唤出该民族该时代的英雄。将这句话用在今天这样一个场合,我想也毫不为过。在一个有 5000 年历史的 14 亿人口的东方大国,高老师不仅全程参与制定新中国第一部具有浓郁中国政治、经济以及文化特色的刑法典,而且作为核心人物建构了至今仍然在发挥巨大影响的新中国特色的刑法学体系,并因此获得"人民教育家"的殊荣,足以称得上我们这个国家这个时代当之无愧的英雄。上午有嘉宾在致辞中说,高老师也是我们全体法律学人的代表和骄傲,我想这一评价恰如其分。

就高老师的贡献而言,我个人认为,最大的贡献就是在 20 世纪 80 年代那个百废待兴的时代,和同时代的老一辈学者一道,构建并奠定了我国当今刑法学的体系,即"四要件犯罪构成体系"。

我认为,以高老师为代表的前辈刑法学者所构建的"四要件犯罪构成体系"具有以下特点:

---

* 本文系作者在中国人民大学、中国刑法学研究会、浙江省玉环市委市政府联合主办的"高铭暄学术馆开馆仪式暨高铭暄学术思想研讨会"的发言(会议时间:2023 年 4 月 7 日,会议地点:浙江省玉环市)。

** 清华大学法学院教授、博士生导师。

我国传统犯罪论体系的重要意义

首先,其符合我国刑法规定,和我国《刑法》第13条犯罪概念的规定高度契合。众所周知,我国和国外特别是西方国家刑法上的重大不同,就是我国刑法明文规定了犯罪概念,而西方国家刑法不规定什么是犯罪,只是规定"行为之处罚,以行为前之法律有明文规定者为限",即只是规定了罪刑法定原则,有的甚至连罪刑法定原则都没有规定。但罪刑法定原则过于抽象,因此,这些国家在刑法实际的适用过程中,往往会根据社会实践的发展实际,突破形式罪刑法定原则的规定,将一些法律没有明文规定的具有社会危害性的行为,通过解释,将其认定为犯罪。如将电力理解为盗窃罪中的"财物",将淫秽信息理解为"淫秽物品",将"惊飞"理解为"捕获"等,都是其体现。这也是我国过去说西方资本主义国家刑法规定虚伪的原因。由于这种情形的存在,我国1979年《刑法》干脆就直接说,犯罪的最本质特点就是社会危害性,即凡是具有社会危害性的行为都可以考虑入罪,但必须经过后面两道关卡的检验:刑事违法性,即形式上具有法律明文规定的外形及可罚性,实质上达到了应受刑罚处罚的程度。我国《刑法》第13条将社会危害性作为犯罪最为本质的特征,决定了我国刑法在犯罪构成体系的选择上,必然要选择将侵害客体作为第一要件的"四要件犯罪构成体系"。正如高老师和马老师主编的教材中所说,犯罪概念和犯罪构成体系是一体两面,犯罪概念是内里,外在的表现形式是犯罪构成。因此,如果说要彻底重构我国的犯罪构成体系,恐怕首先要像西方国家一样,拿掉《刑法》第13条之类的犯罪概念规定,开篇就规定罪刑法定原则,否定,即便采用"三阶层犯罪构成体系",但那也只是无源之水、无本之木。因为,所谓犯罪构成,是为刑法所规定,不仅为分则所规定,也为总则所规定。

其次,其是对人类近代刑法成果的高度概括和总结,是对德日流行的"三阶层犯罪构成体系"的简化和核心内容的凝练。犯罪构成体系是帮助人们特别是司法人员在判断行为是否构成犯罪时,整理思路的工具和手段,说明人们在认定行为是否构成犯罪时要考虑哪些因素,按照什么顺序考虑这些因素。"三阶层犯罪构成体系"之下,无非也是考虑客体即法益及行为、结果、因果关系、主体、故意、过失这些因素,其所要求的违法性意识属于责任要素,很多时候被放在了故意、过失当中,期待可能性,现在通常不考虑,要考虑的话,也被放在了不可抗力或者意外事件当中,这些和"四要件犯罪构成体系"没有什么两样。如果说和"三阶层犯罪构成体系"之间的明显差别的话,可能就是犯罪判断的阶层的递进性,在字面上不如"三阶层犯罪构成体系"那么明显。但是,这仅仅是字面上的差别而已。"四要件犯罪构成体系"也有阶层递进的考虑。

在发言之前,我特意翻了一下高铭暄老师和马克昌老师联合主编,赵秉志老师担任执行主编的《刑法学》(上编)(中国法制出版社1999年版)第五章犯罪构成的相关内容。其中写道"犯罪构成要件的排列顺序,对犯罪构成体系也有很大影响,即使认定犯罪构成要件的个数相同,排列顺序不同,也就形成不同的犯罪构成体系"①,之后,该书指出,"我们认为通说的排列顺序还是比较合理的。通说的排列顺序是按照犯罪认定过程排列的。认定犯罪的过程一般是:首先是发现了某种客体遭受侵害的事实,如某人死亡,所以犯罪客体放在第一位,这时需要查明的是,某种客体遭受侵害是不是由于人的行为?在查明是由于人的侵害行为(犯罪客观方面)所造成,如他杀之后,就要查明谁是行为人以及行为人的情况(犯罪主体),在确定了行为人是有刑事责任能力的人以后,还必须查明行为人实施行为时是否出于故意或过失(犯罪主观方面),只有确定了行为人具有故意或者过失,才可能认定行为构成犯罪,如故意杀人。可见通说的排列顺序符合犯罪认定过程,有利于确定和查明犯罪。本书之所以仍然采用通说的排列顺序,理由即在于此"②。可见,人们所谓"三阶层犯罪构成体系"所具有的"从形式到实质、从客观到主观、从外在到内在"的思维导引意义,在"四要件犯罪构成体系"当中,也是存在的。

最后,"四要件犯罪构成体系"符合我国刑事司法工作人员的现实情况。"四要件犯罪构成体系"的最大特点是"简单、好用"。在我国改革开放初期相当长的一段时间内,司法工作人员的法律水准难以达到适用德日刑法学中所通行的"三阶层犯罪构成体系"的程度。而简化版的"三阶层犯罪构成体系"即"四要件犯罪构成体系"则恰好弥补了这一不足。在现实当中,司法工作人员只要依据结果、行为、因果关系、主体、故意、过失等构成要件要素,按照从客观到主观的顺序对现实中发生的危害行为进行判断,就基本上能够解决行为是否构成犯罪、构成何罪、如何处罚的问题。多年来,尽管关于犯罪构成体系的讨论非常热烈,但对司法实务的影响并不大。其中的原因可能是,在我国现行《刑法》规定之下,"三阶层犯罪构成体系"和"四要件犯罪构成体系"之争,对具体案件的结论而言,并没有太大影响的缘故。

今天,在国际学术交流日益频繁的时代,体现中国特色、中国风格、中国气派的学术话语日益为人们所重视。就刑法学而言,凝聚着高老师等前辈刑法学人心血的四要件犯罪构成体系,特别是在其基础上经过"客观违法、主观责任"的分层思考所改良之后的犯罪构成体系日益为人们所理解和接受。因此,客观地总结新中国

---

① 高铭暄、马克昌主编:《刑法学》(上编),中国法制出版社1999年版,第103页。
② 高铭暄、马克昌主编:《刑法学》(上编),中国法制出版社1999年版,第105—106页。

特别是我国改革开放之后所形成的刑法学知识,科学地总结和升华其内容,负责地对其进行传承并发扬光大,应当成为我们年轻一代刑法学人义不容辞的历史重任。我想这也是我们今天聚集在这里,参加高铭暄学术思想研讨会的重要意义。

以上就是我的一点心得,谢谢大家倾听!

高铭暄教授学术思想点滴

——关于定罪理论的讨论*

赵国强**

人民教育家高铭暄教授是新中国刑法学的开拓者和奠基人。我作为高老师的弟子,倍感荣幸。今天,我们这些高老师的弟子相聚一堂,共同庆贺"高铭暄学术馆开馆仪式暨高铭暄学术思想研讨会"的举办,今天必将会在中国刑法发展史上留下光彩夺目的一页。

高老师从教数十年,为新中国刑法学的发展作出了卓越的贡献,其崇高品德和严谨缜密的治学态度,给我们留下了极其深刻的印象,他是值得我们永远追随的楷模。

高老师的学术思想根基深厚,内涵丰富,处处闪耀、绽放着一个学者执着的追求。下面,在高老师浩瀚的学术思想中,我想仅就高老师关于犯罪构成四要件的定罪理论的学术思想谈几点体会。

一、关于定罪理论的讨论

多年前,在中国刑法理论界,曾就定罪理论的结构问题掀起了一场热烈的讨论,讨论的核心是将中国传统刑法理论中关于犯罪构成四要件的定罪理论(以下简称为"四要件定罪理论")与大陆法系刑法理论中关于犯罪论体系三要素的定罪理论(以下简称为"三阶层定罪理论")进行比较,并形成了两种不同的观点。一种观点对四要件定罪理论持批判、否定的态度,结论是应当用三阶层定罪理论取而代

---

* 本文系作者在中国人民大学、中国刑法学研究会、浙江省玉环市委市政府联合主办的"高铭暄学术馆开馆仪式暨高铭暄学术思想研讨会"的发言(会议时间:2023年4月7日,会议地点:浙江省玉环市)。

** 澳门大学法学院客座教授,澳门刑事法研究会名誉会长。

之,我们不妨称其为"否定说"。另一种观点则对四要件定罪理论持基本肯定的态度,结论是四要件定罪理论有其合理性和科学性,符合中国的实际情况,不能全盘否定,我们不妨称其为"肯定说"。

否定说和肯定说的分歧主要集中在两个地方:

(一)关于社会危害性在定罪理论中的地位

在中国传统的定罪理论中,社会危害性历来是被排除在四要件定罪理论之外的。质言之,行为必须具有社会危害性,此乃四要件定罪理论的本质特征,不具备社会危害性的行为,不可能纳入四要件定罪理论的考察范围;换句话说,行为是否具有社会危害性,并不是四要件定罪理论所要考虑的问题。正因如此,中国传统刑法理论从来都认为,诸如正当防卫、紧急避险等排除社会危害性的行为,是不能用四要件定罪理论进行评判的。正如陈兴良教授所言,"由于在苏联及我国刑法理论中,社会危害性是犯罪的本质特征,而不是犯罪构成的一个要件,因此,排除社会危害性的行为不是在犯罪构成体系以内论述,它或者在犯罪概念之后,或者在犯罪构成之后论述"[①]。

但是,大陆法系的三阶层定罪理论则不然,它从三个不同的阶层来阐述定罪理论。第一个阶层是法定层面,也就是从法律规定的角度对犯罪行为的特征是否符合法律规定进行评判,故被称为"构成要件该当性"。第二个阶层是社会危害性层面,也就是在行为具备了构成要件该当性之后,再从行为是否侵犯法秩序的角度进行评判,故被称为"违法性"。第三个阶层是责任层面,也就是当行为符合第一层面和第二层面的要件后,对行为人是否应当承担刑事责任进行评判,故被称为"有责性"。从这三个阶层的排列来看,有关社会危害性的内容无疑被纳入了三阶层定罪理论的考察范围,成为三阶层定罪理论自身结构中不可缺少的组成部分。

针对社会危害性是否应当纳入定罪理论体系,否定说认为,四要件定罪理论未能将排除社会危害性的行为即正当行为纳入其中,而是将该行为排斥在四要件定罪理论之外,这在定罪理论结构上是一个明显的缺陷,逻辑上是说不通的。因为"问题在于,正当行为既然没有任何社会危害性,反而是对社会有益的行为,与犯罪及犯罪构成没有任何关系,那么,为什么刑法还要对其作出规定?……这个问题涉及正当行为与犯罪及犯罪构成关联性。这种关联性当然是不可否认的。否则刑法总则不可能对正当行为不负刑事责任作出规定。关键在于:这种关联因素是什么?

[①] 陈兴良:《本体刑法学》,商务印书馆 2001 年版,第 419—420 页。

在德日刑法学的三阶层的犯罪论体系中,这种关联因素是构成要件,即正当行为是具有构成要件该当性的,正是这一点它与那些不具有构成要件该当性的非罪行为是不同的。正因为正当行为具备了构成要件该当性才进入定罪视野,需要在违法性中予以排除"[1]。

对此,肯定说认为,"我国的正当行为理论,建立在本质特征与法律特征相统一的犯罪构成理论基础上。西方刑法理论中通常称正当行为为违法性阻却事由,认为该类行为虽具备犯罪构成要件该当性,但刑法经过实质性价值判断,免除其原有违法性,因此,不负刑事责任。西方刑法中的正当行为,形式上符合某种犯罪构成的客观要件,但并不具备成立犯罪的全部要件,不具有社会危害性和刑事违法性,故不应也不能认为是犯罪。认清这些行为的本质,无疑有利于犯罪构成理论的深化,有助于司法实践中区分正当行为与相关犯罪行为的界限"[2]。此外,也有学者认为,排除社会危害性行为是一类不典型的现象,它与四要件定罪理论是可以相互融合的,所以"并不妨碍将排除社会危害性行为作为一类特殊情形放置于犯罪构成四要件理论之后予以探讨"[3]。

(二)关于"出罪"功能

从认识论的角度考察,四要件定罪理论确实具有静态化的特点,也就是将构成犯罪的四个要件放在一个平面上,平等地加以考察,因而属于一种静态式的、平面式的定罪理论,四要件之间是一种"一存俱存,一无俱无"的循环依赖关系,而非"依次推进、逐步收敛"的位阶关系。从这一意义上说,依照四要件定罪理论认定犯罪,主要是揭示定罪的结论,而非体现定罪的过程。

三阶层定罪理论则不同。第一阶层首先将行为置于法律规范之中进行考察,看行为是否符合构成要件该当性;一旦符合,即有了"入罪"的可能性后,再启动第二阶层,考察行为是否具有违法性,若行为不具有违法性,就应当"出罪";如果行为具有了违法性,才会启动第三阶层的有责性,考察行为人是否有能力承担刑事责任,如果没有这种能力,也应当"出罪"。所以,从认识论的角度分析,三阶层定罪理论具有动态的、层层递进的特点,第一阶层是积极的"入罪"要件,第二和第三阶层

---

[1] 陈兴良:《四要件犯罪构成的结构性缺失及其颠覆——从正当行为切入的学术史考察》,载《现代法学》2009年第6期。
[2] 高铭暄、马克昌主编:《刑法学》(第九版),北京大学出版社2019年版,第124页。
[3] 储槐植、高维俭:《犯罪构成理论结构比较论略》,载《现代法学》2009年第6期。

都属于消极的"出罪"要件。

　　针对"出罪"功能问题,否定说认为,静态的四要件定罪理论的四个要件之间不区分积极与消极,"一存俱存,一无俱无",这种平面式的耦合结构只设置了入罪路径,但缺乏出罪路径。为此,有学者认为,"四要件说强调只要四个要件齐备,就可以得出行为人有罪的结论,而要件是否齐备的判断,是一项相对容易的事情,在很多场合,绝对就是'简单劳动'"①。至于"对齐备与否的考察,主要是一个做'加法'的过程,而非层层推进、抽丝剥茧的过程。这样一来,容易导致的结果是:对犯罪是否成立的考察,演变为对要件是否存在的形式化观察。根据这种方法进行判断,在多数场合,得出被告人有罪结论的几率大于无罪结论的可能性"②。

　　对此,肯定说认为,四要件定罪理论虽然是静态的、平面式的,但这并不意味着它不具备"出罪"功能。"入罪"与"出罪"是相对的,当一个人的行为完全符合四个要件,其结果就表现为"入罪";当一个人的行为只要不符合四个要件中的一个要件,其结果就表现为"出罪"。由此可见,四要件定罪理论同样具有"出罪"功能,"入罪"还是"出罪"是通过对四个要件的评判来实现的。

二、高铭暄教授关于四要件定罪理论的学术思想

　　长期以来,新中国的刑法理论受苏联刑法理论的影响很深,四要件定罪理论即来自苏联,苏联学者特拉伊宁撰写的《犯罪构成的一般学说》可以说是一部代表作。虽然经过中国学者多年的探讨、修正和发展,如今的四要件定罪理论具有了中国特色,但其基本框架和内涵还是没有大的改变,法定性、社会危害性和主客观统一性仍然是四要件定罪理论的三大基本特征。

　　高老师的学术思想对四要件定罪理论历来持正面的评价。高老师不仅从罪刑法定原则出发,认为任何对四要件定罪理论的评价都应该在法律规定的基础上进行,同时还认为,四要件定罪理论对于指导刑法适用和司法实践也有着重要的现实意义。当然,高老师也认为,四要件定罪理论作为一项基本的定罪理论,仍然有进一步完善的必要;针对具体的、不同的案件事实,可能需要对法律作更具体的解释,以确保刑法适用更符合实际情况,更体现其公正性。

　　高老师不仅对四要件定罪理论有着极其全面、深刻的认识和剖析,而且还积极

---

① 周光权:《犯罪构成四要件说的缺陷:实务考察》,载《现代法学》2009年第6期。
② 周光权:《犯罪构成四要件说的缺陷:实务考察》,载《现代法学》2009年第6期。

参与四要件定罪理论的讨论,推动四要件定罪理论不断发展。其中,高老师就社会危害性在定罪理论中的地位问题及四要件定罪理论的"出罪"功能问题,阐述了自己的想法和观点。

比如,关于社会危害性的地位问题。高老师明确指出,"阻却犯罪行为置于犯罪构成体系之内还是之外,只是刑法学体系叙述的问题。中国刑法学中的犯罪构成是承载社会危害性的实质构成,所以没有阻却犯罪行为的托足余地。饶有趣味的是,正因为中国刑法学将阻却犯罪行为置于犯罪构成之外,反而促成了阻却犯罪行为构成要件的独立成型。我们在中国刑法学教科书中可以看到正当防卫、紧急避险都各自具备其不同的严密的主客观构成要件,这应该说是中国刑法学区别于德日刑法学的一大特色。这样,在中国刑事司法的犯罪认定实践中,也就形成了与德日刑事司法迥然不同的思维逻辑:对于某些具有正当防卫等犯罪阻却可能的案件,首先是根据正当防卫等构成要件对行为性质加以判断,在充足构成要件的情况下即迳行认定正当防卫等阻却犯罪行为的成立,犯罪构成理论则无需登场,只有在正当防卫等构成要件不充足的情况下才需要启动犯罪构成理论进行罪与非罪、此罪与彼罪的厘定。因此,尽管犯罪阻却行为理论被置于犯罪构成体系之外,但并不影响其实际功能的发挥"[①]。

高老师言简意赅,非常清楚地表明了这样一层意思,即关于社会危害性的地位,应当从整个"刑法学体系"的角度进行考察,实际上也就是要从整个定罪理论体系的角度进行考察。既然四要件定罪理论是以行为具备社会危害性为其存在并发挥作用的基础,那么,不具备社会危害性的行为自然会被排除在四要件定罪理论之外。而且,高老师还从实际运用的角度,对四要件定罪理论与排除社会危害性的理论相互之间的关系作了精确的表述,即排除社会危害性的判断在先,四要件定罪理论的适用在后,只有在判断行为具备了社会危害性后,四要件定罪理论才会"登场"。我认为,高老师的这一论断理论上成立,实践中也符合认定犯罪的实际过程。

还比如,关于四要件定罪理论的"出罪"功能问题。高老师明确指出,"中国刑法学犯罪构成理论同样具有出罪功能。四大犯罪构成要件既是积极要件又是消极要件,当完全充足四个要件而确证犯罪成立时,即发挥了入罪功能,反之,当缺失其中任何一个要件而否决犯罪成立时,即发挥了出罪功能,这应当是不言而喻的基本常识。而且,从学理意义来讲,中国刑法学犯罪构成理论在出罪功能上较之德日刑法学犯罪论体系更加干净利落而不拖泥带水,因为只要否决其中一个要件,就可以

[①] 高铭暄:《关于中国刑法学犯罪构成理论的思考》,载《法学》2010年第2期。

省略了对其他要件的审视。故此,怎么能说中国刑法学犯罪构成理论不具备'出罪功能'呢?……所以,稍加推敲,'移植论'者的这一诘难根本无法成立"①。

高老师的这段话可以说是"辩证味"十足,实际上是从相对论的角度来阐述"入罪"与"出罪"之间的关系,只不过使其相对的立意更加明确了。我认为,无论是从理论还是从实践来评判,四要件定罪理论的"出罪"功能都是不容抹杀的。其实,说三阶层定罪理论的"出罪"功能仅仅表现在违法性和有责性这两个要件上,这种说法本身也是欠缺道理的。说违法性和有责性是消极的"出罪"要素,仅仅是因为其研究的内容就是哪些情况属于"阻却违法性"或"阻却责任"而不构成犯罪,所以表面上自然就成了消极的"出罪"要件。但从不构成犯罪的情况来说,构成要件该当性这个要件又何尝不具备"出罪"功能呢?只要不符合法律规定的构成要件,就可以"出罪",这与四要件定罪理论的"出罪"功能在道理上是完全相同的。

三、关于定罪理论比较之我见

定罪理论作为一种体系,它可以有不同的组合,如果要将两种不同的定罪理论体系进行比较,那就必须体现一种完整性。因此,我认为,如果我们机械地、简单地将中国刑法定罪理论体系中的四要件定罪理论与大陆法系的三阶层定罪理论加以比较,有欠妥当。

(一)定罪理论的比较要体现公平性

无论是大陆法系的刑法理论还是中国的刑法理论,对犯罪实质概念的理解是完全一致的,都认为犯罪的实质概念有三个基本特征,即法定性、社会危害性与应受惩罚性。正因如此,刑法中的定罪理论实际上就是围绕着这三个基本特征展开的,并形成了一套完整的定罪理论体系。

从犯罪概念的三个基本特征与定罪理论体系形成的相互之间的关系考察,我们不难发现,三阶层定罪理论是一套比较完整的定罪理论体系。比如,构成要件该当性是从法律的层面来剖析行为是否足以构成犯罪,所以它反映的是犯罪概念的法定性;而违法性是从社会危害性的角度来剖析符合构成要件该当性的行为是否具有社会危害性,所以它反映的是犯罪概念的社会危害性;至于有责性则是从刑事责任的角度来剖析符合构成要件该当性且具有违法性行为的行为人是否应当为自

---

① 高铭暄:《关于中国刑法学犯罪构成理论的思考》,载《法学》2010年第2期。

己的行为承担刑事责任,所以它反映的是犯罪概念的应受惩罚性。正是由于三阶层定罪理论完整地反映了犯罪概念的三个基本特征,因此我们可以作出一个肯定性判断,即三阶层定罪理论是一套完整的定罪理论体系。除此之外,在大陆法系刑法理论中,似乎找不到其他的定罪理论与其配套。

然而,如果我们结合犯罪概念的三个基本特征就会发现,四要件定罪理论并不能完整地反映犯罪概念的三个基本特征。为什么?因为四要件定罪理论的核心在于法律规范,同时也涉及犯罪主体的责任能力问题,因而其充其量只体现了犯罪概念的法定性和应受惩罚性两个基本特征。这就意味着,在中国刑法的定罪理论中,四要件定罪理论并非代表着一种完整的定罪理论体系,它必须要有相应的能够体现犯罪概念中社会危害性基本特征的相关理论与其配套,方能形成完整的定罪理论体系,而这个相关的配套理论就是中国刑法所规定的排除社会危害性的理论及《刑法》第13条规定的"情节显著轻微危害不大的,不认为是犯罪"的定罪理论。该配套理论完整地反映了犯罪概念中社会危害性的基本特征,前者体现了社会危害性的"质",后者体现了社会危害性的"量",所以,它们是中国刑法定罪理论体系中不可分割的组成部分。只有将它们同四要件定罪理论结合起来,才能够形成一套完整的中国刑法定罪理论体系。

由上可知,三阶层定罪理论是一套足以反映犯罪概念三个基本特征的完整的定罪理论体系,而四要件定罪理论只是中国刑法定罪理论体系中的一个组成部分。将一套完整的定罪理论体系同一个不完整的、须由其他相关理论配套的定罪理论机械地进行比较,当然是不公平的,由此得出的结论难免缺乏合理性和科学性。

(二)关于社会危害性地位的理解

如上所述,在中国刑法的定罪理论体系中,排除社会危害性的理论并不是孤立的,它是中国刑法定罪理论体系中不可缺少的一个组成部分,是与四要件定罪理论相匹配的定罪理论。从这个角度考察,我认为高老师上述关于"阻却犯罪行为置于犯罪构成体系之内还是之外,只是刑法学体系叙述的问题"的观点是客观、公正的。因为它们都属于定罪理论体系内的一个有机组成部分,没有内外之别,只要将有关排除社会危害性的理论纳入定罪理论体系之内进行考察,就是合理的、妥当的。这一点与三阶层定罪理论将阻却"违法性"置于定罪理论体系之内没有本质的区别。

有学者担心,这样一来,在日常生活中,能够排除社会危害性的行为太多了,怎么去分辨哪些行为会进入刑法的视野,哪些行为又不会进入刑法的视野?关于这一点,我认为通过法益的理论是完全能够解决的。众所周知,法益反映了刑法理论的核心价值,如果一种行为根本不存在对刑法所保护的法益的侵害,就不可能被纳入刑法的规制范围。比如,吃饭的行为、劳动的行为、与人交谈的行为,不涉及对刑法所保护的法益的侵害,我们怎么可能将其纳入刑法的规制范围呢?事实上,只有当某种行为客观上侵害了刑法所保护的某种法益,在这种情况下,我们才会去分析这种行为是否可以排除社会危害性,比如杀人行为,不管出于什么情况,客观上都侵害了生命法益,于是我们才会去分析杀人的行为是不是构成正当防卫,是不是执行正当命令,等等。由此可见,排除社会危害性的理论作为中国刑法定罪理论体系的一个组成部分,其必然与对法益的侵害密切相关。

从认识论的角度出发,我认为在一个定罪理论体系内,将排除社会危害性的理论与四要件定罪理论分离,对司法实践来说也不存在任何障碍。举例来说,一个人因自卫杀了人,按三阶层定罪理论,你不会先从构成要件该当性入手,去分析是不是符合杀人罪的构成要件,而是会先从违法性入手,分析是否构成正当防卫。同样,按照中国刑法完整的定罪理论体系,你也不会先从四要件定罪理论入手,去分析是否符合杀人罪四个方面的构成要件,而是会先从排除社会危害性的理论入手,分析是否构成正当防卫。简而言之,只要将排除社会危害性的理论置于定罪理论体系之内考察,就是合理的,不论放在何处都不会影响对定罪的判断。关于这一点,我也同意高老师的上述观点,即"尽管犯罪阻却行为理论被置于犯罪构成体系之外,但并不影响其实际功能的发挥"。

(三)关于定罪理论体系比较之思考

随着时间的推移,任何一种理论体系都难免会出现需要完善之处。无论是中国刑法的定罪理论体系还是大陆法系的三阶层定罪理论体系都不例外。

我认为,在中国刑法的定罪理论体系中,四要件定罪理论确有值得完善之处。举例来说,在主观要件方面,关于违法性认识与故意的关系,大陆法系通说均将其分离,故意的构成仅以对事实的认识为基础,至于对违法性也就是对社会危害性的认识,并不能影响故意的成立,由此对违法性认识的错误就可能成为影响责任的主观要素。中国刑法则将违法性认识与故意混合规定,将明知社会危害性作为故意成立的必要条件。这种将违法性认识与故意混合规定的理论与立法,值得反思。还比如,在排除社会危害性理论方面,无论是立法还是理论研究,都显得相当薄弱,有加强的必要,如在立法中增加排除社会危害性行为的种类,如被害人同意等排除社会危害性的行为,都有必要在立法中体现,这样也必然会强化排除社会危害性理论的研究。

必须指出,自改革开放以来,中国出现了很多引入国外包括三阶层定罪理论等刑法理论的中青年学者,他们的著作、译作和论文,为中国刑法理论的发展作出了杰出贡献,这一点应该得到充分肯定。国外先进的理论和经验确实值得我们学习和借鉴,但同时我们也应该对其中的不完善之处有所认识。举例来说,三阶层定罪理论对社会危害性即违法性缺乏一个量的判断,理论上只要具备违法性,都可以定罪,这是国外学者都有共识的一个缺陷,也是二阶层定罪理论出现的主要原因之一。在这一点上,《刑法》第 13 条规定的"情节显著轻微危害不大的,不认为是犯罪"的定罪理论弥补了三阶层定罪理论的这一缺陷。还比如,在构成要件该当性问题上,构成要件究竟是纯客观的,还是主客观统一的,德日刑法通说不尽相同,都有难以自圆其说之弊端。比如,构成要件纯客观说无法解释为什么由法律规定的构成要件中,会缺少主观的构成要件;反之,主客观统一的构成要件说无法解释精神病人杀人是否符合构成要件该当性①的问题。而这些问题,在中国刑法的定罪理论体系中,则不是问题。

总之,比较是一种积极的研究方法。但比较要体现公平原则,只有在公平比较的基础上,通过比较相互学习、借鉴,理论才能不断发展,不断进步。

---

① 这也表明区分三阶层定罪理论的层层递进模式与四要件定罪理论的静态模式并没有什么实际意义。分析精神病杀人,无论是三阶层定罪理论还是四要件定罪理论,都是从分析主体的刑事责任能力入手的。

高铭暄先生的量刑思想及其现代化

王燕玲[*]

当前,人工智能(AI)正越来越多地被纳入刑事司法系统之中,旨在协助刑事司法良好运行。例如,可以利用人工智能系统帮助法官综合各种情况后作出决策。在美国的刑事司法系统中,人工智能系统被设置了调解功能。在设定保释、确定监禁期限以及作出有罪和无罪的决定时,法官会参考"审前风险评估算法"。这些算法作出决定的基础是年龄、性别、地理地位、社会经济地位、家庭背景、邻里犯罪等因素。任何此类系统的智能方面,都隐藏在技术复杂性之中。在美国刑事背景下,通常的程序做法是,向法官提供陈述调查报告(PSI),该报告包含有关被告的背景信息,并被纳入智能系统之中。该智能系统名为COMPAS(惩教罪犯管理替代制裁分析系统),由私营公司 Northpointe Inc. 开发,其输出包括一些可视化图形,描绘了被告未来犯罪的风险。在中国,海南省的"量刑规范化智能辅助系统"、贵州省的"法镜系统"、上海市的"206"系统等成为辅助量刑的典型智能系统,推动了人工智能辅助量刑的深度发展。显然,量刑规范化、智能化必须基于科学的量刑理论,在合理的量刑思想指引下展开,以避免滑入方向性误区。高铭暄教授作为中国刑法的主要开拓者和奠基者,在量刑领域也提出过一系列重要论述。这些重要论述一直指引着我国量刑理论与实践,今天如何指引智慧量刑?这值得深入研究。

一、量刑一般原则的重要论述

早在20世纪80年代,高铭暄教授即指出,量刑是人民法院运用刑罚同犯罪作斗争的具体审判活动,是实现一般预防与特殊预防目的的手段。[①] 这指出了量刑的本质属性与要求。量刑作为惩治罪犯、教育人民的手段,应积极发挥其作用。其

---

[*] 华南师范大学法学院教授,华南师范大学人工智能法律应用研究中心主任,小包公·法律AI创始人。
[①] 参见高铭暄:《论量刑的一般原则》,载《中国政法大学学报》1983年第3期。

中,对于严重的犯罪,对那些穷凶极恶的罪犯,应当给予最严厉的制裁。① 根据《刑法》第 61 条的规定,量刑的一般原则是,"对于犯罪分子决定刑罚的时候,应当根据犯罪的事实、犯罪的性质、情节和对于社会的危害程度,依照本法的有关规定判处"。高铭暄教授将其总结为两项重要原则:一是量刑必须以犯罪事实为根据的实事求是原则;二是量刑必须以刑法为准绳的法治原则。这两个原则是紧密联系的。② 这为量刑一般原则之理论发展奠定了基础。一方面,要正确量刑,实现公平正义,需要查清犯罪事实。犯罪事实的轻重决定了刑罚裁量的具体情况。在查清犯罪事实的过程中,应当实事求是。应在犯罪构成要件,犯罪时间、地点、方法手段等方面,实事求是地查明具体情节,以获得对案件全貌的了解。这实际上既是实事求是应然层面的要求,也是在量刑中达到公平正义目标实然层面的要求。高铭暄教授指出,犯罪的事实应包括犯罪的性质、犯罪的情节、犯罪对社会的危害程度等。③ 这明确指出了查明犯罪所应依循的方向,对这几项内容的查明,关乎着犯罪事实是否被全面查清。因而需要通过综合上述几项内容查清全部案情。这种实事求是、综合查清全案的思想,影响着量刑的具体实践。

另一方面,在查清案件事实的基础上,还要根据法律的规定办事。高铭暄教授旗帜鲜明地提出,要根据法治的内容进行相应的量刑活动。其中,刑罚只能对具备刑法所规定的犯罪构成要件的行为人适用,只能适用刑法有关条文所规定的刑种和刑度,并严格遵循刑法有关从重、加重、从轻、减轻和免除处罚的规定,否则就是违反法治的。④ 此时,高铭暄教授已经关注到了法治的重要性,凸显了法治建设的理论前瞻性。特别是当犯罪分子具有从重、从轻情节时,不应在法定刑的中间画中线,而应综合案件的各种情节,在量刑原则的指导下进行量刑。否则,可能是片面地看到了某个情节,而有违法治原则。⑤

当然,量刑的一般原则不能脱离刑法的基本原则,这主要是因为刑法基本原则对整体刑事司法具有指引作用。高铭暄教授指出,刑法基本原则指导定罪量刑活动是主体内容,在实践中,重定罪、轻量刑的不良倾向长期存在。但随着量刑规范化改革及 2012 年修订的《刑事诉讼法》明确量刑程序的同等地位,这一局面就已经被显著扭转了。这正是刑法基本原则发挥作用的核心场域。也就是说,刑法的基

---

① 参见高铭暄:《论量刑的一般原则》,载《中国政法大学学报》1983 年第 3 期。
② 参见高铭暄:《论量刑的一般原则》,载《中国政法大学学报》1983 年第 3 期。
③ 参见高铭暄:《论量刑的一般原则》,载《中国政法大学学报》1983 年第 3 期。
④ 参见高铭暄:《论量刑的一般原则》,载《中国政法大学学报》1983 年第 3 期。
⑤ 参见高铭暄:《论量刑的一般原则》,载《中国政法大学学报》1983 年第 3 期。

本原则有着指导定罪量刑的"规范""疏解""统一化"的作用。① 例如,就罪责刑相适应原则而言,罪刑均衡或者罪刑对称,反映了犯罪与刑罚两大范畴前后高度关联、在定罪与量刑上的"正当性"逻辑关系。也即定罪正确、量刑规范,并且定罪与量刑之间是"等值"的。② 这说明,在量刑中运用罪刑均衡等刑法基本原则,能够最大限度地做到罪刑适当,而不是罚不当罪,使量刑更为合理,更易于实现公平正义。

综上所述,我国量刑的一般原则要求在对犯罪人量刑时,要综合犯罪事实、犯罪性质、犯罪情节等内容。高铭暄教授的重要论述明确了量刑一般原则的两项子原则:实事求是与法治原则,且量刑的一般原则需要以刑法基本原则为指引,不能脱离刑法基本原则空谈量刑实践。"严格依法办案是罪刑法定原则指导司法实践的最普遍形式。"③另外,有学者指出,量刑有三个特征:首先是诠释性(解释性),即量刑不可避免地具有阐释性。这意味着量刑不仅需要对个性化(加重和减轻罪行、犯罪和与罪犯相关)的因素进行细致的分析,还需要一种从整体出发研究这些因素在特定情况下相互交织和相互连接的方式,将全案事实进行类型化的思维活动。其次,量刑是一个持续的过程,需要将规则运用于案件的具体事实之中。最后,量刑还是在沟通过程中的"表演",是平衡多方诉求后的公正裁量。量刑应注重正义的有效产生,而不是简单的案结事了。"司法系统的产出必须是正义。"④这与高铭暄教授的见解具有一致性。综合犯罪的各种情形查明案件事实,要通过整体的角度实事求是地推进,并通过刑法基本原则指引量刑,在法治轨道上实现量刑的公平正义。

二、酌定量刑的重要论述

2005年12月5日全国政法工作会议上,中央政法委书记罗干同志提出要注重贯彻宽严相济刑事政策。随后,最高人民法院、最高人民检察院在工作部署中逐渐贯彻落实这一刑事政策。例如,最高人民法院原院长肖扬在介绍2005年刑事审判和执行工作的情况时指出,人民法院注重贯彻宽严相济刑事政策,在罪当判处死刑但具有法定从轻、减轻处罚情节或者不是必须立即执行的案件中,依法判处死缓或无期徒刑。在量刑时,司法机关应注重分析犯罪产生的原因、特点、规律等,根据具

---

① 参见高铭暄:《刑法基本原则的司法实践与完善》,载《国家检察官学院学报》2019年第5期。
② 参见高铭暄:《刑法基本原则的司法实践与完善》,载《国家检察官学院学报》2019年第5期。
③ 高铭暄:《刑法基本原则的司法实践与完善》,载《国家检察官学院学报》2019年第5期。
④ 〔英〕塞勒斯·塔塔:《量刑:一个社会性过程》,赵增田、颜乔浠译,上海大学出版社2023年版,序言。

体情形区分不同的犯罪。高铭暄教授指出,宽严相济刑事政策的提出,标志着我国对"严打"刑事政策的理性反思,是对"惩办与宽大相结合"基本刑事政策的坚持和发展。① 高铭暄教授进一步指出,"宽严相济"既有"宽"的一面,也有"严"的一面。"宽"意味着从宽处理,即使是严重的犯罪,只要具有自首、立功等情节的,也应当依法从轻或者减轻处罚。当然,"宽"中应有"严",即对于某些严重的刑事犯罪、惯犯、累犯,则应进行严厉惩罚,发挥刑罚的威慑效果。宽严相济的含义就是,"针对犯罪的不同情况,区别对待,该宽则宽,该严则严,有宽有严,宽严适度;'宽'不是法外施恩,'严'也不是无限加重,而是要严格依照《刑法》《刑事诉讼法》以及相关的刑事法律,根据具体的案件情况惩罚犯罪,做到'宽严相济,罚当其罪'"②。高铭暄教授对"宽严相济"的界定,为宽严相济刑事政策的理论探讨与实务应用奠定了基础。不过,实践中如何应用"宽"? 又如何适用"严"? 对此,高铭暄教授指出,法律赋予法官自由裁量权,具体表现为通过酌定量刑情节予以适用。③ 酌定量刑情节是需要灵活掌握的,对行为人的人身危险性与行为的社会危害性具有影响的各种事实情况,包含犯罪目的、犯罪动机、犯罪对象、犯罪态度等。这些酌定量刑情节难以类型化地被规定在刑法中,具体的酌定量刑情节需要在实践中由审判人员归纳总结。但面对众多的裁判文书,如何有效地归纳总结并经过实践检验,便成为问题。这在"人工智能+法律"时代,应予以重点解决。因为酌定量刑情节关乎宽严相济刑事政策的实现。

"酌定量刑情节与宽严相济的刑事政策具有天然的密切联系。"④由于酌定量刑情节的灵活性,其成了刑罚轻重的调节器。那么,如何判断酌定量刑情节? 高铭暄教授指出,第一,在死刑案件中,应重视酌定量刑情节的作用,若出现了征表犯罪人社会危害性小、人身危险性轻的酌定量刑情节,则可以酌情减轻为死缓或无期徒刑,而不应当适用死刑立即执行。第二,许多法定量刑情节体现了相当大的灵活性,在适用时仍需要依赖法官的具体判断。在法定量刑情节出现的同时,还存在一些酌定从宽的情节,司法工作者就应当结合酌定量刑情节,尽可能在法定量刑情节允许的范围内从宽处罚。此时,法官行使自由裁量权就要以宽严相济刑事政策为指导,以酌定量刑情节来判断具体案件的量刑。第三,在轻罪案件中,要发挥酌

---

① 参见高铭暄:《宽严相济刑事政策与酌定量刑情节的适用》,载《法学杂志》2007年第1期。
② 高铭暄:《宽严相济刑事政策与酌定量刑情节的适用》,载《法学杂志》2007年第1期。
③ 参见高铭暄:《宽严相济刑事政策与酌定量刑情节的适用》,载《法学杂志》2007年第1期。
④ 高铭暄:《宽严相济刑事政策与酌定量刑情节的适用》,载《法学杂志》2007年第1期。

定量刑情节的作用。对于轻罪案件,要尽可能地实现非犯罪化、非刑罚化、非监禁化,这需要发挥酌定量刑情节的作用,尽可能地在存在酌定量刑情节时,在法定限度内判处较轻的刑罚。第四,在未成年人案件中,由于未成年人的特殊心理、生理特征,要采用"教育为主,惩罚为辅"的刑事政策,更要发挥未成年人实施犯罪的动机、目的、年龄、是否初犯等酌定量刑情节的作用。① 第五,在刑事案件中,赔偿损失也可作为酌定从宽情节,减轻犯罪嫌疑人、被告人的刑事责任。② 其中判断的关键是,刑事加害人是否对被害人进行赔偿,是否真诚悔罪,再犯可能性是否降低。高铭暄教授指出,赔偿影响刑事责任的正当性根据在于,从被害人一端而言,有利于恢复受损的社会关系、实现被害人的赔偿诉求;从加害人一端而言,加害人赔偿损失一定程度上反映了其悔罪、认罪的态度,有助于实现罪责刑相适应原则与对犯罪的预防;从政策导向而言,是宽严相济刑事政策的积极性效用;就法律根据而言,则是《刑法》第36条、第37条、第61条规定的加害人的赔偿损失义务、酌定量刑情节要求等。③ 当然,刑事案件中的赔偿不应适用于侵害国家安全、社会法益的案件,因为公共利益不可放弃,在这类案件中没有适用"赔偿从宽"的余地。但"赔偿对刑事责任的影响贯穿于刑事诉讼全过程以及刑罚执行阶段"④。

综上所述,酌定量刑情节的具体适用需要结合宽严相济刑事政策。同时,酌定量刑情节也随着时代的发展而变化,其适用反映着特定时空下宽严相济刑事政策的具体落实,法官应运用自由裁量权,通过酌定量刑情节在具体案件中调节刑罚的轻重。

三、对量刑规范化与智能化的指导意义

以刑之"量定"的观点来观察,通过"量定"来理解量刑,是对量刑最为适切的理解方式。⑤ 这种"量定"的方式需要综合犯罪案情来实现。综合地、实事求是地在法治原则下认定犯罪事实,对行为人进行定罪量刑,并在刑法基本原则指引下量刑,这是高铭暄教授量刑一般原则理论的重要内容;将酌定量刑情节与宽严相济刑

---

① 参见高铭暄:《宽严相济刑事政策与酌定量刑情节的适用》,载《法学杂志》2007年第1期。
② 参见高铭暄、张海梅:《论赔偿损失对刑事责任的影响》,载《现代法学》2014年第4期。
③ 参见高铭暄、张海梅:《论赔偿损失对刑事责任的影响》,载《现代法学》2014年第4期。
④ 高铭暄、张海梅:《论赔偿损失对刑事责任的影响》,载《现代法学》2014年第4期。
⑤ 参见〔日〕城下裕二:《量刑理论的现代课题》(增补版),黎其武、赵姗姗译,法律出版社2016年版,第72—95页。

事政策结合,并通过"宽严相济"调节酌定量刑情节的适用,这是高铭暄教授推动酌定量刑情节规范适用的重要阐述。

(一)对量刑规范化的意义

量刑规范化是我国司法实践规范裁量权,将量刑纳入法庭审理程序的司法改革项目。2010年11月最高人民法院、最高人民检察院、公安部等发布的《关于加强协调配合积极推进量刑规范化改革的通知》(以下简称《量刑规范化改革通知》)指出,量刑规范化旨在规范裁量权,实现量刑公正和均衡,增强量刑的公开性与透明度,统一法律适用标准,提高司法公信力,更好地落实宽严相济的刑事政策。也就是说,量刑规范化改革的最终目的是要统一法律适用标准,与宽严相济的刑事政策相衔接。这与高铭暄教授所提倡的在法治原则下实事求是地查明案情,进而落实宽严相济刑事政策的实质内涵具有一致性。同时,《量刑规范化改革通知》也指出,量刑规范化是更新刑事执法理念的重要步骤,能够推动办案法律效果与社会效果的有机统一;查明案件要综合审查各种证据、案情,既要考虑被告人,也要考虑被害人,既要查明法定情节,又要查明酌定情节。这其实也是高铭暄教授的量刑一般原则中"综合论"的规范化表现。在《量刑规范化改革通知》等规范的指引下,最高人民法院、最高人民检察院2021年印发的《关于常见犯罪的量刑指导意见(试行)》(以下简称《常见犯罪的量刑指导意见(试行)》)进一步提高了量刑的规范化程度。例如,在量刑时,应当充分考虑各种法定和酌定量刑情节,根据案件的全部犯罪事实和量刑情节的不同情形,依法量刑。其实,综合全案事实和情节是高铭暄教授关于量刑一般原则理论的集中表现,他指出,"对犯罪分子判处刑罚,应当根据量刑原则,综合分析案件的各种情节,而不能只根据其中某个情节量刑"①。综合全部案情,推进量刑规范化,是贯彻宽严相济刑事政策的重要目标。量刑规范化实质上是确保法官在相同因素条件下对相似案件作相似的判决,从而保障判决的一致性。② "一致性"的保障自然离不开对犯罪案件全案的综合把握。

在综合论的指引下,既要关注量刑指导意见中的法定因素,也要关注法外因素是否得到了有效控制和消减③,从而最大限度地实现量刑方法、步骤、标准和尺度的

---

① 高铭暄:《论量刑的一般原则》,载《中国政法大学学报》1983年第3期。
② 参见〔英〕马丁·瓦斯科:《严重刑事案件量刑指南之设计》,付强译,高铭暄点评,载《法学杂志》2011年第4期。
③ 参见劳佳琦:《量刑的法外因素与量刑规范化改革》,载《中国刑事法杂志》2022年第2期。

一致性。就法外因素而言,某些判决的内容具有相似性,能够显著影响量刑,但并未被类型化。由此看来,指导量刑的法律规范像一张无缝的网,在其中可以找到正确答案①的观点,并不完全可取。一方面,这些因素较为隐蔽,并不是每个案件中均会存在;另一方面,相似案件较多,各种因素的判断难以一致。这些法外因素可能会偏离量刑规范化的轨道。那么,如何综合地、实事求是地认定犯罪案情,特别是对法外因素进行识别认定,就成为当下的重要问题。量刑规范化是一种评价的过程,要受到《刑法》第61条"量刑的一般原则"的规范。在实践中,这样的"规范"即表现为司法机关关于量刑规范化的指导意见、细则等,但仍给法官保留了一定的自由裁量权。也就是说,通过法官的自由裁量权来对具体案件的法外因素进行识别、裁量,弥补法定因素的不足。有学者即认为,刑罚适应性理念的实现,最根本、最核心的命题就是刑事法官量刑自由裁量权的范围确定与边界划分问题,其实质内涵也就是量刑规范化的具体实现及其实现程度问题。② 然而,法官作为具体的"人",仍存在一定的认知缺陷、分析疏漏等,自由裁量权并不是对法外因素进行认知的唯一法则。对此,还可以借助算法、人工智能等手段对量刑偏差进行识别、控制,并予以规范。借助人工智能技术全面评估量刑是否规范化,重要的是将法外因素通过人工智能技术手段予以识别,充分践行"综合论""通过酌定量刑情节落实宽严相济刑事政策"等量刑的一般原则。

(二)对量刑智能化的指导

就量刑的智能化展开而言,如何综合地、实事求是地查明案件,并在刑法基本原则指导下,通过宽严相济刑事政策予以落实,正是当今的重要问题。

人工智能应用于刑事司法系统,在推进量刑规范化建设中具有重要的积极作用。人工智能被正确地视为一种变革性技术,有可能带来一系列非凡的好处。实践中,人工智能技术正在刑事司法领域全面推广。"智慧法院"建设被纳入《国家信息化发展战略纲要》《"十三五"国家信息化规划》等规范之中,成为国家发展战略的一部分。目前,人民法院信息化建设已进入3.0时代,大数据管理与服务平台、司法公开平台、业务办理信息化等,推动着智慧法院目标的实现。在地方刑事司法实践中,上海的"206"系统、北京市高级人民法院"睿法官""小包公"等人工智能法律

---

① 参见〔美〕罗纳德·德沃金:《认真对待权利》,信春鹰、吴玉章译,上海三联书店2008年版,第160—161页。
② 参见于阳:《量刑规范化之适应性调整研究》,载《政法论丛》2018年第4期。

科技平台量刑系统①成为辅助刑事司法的重要工具。

当前,利用人工智能构建量刑智能化系统存在如下质疑:第一,人工智能的算法歧视导致"同案不同判",因为人工智能可能误解"相同"的案件,并且无法量化价值判断的内容,难以识别"同案""类案"等;第二,人工智能难以被人类"信任",由此导致决策偏差,产生量刑不公等现象;第三,通过人工智能辅助量刑面临案件信息识别是否准确、得出结论是否适当、判决是否具有个性化等难题;第四,人工智能辅助量刑等刑事司法的过程是否满足透明性、公开性等要求。面对这些质疑,在利用人工智能技术辅助量刑等司法过程中,应做好回应并提供相应的解决方案。

伴随着上述质疑,应明确的一点是,人工智能仅是辅助量刑的工具,对于量刑智能化的信任问题,只能通过"人机合作"的模式实现。在高铭暄教授量刑思想的指引下,可通过如下途径完善。第一,利用人工智能优化量刑不能脱离法治与刑法基本原则。这需要关注:①量刑时需获取使用的信息;②量刑时使用的信息的准确性和可接受性;③基于人工智能的风险评估方法的科学有效性;④这种方法在多大程度上考虑了酌定量刑情节及其他的法外因素;等等。由此看来,利用人工智能量刑的关键之一在于获取与案件有关的信息的准确性。当前,若要充分实现量刑智能化的目标,最为重要的是将案件事实、情节等通过自然语言处理技术转换为"数据"。在这一过程中,所转换的"数据"是否准确关乎法律规范的适用。但由于法律规范并不可能完全通过自然语言处理技术转换为"数据",因而需要完善机器学习算法,建立量刑数据库。这个数据库既要推动法律规范的数据化,也要将《常见犯罪的量刑指导意见(试行)》、已决案件的量刑结果、犯罪情节等通过数据予以表达。这种数据化的表达方式需要法治指引,也应贯彻刑法的基本原则。高铭暄教授指出,"刑法基本原则的司法指导意义并非孤立存在,而是在综合的刑事法治环境与格局中实现的"②。当前,人工智能应用于刑事司法系统,作为辅助量刑的工具,成为刑事法治环境和格局中的一部分,自然不能违背刑法的基本原则,并需要刑法基本原则的综合指导。亦即,由于人工智能应用于刑事司法系统具有特定的语境,这意味着刑法基本原则要发挥调试和修正功能。因为"刑法基本原则负载的内容过于根本性、基础性、宏观性,在具体的适法过程中,往往无法发挥直接的干预作用。这就使其在指导司法适用的问题上更多地表现为温和的'调试'角色"③。这种"调

---

① 参见郭春镇、黄思晗:《刑事司法人工智能信任及其构建》,载《吉林大学社会科学学报》2023年第2期。
② 高铭暄:《刑法基本原则的司法实践与完善》,载《国家检察官学院学报》2019年第5期。
③ 高铭暄:《刑法基本原则的司法实践与完善》,载《国家检察官学院学报》2019年第5期。

试"贯穿量刑规范化、智能化的全过程。

第二,不能违背宽严相济刑事政策。大数据分析、机器学习和人工智能系统带来的自动化挑战使我们需要重新考虑刑事司法的基本问题。就犯罪处理的意义而言,是将共同社会生活中侵害他人的有害行为视为该当于刑罚的犯罪,并在犯罪发生之后,综合地收集以供事实认定的证据,并进行一连串的刑事程序,最终认定事态是否为犯罪及谁需要为犯罪行为负责。这涉及犯罪认定的方方面面,对于法定量刑情节而言,可以直接将法律规定输入数据库,通过深度学习不断优化。但酌定量刑情节等法外因素则成为量刑智能化需要解决的难题。高铭暄教授指出,酌定量刑情节与宽严相济刑事政策具有天然的联系。可以说,酌定量刑情节适用的情况关系着宽严相济刑事政策的具体落实。酌定量刑情节包含众多的因素,例如,行为人的生活状况有时亦可能影响犯罪行为之有责性,然生活状况涉及层面较为广泛:行为人之职业、社会地位、家庭环境、经济状态、健康状况(含身体或精神障碍)、成长环境及性格等。上述因素均可能影响量刑。再如,损害是否恢复也可作为减轻量刑的事由。就损害恢复而言,将其作为减轻事由的依据在于:①违法性减轻说。损害恢复实质上使损害形同未曾发生。以财产犯为例,若行为人在短时间内返还窃取的财物,已接近(中止)未遂,尤其是行为人在窃盗现场遭当场逮捕并即时返还财物时,可以说损害如同未曾发生。从而,损害恢复作为处罚减轻的依据在于,事后恢复法益侵害并使违法性减少。②有责性减少说。本说可区分为人格责任论和修复责任论。前者认为追究被告的具体责任时,应考量犯罪后的状况(例如被告是否进行损害赔偿等),换言之,犯罪后的状况虽与犯罪成立与否及犯罪的程度无关,但与行为人的人格非难密切相关,若行为人已经悔改或即使不科处刑罚也可以期待行为人悔改时,科处刑罚自然需要斟酌。后者则认为被害人与加害人的关系在加害人自主履行修复责任时,可减轻责任。③特别预防说。损害恢复可作为行为人是否反省的参考要素,而减轻特别预防必要性。但行为人若是出于减轻处罚的期待或其他不得不赔偿的事由,甚至是由第三人代为赔偿时,均不得减轻量刑。④刑事政策目的说。损害赔偿未必与反省(即特别预防)有关,而是与刑事政策(或刑事政策合目的性)相关,当行为人作出相关赔偿时,应作有利于行为人的考量。但不管采取何种学说,其核心均在于减轻量刑。唯有疑问的是,智能量刑并不会关注上述价值判断问题,而仅是关注量刑数据的输入与输出。此时,需要通过大量的案例将酌定量刑情节予以类型化,并通过机器学习不断优化。重视并合理运用酌定量刑情节,对于实现量刑公正而言非常重要。① 酌定量刑情节复杂化、多样化,如何通过人工智能技术进行识别、优化,并予以类型化适用,关系量刑公正的问题。"几乎所有的刑事案件中,都有酌定量刑情节的存在,因而,酌定量刑情节一旦受到充分重视,必然对宽严相济刑事政策的实现起到不可小觑的作用。"②

总之,综合地、在法治轨道上查明案件事实,并由刑法基本原则加以指引,确保宽严相济刑事政策的落实,仍是量刑规范化与智能化应予遵循的规则。

四、量刑规范化与智能化的展望

目前,量刑智能化的目标取决于司法数据的准确性。然而,中国人工智能使用的司法数据存在各种各样的问题,包括判决书未完全公布,地域差异导致对犯罪的审判不同,法律术语使用不同,判决说理不足,等等。这既会影响法定量刑因素的适用,更重要的是会使酌定量刑情节在不同的案件中出现矛盾的一面。但这并不会阻滞量刑规范化与智能化的进程。一方面,可以对既有的有关量刑的数据进行不断清洗,对法律术语、判决说理等方面进行类型化处理,并强化机器学习,形成独立的数据库;另一方面,对于未决案件,可以通过比照已决案件的量刑参数,确定相关具体数值,进而推动量刑规范化与智能化。

(一)智能量刑预测

如何通过人工智能推进量刑预测?这是落实量刑规范化改革的重要一环。人工智能正在进入刑事司法领域。例如,在美国,人工智能系统正在应用于预审阶段,可以预测犯罪可能发生的时间和地点及评估保释和量刑决定中的累犯风险等。③ 公共安全评估(PSA)和COMPAS等在美国也被广泛使用。一些欧洲国家已采用电子案件管理系统来协助法院管理案件。④

---

① 参见彭文华:《盗窃罪量刑规范化问题实证研究》,载《华东政法大学学报》2021年第2期。
② 高铭暄:《宽严相济刑事政策与酌定量刑情节的适用》,载《法学杂志》2007年第1期。
③ See Dan Hunter, Mirko Bagaric and Nigel Stobbs, "A Framework for the Efficient and Ethical Use of Artificial Intelligence in the Criminal Justice System", Florida State University Law Review, Vol. 47, No. 4, 2020, pp. 749-800.
④ See European Commission for the Efficiency of Justice(CEPEJ), 2018, European Judicial Systems Efficiency and Quality of Justice, "Thematic Report: Use of Information Technology in European Courts", In CEPE/STUDIES No. 24, Strasbourg: Council of Europe, Available Online: https://rm.coe.int/european-judicial-systems-efficiency-and-quality-of-justice-cepej-stud/1680788229,(accessed on 5 April 2023).

在中国,也不乏智能量刑预测系统。下面以笔者开发的"小包公"智能量刑预测系统为例,对如何在智能量刑预测系统中嵌入高铭暄教授的量刑思想进行说明。该系统创新性地设置了智能精准量刑的双系统。在该系统中,有两套分析模型,一套是理论量刑分析模型,一套是实证量刑分析模型,将案件信息输入系统之后,可以实现"一次操作、两套结果"。理论量刑预测系统可以提供实时刑期展示及法律依据,呈现量刑规范化表格。实际上,理论量刑框架是按照犯罪"四步骤"的分析思路,确定量刑起点、增加量、基准刑、从重从宽情节等,按照相关量刑指导意见确定的量刑算法设置同向相加、异向相减、连乘算法等,将计算结果通过量刑规范化表格予以展示。在理论量刑框架中,需要根据法律规定提炼量刑情节、构建量刑规则。这是以犯罪事实为根据的实事求是原则与以刑法为准绳的法治原则的重要体现。以此确定的量刑参数才是符合法治原则与刑法基本原则的。因为以刑事法律、立法解释、司法解释及各省量刑指导意见实施细则为依据,通过理论建模、数据运算和智能分析,才能实现专业、精准的刑期预测。在理论量刑预测系统所呈现的规范化表格中,可以实时展示刑期、法律依据等,确保量刑情节(尤其是设置了酌定量刑情节与法官的自由裁量权的量刑调节比例)被综合考虑。

实证量刑分析系统可基于大数据提供案件的可视化分析。实证量刑分析系统严格依照罪刑法定原则推进,避免发生司法偏离现象。在这一系统中,主要是设置一套行之有效的人工智能算法,具体包含被告人、罪名、情节等精准提取要素;通过自然语言处理技术、语义分析、实体识别的机器训练等优化对量刑要素的识别,提高精准度;设置量刑起点、情节适用比例的实证分析。在这套人工智能算法的支持下,实证量刑分析系统的精准性取决于两个方面。一方面,通过已决案件的大数据,实证确定量刑参数。这既需要大数据技术的科学支持,也要通过量刑原理的指导,即要在刑法基本原则指引之下,筛选案例、甄别情节(如是否为酌定量刑情节及是否能适用于该案)、分析数值。这是在量刑一般原则指导下,综合地梳理案件事实的过程。"弄清这些具体情节,对于确定犯罪的社会危害性程度,从而对于量刑,也是有意义的。"①另一方面,则需要通过实证分析辅助确定量刑的起点,量刑起点作为确定刑罚裁量的第一步,应严格依照法律规定,结合实证数据予以确定。这是高铭暄教授量刑思想中法治原则的体现。

2021年,《常见犯罪的量刑指导意见(试行)》更新之后,"小包公"智能量刑预测系统也进行了更新优化。其中,《常见犯罪的量刑指导意见(试行)》在量刑的指

---

① 高铭暄:《论量刑的一般原则》,载《中国政法大学学报》1983年第3期。

导原则中明确规定,要以事实为根据、以法律为准绳;以罪责刑相适应等原则作指引;落实宽严相济的刑事政策,并综合考虑量刑的全部因素,确保同案同判、类案类判。这与高铭暄教授所提倡的综合地、实事求是地查明案件事实具有一致性,而"酌定量刑情节是掌握在法官手中,决定刑罚轻重的一个弹性的、灵活的调节器"①,是确保裁判政治效果、法律效果和社会效果统一的重要内容。另外,《常见犯罪的量刑指导意见(试行)》在"常见量刑情节适用"中还增加了"认罪认罚"的量刑适用标准。下文则以"认罪认罚"为例,说明"小包公"智能量刑预测系统的运行流程。

在应然层面,"任何面对同一案件的判刑者都会就适当的判决作出相同的决定","任何案件的判决都是可以预测的"②。《常见犯罪的量刑指导意见(试行)》将"认罪认罚"量刑情节作为独立适用的情节,该项情节可以在智能量刑预测系统应用,以实现预测的功能。对于被告人认罪认罚的,综合考虑犯罪的性质、罪行的轻重、认罪认罚的阶段、程度、价值、悔罪表现等情况,可以减少基准刑的30%以下。"小包公"智能量刑预测系统在此基础上,结合司法实践及综合考虑从宽幅度,把认罪认罚分为四个阶段,分别为侦查阶段的认罪认罚,审查起诉阶段的认罪认罚,一审审判阶段的认罪认罚和二审审判阶段的认罪认罚,并且分别设置合理从宽比例。同时,被告人认罪认罚,且具有自首、重大坦白、退赃退赔、赔偿谅解、刑事和解等情节的,可以减少基准刑的60%以下。此外,认罪认罚与自首、坦白、当庭自愿认罪、退赃退赔、赔偿谅解、刑事和解、羁押期间表现好等量刑情节应当不作重复评价,以达到罪责刑相适应。

如行为人在广东省广州市盗窃价值20000元的财物,多次盗窃、扒窃,并因盗窃造成严重后果。行为人在侦查阶段认罪认罚,如实供述自己的罪行,还有一般立功、积极赔偿损失并获得谅解,利用计算机实施网络盗窃等从轻、从重情节。"小包公"智能量刑预测系统根据上述从轻从重情节,结合最高人民法院规定的比例和地方细则规定的比例,确定被告人的定罪量刑基准是1年4个月至1年5个月。"小包公"智能量刑预测系统通过实证方法推荐相应的比例,确保酌定量刑情节的适用,保障宽严相济刑事政策的落实。"影响量刑的非规范性价值评价因素主要包

---

① 高铭暄:《宽严相济刑事政策与酌定量刑情节的适用》,载《法学杂志》2007年第1期。
② Hutton, Neil, "Sentencing, Rationality, and Computer Technology", Journal of Law and Society, Vol. 22, No. 4, 1995, pp. 549-570.

括:情势变迁、文化背景、价值观念以及犯罪人的家庭、生活状况等。"①因而,为了确保相关具体案件的酌定量刑情节能被具体考量,"小包公"智能量刑预测系统在量刑规范化表格中,还另外设置了"本院调节比例"及确定宣告刑时的"自由裁量",保障量刑的客观公正性(见表1)。

表 1　量刑规范化表格

案件基本信息	姓名:未命名被告人/罪名:盗窃罪				
案件情节	盗窃数额:20000元/盗窃数额:2次/扒窃/因盗窃造成严重后果/认罪认罚(侦查阶段)/坦白(如实供述自己罪行)/一般立功/积极赔偿+谅解/利用计算机实施网络盗窃				
法定刑	三年以下有期徒刑、拘役或者管制,并处或者单处罚金				
基准刑	量刑起点	7个月至8个月		量刑起点调节	
基准刑	增加量	数额较大	5个月		(盗窃数额-3000)/15000*4
基准刑	增加量	扒窃	4个月		扒窃*4
基准刑	基准刑	1年4个月至1年5个月		调节后基准刑	
量刑情节及调节	情节	情节属性	最高人民法院规定比例	地方细则规定比例	小包公推荐比例	本院调节比例
量刑情节及调节	因盗窃造成严重后果	●从重		0%~30%	22%	
量刑情节及调节	一般立功	●从轻 ○减轻	0%~20%	0%~20%	11.5%	
量刑情节及调节	认罪认罚(侦查阶段)+坦白(如实供述自己罪行)+积极赔偿+谅解	●从轻 ○减轻 ○免除	0%~100%		60.5%	

---

① 彭文华:《量刑的价值判断与公正量刑的途径》,载《现代法学》2015年第2期。

(续表)

司法大数据中影响量刑的情节	具体情节			小包公推荐比例	
	从重情节	利用计算机实施网络盗窃		2%	
拟定宣告刑	小包公推荐拟定宣告刑	8个月至9个月			
确定宣告刑	自由裁量				
小包公推荐罚金	并处罚金1000元至3000元	法定罚金范围	1000元至40000元	本院调节罚金	
缓刑和其他附加刑	□缓刑		□剥夺政治权利		□没收财产
量刑计算过程	小包公推荐刑期	基准刑=起点+增加量=(7~8)+(4.53+4)=1年4个月至1年5个月 刑期=(16~17)*(1+22%-11.5%-60.5%)*(1+2%)=8个月至9个月			
	调节后确定刑期				
备注	被告人认罪认罚且具有自首、坦白、退赔退赃、赔偿谅解、刑事和解等情节,犯罪较轻的,可以减少基准刑的60%以上或者依法免除处罚				

上述量刑规范化、智能化过程,其实是透明可见的。在输入相关案件情况到"小包公"智能量刑预测系统时,算法实时跟进,不仅保障了实质性的量刑正义,还将量刑的步骤实时展示,保障了程序正义。可以说,在程序正义方面,人工智能的透明决策过程与法官作出的最终决定相结合,加强了公众对刑事司法公正性的信任,并提高参与者对决定的接受度,使量刑过程透明化,充分化解同案不同判、量刑偏差等质疑。

(二)量刑偏离监测

虽然说量刑规范化"是发挥罪责刑相适应原则指导刑罚裁量活动的生动体现和保障条件"[①],但要实现罪责刑相适应原则的指导功能,量刑要体现地域性的司法

---

① 高铭暄:《刑法基本原则的司法实践与完善》,载《国家检察官学院学报》2019年第5期。

均衡,避免司法偏离。量刑偏离监测是司法监督智能化的重要一环,也是查验是否综合地查明案件事实、是否依法审判、量刑是否符合罪责刑相适应等刑法基本原则的重要手段。当前,司法文书体量巨大、类型繁多,依靠人工监测显然不现实。寻求契合智能管理监督要求的方法和实现路径是智能化监督的应有之义。运用人工智能、大数据挖掘等现代科技手段,实时从海量数据中发现问题,实现全程、自动、静默和可视化精准监管,将大大提升监管的质效。

在量刑规范化、智能化过程中,由于涉及技术的复杂性,作出决定过程中的中间阶段隐藏在人为监督之外。例如,应用机器学习的多个领域展示了无监督学习或主动学习的新方法,以及如何以避免人为干预的方式运作,这需要对机器学习再监督。而在司法环境中,决策的可解释性和推理的透明度具有重要的价值,缺乏透明度和可解释性的决策过程不被认为是合法、合理的,因而仍需要对量刑偏离度进行监测。有学者认为,量刑规范化改革并没有从根本上解决量刑偏离问题。不同地域、不同时期和不同个案间的量刑偏离现象依然存在,并表现出非合理因素影响量刑的异常状态。① 量刑偏离形成的原因是多方面的,既有法官行使自由裁量权的差异,也有审判监管的不足等。面对众多的案件,单靠人力监管,很容易形成监管漏洞。为此,利用人工智能技术进行监管成为一种手段。"大数据则为司法权的监督提供了新路径,体现为基于数据采集的实时监督机制,基于数据画像的业绩考核机制,基于知识图谱的证据审查机制以及基于法律推理的偏离度预警机制"②,并通过大数据形成全景式的监督。例如,在智慧法院建设的进程中,浙江法院推进"互联网+审判"改革,对司法信息公开等进行监督③;江苏检察机关推出"检察官绩效考核软件",通过算法抓取、测算,形成数字化的检察官个人档案。④ 一旦个案中量刑偏离度超出阈值范围,系统即会自动预警,从而做到同案同判,对案件形成实质性的监督。⑤ 这种实质性的监督机制还能反向保障量刑建议的精准化、规范化。总之,即使发现法定因素的适用没有偏离量刑指导意见,也不能认为改革目标已经达成,还需要进一步借助大数据与算法等先进技术手段对法外因素带来的量刑偏离

---

① 参见赵学军:《量刑偏差的司法表现与量刑规范的实现路径——基于抢劫罪刑事判决书的实证考察》,载《天津法学》2019年第3期。
② 王燃:《大数据司法监督机制研究》,载《湖南科技大学学报(社会科学版)》2021年第3期。
③ 参见《司改新亮点:司法责任制权责统一放权不放任》,载https://www.chinacourt.org/article/detail/2016/07/id/2042168.Shtml,访问日期:2023年3月10日。
④ 参见庄永康等:《如何构建员额制检察官办案绩效考核机制》,载《人民检察》2017年第19期。
⑤ 参见王禄生:《司法大数据与人工智能开发的技术障碍》,载《中国法律评论》2018年第2期。

进行识别与控制。

第一,应构建量刑偏离度模型。这要在法治原则下以刑法基本原则为指导,嵌入宽严相济刑事政策。考虑到量刑偏离度模型实现过程中的智能化,其所开拓的是一种技术化的量刑偏离监控机制。这主要是智能量刑偏离监测算法的主体逻辑、量化规范逻辑的展开,或多或少会存在量刑偏离监测的系统性偏差,这种模型的系统性偏差一方面是算法等技术的困扰,另一方面,由于刑事司法环境中大多数是人为决策,而这种决策存在缺陷,法官在自由裁量时的偏好常常会渗入判决中。例如,对缓刑决定中偏见的研究表明,法官更有可能在会议结束时作出"默认"决定并拒绝缓刑,而在饭后立即倾向准假。[1] 这种偏好会体现于裁判文书中而导致不规范性。为消除智能量刑偏离监测算法的技术性缺陷,为法官等司法主体提供可信的偏离监测数据,还需要人工介入。

针对人工介入对特定判决偏离度的核实,模型设计上,需将案件基本信息、犯罪事实、量刑情节等各要素梳理并抽取出来,通过可视化的方式予以展示。这一过程需严格依法进行。如应展示裁判文书的全部信息,包含文书正文、文书案号、审理法院、裁判日期、审理程序和审判长等信息;从情节、刑期等要素方面展示测算偏离度的数据,标明个案智能刑期测算结果、原判刑期以及两者偏离程度情形(偏重或偏轻)。模型应该以列表的方式,将量刑全部信息清单化,具体可包括案件情节、被告人信息、法定刑、基准刑、量刑情节及调节、拟定宣告刑和量刑计算过程七个方面。通过信息化清单,可直观、清晰地观测判决文书中全部量刑要素,便于对判决偏离度进行人工校正。另外,为辅助校正,在上述清单中,还可明确展示大数据测算所得量刑起点、增加量、各情节调节比例,以及拟定宣告刑刑期范围;同时,根据案件的相关要素特征,智推相关法律法规条文和类案。

不管是智能化的监测,还是人工介入,均需按照法律规定推进。高铭暄教授指出,出现量刑偏离的原因包括以刑法基本原则指导司法的意识薄弱;刑法基本原则的司法化能力培育不足;与刑事政策的关系有时不协调;对刑法立法解释、司法解释体系的不当依赖;刑法解释体系的运用有所偏差。[2] 为此,需优先考虑刑法基本原则在量刑偏离监测中的实质效果,查验刑法基本原则是否司法化及其程度。这要依托人工智能设置偏离度比对规则来评估法官的量刑结果,其比对规则即应包

---

[1] See Shai Danziger, Jonathan Levav and Liora Avnaim-Pesso, "Extraneous Factors in Judicial Decisions", Proceedings of the National Academy of Sciences, Vol. 108, No. 17, 2011, pp. 6889–6892.

[2] 参见高铭暄:《刑法基本原则的司法实践与完善》,载《国家检察官学院学报》2019年第5期。

含刑法的基本原则。换言之,对已决案件的情节进行实时自动提取,再按上述量刑规则理论模型进行测算,据此推演个案量刑的偏离度——通过将法官裁判的量刑结果与人工智能依据算法测算的量刑结果(幅度)相比较①,判定其是否在预期量刑幅度内,在则认为无偏离,不在则测算具体的偏离度。对于偏离度较高的案件,可向法官推送偏离度偏高的原因,从而帮助法官权衡其刑罚裁量的合理性,为其判案提供全面统一的办案指引,从而为统一裁判尺度提供技术支撑。当然,差异化的判决不仅无可避免,也具有相当的合理性;但差异化判决需要通过具体的判决理由进行证明,它只能存在于法律所提供的裁量范围之内。② 这种差异化在技术上的表现即为偏离度的高低,能为法官处理未决案件或者检索类案时提供参考,对其裁判具有防控风险的警示功能。

同样,通过个案偏离度的统计报表,法院案件管理部门及检察机关、政法委等法律监督部门,也可以在判后完成对法官办案质量的全样本筛查,由此实现对海量刑事案件裁判进行监测,并针对偏离程度的高低设定不同的应对方案,例如应当及时介入偏离度大的案件,可以启动复查程序,确有错误的,按照审判监督程序依法予以纠正,从而实现对已决案件的质量控制。如此一来,在量刑偏离监测模型中,即可嵌入罪刑均衡的理念,激活并完善刑法基本原则的司法化机制。

第二,量刑偏离度模型的应用。依照上述原理,笔者研发了盗窃罪量刑偏离监测系统,可以在宏观和微观两个层面实现量刑偏离度的测算。在宏观方面,可以全面统计广东省内各地区文书偏离度分布情况和实时办案数据信息,将分析后的数据以动态、直观的多维报表、图形形式予以展现,做到数据分析结果的随需查询、随需分析、随需展现。在微观方面,可以精准地测算每个案件在量刑上的偏离程度。以(2018)粤 0606 刑初 4215 号盗窃罪裁判文书为例,阐释监测系统辅助人工核实的实现路径。该案基本案情为:被告人黄某入户广东省佛山市某出租屋,将被害人曾某放在衣柜内的 203 元盗走。就该案,依上述模型测算,其存在量刑偏离。模型生成量刑测算信息的详细清单,对其查阅得知系统提取的案件要素为:入户盗窃、盗窃数额为 203 元、盗窃次数为 1 次、累犯、坦白。对该案判决文书人工提取案件要

---

① 笔者认为,人工智能依据算法测算的预期量刑幅度,能否作为量刑偏离监测的参考标准,这取决于人工智能推测的精度和实践部门的认可度。笔者主持开发的"小包公"智能量刑预测系统,受到实务部门的高度认可;有报道称其就个案辅助测算的量刑幅度作为量刑建议,被法院采纳率达到100%。参见卢金增、封小萃:《大数据助力定罪量刑——山东潍坊潍城区:量刑建议被全部采纳》,载《检察日报》2021 年 3 月 19 日,第 6 版。

② 参见周少华:《刑事案件的差异化判决及其合理性》,载《中国法学》2019 年第 4 期。

素,比对确认模型提取信息正确。若提取有误,遗漏案件要素则在系统上手动添加,多出则直接删除,错误直接纠正(如该案盗窃数额提取为23元,则手动修改为203元),确保案件要素正确后,重新测算其偏离度即可。根据《广东省高级人民法院〈关于常见犯罪的量刑指导意见〉实施细则》(2017)(以下简称《广东高院量刑实施细则》)关于盗窃罪的量刑计算规则,其为"1个月至17个月"的拟定宣告刑幅度;根据本文盗窃罪人工智能监测模型测算,其为"9个月至11个月"的拟定宣告刑幅度;但该案实际宣告刑为22个月——既偏离了《广东高院量刑实施细则》的指导刑期,也偏离了模型的量刑幅度。模型综合测算,该案刑期偏离11个月,偏离程度为104.46%,超出《常见犯罪的量刑指导意见(试行)》认可的20%的自由裁量权这一范围。

五、结语

量刑理论乃为刑罚理论之缩略图,量刑可以说是刑事司法程序中最重要的核心程序之一,它决定在何种限度内限制被告人自由。目前,人工智能应用于刑事司法领域逐渐成为趋势。高铭暄教授认为:综合地、实事求是地查明案件事实;以刑法基本原则为指导,在法治轨道上优化量刑路径;酌定量刑情节要与宽严相济刑事政策相协调,并进行类型化处理。这一重要思想对量刑规范化、智能化的发展具有指导意义。法治的核心要义包括,法律应当是可预测的,以便人们能够遵守法律,了解人们对法律的期望,可预测性是最重要的。同样,量刑也是可以预测的,只不过其专业性较强,为实现法律的可及性概念,满足人民对法治的期盼,可以借助人工智能辅助量刑,并进一步推广应用。

中国死刑制度改革路在何方

——高铭暄教授死刑制度改革思想及其启迪

赵秉志[*] 袁 彬[**]

一、前言

在新中国成立70周年之际荣获"人民教育家"国家荣誉称号的高铭暄教授是当代中国刑法学的主要奠基人和开拓者,其刑法理论著述丰硕,涵盖当代中国刑法理论体系的方方面面,死刑制度改革是其中一个具有代表性的、相当重要的方面。迄今为止,高铭暄教授发表了十余篇专门研究死刑的论文,并在不少综合性著述中对死刑问题进行了研究。高铭暄教授关于死刑问题的这些著述,对中国死刑制度改革的历史与现实、本土与国际、文化与制度、立法与司法等问题都有精彩论述,产生了广泛的学术影响和法治实践影响。正如国际社会防卫学会于2015年4月15日在多哈授予高铭暄教授"切萨雷·贝卡里亚奖"时的颁奖词中所评价的:"高教授的研究领域中有一项是应当予以特别强调的,那就是他在死刑领域的研究;近年来中国限制死刑过程中取得的很大一部分进展都可以归功于高铭暄教授的学术工作。"认真梳理高铭暄教授的死刑制度改革思想并由此深入思考和获得启发,对于进一步深化与发展我国死刑制度改革的理论和实践,均具有重要意义。

二、中国死刑制度改革的多维探索:
高铭暄教授死刑制度改革思想的主要方面

关于死刑制度改革,高铭暄教授视野开阔,研究深入,进行了历史与现实、国际

---

[*] 北京师范大学刑事法律科学研究院教授、博士生导师,中国刑法学研究会名誉会长,国际刑法学协会中国分会主席。
[**] 北京师范大学刑事法律科学研究院教授、博士生导师,中国刑法学研究会常务理事暨副秘书长。

与国内、刑事一体化、人道与预防等多维度的研究,对丰富中国死刑制度改革理论、拓展中国死刑制度改革道路、深化中国死刑制度改革成果具有重要作用。

(一)历史眼光:古代与现代死刑制度的演化维度

法律制度的演进不但是一个现实的过程,更是一个历史的过程。中国死刑制度的历史进程对当代中国死刑制度改革具有积极的借鉴价值。高铭暄教授关注历史,并注重从中汲取中国死刑制度改革的养分。这主要体现在:

第一,古代死刑制度之演化:以清朝秋审为例。高铭暄教授研究了我国清朝的秋审制度,认为清朝的秋审制度源自明朝天顺年间的朝审制度,秋审自明朝中叶开始形成制度化,至清朝达到顶峰,成为清朝死刑案件中最为重要的复核程序。① 清朝秋审实行逐级审转复核制,在经历从州县造册审录、督抚司道会勘、定拟具题等地方秋审程序,到刑部秋审处复核会勘、刑部堂议、金水桥西九卿会审题、皇帝勾决等中央秋审程序的步骤后,被判处斩监候、绞监候的死囚被分为情实、缓决、可矜、留养承嗣四类。高铭暄教授认为,清朝的秋审程序非常繁复,体现了统治者对生命的敬畏与慎重对待。可以说,秋审是清朝重视生命、慎用死刑的一个体现,对于完善我国死刑制度特别是死缓制度具有重要借鉴价值。②

第二,现代死刑制度之演进:死刑适用的不断限缩。中国当代死刑制度改革经历了一个较长的过程,其间有各种不同的观点,主张立即废止死刑者有之,主张保留并限制死刑者众多,甚至主张扩大死刑适用者亦有之。高铭暄教授系统梳理了新中国成立后我国死刑制度的发展历程,提出死刑立法改革问题涉及法律、观念、文化等诸多社会因素,错综复杂,这就决定了我国死刑立法改革势必在相当长一段时期内仍会遭遇各种各样的现实困难。③ 由于历史和现实的原因,对于最严重的犯罪给予最严厉的社会报复的道义报应观念在我国仍深得人心,故在当前及今后相当长的时期内,我国不可能将全面废除死刑问题提上议事日程。但是,根据党和国家一贯坚持的死刑政策,提出严格限制和减少死刑的主张还是很有必要的,也是可行的。④ 他主张对我国刑法中的死刑应该一分为二看待:既要看到它作为刑罚工具的凌厉作用,不能轻言废除;又要看到它的作用毕竟是有限的、相对的,设置和适用

---

① 在清朝,秋审和朝审是死刑复核机制的两种主要体现形式。区分两者的标准在于刑事案件的发生地点,朝审仅适用于京畿地区,而秋审的范围更加广泛,适用于全国除京畿地区以外的其他行政区域。
② 参见高若辰、高铭暄:《清代秋审与当代中国死刑复核程序的比较研究》,载《法治研究》2016年第4期。
③ 参见高铭暄:《新中国死刑立法的变迁与展望》,载《国家人文历史》2010年第20期。
④ 参见高铭暄:《我国的死刑立法及其发展趋势》,载《法学杂志》2004年第1期。

要慎之又慎,只对极少数罪大恶极、非动用这种极刑不可的才予以动用。①

(二)国际视野:国际公约与外国死刑制度的比较维度

国际化是当代中国刑法改革的重要视角和积极推动力量,也是中国死刑制度改革的重要论据之一。高铭暄教授对死刑制度改革的研究也十分注重国际视野,并对相关问题进行了深入总结和研究。这主要体现在:

第一,外国死刑制度改革之比较:在不断争议中前行。高铭暄教授总结了目前世界上废除死刑国家的类型,认为可以分为三大类:一是完全废除死刑的国家,即通过宪法宣告废除死刑,或者在其所有刑法规范中均没有规定死刑这一刑种的国家;二是对普通刑事犯罪废除死刑而对叛国罪或军事罪仍保留死刑的国家;三是事实上废除死刑的国家,即这些国家虽然在法律上规定有死刑条款,但是在过去的10年内甚至更长的时间内没有执行过死刑甚至没有判处过死刑。高铭暄教授曾客观地指出,尽管废除死刑的呼声在全世界范围内日渐高涨,但事实上,死刑作为一种惩罚犯罪的刑罚方法,远未达到可以完全废弃不用的地步。②

不过,自意大利刑法学者贝卡里亚在18世纪中叶首倡废除死刑以来,死刑的存废一直是西方刑法理论中一个争论不休的课题。早在20世纪80年代末期,高铭暄教授就总结了其争执的焦点,认为主要集中在如下八个方面:①死刑是否人道;②个别预防是否需要死刑;③死刑是否有特殊的一般预防效果;④死刑的表征性③是支持死刑还是反对死刑;⑤死刑是否公正;⑥死刑是误判难纠还是慎判难误;⑦死刑是历史前进的动力还是阻力;⑧死刑是否具有经济性。④

同时,高铭暄教授还总结了死刑制度改革的国际新动向,包括:废除死刑和反废除死刑的矛盾斗争日益尖锐;有关限制和废除死刑的国际合作不断得到加强;死刑的判决程序不断趋于严格,执行死刑的方法也不断趋于"干净"和减少痛苦;毒品犯罪正成为适用死刑的主要对象之一;对死刑问题的研究形成新的特点。⑤

第二,国际公约死刑之考察:中国的重视与贯彻。当前国际公约关于死刑的规定较多,其中体现和要求较为集中的是联合国《公民权利和政治权利国际公约》。中国虽然还没有批准该公约,但该公约具有普遍的国际影响力。高铭暄教授结合

---

① 参见高铭暄:《试论我国刑法改革的几个问题》,载《中国法学》1996年第5期。
② 参见高铭暄等:《国外死刑制度及关于死刑的学术观点综述》,载《法律学习与研究》1988年第1期。
③ 即死刑无异于向社会宣布杀人是合法的。
④ 参见高铭暄等:《国外死刑制度及关于死刑的学术观点综述》,载《法律学习与研究》1988年第1期。
⑤ 参见高铭暄等:《国外死刑制度及关于死刑的学术观点综述》,载《法律学习与研究》1988年第1期。

该国际公约,探讨了中国死刑制度改革对该公约应有的重视与贯彻问题。这主要包括:

(1)关于死刑的适用范围。《公民权利和政治权利国际公约》第6条第2款规定,"凡未废除死刑之国家,非犯情节最重大之罪,且依照犯罪时有效并与本盟约规定及防止及惩治残害人群罪公约不抵触之法律,不得科处死刑"。高铭暄教授建议,随着社会、经济的不断发展,对死刑的适用范围应当尽可能予以缩小,并作出更严格的限制。①

(2)关于死刑的适用对象。《公民权利和政治权利国际公约》对死刑的适用对象作出了具体的限制性规定,在第6条第5款规定:"未满十八岁之人犯罪,不得判处死刑,怀胎妇女被判死刑,不得执行其刑。"对此,高铭暄教授结合中国相关的两个问题进行了分析:一是如果怀孕妇女在审前取保候审或者监视居住期间分娩或流产,审判时能否视为怀孕妇女不适用死刑?二是被判处死刑缓期二年执行的女犯,发现在考验期间怀孕,是立即减刑还是等二年期满以后减刑?对此,高铭暄教授认为,为了更好地贯彻刑罚人道主义,保护孕妇和胎儿的特殊利益,凡在羁押、取保候审、监视居住及剥夺自由刑罚执行期间怀孕的妇女,均不得判处死刑和执行死刑;在死刑缓期二年执行期间一旦发现怀孕的妇女,应立即予以改判,将其刑罚改为无期徒刑或者有期徒刑。②

(3)关于死刑犯的赦免权。《公民权利和政治权利国际公约》第6条第4款规定:"受死刑宣告者,有请求特赦或减刑之权。一切判处死刑之案件均得邀大赦、特赦或减刑。"高铭暄教授认为,如果我们国家能赋予被判处死刑的罪犯要求赦免或减刑权,那么对于进一步限制死刑的适用无疑将会起到积极有效的作用。③

(三)刑事一体化思维:实体法与程序法的结合维度

死刑制度改革不仅是一个刑法问题,也是一个刑事诉讼法问题。实体法与程序法的一体化,是推进中国死刑制度改革的必要路径。对此,高铭暄教授在注重实体法研究的同时,主张也要注重死刑的程序性改革。这主要体现在:

---

① 参见高铭暄、李文峰:《从〈公民权利和政治权利国际公约〉论我国死刑立法的完善》,载高铭暄、赵秉志主编:《21世纪刑法学新问题研讨》,中国人民公安大学出版社2001年版,第311—313页。
② 参见高铭暄、李文峰:《从〈公民权利和政治权利国际公约〉论我国死刑立法的完善》,载高铭暄、赵秉志主编:《21世纪刑法学新问题研讨》,中国人民公安大学出版社2001年版,第313—315页。
③ 参见高铭暄、李文峰:《从〈公民权利和政治权利国际公约〉论我国死刑立法的完善》,载高铭暄、赵秉志主编:《21世纪刑法学新问题研讨》,中国人民公安大学出版社2001年版,第324—325页。

第一,死刑制度的二审程序改革。公开审判与司法公正,二者之间具有不可分割的内在联系。高铭暄教授认为,二审死刑案件普遍实行公开审判,不仅在实现司法公正、保障公民程序人权上具有重要意义,在限制死刑的适用、彰显对生命权的特别尊重方面,也具有不可低估的作用。而开庭审理是公开审判最基本的要求。对死刑案件二审实行所谓的"书面审理"的做法,在一定程度上体现了生命至上与程序公正理念的缺失。① 正是在高铭暄教授等众多学者的大力倡导下,我国最终实现了死刑案件二审必须开庭审理等公开审判制度。

第二,死刑制度的复核程序改革。我国死刑复核程序还存在不少问题,如死刑复核程序期限缺乏立法规定,死刑执行期限在实践中未得到严格遵守;实行四级两审终审制,死刑复核程序的性质有待商榷,审级不明确;错案责任追究机制尚不成熟完善,缺乏明确的立法规定。对此,高铭暄教授建议,在现有基础上,应以立法的形式对死刑执行期限在时间层面作出一定的具有约束性的规定,同时应对死刑交付执行期间遇到国家休息日和法定节假日,执行期限是否顺延,明文作出可操作性强、便于实践遵守的规定;建议在死刑案件的审级设置上,将死刑案件纳入三审终审的范围,以立法形式规定死刑复核程序以明确的独立审级;对于错案纠错、责任追究尤其应当以立法形式出台对应细则并对错案追究中的错案范围、适用主体、时效期限、追责程序、追究方式、责任形式、确认机构等内容作出整体性规定和完善。②

(四)人道情怀:推进中国死刑制度改革的价值维度

在现代法治改革中,改革的价值衡量是改革行动的基础和指引。人道情怀是当前死刑制度改革的重要价值力量。高铭暄教授十分重视从人道角度深化死刑制度改革问题的研究。

第一,中国死刑制度改革人道价值的一般体现。高铭暄教授认为,从长远看,死刑废除的理由在于死刑不符合生命权至上的理念暨人权和人道主义。③《刑法修正案(八)》削减13个死刑罪名,具有充分的事实和价值根据,因而备受关注。高铭暄教授认为,在当前背景之下,国家立法机关削减死刑罪名的立法举措意义非凡。该举措表明国家决策机关在死刑问题的认识上向曾有的理性、冷静态度回

---

① 参见高铭暄、朱本欣:《论二审死刑案件的公开审理》,载《现代法学》2004年第4期。
② 参见高若辰、高铭暄:《清代秋审与当代中国死刑复核程序的比较研究》,载《法治研究》2016年第4期。
③ 参见高铭暄等:《从此踏上废止死刑的征途——〈刑法修正案(八)草案〉死刑问题三人谈》,载《法学》2010年第9期。

归,对于推进死刑制度改革有着积极的作用,也是对宽严相济基本刑事政策的积极贯彻,有助于我国刑事法治的进步,体现出国家对公民生命权利这一基本人权的充分尊重,有利于促进社会治理机制健全和我国社会的文明进步。①

第二,中国死刑制度改革人道价值的重点体现。这主要包括两个方面:

(1)特殊群体人员的死刑限制适用问题。例如,高铭暄教授提出,从我国刑法限制死刑、慎用死刑的原则出发,考虑到限制刑事责任能力的精神病人由于其自身疾病的影响,其辨认或者控制自己行为的能力有所减弱,本着刑罚人道主义的精神,即使其犯了极其严重的罪行,也不宜对其适用死刑。对于精神病人,即使其在犯罪和审判的时候是精神正常的人,只要其在判决后患了精神病,甚至在签发死刑执行令后患了精神病,都不能对其执行死刑。②

(2)死刑替代措施的选择问题。死刑替代措施是基于限制死刑适用的目的,对于立法上特定性质的犯罪,司法中特殊情况下的罪犯,不适用死刑立即执行,而代之以其他刑罚处罚方法。③高铭暄教授认为,死刑替代措施是限制死刑中不可或缺并被证明行之有效的方法。从减少实际执行死刑的目的考虑,从完善既有方式、探索新的途径入手,死刑立即执行的替代措施可以包括死刑缓期执行、严格的无期徒刑、附赔偿的长期自由刑三种。当前,有必要在立法上对刑罚体系作进一步调整、修改、完善,以全面体现死刑替代措施,在司法实践中,要注意发挥死刑替代措施在限制死刑中的作用。④

高铭暄教授同时还认为,死刑替代措施应以现行刑罚体系为基础,以废除或限制死刑实际适用为前提进行考察,选择能够直接担当"最严厉"法定刑的角色,保持足够的威慑力的刑种。严格说来,死缓不是刑罚种类意义上的死刑替代措施;不得假释的终身监禁不符合"人总是可以改造的"基本理念;无期徒刑是中国刑罚体系中仅次于死刑的刑种,蕴含较强的威慑力,通过适当改良,能够产生足够的类似于死刑的威慑力。高铭暄教授提出,作为替代死刑的方法,设置无期徒刑先予关押期是上乘选择。考察无期徒刑在有期徒刑与死刑中的衔接地位,借鉴国外实际执行无期徒刑的经验,确定10年的先予关押期较为适宜,在这个期限内,罪犯一律不得被减刑或假释,待关押期届满后,再根据罪犯的悔罪、立功情况和人身危险性强

---

① 参见高铭暄、黄晓亮:《削减死刑罪名的价值考量》,载《法学杂志》2010年第12期。
② 参见高铭暄、李文峰:《从〈公民权利和政治权利国际公约〉论我国死刑立法的完善》,载高铭暄、赵秉志主编:《21世纪刑法学新问题研讨》,中国人民公安大学出版社2001年版,第315—317页。
③ 参见高铭暄:《略论中国刑法中的死刑替代措施》,载《河北法学》2008年第2期。
④ 参见高铭暄:《略论中国刑法中的死刑替代措施》,载《河北法学》2008年第2期。

弱,综合考虑是否给予减刑、假释。①

(五)中国式道路:当代中国死刑制度改革的现实维度

中国死刑制度改革的现实维度,主要涉及死刑制度改革的总体取向、主要路径、具体措施等方面。对中国死刑制度改革的这些极为重要的现实问题,高铭暄教授都有研究和论述。

1. 死刑制度改革的总体取向

对于死刑制度改革的总体取向,高铭暄教授赞同当代国际著名死刑学者罗杰尔·胡德教授的观点,即认为死刑的废除并不仅仅是一个刑法问题,还涉及政治问题。死刑不应当被视为国家刑事司法政策的武器,但死刑的废除仍需要政治上提供的动力,国家应更好地考虑社会现实、各项措施与政策的协调、被害人的真正需要、刑事政策和监狱制度等诸多因素。②

在此基础上,高铭暄教授赞成最终从根本上废除死刑,并且主张现阶段积极创造条件,努力追求死刑废除这个目标。当然,高铭暄教授认为,现阶段,死刑制度在我国的存在还有其必要性:一是现实生活中还存在极其严重的危害国家安全、危害公共安全、侵犯公民人身权利、破坏社会治安秩序的犯罪。死刑制度的存在有利于严厉打击和惩治这些犯罪,从而强有力地保护国家和人民的重大利益。二是死刑制度的存在也有利于我国刑罚目的的实现。对于那些罪行极其严重的各类犯罪分子,只有适用死刑(包括死缓),才可以让其不能或不敢再犯罪,从而达到刑罚特殊预防的目的。同时,死刑制度的存在也使那些试图铤而走险实施严重犯罪的人有所畏惧,有所收敛,不敢以身试法,从而达到刑罚一般预防的目的。三是死刑制度的存在符合我国现阶段的社会价值观念,能够为广大人民群众所支持和接受,具有满足社会大众安全心理需要的功能。可以说,公众的死刑观念和国家对死刑积极作用的确信是死刑制度的两个支撑点。这两个支撑点的存在,决定了当前中国绝对不可能全面废除死刑。而中国的死刑制度将在今后多长时间内逐步废止,取决于上述两个支撑点弱化的程度和弱化的速度。③

---

① 参见高铭暄、楼伯坤:《死刑替代位阶上无期徒刑的改良》,载《现代法学》2010年第6期。
② 参见〔英〕罗杰尔·胡德:《死刑废止之路新发展的全球考察》,付强校译,高铭暄点评,载《法学杂志》2011年第3期。
③ 参见高铭暄等:《从此踏上废止死刑的征途——〈刑法修正案(八)草案〉死刑问题三人谈》,载《法学》2010年第9期。

2. 死刑制度改革的主要路径

高铭暄教授认为,我国死刑立法的进一步改革必须司法先行,立法紧跟,两者互相配合,待司法经验积累成熟,立法一举突破。简言之,在司法上切实贯彻"少杀、慎杀"的死刑政策,统一司法中死刑的适用标准,逐步限制、减少死刑的适用,特别是进一步对那些不触及人类根本伦理、民众报应情感不是很强烈的犯罪,将其死刑搁置;在立法上,积极对死刑替代措施及刑罚体系的重构进行论证,待司法实践成熟,立法改革即为顺理成章之事。①

高铭暄教授进一步提出,死刑立法改革应以废止那些不触及人类根本伦理、民众报应情感不是很强烈的犯罪的死刑为起点,由浅入深、由轻到重地依次展开,而这类犯罪危害性最小的当属非暴力犯罪中的经济犯罪(不包括贪污罪、受贿罪)。对经济犯罪不设置死刑是世界各国的通行做法,对这些犯罪适用死刑无疑是对人性过于苛刻的期待,也意味着对生命价值的贬低。同时,对这些犯罪取消死刑符合我国司法的实际情况,不会引起适用上的强烈反差。由于这些拟废除的死刑罪名都是司法中极少适用死刑的罪名,将这些实际上搁置不用的死刑予以废除,既不会在司法实践中引起明显不适,而且还能清理我国刑法中与司法实践严重脱节的条文,为死刑进一步的立法改革开辟道路。②

3. 死刑制度改革的具体措施

第一,明确死刑适用观念。高铭暄教授提出,死刑制度改革必须明确死刑的两个特性或者说两个观念:一是死刑的迫不得已性,即适用死刑只能以预防犯罪的必需为前提。对法律规定适用死刑的犯罪行为,如果不以死刑加以惩治,就不足以有效地维护社会秩序,对其适用死刑就具有迫不得已性。相反,如果通过死刑以外的其他刑种能够实现刑罚预防犯罪的目的,就说明不具有适用死刑的迫不得已性,因而也就不能适用死刑。所以死刑适用具有"非常性"的特点。③ 二是适用死刑的慎重性。慎重适用死刑是我们党和政府"少杀、慎杀"死刑政策的基本要求。慎重适用死刑是宽严相济刑事政策的内在要求。判处死刑问题上仍然有宽严相济的问题。宽严相济的刑事政策强调在适用刑法时必须考虑从宽处罚的可能性,就死刑政策而言,这个刑事政策要求法官在审理刑事案件时对犯罪极其严重的犯罪分子

---

① 参见高铭暄:《新中国死刑立法的变迁与展望》,载《国家人文历史》2010年第20期。
② 参见高铭暄:《新中国死刑立法的变迁与展望》,载《国家人文历史》2010年第20期。
③ 参见高铭暄等:《从此踏上废止死刑的征途——〈刑法修正案(八)草案〉死刑问题三人谈》,载《法学》2010年第9期。

必须判处死刑,但如果具有法定的或者酌定的从轻、减轻处罚的情节时,也不能判处死刑立即执行,而应当依法宣告死缓或无期徒刑乃至有期徒刑。可见,宽严相济的刑事政策实际上蕴含慎刑的要求,所以严格适用死刑,慎重适用死刑,是贯彻和实行宽严相济刑事政策的内在要求。①

第二,统一死刑适用标准。高铭暄教授提出,死刑适用标准应当统一。对此比较可行而又最有效率的解决方法是:由最高人民法院以司法解释的形式颁布统一的死刑适用规则,同时辅以典型判例加以示范。具体来说,死刑案件大体上可以分为数额犯与非数额犯两类。对于数额犯,高铭暄教授建议,最高人民法院可以对每一种常见的数额犯都确定一定的数额基点,一旦低于该基点,就绝对不适用死刑;而如果在这一犯罪数额基点之上,则有可能适用死刑,但也不一定适用死刑,是否适用死刑,还需要结合案件中的其他具体情节进行考虑。非数额犯的情况比较复杂,最高人民法院可以在对既有死刑判决进行分析、概括的基础上,归纳出某些常见的犯罪情节,明确在具有这些情节时,就不应当判处死刑。这样,就以消极条件的形式为不适用死刑划定了清晰的界限,防止死刑适用标准不统一导致量刑畸重而判处被告人死刑。最高人民法院同样可以概括出一些常见的能够适用死刑的积极条件,并以司法解释的形式加以公布。②

第三,合理采用死刑替代措施。高铭暄教授认为,在无法彻底废除死刑的前提下,依法限制死刑的适用,或者寻找替代死刑的有效刑罚措施,都是对死刑适用及现行法律规定疏漏的一种修正。原联合国人权委员会号召仍保留死刑的国家"为了全面废除死刑,建立死刑执行延缓制度"。这一措施可以视为一种由适用死刑向废除死刑的过渡措施,具有很强的可操作性和实践性。③

在此基础上,高铭暄教授提出,为了体现国家惩治严重犯罪的力度,满足公众在废除死刑后对严重罪犯重返社会的担忧,重要的是获得公众对废除死刑的支持。刑罚人道化是一个漫长的逐步发展的过程,先逐步废除死刑,继而改革终身监禁刑,从而使刑罚轻缓化。终身监禁可能是最好的死刑替代措施,但这种措施应该是

---

① 参见高铭暄等:《从此踏上废止死刑的征途——〈刑法修正案(八)草案〉死刑问题三人谈》,载《法学》2010年第9期。
② 参见高铭暄等:《从此踏上废止死刑的征途——〈刑法修正案(八)草案〉死刑问题三人谈》,载《法学》2010年第9期。
③ 参见高铭暄等:《从此踏上废止死刑的征途——〈刑法修正案(八)草案〉死刑问题三人谈》,载《法学》2010年第9期。

允许假释的终身监禁,当然应设定一个较长的最低服刑期限。①

第四,改革死缓制度。高铭暄教授认为,新中国死缓制度经历了从政治策略形态向法律制度形态嬗变的进程,先前的死缓政策的政治色彩极其显著,而之后死缓制度法典化后的限制死刑意义突出。我国现行《刑法》关于死缓适用的技术规则存在两个基本缺陷:一是死缓的适用对象(罪行极其严重但又不是必须立即执行的犯罪分子)缺乏刚性要求,不太符合罪刑法定原则;二是死缓适用的结果取向配置(有无故意犯罪)缺乏柔性,不完全符合刑法谦抑精神。② 对死缓制度这两方面的立法缺陷应在适当时予以完善。③

第五,废止经济犯罪死刑。高铭暄教授认为,对经济犯罪不规定死刑及首先废除经济犯罪的死刑,是世界各国立法者的共同选择,这不是偶然的。经济犯罪是"法定犯",是"行政犯",是"禁止恶",更直白地说,经济犯罪是国家"制造"出来的犯罪,国家基于经济秩序的维护而将某些行为标定为犯罪。对经济领域中的违法行为,应当首先综合运用民事的、行政的法律措施和管制手段,只有其他法律手段无能为力的,才能上升到适用刑法。即便如此,也不等于必须要用死刑来制裁。对经济犯罪,应当将治理的重点放在完善监管制度上,而不能过于依赖刑罚手段,更不能依赖死刑。④

高铭暄教授提出,刑法上对单纯的经济犯罪原则上不应规定死刑,理由是:首先,经济犯罪的成因是多方面的,受到经济、政治、法律等各种因素的影响,靠死刑是无法有效遏制的。其次,单纯的经济犯罪的社会危害性,一般都要低于侵犯他人生命权利、国家安全和公共安全的犯罪,对之适用死刑有过重之嫌。此外,由于这些犯罪适用死刑的主要依据是犯罪数额,死刑的适用无异于贬低人的生命价值,有悖于死刑的刑罚等价观念。再次,从国家和社会的利益考虑,对经济犯罪适用死刑也是极不经济的,因为科处严重经济犯罪分子长期徒刑或无期徒刑,至少可以通过强制罪犯以无偿劳动来尽可能地弥补因其犯罪给国家、社会和人民造成的经济损失;而死刑从肉体上消灭罪犯,事实上同时也剥夺了罪犯以无偿劳动弥补其所造成

---

① 参见高铭暄、王秀梅:《死刑替代利弊分析》,载《江苏行政学院学报》2008 年第 1 期。
② 2015 年 8 月 29 日通过的《刑法修正案(九)》已将 1997 年《刑法》第 50 条第 1 款原来规定的死缓执行死刑的实质条件"如果故意犯罪,查证属实的……"修改补充为"如果故意犯罪,情节恶劣的……",即增加了"情节恶劣"的要求。
③ 参见高铭暄、徐宏:《中国死缓制度的三维考察》,载《政治与法律》2010 年第 2 期。
④ 参见高铭暄等:《从此踏上废止死刑的征途——〈刑法修正案(八)草案〉死刑问题三人谈》,载《法学》2010 年第 9 期。

的经济损失之机会。最后,对于经济犯罪不设置死刑是世界各国的通例。随着改革开放的深入,我国《刑法》必然成为一部开放的刑法,对经济犯罪大力削减死刑,可以使我国《刑法》更加适应世界潮流。①

第六,尊重和引导死刑民意。高铭暄教授认为,对民意问题应当从两个角度对待:一是要尊重民意。民意在一定程度上是群众朴素的正义观念和生活常识的体现,有其合理性因素。尊重民意的法律当然更容易赢得公众的尊重,中国是发展中的大国,国内情况复杂,国际影响重大,由于国情民意和法律传统文化所决定,短期内还不可能全面废除死刑。二是要引导民意。我们尊重民意而不单纯迎合民意,逐步废除死刑,从根本上讲也是符合广大人民群众的根本利益的,要限制、限制、再限制,减少、减少、再减少。先从非暴力犯罪、单纯的经济犯罪废除死刑开始,逐步扩大废除死刑的范围。高铭暄教授满怀信心地展望说,经过若干年乃至数十年的艰苦努力,特别是经过已经签署但有待最高权力机关批准的国际人权法和批准以后的贯彻落实的实际行动,必将使在中国社会存在的死刑报应、迷信死刑的观念,逐步得到弱化,逐步得到扭转。那么,总有一天,死刑废除的喜讯就会降临到我们面前。目前这也许还只是幻想式的预言,但他深信这是合乎规律的。②

三、中国死刑制度改革的继续推进:
高铭暄教授死刑制度改革思想的启迪

作为有广泛且重要学术影响和实践影响的刑法学者,高铭暄教授的死刑制度改革思想为中国死刑制度改革提供了重要的路线图,是影响和推动我国当代死刑制度改革不断深入的重要理论力量。认真学习、研究和思考高铭暄教授的死刑制度改革思想,带给我们许多启迪。我们认识到,受制于现实多种因素的影响,我国死刑制度改革的道路还很漫长,未来我国死刑制度改革还需要继续进行多维度的探索和拓展,这主要包括以下五个方面:

(一)以刑罚人道主义为指引,不断夯实死刑制度改革的价值基础

功利与人道被认为是死刑制度改革的两大价值基础。其中,功利表现为死刑

---

① 参见高铭暄:《我国的死刑立法及其发展趋势》,载《法学杂志》2004年第1期。
② 参见高铭暄等:《从此踏上废止死刑的征途——〈刑法修正案(八)草案〉死刑问题三人谈》,载《法学》2010年第9期。

的预防功能,即死刑具有积极的预防犯罪功能。但在当前背景下,死刑的预防功能具有较难预测、无法有效评估等特点,特别是现有研究很难证明死刑具有高于无期徒刑的边际效应。与功利相比,刑罚人道主义是死刑制度改革的永恒主题,并将为我国包括死刑在内的刑罚改革提供充足的动力。

从刑罚人道主义的角度看,中国死刑制度改革需要不断地推进人道化改革。这集中体现在要从对象上扩大不适用死刑的范围,具体包括:①明确对精神障碍人不适用死刑。精神障碍人不同于典型的精神病人,其具有一定的辨认或者控制自己行为的能力,但与正常人相比还是存在一定的差异和可宽宥性,对其不适用死刑是死刑制度改革的刑罚人道性要求。②明确对新生儿母亲不适用死刑。这一群体涉及死刑适用的实际情况较少,但并不排除存在个例,需要在立法和司法上予以明确限制。③扩大老年人不适用死刑的范围。可以考虑在现有立法的基础上,将老年人不适用死刑的范围扩大到所有审判时年满70周岁的老年人,即不仅要排除老年人不适用死刑的例外,也要将老年人的年龄下调至审判时年满70周岁。① ④明确身体残疾的人不适用死刑,包括聋哑人、盲人、肢体残疾的人等。②

(二)以限制死刑的制度文化为导向,不断挖掘死刑制度改革的传统文化力量

中国死刑制度源远流长。在制度文化上,中国历史上有不少限制乃至废止死刑的制度设计。例如,高铭暄教授所研究的清代秋审制度就是一种限制死刑适用的制度文化。除此之外,中国古代刑法制度上也还有其他不少限制乃至废止死刑的制度文化,值得进一步挖掘。

以中国汉代著名的"杀人者死,伤人及盗抵罪"③为例。该约法三章本身是为了反对秦朝的苛法,有限制重刑的倾向。从内容上看,其意思是:杀人者要处以死刑,伤人者和盗窃者要受到与其罪行相应的处罚。换言之,伤人者、盗窃者均不需要判处死刑。虽然这一内容在具体适用中不一定得到严格执行,但反映了中国古代的死刑文化,即基于报应观念的死刑只适用于夺人性命的罪行。但是,反观我国

---

① 参见赵秉志:《关于中国现阶段慎用死刑的思考》,载《中国法学》2011年第6期。
② 参见赵秉志、袁彬:《改革开放40年中国死刑立法的演进与前瞻》,载《湖南科技大学学报(社会科学版)》2018年第5期。
③ 西汉司马迁《史记·高祖本纪》记载:"汉元年十月,沛公兵遂先诸侯至霸上……召诸县父老豪桀曰:'父老苦秦苛法久矣,诽谤者族,偶语者弃市。吾与诸侯约,先入关者王之,吾当王关中。与父老约,法三章耳:杀人者死,伤人及盗抵罪……'"

现行《刑法》上尚存的 46 个死刑罪名,多种死刑罪名在死刑的适用条件上并不要求夺人性命。例如,我国《刑法》第 115 条第 1 款规定:"放火、决水、爆炸以及投放毒害性、放射性、传染病病原体等物质或者以其他危险方法致人重伤、死亡或者使公私财产遭受重大损失的,处十年以上有期徒刑、无期徒刑或者死刑。"按照这一规定,死刑的适用条件是"致人重伤、死亡或者使公私财产遭受重大损失",并不仅限于"致人死亡"的情形。从实际情况看,在致多人重伤或者造成特别重大财产损失的情况下,我国刑法立法允许、司法实务中也很有可能判处死刑。而这与上述中国古代的死刑制度文化相比,明显有所扩张。我国应当积极探索将死刑仅限于致人死亡的立法和司法,力争早日仅在故意杀人罪中配置死刑。

(三)以国际为视角,不断注入死刑制度改革的外部动力

从国际视野上考察,限制和废止死刑已是当代一种不可逆转的世界潮流。在国际公约上,以联合国《公民权利和政治权利国际公约》为代表,国际社会对限制和废止死刑的做法有着明确要求。

中国死刑制度改革需要从内部探寻改革的动力,同时也可以适当顺应国际潮流,借鉴域外和国际社会的做法。中国死刑制度改革树立国际视野具有积极意义,这包括:①限制死刑适用的罪行,即应考虑以《公民权利和政治权利国际公约》的要求为依据,将适用死刑的犯罪明确限定为"最严重的犯罪"。②限制死刑适用的具体犯罪类型。对于经济犯罪、毒品犯罪等不属于最严重的犯罪的,不能适用死刑。③赋予死刑犯申请赦免的权利,即按照国际公约的相关要求,允许具备一定条件的死刑犯申请赦免,以进一步限制死刑的适用。④死刑执行数字公开,即从加强监督的角度,逐步公开死刑执行的数字。

(四)以民意为切入口,不断凝聚死刑制度改革的社会力量

民意是一种重要的社会力量。对于中国死刑制度改革的阻力而言,当前最常提及的便是民众支持死刑的观念。对此,高铭暄教授的主张有二,一是尊重民意,二是引导民意。这是非常切中要害的,也是非常中肯的。

但是,对于民意,我们也要避免大而化之的认识和理解。一方面,民意是一种具体认识,不能进行简单抽象的认识。例如,大多数民众支持死刑,不等于民众支持现有的所有犯罪的死刑,也不等于民众支持任何情形的犯罪的死刑。民众的死刑观念会受到很多因素的影响和制约。以曾经广为关注的吴英集资诈骗案为例,当时民众对浙江法院判处吴英死刑(立即执行)普遍持反对态度,这与民众普遍支持死刑的状况就显然不一致。因此,只有深入死刑民意的内部,才能更充分地理解民众的死刑观念。一般而言,民众观念中反映普遍正义诉求的内容对死刑制度改革是有积极参考借鉴作用的。另一方面,民意是一种现实认识,不能等同于未来的认识。人的观念在不同的情形下、不同的时间段,难免会发生变化。[①] 例如,近些年经过系列立法和司法改革,中国死刑适用的范围有了大幅度的限制和缩小。从民意的角度看,民众对已有的死刑立法改革和司法改革总体上持肯定、支持的态度。特别是随着经济条件的改善和人权观念的进步,民众对财产犯罪(含经济犯罪)的死刑诉求也悄然发生了明显的改变。对于单纯以财物为目的的犯罪,如以前规定有死刑的盗窃罪,现在仍保留死刑的抢劫罪,只要未造成他人死亡的后果,民众并不会有要求判处被告人死刑的强烈诉求。从推动中国死刑制度改革的角度看,我国要切实地推进死刑制度改革,就应当认真分析和研究死刑民意的内涵和趋势,积极而合理地引导死刑民意的理性发展,最大限度地争取民众对死刑制度改革的支持,从而不断凝聚死刑制度改革的社会力量。

(五)以政策为引领,不断推动死刑制度改革的前进步伐

"保留死刑,严格控制和慎重适用死刑"是当前我国的死刑政策。其中,"严格控制和慎重适用死刑"对近年来我国死刑制度改革的推动发挥了重要作用。但在实践中,有不少人认为当前我国严格控制和慎重适用死刑的政策空间已经越来越小,死刑的司法控制已接近极致。其实,这中间有两个问题对于我国死刑制度改革而言需要引起重视:一是死刑政策的重点何在?在死刑政策表述上,"保留死刑,严格控制和慎重适用死刑"的重点绝不是"保留死刑",而应当是"严格控制和慎重适用死刑"。"保留死刑"是现实的选择,"严格控制和慎重适用死刑"既是现实的需要也是未来发展进步的需要。当前我国《刑法》上还规定了46个死刑罪名,死刑适用的条件还比较宽泛、抽象,限制死刑适用的力度仍然有限。从这个角度看,我国死刑立法和司法都有极大的改革空间。对我国死刑政策的理解,绝不能是:既然"保留死刑"是政策的内涵之一,对于规定了死刑的罪名,只要罪行达到相应程度,就一定要适用死刑。二是死刑政策的发展方向何在?作为我国现阶段的死刑政策,"保留死刑,严格控制和慎重适用死刑"是现实的选择,不等于未来我国的死刑制度改革中政策就不再需要进行调整。综合死刑制度的世界发展潮流和中国死

---

① 参见袁彬:《死刑民意引导的体系性解释》,载《中国刑事法杂志》2009年第11期。

制度改革的未来需要(包括社会文化发展对死刑观念的影响等),"减少乃至废止死刑"应当成为未来我国死刑政策的重要内容,并成为指导我国死刑制度改革的重要政策力量。① 以死刑政策为引领,我国死刑制度改革需要积极探求政策落实的具体措施。对此,高铭暄教授提出的系列主张也具有重要的参考指引作用。

除此之外,我国死刑制度改革还应当加强刑事实体法与刑事程序法的配合,以一体化的思维,推动我国死刑制度的联动改革②,进一步加强死刑制度的技术改造,包括设置统一的故意杀人罪,将所有故意致人死亡的情形都纳入故意杀人罪的惩治范围,取消其他犯罪中包含故意致人死亡的情形③。

四、结语

作为当代中国刑法学的主要奠基人、开拓者和著名刑法学家,高铭暄教授对我国死刑制度改革问题的研究和一系列主张,充分展现了其作为当代刑法学大师的人道情怀、历史眼光、国际视野和本土意识。高铭暄教授所提出的系统而丰富的死刑制度改革的思想,通过他长期参与国家立法机关创制和完善刑法的立法工作,通过他引领和参与其所在刑法学术团队晚近二十年来聚焦死刑制度改革的学术研究和学术活动,通过他对弟子的学术指导乃至对全国刑法学界的学术影响,从而对我国死刑制度的法治改革和相关理论研究发挥了积极的促进功效。全国人民代表大会常务委员会在 2019 年 9 月 17 日公布的《关于授予国家勋章和国家荣誉称号的决定》中,号召要"以国家勋章和国家荣誉称号获得者为楷模,大力宣传他们的卓越功绩,积极学习他们的先进事迹"。宣传、学习"人民教育家"国家荣誉称号获得者高铭暄教授的卓越功绩和先进事迹,当然就包括学习、研究和弘扬高铭暄教授关于我国死刑制度改革和其他重要领域的学术思想与法治贡献。

---

① 参见赵秉志、袁彬:《我国死刑司法改革的回顾与前瞻》,载《社会科学》2017 年第 2 期。
② 参见赵秉志、袁彬:《中国死刑制度改革的体系化思考——以刑事一体化为视角》,载《江海学刊》2022 年第 6 期。
③ 参见阴建峰:《论故意杀人罪死刑的立法改革》,载《北京师范大学学报(社会科学版)》2011 年第 1 期。

高铭暄教授对国际刑法的重要贡献

楼伯坤*　楼畅宇**

高铭暄教授,刑法学家、人民教育家,1928年5月出生于浙江省玉环县。高铭暄教授受家庭熏陶立志学法,潜心修法,并在从事法学教学研究后,身体力行,积极投身于国际刑法的发展事业,培养了一批具有卓越才能的国际刑法人才,推动了中国刑法学界参与国际刑法学术活动,提出了不少具有重要价值的学术思想,对推动中国国际刑法走向世界作出了重大贡献。本文概略记述高铭暄教授对国际刑法作出重要贡献的几个片段,以表达对高铭暄教授的崇高敬意。

一、誉满全球的国际刑法学术影响力

高铭暄教授在国际刑法学界享有很高的声誉,先后获得国际社会防卫学会的"切萨雷·贝卡里亚奖"、日本早稻田大学荣誉博士学位,其代表作《中华人民共和国刑法的孕育诞生和发展完善》被译成德文正式出版,这对扩大中国刑法在国际上的影响力,促进国际刑法的发展发挥了重要作用。

(一)"切萨雷·贝卡里亚奖"获得者亚洲第一人

2015年4月15日,在卡塔尔首都多哈召开的第十三届联合国预防犯罪和刑事司法大会上,高铭暄教授被授予"切萨雷·贝卡里亚奖"。这是作为素有"刑法学界的小诺贝尔奖"[①]之美誉的"切萨雷·贝卡里亚奖"首次被中国学者获得。

"切萨雷·贝卡里亚奖"是国际社会防卫学会设置的一个奖项。国际社会防卫学会是国际刑事科学领域的著名学术团体,在联合国经社理事会享有咨商地位,其历史悠久,影响广泛。"切萨雷·贝卡里亚奖"首次设立于2004年,每年评选一

---

* 浙江工商大学法学院教授、博士生导师。
** 北京竞天公诚(杭州)律师事务所律师,香港中文大学 Juris Doctor(JD,法律博士)。
① 蒋安杰:《高铭暄:耄耋之年荣获国际大奖实至名归——专访"切萨雷·贝卡里亚奖"获得者高铭暄教授》,载《法制日报》2015年4月22日,第9版。

次,以表彰在全球刑事法领域为推动实现法治精神与人道关怀作出卓越贡献的贤达之士。

高铭暄教授此次获奖,是全球第12位、亚洲第1位。根据国际社会防卫学会主席路易斯·阿罗约·萨巴特罗教授在颁奖典礼上的介绍,高铭暄教授能够获此大奖,有以下几个方面的原因:一是高铭暄教授兼具前人的高贵品质,将其一生贡献给了刑法科学和刑事法制的发展进步以及人道主义刑事政策的传播普及,特别是退休十年间仍作为北京师范大学刑事法律科学研究院(以下简称"北师大刑科院")的特聘教授孜孜不倦地忘我工作,活跃在国内外法学舞台上,著述丰硕而有分量;二是高铭暄教授被业界称为大师,不仅在于其撰写了大量著作,也在于其培育团队和学派的能力;三是在高铭暄教授的努力引导下,中国刑法学界逐渐走向国际,中国刑法学者陆陆续续地加入了国际刑法学协会等国际学术团体,有的学术团体已得到联合国的认可而成为其成员机构。

国际刑法学协会主席约翰·梵瓦勒指出,高铭暄教授是具有高度影响力的学者,他不仅积极关注司法改革和刑事政策,而且在学术生涯的早期就积极参与中国刑法的法典化及其后续改革,同时还积极借鉴国际条约的有益成果,将其转化到中国刑法中来,以推动中国刑法的国际化进程。北京师范大学法学院卢建平教授评论道:高铭暄先生荣膺"切萨雷·贝卡里亚奖",不仅意味着国际社会防卫学会肯定高老的学术造诣和学术影响力,也意味着该学会肯定了他对法学教育事业的热心、对刑事法学和国际刑法事业的热衷。

因此,可以说,高铭暄教授获此殊荣,既是中国刑法学界的荣誉,也是中国法学教育史上的荣誉,更是国家的荣誉。中国法学会一位学术大咖认为,高铭暄教授的获奖标志着中国刑法学事业走向世界取得了巨大成就,这对于推进中国的法治经验走向世界、增强中国法学和中国法治的国际影响力,具有重要意义。

(二)被授予早稻田大学荣誉博士学位

2016年11月22日,日本早稻田大学授予高铭暄教授荣誉博士学位,以表彰高铭暄教授多年来对中日刑法学术交流的贡献。

日本早稻田大学的名誉博士学位入选标准极其严格,只有在国际上负有盛名并有杰出成就的政治家、社会活动家和学术大师才有可能成为被授予的对象。高铭暄教授获得此荣誉博士学位,意义重大,影响深远。这不仅是对他在中国刑法学教学研究、中国刑事法治发展进步以及中国刑法学走向世界诸方面所作出的巨大贡献和取得的杰出成就的充分肯定,更在国际刑法学界展现了中国刑法学界的精神风貌,把高铭暄教授几十年如一日、兢兢业业致力于中国刑法学的繁荣所具有的宽广视野与博大胸怀,展示给了世界,彰显了中国刑法学走向世界的力量所在。

(三)经典代表作的德文版出版

高铭暄教授的重要代表作包括《中华人民共和国刑法的孕育和诞生》《刑法学原理》等,其中《中华人民共和国刑法的孕育和诞生》经修订后成为《中华人民共和国刑法的孕育诞生和发展完善》,堪称其代表作中的经典。该著作经由湖南师范大学赵冠男博士会同其妻德国汉堡大学法学博士何坦翻译成德语,于2017年由德国科瓦茨出版社出版了前两卷,第三卷随后出版。

修订后的《中华人民共和国刑法的孕育诞生和发展完善》包括前言、上卷和下卷。上卷为"中华人民共和国刑法的孕育和诞生",其主要反映新中国第一部刑法典的孕育诞生过程,"特别是从1957年第22稿到1963年第33稿、再到1978年至1979年定稿阶段,在条文起草、讨论、修改过程中的相关情况和问题"①。下卷为"中华人民共和国刑法的发展和完善",主要围绕1997年修订《刑法》以及后续的8个刑法修正案补充的章节条文次序进行论述,具体包括1979年《刑法》颁布后至1997年《刑法》全面修订期间的多个单行刑法、立法稿本,以及1997年《刑法》修订之后的1个单行刑法和8个刑法修正案、9个刑法立法解释。这既是一本学习刑法的工具书,也是一本开展刑法研究的学术著作。此书对从事刑事立法、司法和教学研究的学界同仁以及学习刑法的学子和广大读者,都具有极高的学术价值和学习价值。该书德文版的出版是中国刑法和中国刑法学走向世界的重要一步。

二、率先培养中国国际刑法高级人才

高铭暄教授注重国际刑法高级人才的培养,结束了新中国不能自己培养国际刑法学博士的历史。"我认为学者的责任和使命就是追求真理、宣扬真理,发现错误、修正错误。如果是教师,就要以身作则,做到名副其实地传道、授业、解惑。"

高铭暄教授认为,要密切与国际社会对刑法问题的研讨,除了自身的努力,还需要与国际社会建立交流与合作的通道。他说:"为了进一步推进我国刑法学的发

---

① 赵秉志、阴建峰:《新中国注释刑法学的扛鼎之作——试评高铭暄教授著〈中华人民共和国刑法的孕育诞生和发展完善〉》,载《刑法论丛》2013年第2期。

展,我们不能仅仅研究国内刑法,应该具有国际视野,适当关注国际刑法和外国刑法的发展,这样才能与我们国家的国际地位相匹配。"①

因此,他率先于 20 世纪 80 年代在中国人民大学法律系开设了"国际刑法专题"课程,给研究生讲授国际刑法。通过系统的教学来培养国际刑法的专门人才,是高铭暄教授追求的目标。在谈及教师的使命时,高铭暄教授曾答道,"我以自己的一生践行了承诺"。1984 年 1 月,经国务院学位委员会批准,高铭暄教授成为我国首位招刑法学专业的博士生导师,从此结束了新中国不能自己培养刑法学博士的历史。如今,高铭暄教授已先后培养了 70 余位刑法学博士,他培养的学者都在中国以及世界刑法学领域贡献智慧。在高铭暄教授教过的学生中,有的在国家机关担任要职,如原最高人民法院首席大法官肖扬、一级大法官祝铭山、二级大法官姜伟等;有的在高等学校任教,如北师大刑科院的赵秉志教授,北京大学法学院陈兴良教授等,他们的学术建树是为人所共知的,蜚声国内外。

在国际刑法领域,需要特别说一说的是王秀梅教授,她是高铭暄教授培养的第一位国际刑法学博士。有名师的指点,王秀梅也通过自己的努力在国际刑法方面取得了重要成就。由于她的突出表现,她于 2017 年获得由卡塔尔政府和联合国毒品与犯罪问题办公室联合颁发的"国际反腐败卓越奖",成为迄今为止唯一获此殊荣的亚洲学者。

三、大力推动国际刑法学术活动

高铭暄教授积极呼吁中国刑法学与国际刑法学的对接,经过司法部的努力,于 1988 年 4 月成立国际刑法学协会中国分会,时任司法部法学教育司司长余叔通教授当选为中国分会主席,高铭暄教授当选为副主席。1996 年经过换届,高铭暄教授当选为中国分会主席。在高铭暄教授的带领下,中国刑法学者与国际刑法学术机构进行了广泛交流,深度参与国际刑法学术活动。

(一)与联合国专业机构的学术交往

高铭暄教授带领中国刑法学者参加的国际刑法学术机构,涉及多个领域不同层级的学术机构。它们包括:

(1)联合国犯罪预防与刑事司法机构网络(PNI)。该机构是北师大刑科院代表

---

① 高铭暄口述、傅跃建整理:《我与刑法七十年》,北京大学出版社 2018 年版,第 143 页。

中国刑事法学术机构于 2011 年 4 月 12 日加入的,成为 PNI 的第 15 个国家成员单位。① 这为中国国际刑法的"请进来、走出去"拓展了空间和渠道。

(2)联合国反恐委执行局。2014 年 8 月 22 日,高铭暄教授所在的学术机构与联合国反恐委执行局签订合作协议,推进了我国反恐法律问题研究的繁荣和反恐法治实践的进步。

(3)联合国毒品和犯罪问题办公室。2018 年 9 月 28 日至 29 日,为了顺应国际反恐合作的现实需求,联合国毒品和犯罪问题办公室预防恐怖主义办公室与北师大刑科院,在北京联合主办了"共建人类命运共同体、打击恐怖主义犯罪国际研讨会暨联合国毒罪办反恐教育论坛",进一步推动了国际刑法的发展。2019 年 5 月 20 日至 25 日,受联合国毒品与犯罪问题办公室的邀请,中国刑法代表团参加了第 28 届联合国预防犯罪与刑事司法年会,就网络犯罪与恐怖主义、加强珍贵金属供应链的安全等问题达成了共识。

在高铭暄教授的参与或者倡导下,以北师大刑科院为主要单位带领团队成员广泛参与国际刑法学术实践活动,这对于促进我国国际刑法的国际化发展无疑起到了积极作用。

(二)与国际刑法学协会的学术交流

国际刑法学协会是一个非政府性学术团体,在国际刑事科学领域著名的四大学术团体中历史最悠久、影响最广泛、地位最权威。

国际刑法学协会的前身是由德国刑法学家李斯特、荷兰刑法学家哈默尔、比利时刑法学家普林斯于 1889 年共同创建的国际刑事科学协会。国际刑事科学协会在第一次世界大战期间停止活动。1924 年,法国、比利时等国的刑法学家在国际刑事科学协会的基础上重新组建协会,并取名为国际刑法学协会。其宗旨是促进各国立法及司法机构的发展,实行更人道、更有效的司法制度,推动各国刑法学者、刑事司法人员之间的交流与合作,以促进国际刑法学理论和实践的发展。国际刑法学协会由来自世界各地刑事科学研究领域各学科的代表、教授、专家、律师和高级刑事司法官员组成。其正式会员包括团体会员、个人会员、名誉会员三种。按照国际刑法学协会章程的规定,每个国家只能有一个团体会员作为国家分会在协会参加活动。

---

① 参见赵秉志、阴建峰:《以加入联合国刑事司法网络为契机着力推进国际化进程——北师大刑科院代表团赴欧访问考察报告》,载《刑法论丛》2011 年第 2 期。

高铭暄教授对国际刑法的重要贡献

高铭暄教授为中国在国际刑法学协会中发挥作用作出了艰辛努力。1983年,高铭暄教授作为与会代表,首次出国参会交流,与会学习的同时,积极展示他的学术观点和研究成果。在频繁的交流中,高铭暄教授成为国际刑法学协会的个人会员。1984年,高铭暄教授作为与会代表之一,出席了第13届在开罗举办的国际刑法学大会,与该协会建立了联系。1987年5月,高铭暄教授参加了在意大利举行的国际死刑问题学术研讨会,与会期间,见到了时任国际刑法学协会秘书长的巴西奥尼教授,向其问好的同时,也表达了中国刑法学界拟申请加入此协会的意愿,得到了协会领导的首肯。他在此次会议上,大胆地作了题为"中华人民共和国死刑问题"的演讲,发表了中国刑法学界对待死刑的主流观点,阐述了中国在防止犯罪问题上的积极成效。这次发言使国际刑法学界对中国刑法刮目相看,当地媒体争相报道。在他的不懈努力下,1988年4月7日,关于成立国际刑法学协会中国分会的申请被国务院和中国法学会批准了。1988年4月,国际刑法学协会中国分会正式成立并举行了成立大会。就在同一年,国际刑法学协会理事会正式接纳中国分会作为该协会的国家分会会员。国际刑法学协会中国分会自成立以来,在高铭暄教授的带领下,广泛进行学术交流,积极开展学术活动,已成为国际刑法学协会中最具影响的国家分会之一。1999年9月,鉴于高铭暄教授为推动中国国际刑法的发展所作出的贡献,在布达佩斯召开的第16届国际刑法学协会代表大会上,其被选为国际刑法学协会副主席,兼任中国分会主席。高铭暄教授于1999年至2009年,连续两届担任国际刑法学协会副主席;并于1988年至1996年、1996年至2011年,先后担任中国分会副主席、主席。2004年9月13日,第17届国际刑法学大会在北京召开,高铭暄教授起到了关键作用。正如高铭暄教授的挚友西原春夫教授在接受采访时所说的那样,"可以说最让人惊讶的是,2004年国际刑法学协会在北京举行了世界大会,日本在战前就一直积极参与这样的协会,但迄今为止,日本还没举办过国际刑法学协会这样的世界大会,在亚洲,首届国际刑法学协会的举办地是北京。而在这当中,高铭暄老师发挥了至关重要的作用"。2011年7月9日下午,第3届国际刑法学协会中国分会会员大会在北师大刑科院隆重召开,高铭暄教授受聘为国际刑法学协会中国分会名誉主席。2018年9月22日至9月25日,高铭暄教授受邀参加国际刑法学协会理事会会议及纪念巴西奥尼教授逝世一周年国际学术研讨会;2019年9月19日,第17届国际刑法学大会再次选出了新的一届领导机构,高铭暄教授再次当选国际刑法学协会副主席。高铭暄教授几十年如一日地参与和努力,对中国刑事法学界走向国际舞台和推动国际社会刑事法治的进步作出了重要贡献。

(三) 与日本刑法界的学术交流

高铭暄教授密切关注国际刑法的学术交流,和日本西原春夫教授一道促进了中日刑法学研究的繁荣发展。高铭暄教授和西原春夫先生是在 1993 年 9 月认识的,那时西原春夫是早稻田大学的资深教授,刚刚从大学总长的岗位上卸任不久。1993 年 9 月 13 日至 16 日,以"正当化与免责"为主题的德国与东亚刑法比较研讨会在东京召开。① 该会议是由德国马普外国刑法和国际刑法研究所的时任所长阿尔班教授发起的,并且建议由西原春夫教授主持,在早稻田大学举行。参加此次会议的除了德国和日本的刑法学者,还有中国和韩国的刑法学者。当时从中国大陆前去参加的学者中就有高铭暄教授。在此会议上,高铭暄教授向会议提交了《错误中的正当化免责问题》一文,并在会上作了精彩演讲。高铭暄教授颇有感情地回忆道:"就是在参加这次会议的报道期间,我第一次见到了西原春夫先生,他是忙前忙后,彬彬有礼,热情接待与会的嘉宾,给我留下了深刻的印象。从此我和西原春夫先生时有联系,建立了深厚的友谊。"

高铭暄教授和西原春夫教授一道积极地推动中日刑法学术的密切交流,最具深远意义的有两件事情。第一件事情是在 21 世纪初期召开的四次中日刑事法学术研讨会,研讨会的基本内容是入会专家介绍本国的刑法、刑事诉讼法以及犯罪学的发展情况和面临的一些理论和实务问题。在主题之下的每个分题,双方都阐述了各自文章的观点,在会议上就能达到彼此了解相互比照的效果。讨论的时候由浅入深,由表及里,不同的观点可以商榷,但彼此尊重对方,重视友谊。会议气氛始终是友好且融洽的,这四次研讨会的成功召开使双方都有较大的收获。第二件事情是西原春夫先生与高铭暄教授在 1994 年的约定,共同主持编辑出版两套法学系列丛书,一套是"中国法学全集"9 卷本,邀请中国各个部门法的知名学者撰写,交付日方译成日语;另一套是"日本刑事法研究丛书"4 卷本,由对日本刑事法有深刻研究的中国学者来撰写,由法律出版社出版。

四、努力创新国际刑法学术思想

高铭暄教授的国际刑法学术思想,是在其学习外国和国际刑法理论的过程中

---

① 参见李海东:《一次东亚刑法学盛会——德国与东亚刑法学"正当化与免责"专题研讨会介述》,载《法学家》1993 年第 Z1 期。

逐步形成的,并在参与国际公约和双边、多边协定的制定过程中发挥作用。其在未成年人犯罪的处理、死刑改革、犯罪构成体系的创建、现代特赦制度的构建等研究领域提出的具有创见性的观点,是其国际刑法学术思想的集中代表。

(一)国际刑法学术思想的萌芽

高铭暄教授早年接受的苏联的刑法教育,对其刑法思想的形成产生了积极影响。1951年8月,高铭暄被保送至中国人民大学刑法教研室,成为一名刑法学研究生①,实现了他"到人民大学深造,系统学习一套新的法律理论知识"的梦想。在此期间有数十名苏联专家受聘到中国人民大学讲授哲学、政治经济学、法律等不同学科。"理论与实际相结合,苏联经验与中国实际相联系"成为当时的办学口号。同时,高铭暄教授向贝斯特洛娃、达玛亨、尼古拉耶夫和柯尔金等苏联专家请教学习,他自己认为向苏联专家请教学习,对专业知识的提高有很大帮助,也使自己逐渐入了刑法的门。

高铭暄教授在参与立法活动中阅读的相关外国刑法资料,有1926年《苏俄刑法典》,保加利亚、阿尔巴尼亚、美国、德国、法国、日本等国的刑法典,这不仅为《刑法(草案)》第1稿的完成起到了重要作用,同时也对1957年6月《刑法(草案)》第22稿乃至1979年《刑法》及其后刑法修正案的出台,起到了重要作用。高铭暄教授在刑法的立法根据、立法原则、立法技术上提出了不少可行建议。②

(二)国际刑法学术思想的发展

高铭暄教授国际刑法学术思想的发展,主要体现在以下几个方面:

1. 以全球化视野加强我国恐怖活动犯罪立法

高铭暄教授认为,在恐怖活动犯罪全球化的背景下,我国对于惩治和预防恐怖活动犯罪的刑事立法也应积极与国际接轨,以形成刑法应对的全球化。他认为,刑法应对的全球化应当包括打击对象的全球化认识和应对方法的全球治理性。具体到恐怖活动犯罪中,针对恐怖主义犯罪主观目的强烈、危害后果严重的特征,应当有针对性地加强预防性立法。③

---

① 参见韩寒:《高铭暄:一部刑法典38稿25年》,载《光明日报》2012年9月15日,第9版。
② 参见叶良芳:《高铭暄教授:法苑耕耘献丹心》,载《中国地质大学学报(社会科学版)》2004年第4期。
③ 参见高铭暄、陈冉:《全球化视野下我国惩治恐怖活动犯罪立法研究》,载《法治研究》2013年第6期。

2. 从国际法视角完善我国商标犯罪立法

高铭暄教授认为,包括商标权在内的知识产权保护问题是国际性的普遍问题,国内法的理解与适用必须从国际法视角展开,以一系列的国家条约、公约中有关商标的规定为参照。他提出商标犯罪中的"注册商标"应当包括服务商标;驰名商标应在刑事领域予以特殊保护,但驰名商标"淡化行为"不宜认定为犯罪;商标反向假冒行为目前难以直接认定为假冒注册商标罪;对商标犯罪入罪标准所涉及之"违法所得数额""销售金额""非法经营数额"等概念,应结合国际法并参照有关司法解释予以正确理解。①

3. 参照国际公约完善我国反腐败犯罪的刑事法治

高铭暄教授认为,《联合国反腐败公约》可谓世界上涉及国家最广的专门性全球反腐败公约,提炼和反映了世界各国对于反腐败问题的诉求以及经验对策,对我国顺应国际趋势、完善反腐败刑事法治具有借鉴价值。在刑事立法方面,他主张加强预防性立法,建立公务员财产申报制度;修改腐败犯罪的构成要件,严密刑事法网;改进死刑立法,促进腐败犯罪中的引渡合作。在刑事司法方面,他认为,要建设专职的反腐败犯罪机构;完善反腐败刑事司法中的证人制度;健全涉外财产追回机制。②

4. 借鉴国外经验倡导国际环境犯罪刑事政策

德国环境犯罪刑事政策具有行政从属性,将行政违法作为环境刑法适用的前提。在保护人类利益的同时,德国环境犯罪政策还主张生态环境同样需要保护,以双重法益为价值取向。此外,由于预防理念的影响,德国还制定了一系列预防性的环境政策。基于以上特点,高铭暄教授认为,我国对于环境犯罪的法益保护也应兼顾人类法益与环境法益两方面,对环境犯罪设置危险犯更有助于环境有效治理的实现。③

5. 考察国际人权法,完善我国未成年人犯罪处罚措施

高铭暄教授认为,我国虽已签署了《公民权利和政治权利国际公约》,批准了《儿童权利公约》《少年司法最低限度标准规则》等一系列包含未成年人犯罪处罚措施内容的国际公约,但在《刑法》中的具体规定还有待完善。在刑罚措施中,对于未

---

① 参见高铭暄、张杰:《国际法视角下商标犯罪刑法适用若干疑难问题探析》,载《江苏警官学院学报》2008年第3期。
② 参见高铭暄、张杰:《论国际反腐败犯罪的趋势及中国的回应——以〈联合国反腐败公约〉为参照》,载《政治与法律》2007年第5期。
③ 参见高铭暄、郭玮:《德国环境犯罪刑事政策的考察与启示》,载《国外社会科学》2020年第1期。

成年人无期徒刑的适用,国际人权法作出了限制性规定,如《儿童权利公约》第 37 条指出,缔约国应确保对未满 18 岁的人所犯罪行不得判以无释放可能的无期徒刑,而我国《刑法》尚无相应规定。国际公约主张对未成年人慎重适用监禁刑,我国虽亦有"教育为主、惩罚为辅"的刑事政策,但在《刑法》中也无对未成年人慎用监禁刑的具体体现。在非刑罚处罚方法中,我国《刑法》也存在缺乏系统专门的规定、种类偏少、体系性不强等不足,有必要完善《刑法》中的非刑罚处罚体系,强化对未成年人犯罪的适用。①

在 2004 年 9 月 1 日召开的第 17 届国际刑法学大会上,高铭暄教授特别指出,根据中国《刑法》的规定,完全刑事责任的年龄为 18 周岁,而承担刑事责任的最低年龄为 14 周岁(现为 12 周岁),这与国际人权法对未成年人的保护精神是一致的。

6.《罗马规约》与我国《刑法》对于犯罪故意立法的比较分析

高铭暄教授通过比较分析得出结论,《罗马规约》与我国《刑法》对于犯罪故意的立法规定既有相同之处,也有分歧之处。分歧之处体现在:①关于确定故意的标准,《罗马规约》采用多元标准,包括行为人对事态、行为或结果的认识和意志等,而我国则主要以行为人对危害社会的结果的认识和意志为标准。②关于认识错误,《罗马规约》对认识错误的分类以及处理原则作出了规定,我国《刑法》尚无具体规定。③在《罗马规约》对蓄意和明知所下的定义中,故意的成立只要求行为人对特定的事态、特定的行为或其产生的结果有认识,而不要求对行为或结果的危害社会的属性进行评价。在中国刑法中,从字面上看,要求行为人对自己行为所产生的结果的危害社会属性进行评价。④关于犯罪故意概念的适用要求,《罗马规约》第 30 条只有在没有其他特别规定的情况下才适用,而我国《刑法》中犯罪故意的概念无例外地适用于分则中的所有故意犯罪。②

7. 废除和限制死刑的全球统一死刑观

高铭暄教授长期致力于死刑改革,密切关注司法改革和刑事政策。2006 年年初,有关死刑复核权的回收正在论证之中,在一次最高司法机关领导在场的重要会议上,高铭暄教授就严格限制死刑适用问题,坚定而又言简意赅地阐明了四个方面的观点,即死刑罪名应逐步减少、死刑案件二审应开庭审理、死刑适用标准应明确

---

① 参见高铭暄、张杰:《中国刑法中未成年人犯罪处罚措施的完善——基于国际人权法视角的考察》,载《法学论坛》2008 年第 1 期。

② 参见高铭暄、王俊平:《〈罗马规约〉与中国刑法犯罪故意之比较》,载《法学家》2005 年第 4 期。

统一、死刑复核既要审查事实又要审查法律。这些观点的提出,在当时来看,颇有争议,但经由高铭暄教授清晰而有理地讲解,对当时最高人民法院回收死刑复核权以及改变中国死刑制度的走向,都产生了关键性影响。2011年11月29日,"明德刑事法论坛"在中国人民大学法学院隆重举行,高铭暄教授以"我国死刑制度的基本理念"为题发表主题演讲。① 他强调,死刑的适用须树立刑法谦抑性的理念,反对迷信死刑和滥用死刑,必须严格依法限制死刑的适用,而限制死刑适用的途径有必要从立法和司法两个环节展开。同时,有必要以刑法修正案的方式在刑法总则中明确规定哪些罪名不适用死刑。

8. 犯罪构成体系要切合各国实际

近来,我国刑法学者就有关犯罪构成的"四要件"(犯罪主体、客体、主观方面和客观方面)和"三阶层"(犯罪构成的该当性、违法性和有责性)展开了激烈的讨论。"四要件"是我国承袭苏联刑法的基础,而"三阶层"是大陆法系代表性国家的学说体系,两者的对立与论争,触及了刑法学人应如何看待犯罪这一本质问题。高铭暄教授是"四要件"的坚定维护者,他认为,"四要件"是一种历史性的选择,具有历史合理性、现实合理性和内在合理性。② 同时,在2009年和2010年,面对刑法学界不少学者对"四要件"犯罪构成理论的质疑,高铭暄教授先后独立署名发表了《论四要件犯罪构成理论的合理性暨对中国刑法学体系的坚持》③《对主张以三阶层犯罪成立体系取代我国通行犯罪构成理论者的回应》④《关于中国刑法学犯罪构成理论的思考》⑤三篇论文,以表明自己的学术立场。"我对四要件犯罪构成理论深信不疑,坚持不懈。虽然苏联解体了,现在的俄罗斯刑法仍然是坚持四要件理论。所以,不要把四要件与苏联政治上的问题联系在一起,好像苏联不行了,四要件也就倒台了。不要这么简单化。"高铭暄教授在接受采访时说道。

9. 特赦制度的国际协同

早在2009年新中国成立60周年之时,高铭暄教授同赵秉志教授、阴建峰教授一道,提出了新中国成立60周年之际有必要实行适时特赦制度的构想。高铭暄教

---

① 参见乐欣、付立庆:《高铭暄:死刑在我国适用的必要性、非常性、慎重性》,载《检察日报》2006年12月7日。
② 参见傅跃建:《高铭暄教授学术思想简介》,载《浙江工商大学学报》2014年第3期。
③ 参见高铭暄:《论四要件犯罪构成理论的合理性暨对中国刑法学体系的坚持》,载《中国法学》2009年第2期。
④ 参见赵秉志主编:《刑法论丛》(第十九卷),法律出版社2009年版,第1—12页。
⑤ 参见高铭暄:《关于中国刑法学犯罪构成理论的思考》,载《法学》2010年第2期。

授特别指出,世界上不少国家的宪法中均有涉及赦免的条文,甚至相关国际条约、公约中也有死囚请赦的条款。特赦制度在全球的普遍存在,无疑给赦免权的行使奠定了基础。承认特赦制度的独特价值并适时实施赦免,不仅是一个国家法治进步的标志,也是国家重视人权保障的体现,更是国家政治体制和刑事司法制度成熟而自信的表现。这一思想在 2019 年新中国成立 70 周年之际得到了实现。这是我国人权司法保障的一次具体体现,生动展现了我国人权司法保障水平,有利于进一步树立我国开放、民主、法治、文明的国际形象。

五、结语:继续为中国国际刑法事业奋斗

"为国家哪何曾半日闲空。"作为京剧爱好者的高铭暄教授念出了他最爱的京剧选段《洪羊洞》中的一句唱词。如今,已年过九旬的高铭暄教授,本该是颐养天年的年纪,然而他依旧精神矍铄地参加各类国际刑法的重大学术会议,笔耕不辍地著书立说,坚持每天学习英语。尽管他也和其他普通老人一样承受着岁月的蹉跎,他却不为年龄所滞步,肩负国家荣光,做步履不停的前驱者。发愤忘食,乐以忘忧,不知老之将至。正如他在荣获"切萨雷·贝卡里亚奖"时谈到的那样,"获奖是荣誉,更是激励与鞭策。我本人和我的团队还要进一步推动中国刑法学研究,同时立足本国放眼世界,与国际刑法界的同行们建立更加紧密的联系,为中国刑法界争光"[①]。

---

① 殷泓:《高铭暄:让中国刑法学走向世界》,载《光明日报》2015 年 4 月 24 日,第 6 版。

高铭暄先生学术思想
对民法学思维的启发[*]

王　轶[**]

尊敬的高铭暄老师,尊敬的各位领导、各位嘉宾:

特别高兴参加今天的活动,因为今天到场的,不是中国人民大学的校友,就是中国人民大学的好友,所以在这样的一个场合,心情特别愉快。我想,让我在这个场合发言,肯定不是让我去总结和阐释高铭暄老师的学术思想,我既没有这样的资格,也没有这样的能力,我想主要还是让我谈一谈今天高老师的学术馆开馆,以及我作为一个学界后辈,作为民法学人,我眼中的高铭暄老师。我想从去年的一场重大活动谈起。

这就是今天上午,张东刚书记在致辞的时候提到的,2022 年 4 月 25 日,习近平总书记到中国人民大学进行考察调研,我作为当时分管博物馆工作的副校长,有幸在两个节点参与了这场重大活动。第一个节点是习近平总书记到中国人民大学博物馆参观中国人民大学 85 年历程的校史展。第二个节点是习近平总书记在世纪馆的北大厅主持召开师生座谈会,并发表重要讲话。我印象特别深,在中国人民大学校史展中,我们专门设置了一个展览的区域,在这个展览的区域中间,重点展出的是吴玉章老校长、成仿吾老校长这两位红色教育家和高铭暄老师、卫兴华老师这两位人民教育家的先进事迹。当时习近平总书记一行走到这个展览区域前边的时候,看得最仔细,问得也最多,当时张东刚书记和时任校长刘伟,还有承担讲解任务的杜鹏副校长,把高铭暄老师参与中国刑事立法、从事刑法学教学和研究的事迹向总书记作了汇报,总书记在听的过程中频频点头。然后到了世纪馆的北大厅,今天

---

[*] 本文系作者在中国人民大学、中国刑法学研究会、浙江省玉环市委市政府联合主办的"高铭暄学术馆开馆仪式暨高铭暄学术思想研讨会"的发言(会议时间:2023 年 4 月 7 日,会议地点:浙江省玉环市)。
[**] 中国人民大学副校长、博士生导师。

高铭暄先生学术思想对民法学思维的启发

上午张东刚书记致辞的时候也提到了高铭暄老师是作为资深教授代表发言的,我也印象特别深。高铭暄老师的发言结束之后,总书记带头鼓掌,之后,总书记专门针对高铭暄老师的发言,谈了自己的一段感想,谈完之后,总书记提议说,让我们一起为高老师鼓掌。当时全场再次响起了热烈的掌声。这是我在参加这个重大活动过程中非常难忘的两个情景。

作为民法学人,谈谈我眼中的高铭暄老师。我印象特别深,在我接任中国人民大学法学院院长之后,教师节或者春节一些重要的节日,都会到高老师的家中去看望高老师,和高老师聊天的时候,高老师每次都会谈到中国人民大学的特色就是坚持以马克思主义为指导,而且高老师告诉我们,中国人民大学法学院就是要坚持把马克思主义的基本原理同中国法治的具体实际和中华优秀传统法律文化密切结合起来。高老师还会饶有兴趣地给我这个刑法学的门外汉讲起刑事立法和刑法学研究,以及刑事司法中一些有重大争议或者是疑难的问题,给我也留下了很深的印象,也启发了我自己对民法学相关问题的思考。我注意到了前边几位发言的我们的杰出校友,都谈到了关于犯罪构成的讨论。我记得我在去探望高老师时,高老师不止一次耐心地给我讲刑法学界的这场讨论,有一句话给我留下特别深的印象,前面几位杰出的校友在发言过程中也提到了,高老师说,犯罪构成的四要件理论和三阶层理论,不会对刑法条文的设计产生影响,案件涉及的法律因素和事实因素,出场的顺序可能会有差别,但是对案件裁断的结果不会产生实质性的影响。这个启发了我对民法学问题中一个具有争议话题的思考。今天在民法学领域有一个司法技术问题是存在较大争论的,那就是进行案例分析的时候,究竟是应该用我们中国以往的法官和仲裁员都已经相当熟悉的法律关系分析法,或者叫历史分析法,还是要用深受德国民法学影响的,特别是青年学者主张的请求权基础分析法。究竟用这两种方法中的哪一种作为对纠纷进行裁断的司法技术?受高铭暄老师给我所讲内容的启发和影响,我今天也形成了自己对法律关系分析法和请求权基础分析法这个争论的一些初步的想法,那就是民法问题中的司法技术问题,第一,它不是一个真假的问题,第二,它不是一个对错的问题,而是哪种司法技术方案更符合我们既有的法律传统,哪种司法技术方案的可取性更高一些,用通俗的话来讲,就是习惯了的就是最好的。法律关系分析法和请求权基础分析法,它们的差异其实就像高铭暄老师跟我讲述刑法学相关问题的时候谈到的那样,面对同一个案件,两种司法技术方案的差别仅在于同样的法律因素和事实因素在出场的顺序上存在差异,但绝不会对这个案件的裁断产生实体性的影响。

所以我在与民法学界的同仁交流的时候,也经常表达自己的想法,那就是如果我们已经习惯用筷子,没有必要放下筷子去用刀叉。如果我们的法官和仲裁员已经习惯用法律关系分析法了,大概也没有特别充足的正当性、特别强的必要性,一定要转换思维,转而采用请求权基础分析法。其实我对这个问题的思考就是在看望高铭暄老师的过程中,受高老师对刑法学领域相关问题所作的说明形成的。在民法典编撰的过程中,高老师不但关心学校工作者的情况,询问法学院工作的情况,也非常关心民法典编撰的进展,而且高老师会把自己参与刑法起草的经验和心得,告诉学界的后辈和民法学人。其中这些想法和建议,其实我们在民法典编撰的过程中,也都是照此来执行的,像胡云腾大法官刚才在讲述一件往事时谈到,学者在立法的过程中要有把话说完的勇气。其实在民法典编撰的过程中,有不少同样存在重大争议的问题,如果是一个对自己、对国家、对民族负责任的学者,就应当有这种把话说完的勇气。在民法典编撰的过程中,我们也受高老师的这种学者气质和学者风骨的鼓励和启发,在一些问题上表达中国人民大学法学院的民法学者对相关问题的认识和了解。所以,作为民法学者,其实我们同样可以从高铭暄老师身上,从高铭暄老师的学术思想中受到启发,得到鼓励。

作为一个学界后辈,认识高铭暄老师,就像学界经常说的这句话一样,是从书本开始的。我1986年读大学,我们用的刑法学教材是高老师主编的《中国刑法学》。我读大学的时候,是苏明月老师和张绍谦老师分别给我上的刑法课,尽管自己学得不是很好,但是高老师主编的这个教材和两位老师的精彩讲授,还是给我留下了特别深的印象。我第一次跟高老师近距离接触,我不知道高老师还有没有印象,是我在北大做博士后研究期间,当时到国家法官学院去上课。上完课之后,按照国家法官学院的习惯,一般中午就会在教师餐厅请上课的老师吃饭。那天中午特别巧,正好遇到高老师、陈光中老师,两位前辈也去给国家法官学院的法官授课。当时我们在一张桌上,我记得在吃饭的过程中,高老师还给我讲,给法官讲课和在学校给学生讲课,究竟区别在哪、应该注意哪些问题。当时讲述的内容我到今天都记忆犹新。我到中国人民大学法学院接任院长之后去找高老师,拜托高老师给新生讲开学第一课,高老师毫不犹豫就答应了。当时我跟高老师说,您讲半个小时就行了,结果高老师一口气讲了3个小时,后来是我们觉得不能再讲下去了,到明德法学楼601学术报告厅劝高老师,大概12点钟就可以结束了,高老师才结束了新生第一课。在我担任中国人民大学法学院院长期间和在学校工作期间,每次不管是什么事情找到高老师,高老师都会非常爽快地答应。所以我借这样一个机会,表达一个民法学人、一个学界后辈对高铭暄老师的敬意。

在参加这次活动的过程中,张东刚书记,包括在北京留守的林尚立校长都反复同我讲,说高铭暄老师和高铭暄老师的学术思想是中国人民大学、中国教育界一笔宝贵的财富,我们一定要守护好、发扬好。我想我们会按照这样的要求去做,我也借这样的一个机会祝高老师健康长寿,祝高老师学术长青。

好,谢谢大家。

附 录

惠及当代　泽被后世

——祝贺高铭暄学术馆揭牌[*]

曾粤兴[**]

今天是个好日子,也是一个重要的、值得大书特书的日子——高铭暄学术馆的揭牌,意味着中国法学界第一个以学者个人名义命名的学术馆正式诞生,也意味着中国法学界第一个在院校以外设立的学术纪念和学术传承基地正式诞生。

浙江省玉环市走出了新中国刑法学的主要奠基者、开创者和人民教育家高铭暄教授,这不仅是玉环市,也是浙江省的荣耀和骄傲;玉环市建成高铭暄学术馆,也不仅是高老个人的荣耀和骄傲,更是中国法学界乃至教育界的荣耀和骄傲。窃以为,高铭暄学术馆诞生的重要意义,可以用"惠及当代,泽被后世"八个字来概括。

一、惠及当代

在这里,特指高老的学术思想、学术成果惠及当代。

时势造英雄。时代造就了高老这样的法学家,但时代只能提供法学家和英雄豪杰诞生的条件。一个人,能否成为站在时代前沿的大学问家,内在的因素起着至关重要的作用。

新中国第一代法学研究生;新中国唯一一位亲历刑法立法全过程的法学家;新中国刑法学的开创者和主要奠基人之一;新中国第一部统编教材《刑法学》的主编;新中国第一批刑法学硕士生导师、博士生导师;人民教育家……凡此种种,不能认为它们仅仅说明了高老生逢其时,其内在的因素,需要我们不断挖掘。在我看

---

[*] 本文系作者在中国人民大学、中国刑法学研究会、浙江省玉环市委市政府联合主办的"高铭暄学术馆开馆仪式暨高铭暄学术思想研讨会"的发言(会议时间:2023 年 4 月 7 日,会议地点:浙江省玉环市)。

[**] 北京理工大学法学院教授。

来，拥有奉献时代、报效国家的强烈意志，是高老之所以成为高老的首要内因。在这种意志支配下，"留心处处皆学问""好记性不如烂笔头"就成了高老终身的学习习惯和学习方式，在特定的历史时期，他记述的刑法立法过程中的争论与思考，不仅成为新中国刑法立法史、刑法学术史的珍贵史料，而且成为立法机关重要的参考资料。

世间勤奋的人很多，法学界高产者也不少，但能够为社会奉献学术思想的人寥寥无几。前者可能成为巨匠，后者则堪称大师。高老的成就纵横刑法学总论与分论、刑法立法学、国际刑法学、比较刑法学、刑法立法史等诸多领域，贯穿刑法立法、刑法适用的伟大实践，从实践中进行理论总结，又以深厚的理论指导中央司法机关和地方司法机关的刑事司法实践。其丰富的实践孕育出思想化、体系化的真知灼见，其深刻的理论指导着复杂化的司法实践。高老的刑法思想非常丰富，并随着其阅历的不断丰富、研究的不断深入而螺旋式上升。例如，刑法应当成为巩固人民政权的工具；刑法应当成为保障公民人权的裁判规范和行为规范；刑法的发展应当顺应世界刑事立法发展趋势，应当逐渐轻缓化、文明化，限制死刑立法和死刑适用，是中国刑法发展必由之路；中国应当有自己特色的刑法理论，同时能借鉴世界先进的理论成果，国家相互之间的学术交流与个人相互之间的交流一样，多交流才能取长补短、相互影响、共同发展；理论研究可以多元，但研究的目的在于解决中国问题；高深的学问不等于深奥的表达，应当用通俗、直白、易懂的语言来表达自己的研究成果，尽量让人读懂，才有学术意义。尽管高老的法学思想、理念也经历过从"工具论"到"规范论"，从"维护秩序"到"秩序与自由并重"，从严密法网到宽严相济的发展变化过程，但一方面，这足以说明其法学思想、理念、理论体系乃至具体的观点、主张满足了不同历史时期党和政府的需要，惠及了改革开放以来的整个时代；另一方面，也充分说明了高老终身学习、孜孜不倦、与时俱进的精神，印证了大师的成长所具有的历久弥香的一般规律。

特别值得大书特书的，是高老刑法思想中的死刑理念及为实现其理念而进行的长期且艰巨的实践。高老是坚定但理性的死刑废除论者。言其理性，在于高老深谙国情，主张渐进式地废除死刑，在于他把死刑的存废上升到制度文明的历史高度。在高老及他的大弟子赵秉志教授执掌中国刑法学研究会期间，通过中外合作交流、学术传播、上书建言等多元化途径，在全国同行的共同努力下，促使立法机关两次减少死刑罪名，促使司法机关大幅度限制死刑适用，等等，实实在在推进了我国刑法的文明化进程。

二、泽被后世

这里不仅指高铭暄学术馆所具有的功能和兴建的价值,也包含了高老刑法思想对未来中国刑法立法的影响。学术馆、艺术馆、博物馆、纪念馆等,从不同角度承载着文化传承、精神赓续的社会功能与巨大价值。

有人说,高铭暄学术馆未能建在省城杭州是一种遗憾。或许是吧。但建在高老的故乡,让故乡的子孙后代直接受益,未必不是好的选择。我们很高兴地听说,高铭暄学术馆已经成为这座美丽的海湾城市的地标。我们相信,孩子们闲暇之余来这里阅读高老的著述,了解高老的学术经历,探寻高老的精神境界,树立经世报国的远大理想,产生依法治国的法治理念,高老的学术思想定能丰富"高粉"们的精神世界。

高老参与了新中国两部刑法典的制定及所有单行刑法和刑法修正案的制定①,参与并主导了中国刑法理论的构建与完善,为新中国的刑事法治作出了不可磨灭的重要贡献,似乎可以说为他钟爱的学术、为他精彩的人生画上一个圆满的句号,其实不然。高老获得"人民教育家"国家荣誉称号后,仍然殚精竭虑、笔耕不辍,仍然关注着面对百年未有之大变局,中国将为人类命运共同体贡献一部怎样的刑法典。高老睿智地揭示了国家政治与立法走向的辩证关系:政治清明、民主,立法才会得到健康、良性的发展;政治纷乱、动荡,则会导致立法的停滞与倒退。科学的刑事政策是刑法立法发展的指导,社会治理成效是刑法立法的价值追求。刑法立法不能直接"移植"、全盘"拿来",未来我国刑法立法的发展仍然应以适应经济社会发展和全面深化改革的要求为必要,应当充分考虑国家社会发展的现实状况,从有利于实现刑法根本任务的立场出发,将国外立法中符合时代需要又切实可行的内容吸收到我国刑法中来,使我国的刑法立法更具鲜明的时代特征,充分体现其科学性和民主性。晚近两个刑法修正案显示出刑法规制社会生活范围的拓展、力度的增强,引发了刑法学界关于"安全刑法"与"自由刑法"价值选择的争论。高老指出,安全刑法是因应安全政策而变动的产物,显示刑法功能的侧重点,但应警惕并消解与自由刑法紧张的一面。预防性刑法观念应运而生,为当代刑法功能的适度扩张提供了教义学导向,但应审慎把握。立法的活性化是安全政策导入刑法后的突出表现,夯实刑法立法的反应能力,与象征性立法的胶着映衬出刑法工具属性的

---

① 刑法修正案模式,本身也是高老对立法机关提出的建议。

认识偏于两极化。总体国家安全观勾勒出当代刑法重构安全保障体系的基本线索。可见,高老的学术思想具有历史的穿透力,不仅惠及当代,而且泽被后世。

九十余年前,玉环为中国法学教育和法治的星空升起了一颗璀璨耀眼的星星。若干年后呢?江山代有才人出,各领风骚数百年。浙江人杰地灵,盛产法学家,我们完全有理由期待:在玉环,在浙江,升起更多的明亮星星。